Viver e morrer em São Paulo

JEFFREY LESSER

Viver e morrer em São Paulo

Imigração, saúde e infraestrutura urbana (século XIX até o presente)

Tradução
Giuliana Gramani

editora unesp

Título original: *Living and Dying in São Paulo: Immigrants, Health, and the Built Environment in Brazil*

Direitos de publicação reservados à:
Fundação Editora da Unesp (FEU)
Praça da Sé, 108
01001-900 – São Paulo – SP
Tel.: (0xx11) 3242-7171
Fax: (0xx11) 3242-7172
www.editoraunesp.com.br
www.livrariaunesp.com.br
atendimento.editora@unesp.br

Dados Internacionais de Catalogação na Publicação (CIP) de acordo com ISBD
Elaborado por Vagner Rodolfo da Silva – CRB-8/9410

L638v

Lesser, Jeffrey
Viver e morrer em São Paulo: imigração, saúde e infraestrutura urbana (século XIX até o presente) / Jeffrey Lesser; traduzido por Giuliana Gramani. – São Paulo: Editora Unesp, 2025.

Tradução de: *Living and Dying in São Paulo: Immigrants, Health, and the Built Environment in Brazil*
Inclui bibliografia.
ISBN: 978-65-5711-278-6

1. História do Brasil. 2. Imigração. 3. São Paulo. 4. Bom Retiro. 5. Diáspora judaica. I. Gramani, Giuliana. II. Título.

2025-2493 CDD 981
CDU 94(81)

Este livro está disponível gratuitamente em uma edição de acesso aberto graças ao generoso apoio da Emory University e da Andrew W. Mellon Foundation.

Editora afiliada:

Asociación de Editoriales Universitarias de América Latina y el Caribe

Associação Brasileira de Editoras Universitárias

Dedicado à memória de:

William Morris Lesser, ז״ל
Irma Friedlander Lesser, ז״ל
Michael Shavitt, ז״ל
Silvana Levi Shavitt, ז״ל
Warren Dean
Anani Dzidzienyo

Sumário

Uma longa lista de agradecimentos 9

Introdução: Vende-se uma arma 15

As pessoas e o espaço 21

Chegadas 26

Resíduos 29

Espaços 33

Métodos que levam a perguntas 43

Equipes 44

O que vem a seguir? 50

Post scriptum 51

1. Nomear uma morte 53

Passados e presentes entrelaçados 57

Espaços lotados 63

O Bom Retiro toma forma 66

Os imigrantes e a expansão urbana 74

Geografias do trabalho imigrante 79

Iluminando a escuridão 89

Post scriptum 93

2. O Bom Retiro é o mundo? 97

Geografias alterizadas 106

Bom Retiro afrodiaspórico 112

Construindo alturas e seus descontentamentos 119
Post scriptum 127

3. Saúde ruim em um bom retiro 129
Imigrantes doentes em habitações insalubres 131
Edifícios ao ataque 147
Salvando um bairro doente 156
Post scriptum 161

4. Impondo a saúde 165
As dores da revolta 166
Policiando a saúde dos imigrantes 171
Policiamento médico 176
Post scriptum 203

5. Um primeiro bloco de saúde 207
O verão de 2015-2016 no Brasil 216
Um conto de duas equipes 220
Estados de saúde 223
Espaços sagrados de saúde 229
Post scriptum 251

6. Ratos mortos e imigrantes mortos-vivos 255
Ratos! 260
Gripe! 272
Gente como a gente 291
Post scriptum 302

Uma conclusão: Luz e escuridão em uma cidade santa 305

Referências 311
Índice remissivo 373

Uma longa lista de agradecimentos

Este livro foi concebido durante uma reunião muito tediosa de chefes e coordenadores de departamento. Felizmente, eu estava sentado com a turma do fundão, incluindo Uriel Kitron, que os leitores conhecerão no texto. Enquanto discutíamos nossos interesses de pesquisa em comum no Brasil, começamos a pensar em um projeto sobre a relação entre imigração e saúde. Não demorou muito para que oferecêssemos juntos um curso interdisciplinar sobre o tema e obtivéssemos uma bolsa para trazer alguns alunos dessa turma ao Brasil.

À medida que o projeto avançava e eu me interessava mais em trabalhar em equipes, a necessidade de financiamento cresceu. Muitas instituições e indivíduos deram suporte a este projeto e ao que se tornou o Coletivo de Pesquisa Lesser, e todos merecem imensos agradecimentos. Minha primeira grande bolsa veio do Instituto de Estudos Avançados da Universidade de São Paulo (IEA-USP), cujos diretores, Martin Grossmann, Paulo Saldiva e Guilherme Ary Plonski, foram incessantemente generosos. No IEA, Rafael Borsanelli e Richard Meckien me deram um apoio extraordinário, assim como a equipe maravilhosa: Marisa Macedo Gomes Alves, Fátima Moreno, Fernanda Cunha Rezende, Tizuko Sakamoto, Aziz Salem, Raimunda Rodrigues dos Santos, Sandra Sedini, Marlene Signoretti e João Fernando da Silva. Lá, faço parte do grupo de pesquisa Diálogos Interculturais, coordenado por Sylvia Duarte Dantas e Paulo Daniel Farah, e eles e todos os membros me inspiraram de diversas maneiras.

O Coletivo de Pesquisa Lesser foi coliderado durante a maior parte da pesquisa para este livro pela dra. Emily Sweetnam Pingel, analista de políticas do Centro Nacional de Imunização e Doenças Respiratórias. Os membros da equipe que fizeram pesquisas apresentadas neste livro incluem a dra. Sara Kauko e o dr. Alexander Cors, juntamente com Bianca Letícia de Almeida, Juliana Casagrande, Jenn Choe, Doris Cikopana, Orlando Guarnier Cardin Farias, Vitória Martins Fontes, Daniella Gonzalez, Sabrina Jin, Beatriz Kalichman, Delphine LaCroix, Julia Chaejin Lee e Alexandra Caridad Llovet. Durante as etapas finais deste projeto, Cintia Rodrigues de Almeida, Monaliza Caetano dos Santos, Victoria Maza, Luanna Mendes do Nascimento, María José Vélez Ruggieri e Surbhi Shrivastava se tornaram interlocutoras e aprimoraram imensamente a obra. A abrangente produção de pesquisa que emergiu do coletivo está incluída na bibliografia.

Há muitos anos, os moradores do Bom Retiro são parceiros deste projeto. Para cujas casas e locais de trabalho visitei em atendimentos domiciliares e que encontramos nas ruas, *thank you*, muito obrigado, *muchas gracias*, 감사합니, Aguyjevete ndéve, 谢谢 e אדאנק.

As observações feitas pelo Coletivo de Pesquisa Lesser na Unidade Básica de Saúde do Bom Retiro começaram quando o dr. Francisco Moreno Carvalho ז״ל nos apresentou a Clélia Neves Azevedo, que liderou a equipe até 2021, e ao dr. Fernando Cosentino, que continua à frente da Equipe Verde. Na clínica, meus agradecimentos vão para os médicos, enfermeiros, agentes comunitários de saúde e outros profissionais de saúde que apoiaram a pesquisa e ajudaram a garantir que eu estivesse saudável. Angélica Souza fez tudo acontecer, Sandra Montanari me ensinou muitas palavras especiais do Bom Retiro e Ana Maria Barreto me convidou à sua casa muitas vezes. Os membros da Equipe Verde – incluindo Vanessa Wilde Ambrosio, Marcela Borges de Souza, Marina Cândido da Mata, Dany Colin, Leide Dayanne, Muriel Flores, Lene Gonçalves, Tica Porto, Luciana Menjou, Su Ribeiro e Sheila Vasconcelos – não poderiam ter dado mais apoio. Obrigado também a Evelyn Fabiana Costa, Patricia Debiaze, Edilson Olimpio dos Santos, Sandra Faustino, Barbara Ferreira, Jorge Gutierrez, Sandra Maida, Dafni Paiva, Carol Silva, Patty Torres, Janete Uchoa e Felipe Lucas Ribeiro da Silva.

Uma bolsa Fulbright sênior me permitiu concluir a pesquisa, e o dr. Luiz Loureiro, Patricia Domenico R. Grijó, Christiane Nagayassu e Taynara Barros, da Comissão Fulbright Brasil, deram um apoio incrível, como têm feito ao longo de muitos anos. A instituição que me recebeu foi a Universidade Federal de São Paulo (Unifesp). Quero agradecer ao dr. Luis Ferla e aos membros do grupo de pesquisa História, Mapas e Computadores (Hímaco) e dos projetos Pauliceia 2.0 – Karine R. Ferreira, Luis Ferla, Gilberto R. de Queiroz, Nandamudi Vijaykumar, Carlos Noronha, Rodrigo Mariano, Denis Taveira, Gabriel Sansigolo, Orlando Guarnieri, Thomas Rogers, Michael Page, Fernando Atique, Daniela Musa, Janaina Santos, Diego Morais, Cristiane Miyasaka, Cintia Almeida, Luanna Nascimento, Jaine Diniz e Monaliza Santos. Sou especialmente grato pelas festas de chegada e despedida de que esse grupo participa comigo várias vezes ao ano.

Pesquisadores não podem fazer seu trabalho sem colegas em arquivos, e quero agradecer a Josianne Oliveira, Elisandra Gasparini, Maria Talib Assad e Roque Fernandes do Museu de Saúde Pública Emílio Ribas do Instituto Butantan, além de Sergio de Simone, Maria Luisa da Silva, Rodrigo Galvão e Sandra Pereira. No Arquivo Público do Estado de São Paulo, Janaina Yamamoto, Haike Kleber da Silva e Elzio José da Silva foram imensamente prestativos. Os arquivistas do Arquivo Histórico Municipal de São Paulo e do Arquivo Aguirra do Museu Paulista da Universidade de São Paulo foram fundamentais em minha busca por informações, assim como Anna Levin do Ibero-Amerikanisches Institut – Preußischer Kulturbesitz e o dr. Eduardo de Masi e seus colegas da Secretaria Municipal da Saúde de São Paulo.

Três unidades da Universidade Emory financiaram os alunos que fizeram parte do Coletivo de Pesquisa Lesser: o Instituto de Saúde Mundial, o Conselho Universitário de Pesquisa e o Programa Interdisciplinar de Bolsas para Professores. Uma bolsa Tome (Toward an Open Monograph Ecosystem [Rumo a um Ecossistema Aberto de Monografias]) de uma colaboração entre a Associação de Universidades Norte-Americanas, a Universidade Emory e a Fundação Andrew W. Mellon permitiu uma versão de acesso aberto do livro, e eu gostaria de expressar minha gratidão a Mae Velloso-Lyons, coordenadora sênior do programa, e ao comitê de avaliação de Publicações Digitais de Humanidades pelo apoio.

Gisela Fosado, diretora editorial da Duke University Press, tem sido uma apoiadora e incentivadora constante ao longo de muitos anos e muitos livros. Sua generosidade e seu otimismo sempre me inspiram. Os dois revisores anônimos do manuscrito original fizeram comentários incríveis, e sou grato por seu altruísmo na avaliação da obra, por suas abordagens tanto metodológicas quanto analíticas. Na Duke University Press, Alejandra Mejía, Lalitree Darnielle e A. Mattson Gallagher cuidaram do design e da preparação do texto, enquanto Ihsan Taylor e Kimberly Miller fizeram um trabalho heroico ao transformar o manuscrito em um livro.

Na Emory, Keith Anthony, Becky Herring, Shinn Ko e sua equipe, Alexandra Lemos, Phil MacLeod, Xochtil Marsilli-Vargas, Franzene Minott, Marissa Nichols e seus alunos, Pablo Palomino, Thomas D. Rogers, Allison Rollins, Karen Stolley, Ana Catarina Teixeira, Leonardo Velloso-Lyons, Katie Wilson, Yanna Yannakakis e Kelly Yates me encorajaram a ser criativo e colocar a pesquisa, o ensino e os acadêmicos no primeiro plano da experiência universitária.

Fazer pesquisas fora dos Estados Unidos pode ser desafiador, e os coordenadores do Departamento de História, James Melton, Kristin Mann, Joe Crespino e Sharon Strocchia, me incentivaram a solicitar bolsas e lutaram pelo tempo que eu precisava para obtê-las. Michael Elliot, Deboleena Roy, Carla Freeman e Susan Lee me apoiaram enquanto eu mantinha o projeto em andamento, apesar das minhas próprias responsabilidades administrativas.

Nesse projeto e em muitos outros, o apoio e a amizade de Christopher Dunn foram fundamentais. Jaqueline Wolf e seus colegas do Departamento de História da Universidade de Ohio me incitaram a seguir em frente com o projeto quando eu ainda não tinha descoberto aonde ele ia. Os participantes do Seminário Latino-Americano de Toronto, organizado por Gillian McGillivray, incluindo Peter Beattie, Anne-Emanuelle Birn, Benjamin Bryce, Jerry Dávila e David Sheinin, melhoraram imensamente os primeiros parágrafos e páginas que escrevi. Sérgio Costa e seus colegas da Universidade Livre de Berlim, assim como Benito Schmidt e Ruben Oliven e seus colegas da Universidade Federal do Rio Grande do Sul, deram-me oportunidades de apresentar trabalhos em andamento, enquanto capítulos mais desenvolvidos receberam excelentes críticas no Workshop Latino-Americano e Latinx da Emory em 2023, organizado por Yanna Yannakakis e Mónica Garcia Blizzard. Membros do Seminário de História das

Migrações no México da Universidade Nacional Autônoma do México, incluindo Daniela Gleizer, Pablo Yankelevich, América Molina del Villar, Irina Córdoba e Catherine Vézina, deram orientações sobre como expandir meu argumento. O mesmo aconteceu na Universidade de Tel Aviv, onde meus agradecimentos vão para Leo Corey, Raanan Rein, Miri Shefer-Mossensohn e Atalia Shragai. Marcos Chor Maio, Gilberto Hochman e Jaime Benchimol, do Programa de Pós-Graduação em História das Ciências e da Saúde da Casa de Oswaldo Cruz, ajudaram imensamente a moldar este trabalho, assim como colegas do Centro Maria Sibylla Merian de Convivialidade-Desigualdade na América Latina – incluindo Tomaz Amorim, Sérgio Costa, Jörg Dünne, Roberta Hesse, Barbara Göbel, Susanne Klengel, Anna Levin, Melanie Metzen, Joanna Malgorzata Moszczynska, Marina Falcão Motoki, Marcos Nobre, Barbara Potthast, Joaquim Toledo Jr., Peter W. Schulze e especialmente Simone Toji.

Um dos prazeres deste projeto foi fazer apresentações ao redor do mundo: em Moçambique, no Centro de Investigação em Saúde de Manhiça; e no Brasil, na Casa do Povo, no Hospital Emílio Ribas e na Faculdade de Medicina da Unifesp em São Paulo. Fabio Valentim e seus alunos da Faculdade de Arquitetura e Urbanismo da Escola da Cidade me ajudaram a pensar sobre o espaço de novas maneiras. Meus agradecimentos especiais a Nadya Guimarães Araújo, Antonio Sérgio Alfredo Guimarães, Cássio Silveira, Denise Martins, Oziris Simões e Gildo Magalhães dos Santos Filho por me incluírem em tantos eventos diferentes relacionados à saúde.

Muitos dos capítulos quase concluídos do livro foram apresentados em uma série de seminários na Universidade de Zurique, com o apoio da chefe do Antropoceno, Debjani Bhattacharyya. Ela e seus colegas e alunos foram notavelmente generosos ao ceder seu tempo. Quero agradecer especialmente a Martin Dusinberre, Matthieu Leimgruber, Yi-Tang Lin, Moe Omiya, Camille Elisabeth Schneiter e Leila Girschweiler.

Debjani Bhattacharyya, Alexander Cors, Monaliza Caetano dos Santos, Christopher Dunn, Matthew C. Gutmann, Pablo Palomino, Emily Sweetnam Pingel, Thomas D. Rogers (cujo coeficiente é a estrela do capítulo 6), Tuli Shragai, Surbhi Shrivastava, Heeju Sohn e Chris Suh leram e comentaram o rascunho final do manuscrito, aprimorando muito esta obra.

Livros começam e terminam com a família e os amigos, e muitas pessoas de ambas as categorias foram mencionadas acima. Outros que ouviram falar até demais sobre este projeto incluem Inês da Silva Pimentel, Jung Yun Chi, Laís Miwa Higa, Dária Jaremtchuk, Xochitl Marsilli-Vargas, Denny Tavares, Celso Zilbovicius, Giovani Sacrini, Raanan Rein, Esti Rein, Roberto Lang, Barbara Lang, Roney Cytrynowicz, Monica Cytrynowicz, Patrick Allitt, Samy Katz, Gabriel Londe e Harold Solomon. Os Lesser e os Shavitt são uma constante em toda a minha pesquisa. Para minha crescente família, Eliana, Aron e Ana, Gabi e Sabin, este livro não poderia ter acontecido sem seu apoio e amor.

Esta é a quarta vez que tenho o prazer de trabalhar com a Editora Unesp na tradução e publicação de uma versão em língua portuguesa de um dos meus livros. Em todas elas, apreciei o coleguismo e o apoio de Jézio Hernani Bomfim Gutierre, diretor-presidente da Fundação Editora Unesp, e de Rosa Maria Capabianco, secretária da presidência. Leandro Rodrigues e Jéssica Holanda foram interlocutores fundamentais enquanto o livro passava pelas diferentes etapas de produção e publicação. A excelente tradução deste livro foi feita por Giuliana Gramani, que também verificou as citações para garantir que o original em português apareça nas citações. Paula Manfredini, Luanna Mendes do Nascimento e Eliana Lesser revisaram o livro tanto em sua primeira minuta em português quanto em uma versão posterior, quase pronta para publicação.

Viver e morrer em São Paulo recebeu uma bolsa Open Monograph Ecosystem de uma colaboração entre a Associação de Universidades Norte-Americanas, a Universidade Emory e a Fundação Andrew W. Mellon. Isso permitiu uma versão de acesso aberto do livro, e quero agradecer a Mae Velloso-Lyons, coordenadora sênior de programas, e ao comitê de avaliação de Publicações Digitais em Humanidades pelo apoio.

Este livro não poderia ter sido escrito sem o apoio e a gentileza dos meus muitos parceiros no Brasil e no Bom Retiro – profissionais de saúde, pacientes, moradores e queridos amigos. Esta edição é uma homenagem à resiliência e ao compromisso deles com a melhoria da saúde e da assistência médica para todos.

Introdução
Vende-se uma arma

Um dia, encontrei uma arma. Ela estava escondida em um armário no apartamento dos meus falecidos sogros em São Paulo, cidade que tem sido um dos meus lares há quase quatro décadas. Por que os pais da minha esposa, pacíficos e cumpridores da lei, ambos refugiados da Europa da era nazista, esconderiam uma arma? Encontrar o objeto levou a uma combinação de incidentes e sorte que moldou as perguntas que este livro faz sobre movimento, ambiente construído e viver e morrer, seja por doença ou violência.[1] O revólver, e minhas tentativas de me desfazer dele, levaram-me a uma jornada por geografias, temporalidades e povos que incluíram imigrantes e autoridades de saúde pública, bairros e edifícios, doenças e curas, vida e morte.

A tentativa de me livrar do revólver, como explico em mais detalhes a seguir, terminou em uma longa viagem na parte de trás de uma viatura policial até meu local de pesquisa no Bom Retiro, bairro da região central da cidade de São Paulo que é o foco geográfico deste livro (Mapa I.1). Esse distrito tem uma longa história de ascendência indígena e africana, mas tem sido popularmente estereotipado por mais de um século como um local habitado sobretudo por imigrantes. No final do século XIX, os recém-chegados eram principalmente católicos vindos da Itália, sendo também expressiva a presença de pessoas oriundas da Espanha e de Portugal.[2] No entreguerras, tanto a religião quanto a origem nacional dos imigrantes

1 Malta et al., "Association between Firearms and Mortality".

2 Bastos, "A territorialidade portuguesa", p.237.

começaram a mudar, com a entrada de judeus do leste e gregos ortodoxos. Cristãos coreanos, principalmente protestantes, começaram a se estabelecer no local no início dos anos 1960. Na década de 1980, bolivianos e paraguaios recém-chegados, muitos deles evangélicos protestantes, tornaram-se a espinha dorsal da força de trabalho em oficinas ou residências, muitas vezes propriedade de descendentes daqueles que chegaram antes.[3] Mais recentemente, o bairro se tornou o lar de imigrantes vindos da China, da África, do sul da Ásia e do Caribe.

Desfazer-se legalmente de uma arma no Brasil em meados de 2015 (antes da eleição de Jair Bolsonaro e a flexibilização das restrições de compra e posse de armas) foi muito desafiador. Jogá-la no lixo era, como minha família concordou, uma péssima ideia, já que a violência armada é recorrente no Brasil. Foi fácil encontrar informações *on-line* sobre o programa de recompra de armas do governo brasileiro, mas dias de telefonemas para as autoridades não deram em nada.[4] Por fim, minha esposa, muito determinada, entrou em contato com a inspetora Aparecida,[5] da Guarda Civil Metropolitana de São Paulo, que concordou em me ajudar.

A inspetora Aparecida sugeriu que ela, eu e a arma nos encontrássemos na estação de metrô Sé, localizada em um dos oito bairros que compõem o centro histórico de São Paulo, densamente povoado e geograficamente compacto. Coloquei o revólver na mochila junto com um formulário do *site* da Polícia Civil que dava permissão para usar o transporte público ao vender uma arma. Geralmente me desloco na cidade usando ônibus e metrô, mas essa era a primeira vez que eu andava armado. Foi assustador e emocionante.

Desci na estação Sé, tentando pensar em maneiras de explicar o revólver se eu fosse revistado, pois não estava totalmente confiante de que meu

---

3 Buechler, "Sweating it".

4 "Entregar voluntariamente arma de fogo, munição e acessórios", Justiça e Segurança, *gov.br*, https://www.gov.br/pt-br/servicos/entregar-voluntariamente-arma-de-fogo-municao-e-acessorios. Última atualização em: 5 jan. 2023.

5 Neste livro usamos sempre nomes fictícios, para preservar as identidades dos personagens.

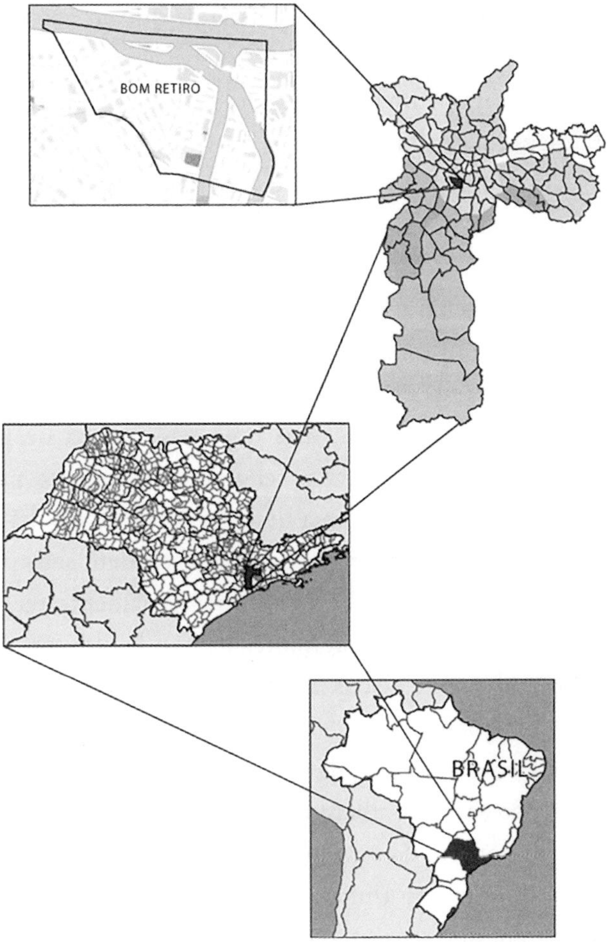

Mapa I.1. *De cima para baixo:* Mapas situando o bairro do Bom Retiro dentro da cidade de São Paulo, o município dentro do estado de São Paulo e o estado dentro do Brasil. Preparado por Surbhi Shrivastava e Savannah Miller, Coletivo de Pesquisa Lesser, 2023. Fontes: Cidade de São Paulo, Subprefeitura Sé, "Bom Retiro, Todas as vias localizadas dentro do perímetro abaixo serão contempladas", 7 mar. 2013. https://capital.sp.gov.br/web/se/w/noticias/36878; https://saopaulomap360.com/s%C3%A3o-paulo-neighborhood-map; *Wikimedia Commons*, File: Sao Paulo in Brazil.svg, "Location of State of São Paulo in Brazil", 12 set. 2022, https://en.wikipedia.org/wiki/S%C3%A3o_Paulo_(state)#/media/File:Sao_Paulo_in_Brazil.svg.

documento da internet convenceria a polícia de que eu não era um criminoso. Minha paranoia diminuiu quando a inspetora Aparecida e seus dois guarda-costas apareceram, um trio nada surpreendente, já que em São Paulo a polícia geralmente patrulha em duplas ou grupos.[6] Juntos, caminhamos até uma delegacia na Praça da Sé, centro geográfico oficial e ponto de fundação da cidade. Uma enorme catedral observa a praça dominada por uma estátua imponente do século XVI do padre José de Anchieta, o "apóstolo do Brasil", ministrando a povos indígenas ajoelhados, embora outra interpretação a veja como um monumento à opressão. Nas décadas depois da Segunda Guerra Mundial, a Praça da Sé sediou alguns dos protestos políticos mais importantes do Brasil, mas hoje está repleta de protestantes evangélicos em rompantes de fervor religioso, geralmente pregando em igrejas estabelecidas por meio de uma fita azul colocada no chão. Vendedores ambulantes, cada vez mais vindos da África, vendem seus produtos em lonas amarradas com cordas que podem ser rapidamente recolhidas para evitar batidas policiais. Muitos habitantes de São Paulo sem moradia formal vivem na Praça da Sé e em seus arredores, onde organizações de serviço social fornecem refeições.

Chegamos à delegacia, localizada próxima à estátua de Anchieta em um prédio que antes abrigava um albergue informal para imigrantes sem documentos. Apesar da patente da inspetora Aparecida, os policiais foram desdenhosos, alegando que não tinham em mãos a papelada para comprar a arma. Eles sugeriram que tentássemos outra delegacia, localizada a menos de 500 metros de distância, em frente à Faculdade de Direito da Universidade de São Paulo. Lá fomos nós: a inspetora, seus guarda-costas, a arma e Jeffinho. Encontramos a base policial móvel dentro de um pequeno furgão convertido. O veículo curiosamente tinha acesso à internet, e o policial concordou em gerar a papelada necessária para recolher a pistola. Dei-me uns tapinhas nas costas por fazer a coisa certa e me preparei para caminhar os trinta minutos até o Bom Retiro, onde tinha um compromisso no arquivo do Museu de Saúde Pública Emílio Ribas, que estava repleto de documentos que eu ansiava ler.

---

6 Willis, "Antagonistic Authorities".

Como costuma ocorrer, não entendi de fato o que estava acontecendo. O policial me disse que eu não poderia simplesmente entregar a arma e ir ao arquivo. Ele explicou que a polícia tinha que comprar o revólver. Isso significava papelada, muita papelada. Os primeiros formulários eram objetivos – minhas informações pessoais e uma descrição de como e onde encontrei o revólver. O segundo conjunto de documentos era sobre a arma em si. O nome do fabricante estava gravado na armação, mas o calibre não. O policial chamou seus colegas para o espaço apertado em que estávamos, e, juntos, eles tentaram descobrir o calibre da arma, como ela funcionava e onde inserir as balas.

Após cerca de vinte minutos de uma análise minuciosa, a verdade foi revelada: o "revólver" que tanto aterrorizou a mim e a minha família era na verdade uma pistola de partida; depois, fiquei sabendo que meu sogro a disparava para dar início a corridas de atletismo infantil.[7] Quando descobrimos que o revólver não letal tinha o cano preenchido e não era capaz de disparar balas, achei que isso arrancaria risadas e permitiria que a polícia me dispensasse. A inspetora Aparecida viu as coisas de outra forma. Se a "arma" tinha enganado seus colegas, ela avaliou, enganaria outras pessoas e, portanto, poderia ser usada para cometer crimes.[8]

A pistola de partida não tão mortal havia se tornado novamente uma arma letal. Ela precisava sair de circulação, o que só poderia acontecer se eu a vendesse para a polícia. A transação precisava ser cuidadosamente documentada, pois no Brasil – e na maior parte da América Latina – tanto a população quanto o Estado político (ou seja, políticos e legisladores) desconfiam em grande medida dos agentes estatais, como a polícia.[9] Essa

---

7 Os amantes de dorama (como este que vos fala) gostarão da cena de um policial examinando uma arma falsa no primeiro episódio de *Na direção do amor*, que foi ao ar pela primeira vez em 16 de dezembro de 2020. Vou deixar a cargo dos leitores decidir qual dos dois atores principais melhor representa minha experiência. *Wikipedia*, *s.v.* "Run On (TV Series)", última modificação em: 10 mar. 2024, 3:50 (UTC), https://en.wikipedia.org/wiki/Run_On_(TV_series).

8 Isa Stacciarini, "Bandidos usam cada vez mais armas de brinquedo e de pressão em assaltos", *Correio Braziliense*, 7 mar. 2017.

9 E. Ribeiro, "Confiança política na América Latina"; Keefer, Scartascini e Vlaicu, "Shortchanging the Future"; M. Machado e Pimenta, "Authoritarian Zones within Democracy".

desconfiança fica evidente não apenas na venda de armas. Para os imigrantes, ela fica clara quando a Polícia Federal brasileira emite um documento confirmando a aprovação da residência do imigrante, porém, como descobri durante minha própria experiência de migração, um segundo documento é necessário para confirmar a legitimidade do primeiro nos postos de controle de fronteira nos quais a mesma Polícia Federal atua. A falta de confiança também fazia com que não fosse possível eu presentear a arma à polícia, pois isso poderia criar um cenário em que a pistola fosse revendida ou repassada ilegalmente. Isso não deveria ter sido uma surpresa para mim – embora tenha sido! –, dada a extensa pesquisa existente sobre as linhas frequentemente tênues entre violação e aplicação da lei.[10]

Por conta dessa desconfiança sistêmica, a polícia e eu precisávamos formalizar uma transação para provar que eu havia vendido uma arma de verdade e que eles a haviam comprado e depois descartado. Isso significava ainda mais papelada. O processo de gerar o recibo da venda levou quase duas horas, e durante esse tempo os policiais e eu conversamos sobre família, minha pesquisa e futebol. O recibo, o policial explicou, não era o fim do processo. A arma só seria registrada como vendida depois que eu fosse a um caixa eletrônico do Banco do Brasil e digitasse um código especial que me levaria a uma tela específica para venda de armas. Ao usar uma senha especial nessa tela, eu receberia o dinheiro e um recibo que deveria guardar. O policial, pensando (de maneira sensata) que eu era um idiota por tentar vender uma pistola de partida, deu-me a seguinte senha: 1-2-3-4. Ele a anotou para mim no recibo, em números grandes. Depois me fez repetir a sequência em voz alta duas vezes – "Um, dois, três, quatro; um, dois, três, quatro" –, já que pode ter concluído que eu não sabia ler bem e queria garantir que eu seguisse o procedimento. Segui as instruções e fiquei não só aliviado por me livrar da arma como feliz por receber o equivalente a cerca de 25 dólares.

Com a conclusão da venda da arma, era hora de a inspetora voltar para seu escritório, na sede da Polícia Civil, perto da enorme Estação da Luz, obra de um arquiteto britânico localizada no Bom Retiro. Como o arquivo do Museu de Saúde Pública Emílio Ribas era perto, a inspetora Aparecida me ofereceu

10 Vanderwood, *Disorder and Progress*; French, *Drowning in Laws*.

uma carona, e outra aventura começou quando fiquei espremido entre seus seguranças no banco de trás do carro de polícia. Avançamos lentamente pelas ruas congestionadas. Chegar ao Bom Retiro de carro saindo da Praça da Sé pode facilmente levar o dobro do tempo do que a pé. Os pedestres espiavam dentro do veículo para ver quem havia sido preso. No carro, nossas conversas eram variadas. A mãe de um dos policiais havia morrido recentemente, e ele refletiu sobre a relação entre ser policial, filho e agora uma espécie de órfão. A inspetora Aparecida falou com muito orgulho sobre o atendimento médico fornecido pelo Serviço Único de Saúde (SUS) do Brasil, mas criticou a falta de tratamentos voltados para a saúde mental. Essas visões conflitantes são comuns em muitos segmentos da população brasileira que reclamam da falta de serviços, das longas esperas por tratamento e das instalações precárias.[11] Quando outro policial reclamou que o Bom Retiro tinha muitos estrangeiros, o motorista respondeu que o problema no Brasil era o excesso de brasileiros.

A movimentação do veículo e a conversa mostram "como geografias, ritmos, políticas, economias, culturas, naturezas e relações de poder constituem a experiência urbana cotidiana [e se tornam] um meio poderoso para revelar os ritmos que em grande parte constituem a vida, a desigualdade e a mudança urbanas".[12] A história de como tentei vender a "arma" também ressalta minha presença neste projeto. Seja em um arquivo ou na casa de um paciente, as interações humanas e os espaços físicos influenciaram a forma como entendi os dados que coletei.

As pessoas e o espaço

Em 1892, um sanitarista militar que trabalhava na enfermaria do quartel do Exército no Bom Retiro chamou o distrito de "o peior bairro de São Paulo".[13] O comentário atribuiu ao distrito, cuja área é de menos de 4 km^2,

11 Farias et al., "Tempo de espera e absenteísmo na atenção especializada"; Moimaz et al., "Satisfação e percepção do usuário do SUS sobre o serviço público de saúde".

12 Graham e McFarlane, *Infrastructural Lives*, p.2-3. Mantivemos a grafia original.

13 [Ilegível], Enfermaria Militar para o Inspetor de Higiene, São Paulo, 11 jan. 1892, Inspetoria de Higiene da Província de São Paulo (Serviço Sanitário), Ofícios Recebidos, 1887 a 1898, v.138ª5, Arquivo Histórico Municipal Washington Luís

um lugar superdimensionado no imaginário da cidade. Eu tinha em mente esse tamanho, tanto geográfico quanto imaginário, enquanto a viatura se arrastava pela cidade. A inspetora Aparecida estava atrasada para um compromisso, então nossa primeira parada foi na sede da Polícia Civil, uma das instituições que surgiram a partir da Diretoria de Polícia e Higiene, do século XIX, e da Assistência Policial, do início do século XX, ambas precursoras do atual Instituto Médico Legal. O atual prédio da Polícia Civil fica a menos de 100 metros da Estação da Luz, onde centenas de milhares de imigrantes desembarcaram nos séculos XIX e XX após chegarem de navio ao Porto de Santos, a cerca de 80 quilômetros do local. Hoje, a Estação da Luz é um ponto central para as linhas de trem e metrô usadas por muitos trabalhadores para retornar às suas casas na periferia geográfica da cidade de São Paulo.

A sede da Polícia Civil fica a três minutos de caminhada do que costumava ser um armazém ferroviário. Em 1942, aquele "prédio velho e sombrio" se tornou a sede do Departamento de Ordem Política e Social (Deops), uma força de segurança brutal criada em 1924 que usou as instalações como local de tortura e violência durante a ditadura militar (1964-1984).[14] Esses dois prédios, assim como o quartel militar mencionado acima, são apenas alguns dos lembretes estruturais no Bom Retiro de como o Estado patrocinou violências físicas, mentais e simbólicas. Por exemplo, a apenas 1,5 km de distância do antigo edifício do Deops estava localizado o infame Presídio Tiradentes, ativo de 1852 a 1973.[15] Essas estruturas, bem como o que aconteceu com as pessoas dentro delas, fizeram do Bom Retiro um local relevante para memórias de opressão e resistência.[16] Filmes como *O ano em que meus pais saíram de férias*, indicado pelo Ministério da Cultura do Brasil para o Oscar de Melhor Filme Estrangeiro de 2006, e o

---

(AHM), São Paulo; Kleber Tomaz, "Suspeito de matar catador com flecha em SP esfaqueou homem em 2013", *G1 São Paulo*, 17 set. 2016.

14 Moszczyńska, *A memória da destruição na escrita judaico-brasileira depois de 1985*, p.148.

15 Mateus, "Memórias de uma prisão"; Freire, Almada e Ponce, *Tiradentes, um presídio da ditadura*.

16 Ferrari et al., "Migration and Urban Development".

conto de Samuel Reibscheid, que leva o título em iídiche e em português "Plétzale. Marco zero" (1995), por exemplo, usam o Bom Retiro para explorar os duros anos da ditadura.[17]

Depois de deixar a inspetora, seguimos para a rua José Paulino, a principal artéria e rua comercial do Bom Retiro, nomeada em homenagem a um proprietário de terras que presidiu um banco e uma empresa do ramo ferroviário e que também atuava como filantropo em causas relacionadas à saúde.[18] Quando foi construída, no final do século XIX, a via se chamava rua dos Imigrantes, mas o nome foi alterado para homenagear José Paulino em 1915, cinco anos depois de o Bom Retiro ter sido elevado ao *status* de distrito.[19] O novo nome da rua foi parte de uma tentativa da cidade de reconhecer o que o jornal *Correio Paulistano*, grande empreendimento jornalístico fundado em 1854, chamou de crescimento econômico "realmente animador" no bairro.[20] Muitos negócios pertenciam a imigrantes e eram operados por eles. Maye Goldstein, uma imigrante judia do Leste Europeu, por exemplo, ativamente comprou, vendeu e alugou casas e espaços de trabalho. A Farmácia Romana tratava diversas formas de *saúde ruim* (termo que uso ao longo da presente obra para abranger as amplas formas como as pessoas entendem problemas físicos e mentais). A saúde ruim tinha muitas causas, incluindo violência, doenças infecciosas, quedas e colisões e longos períodos em pequenas fábricas (como a Marcenaria e Carpintaria Ítalo-Americana) ou em grandes estabelecimentos (como a Cervejaria Germânia).

A maioria dos empreendimentos no Bom Retiro, historicamente e no presente, está ligada à indústria têxtil nacional, em que as condições de trabalho geralmente são precárias e os trabalhadores muitas vezes adoecem. Isso torna aspectos da vida e da morte no Bom Retiro semelhantes àqueles

---

17 Reibscheid, *Plétzale*, p.51-8; Hamburger, *O ano em que meus pais saíram de férias*.

18 Nosso trajeto da Praça da Sé até o Museu de Saúde Pública Emílio Ribas, mapeado no Google Maps: https://maps.app.goo.gl/GoK8DPTRYGxtzVhp9. Acesso em: 22 jun. 2024.

19 Lei Estadual n. 1.236, de 23 de dezembro de 1910, "Cria o distrito de paz do Bom Retiro, desmembrado do de Santa Ifigênia, no município da capital", Assembleia Legislativa do Estado de São Paulo (Alesp), https://www.al.sp.gov.br/norma/65400.

20 "No Bom Retiro e Santa Ifigênia", *Correio Paulistano*, 10 maio 1911, p.8.

em outras cidades nas Américas que têm distritos têxteis, como o bairro de Gamarra, em Lima, no Peru (que supostamente tem 90 mil trabalhadores têxteis), e Paterson, em Nova Jersey, nos Estados Unidos, que já foi conhecida como a Cidade da Seda.[21] Diana Taylor concluiu que a indústria têxtil ajudou a tornar o Bom Retiro caótico (como os supracitados eventos relacionados à minha chegada ao distrito) e muitas vezes ilusório. Ela chamou o distrito de "mundo fantasmagórico das coisas de São Paulo" após analisar uma apresentação artística que usou as ruas do bairro como palco.[22] Essas "coisas", humanas e não humanas, estão em constante movimento, e podemos pensar no Bom Retiro e em bairros semelhantes como artérias urbanas.

De forma semelhante, os fluxos de pessoas e bens indicam que a saúde e a imigração não estão confinadas aos contornos geográficos oficiais ou aos cerca de 40 mil moradores e talvez o dobro de trabalhadores e compradores diários no Bom Retiro. O que acontece, e aconteceu, no Bom Retiro não fica no Bom Retiro: faz parte de um diálogo mundial. O discurso do ex-presidente dos Estados Unidos Bill Clinton para empresários brasileiros em 1997 deixou isso claro: "Os bairros de São Paulo são uma janela para o mundo. [...] O espírito do Oriente Médio preenche o Bom Retiro. Os ritmos da África permeiam todos os quarteirões. Pessoas de todas as partes chamam esse lugar de lar".[23] Como Andrew Britt observou, os comentários de Clinton "colocaram os bairros racializados/etnizados de São Paulo como elementos atemporais e essenciais da marca aparentemente característica da cidade de misturas étnico-raciais e relações interétnicas supostamente harmoniosas".[24] Os comentários de Britt também poderiam se aplicar ao *site hipster Time Out*, que elencou o Bom Retiro como um dos bairros "mais legais" do mundo, por causa de sua "cena gastronômica

---

21 Hayward, "Gamarra, Lima, Peru"; Scranton, *Silk City*.

22 Taylor, "Performing the 'Thing'", p.58-9; M. Fontes, "Paisagens impermanentes"; M. Santos, *A natureza do espaço*.

23 Bill Clinton, Conselho Nacional de Segurança, Escritório de Redação de Discursos, e Antony Blinken, "Brazil – Speech to Business Leaders 10/15/97", Clinton Digital Library, https://clinton.presidentiallibraries.us/items/show/9732.

24 Britt, "*I'll Samba Someplace Else*", p.263.

estimulante – graças ao seu caldeirão de imigrantes da Itália, Coreia, Grécia, Bolívia, Leste Europeu e muito mais".[25]

Na rua José Paulino, ainda há inúmeras lojas de roupas e tecidos que pertencem a imigrantes e descendentes de imigrantes, localizadas no térreo de prédios de dois ou três andares. Embora os trabalhadores têxteis contemporâneos normalmente (porém nem sempre) usem máquinas de costura elétricas em vez das manuais, seus pequenos espaços de trabalho geralmente ficam nos mesmos locais onde estariam situados há um século.[26] Durante o horário comercial, a rua fica lotada de consumidores comprando roupas e produtos têxteis e de vendedores chamando pedestres para "dar uma olhadinha" em suas lojas. Nos dias atuais, elas geralmente são administradas por imigrantes coreanos ou seus descendentes, mas há 50 anos os proprietários poderiam ser judeus do Leste Europeu e, há um século, poderiam ser cristãos do Oriente Médio ou do sul da Europa. Carrinhos puxados e empurrados por pessoas levam tecidos e acessórios, roupas acabadas e lanches para vender, assim como ocorria no século XIX. Patrulhas policiais a pé estão sempre presentes durante o dia, embora elas, como todo o resto, pareçam desaparecer com a chegada da escuridão.

Se os compradores olhassem acima das lojas de atacado e varejo na rua, o que raramente fazem, veriam janelas com vidros escuros, muitas vezes com grades, que mantêm longe dos olhos do povo as oficinas-residências no andar superior – a palavra "cortiço-oficina" pinta uma imagem imprecisa mas evocatória. Dentro, quartos individuais separados por madeira compensada, que muitas vezes abrigam famílias inteiras, delimitam espaços de trabalho cheios de máquinas de costura e pilhas de tecidos, linhas e botões. Essa é mais uma maneira pela qual o Bom Retiro se encaixa em um ecossistema global, já que muitos dos trabalhadores têxteis são imigrantes sul-americanos. A maioria é boliviana, país de origem do maior grupo

---

25 "Time Out Names the Coolest Streets in the World Right Now", *Time Out*, 9 jun. 2021, https://www.timeout.com/about/latest-news/time-out-names-the-coolest-streets-in-the-world-right-now-060921. Ver também "From Lisbon to Tokyo via Lagos", *Time Out*, 17 set. 2019, https://www.timeout.com/about/latest-news/from-lisbon-to-tokyo-via-lagos-arroios-shimokitazawa-and-onikan-top-time-outs-list-of-the-worlds-coolest-neighbourhoods-right-now-091719.

26 *Vida Paulista: Humorismo, Literatura e Esporte*, v.2, n.18, 16 jun. 1921, p.9.

de imigrantes que chegam ao Brasil desde as mudanças nas regras de visto vinculadas à criação do Mercosul em 1991, havendo também muitos paraguaios e peruanos.[27] As partes da rua José Paulino mais distantes da Estação da Luz têm significativamente menos atividade comercial na rua, e as lojas de varejo no térreo se tornam escassas. A rua termina abruptamente na UBS Bom Retiro, ao lado do antigo complexo do Desinfectório Central de São Paulo, que hoje abriga o arquivo do Museu de Saúde Pública Emílio Ribas, aonde fui depois de vender a "arma". Nessa parte do Bom Retiro, o som das compras é substituído pelo som da costura, visto que o relativo silêncio torna mais aparente o que está acontecendo nos espaços íntimos atrás de portas fechadas.

Chegadas

Não costumo chegar ao Bom Retiro na traseira de uma viatura. Normalmente, pego a linha amarela do metrô até o bairro da Luz, cujo nome foi dado no início do século XVII em homenagem a Nossa Senhora da Luz. Atualmente, uma série de longas escadas rolantes levam da plataforma até uma praça com pequenas lojas que oferecem serviços para a classe trabalhadora – açougueiros, cabeleireiros, vendedores de tecido – em edifícios que foram residências de classe média alta no século XIX. Os andares superiores abrigam residências de curta permanência e cortiços. A posse de diversos desses prédios está em litígio, e eles foram ocupados por pessoas em busca de moradia. À direita da entrada do metrô fica a impressionante Estação da Luz, cujas entradas parecem ser vigiadas por policiais, pessoas sem residência fixa e profissionais do sexo com diferentes identidades. Uma bela passarela cruza os trilhos dentro da estação, e a pobreza pungente do outrora elegante lado norte da estação é transformada em uma ampla avenida que inclui o Jardim da Luz e a Pinacoteca. Durante meu trabalho de campo na UBS Bom Retiro, eu seguia por uma calçada quebrada ao redor do Jardim da Luz até a rua José Paulino, cujo início é marcado por um letreiro *art déco* que diz "Bem-vindo ao Bom Retiro" (Figura I.1).

---

27 Cidade de São Paulo, "Imigrantes na cidade de São Paulo"; Baeninger e Fernandes, *Atlas temático*.

Figura I.1. Entrada do Bom Retiro, mostrando prédios de três andares com varejistas de roupas no térreo e oficinas-residências nos andares superiores. Fonte: Paulo Humberto, "Bom Retiro – Região da Estação da Luz – São Paulo", 24 out. 2009, *Wikimedia Commons*, https://commons.wikimedia.org/wiki/File:Bom_Retiro_-_Regiao_da_Esta%C3%A7ao_da_Luz_-_Sao_Paulo_-_panoramio.jpg.

O Bom Retiro é um bairro aonde as pessoas chegam a pé ou usando transporte motorizado, vindas de todo o Brasil e do exterior. Os imigrantes contemporâneos têm origens diferentes daqueles que chegaram há um século. Quase 28% dos mais de 50 mil africanos registrados na Polícia Federal do Brasil são de Angola, sendo outros 40% da Guiné-Bissau, Cabo Verde, Nigéria, Moçambique ou Senegal.[28] Há cerca de 250 mil imigrantes

28 Baeninger, Demétrio e Domeniconi, "Espaços das migrações transnacionais", Tabela 2; Bomtempo e Sena, "Migração internacional de africanos para o Brasil e suas territorialidades no estado do Ceará".

chineses e seus descendentes em São Paulo, a maioria de Taishan, na província de Guangdong, e Qingtian, na província de Zhejiang, ambas na República Popular da China, assim como de Taiwan.[29] Há cerca de 30 mil refugiados da Venezuela, Síria, República Democrática do Congo e Haiti, bem como uma pequena e crescente população de imigrantes do sul da Ásia.[30] Não surpreende o fato de que alguns desses recém-chegados vivem e trabalham no Bom Retiro, às vezes temporariamente, enquanto seguem em direção ao norte, para o México e depois para os Estados Unidos.[31]

A migração geralmente é uma experiência desorientadora. Foi assim que me senti depois de vender a "arma" e chegar ao Bom Retiro espremido entre dois policiais armados em uma viatura. Meu deslocamento pela cidade naquele dia, embora estivesse longe de ser uma experiência migratória, é uma metáfora dos caminhos que este livro percorre em sua análise das conexões entre imigração, saúde e ambiente construído.[32] Afirmo que essa triangulação explica os mecanismos pelos quais o Estado e os moradores se envolvem em e perpetuam práticas cotidianas, espaços e imaginários no que diz respeito à saúde e à migração. Todos ocorrem em períodos desagregados da periodização política tradicional.[33] Antes de meados do século XIX, o Brasil era marcado pela falta de política de saúde pública, panorama que mudou entre 1850 e 1910, quando o Estado buscou criar regulamentações de saúde, as quais seriam amplamente postas em prática por meio da iniciativa privada. Entre 1910 e 1945, o Estado desempenhou um papel cada vez

---

29 Shu e Tiashu, "Studies on Chinese Migration"; Mandelbaum e Buitoni, "Territorializations"; Shu, *Chinese Migration to Brazil*; Piza, "Chinese Migration".

30 Jensen, *Color of Asylum*; Baeninger e Fernandes, *Atlas temático*; Daniela Bucci e Maiara Matricaldi, "Refugiados no Brasil, em São Paulo e região metropolitana: desafios para o acolhimento", *Rede Brasil Atual*, 26 set. 2021, https://www.redebrasilatual.com.br/blogs/blog-na-rede/refugiados-no-brasil-em-sao-paulo-e-regiao-metropolitana-desafios-para-o-acolhimento/; Caritas: Arquidiocesana de São Paulo e Alto Comissariado das Nações Unidas para Refugiados, *Mapa de georreferenciamento de pessoas em situação de refúgio atendidas pela Caritas Arquidiocesana de São Paulo*.

31 Césaro, *Uma etnografia da mobilidade internacional de senegaleses em Porto Alegre (RS, Brasil) e Atlanta (GA, Estados Unidos)*.

32 Ball, *Navigating Life and Work*; Sontag, *Illness as a Metaphor*.

33 Rezende e Heller, *O saneamento no Brasil*, p.43.

maior na saúde pública, com o surgimento de muitas políticas a partir da reinterpretação daquelas usadas nos Estados Unidos.

Em 1945, o governo federal começou a exigir autossuficiência financeira dos estados em relação à saúde, levando a colapsos em larga escala, visto que estados e municípios eram cada vez menos capazes de financiar os cuidados de saúde para a população geral. Esse colapso se tornou cada vez mais perceptível depois de 1970, à medida que a desigualdade social e as crescentes lacunas entre áreas rurais e urbanas se tornaram a norma. Em 1988, com o fim de mais de duas décadas de ditadura militar, uma nova constituição democrática tornou a saúde um direito formal. O resultado foi a criação do Sistema Único de Saúde (SUS), universal e gratuito, que permanece em vigor até hoje e, em termos legais, está disponível para qualquer pessoa dentro do território brasileiro, independentemente de seu *status* de cidadania.

Resíduos

Ao enfatizar como as pessoas se envolvem com práticas, espaços e imaginários de saúde cotidianos, destaco resíduos materiais, políticos e sociais que persistem mesmo durante períodos de transformação. Podemos pensar em resíduos como "estruturas de repetição" que marcam a permanência com base em atividades passadas, "de tudo ficou um pouco", como escreveu o poeta Carlos Drummond de Andrade.[34] Este livro afirma, portanto, que a intratabilidade do passado no presente significa que as políticas de saúde pública em transformação, os avanços biomédicos e as novas ideias sobre multiculturalismo podem não ser tão transformadores quanto parecem à primeira vista.[35]

Resíduos são "os resultados ou efeitos de algum processo já concluído. São sobras. Remanescentes. Nesse sentido, os resíduos não podem fugir de sua história e dão pistas para reconstruir o passado químico".[36] Depois que edifícios e estradas são destruídos, os escombros que permanecem apontam

---

34 Koselleck, *Sediments of Time*, p.5-6; C. Andrade, "Resíduo", p.92.

35 Autores tão variados quanto o antropólogo Claude Lévi-Strauss e o crítico de música Greil Marcus defenderam algo muito semelhante, em áreas muito diferentes. Lévi-Strauss, *World on the Wane*; Marcus, *Lipstick Traces*.

36 Boudia et al., "Residues", p.168.

"os resíduos do sucesso e do fracasso", mas esses sólidos podem ser forçados a se unir para criar materiais de construção, como tijolos e tábuas pré-fabricadas.[37] No Brasil, o lixo é normalmente chamado de "resíduo" e frequentemente gera renda para aqueles que o coletam informalmente, como enfatizado no famoso livro biográfico de Carolina Maria de Jesus de 1960 (definido por alguns acadêmicos como "a poética de resíduos").[38] Suspeita-se que resíduos psicológicos sejam a causa de alguns distúrbios de memória e que até mesmo regiões fronteiriças possam criar o "resíduo emocional de uma fronteira não natural".[39]

Os resíduos também levam a geografias, e esses vestígios do passado, por sua vez, permitem-me teorizar locais nos quais a saúde está passando por mudanças, mesmo ao examinar forças que impõem continuidades e, portanto, estruturas. Algumas das estruturas, como edifícios e ruas, são *infraestruturais*, um termo cunhado por engenheiros franceses do século XIX para "a base de suporte para linhas ferroviárias – a estrutura abaixo da estrutura".[40] Estruturas sociais se relacionam com o comportamento em "espaços de saúde" ou com certos tipos de "pessoas saudáveis" à medida que se associam com raça, etnia, classe, gênero e/ou orientação sexual. Pensar sobre resíduos, portanto, ressalta a relação entre ideias subjetivas sobre doenças e curas e objetos materiais que deveriam melhorar objetivamente os resultados de saúde. Resíduos sociais e culturais ajudam a explicar lacunas de longo prazo na compreensão entre profissionais de saúde e pacientes. Eles explicam por que os avanços em tecnologias biomédicas – como raios-X e novos produtos farmacêuticos – nem sempre levam a melhores resultados de saúde em bairros da classe trabalhadora, como o Bom Retiro.[41]

Resíduos globais são muito comuns nas Américas. Os "restos vivos [e] legados persistentes" da escravidão, da imigração, do multilinguismo e de sotaques perceptíveis, de pressões assimilativas e do desenvolvimento industrial formal e informal se sobrepuseram durante séculos para criar o que os

---

37 Tsing, *Friction*, p.74; Gordillo, *Rubble*.

38 Jesus, *Quarto de despejo*; Fernandez, *A poética de resíduos de Carolina Maria de Jesus*.

39 Anzaldúa, *Borderlands/La frontera*, p.25-6.

40 Heathcott, "Infrastructure Designs", p.1.

41 Cortinois e Birn, "What's Technology".

acadêmicos às vezes chamam de "estruturas".[42] Este livro defende que os resíduos criam e são criados na vida cotidiana das pessoas, durante consultas com profissionais médicos, em caminhadas de um lugar a outro e em discussões sobre temas variados, desde violência armada a doenças. Resíduos sociais, discursivos e materiais vêm à tona em ambientes construídos tão distantes, porém tão semelhantes, quanto o Bom Retiro e a Cancer Alley, na Louisiana, Estados Unidos.[43]

No Bom Retiro e em outros distritos têxteis ao redor do mundo, resíduos materiais gerados por oficinas são onipresentes. Pilhas de restos de tecido e tiras de papelão que antes continham botões ou *strass* ficam nas ruas acumulando água e se tornam criadouros de mosquitos toda vez que chove. Os resíduos de esgotos entupidos que transbordam fazem o mesmo. Tudo isso determina como as pessoas andam pelo bairro, incluindo os caminhos que escolhem e o tipo de passo que devem dar para evitar pilhas de lixo e poças. Assim, estrutura(s) e mudança(s) existem simultaneamente, uma ideia que Gilberto Hochman e Anne-Emanuelle Birn exploraram no contexto de epidemias.[44] Até mesmo banheiros estão relacionados com a questão dos resíduos, já que, como é o caso em grande parte da América Latina, o papel higiênico usado e outros resíduos não são jogados no vaso sanitário, para evitar entupimento do esgoto.

Cogitei usar outros termos que não "resíduos" neste livro. "Continuidades" parecia mais absoluto do que as fontes permitiam, e temi que lacunas significativas nos dados (especialmente para as décadas de 1930 e 1940) pudessem levar os leitores a conclusões a-históricas. "Sedimentos" implicava uma materialidade que poderia excluir diálogos culturais. Meu uso da palavra "resíduos" oferece uma categoria que pode destacar semelhanças ao longo do tempo, as quais podem ser vistas em diferentes meios, desde discursos a objetos materiais. Meu foco nos resíduos não significa que rejeito mudanças ao longo do tempo ou especificidades culturais e geográficas. No entanto, como Ajay Gandhi afirmou, "sujeitos residuais" emergem

42 Young, "Postcolonial Remains", p.19.

43 James, Jia e Kedia, "Uneven Magnitude of Disparities in Cancer Risks".

44 Hochman e Birn, "Pandemias e epidemias". Ver também Birn e López (orgs.), *Peripheral Nerve*; Kropf e Hochman, "Science, Health, and Development".

quando perguntamos sobre a constância de certos tipos de atividades humanas, por exemplo, captores em Déli (Índia) que expõem macacos capturados e cobram ingresso para visitação, uma atividade que também fazia parte da paisagem urbana de São Paulo no final do século XIX e início do século XX.[45] Esses resíduos também são aparentes no que Diego Armus e Pablo Gómez chamam de "zonas cinzentas da medicina"; usar dados históricos e contemporâneos me permite analisar por que a mudança biomédica e a estagnação relacionada à saúde frequentemente coexistem.[46]

Uma das imagens recorrentes, em diferentes classes sociais, retratava o Bom Retiro como doente, estrangeiro e industrial, um cenário que emergia de padrões de migração e condições de trabalho e de vida observáveis. Estudiosos das Américas reconhecerão esses padrões e os estereótipos resultantes como elementos típicos de geografias onde uma parte considerável do trabalho ocorria em grandes fábricas formais e em oficinas. A literatura acadêmica em língua inglesa às vezes se refere às oficinas como *sweatshops*, mas evito usar esse termo pois ele implica uma distinção nítida entre local de trabalho e residência. Na região central da cidade de São Paulo, os espaços de trabalho eram e frequentemente são também locais residenciais, assim como em muitos distritos têxteis.[47] No Bom Retiro, essas áreas de trabalho/moradia estavam frequentemente localizadas em cortiços (literalmente "colmeias", mas frequentemente traduzido para o inglês como *tenements*), termo empregado para moradias de alta densidade onde a saúde ambiental é precária e onde famílias inteiras vivem em quartos individuais e compartilham banheiros e cozinhas com outras pessoas. Para enfatizar a sobreposição entre espaço de trabalho e residencial, uso o termo "oficina-residência" para distinguir esses locais daqueles que são estritamente para trabalho ou para moradia. Oficinas-residências, assim como favelas urbanas e suburbanas, são locais onde raça e espaço se fundem simbólica e experiencialmente.[48] Embora as condições de trabalho e de vida nas oficinas-residências do Bom Retiro sejam duras, não uso termos relacionados à escravidão pois

---

45 Gandhi, "Catch Me", p.48; Americano, "O realejo e os macacos", p.155.

46 Armus e Gómez, *Gray Zones of Medicine*.

47 Buechler, "Sweating it".

48 Vargas, "When a Favela Dared".

fazê-lo diminuiria as reais condições da escravidão no Brasil. Além disso, os trabalhadores imigrantes contemporâneos, apesar de terem regimes de trabalho que geralmente são abusivos, frequentemente participam de padrões migratórios circulares vinculados a ciclos econômicos, e a maioria esmagadora deles tem acesso a escolas e assistência médica.[49]

Espaços

Este livro se concentra em casos individuais (humanos, estruturais e ambientais) e no que eles nos ensinam sobre continuidades no geral em distritos urbanos da classe trabalhadora com muitos imigrantes e seus descendentes, como é o caso do Bom Retiro.[50] Ao perguntar sobre como viver e morrer no decorrer do tempo se relacionam com o espaço (no nível da residência, do local de trabalho, da rua, do quarteirão, do bairro e da cidade), pretendo criar contrapontos aos aspectos homogeneizadores dos dados gerados pelo Estado.[51] Esse foco espacial me permite ver melhor como o Estado e seus representantes nivelam as diferenças culturais, tornando as respostas a doenças e curas muitas vezes surpreendentemente semelhantes ao longo do tempo. Ele traz à tona por que diversas comunidades de imigrantes, apesar de terem trajetórias históricas e culturais distintas, muitas vezes geram respostas antagônicas semelhantes a políticas como programas de prevenção e erradicação impostos pelo Estado.

A saúde ruim no Bom Retiro não se limita a doenças; ela também resulta de barulho, abuso, infraestrutura precária, mordidas de animais não humanos (pequenos como escorpiões ou grandes como cães), crime e violência. Ao estabelecer relações entre experiências cotidianas de saúde ruim e atividades culturais e de linguagem, estruturas materiais (como prédios e ruas) e sociais (como raça, classe ou cidadania), leio geografias e as pessoas que as

49 Cymbalista e Nakano, "São Paulo, Brazil".

50 Martes e Faleiros, "Acesso dos imigrantes bolivianos aos serviços públicos de saúde na cidade de São Paulo"; Park, "'Foxes' Outfoxed"; Kang et al., "Mental Health of Korean Immigrants"; S. Silva, *Costurando sonhos*.

51 Link e Phelan, "Social Conditions".

habitam pelas lentes da saúde. Minha lente certamente não se limita a discursos sobre curas durante crises de saúde pública ou ao trabalho de conscientização da população realizado por profissionais de saúde. Também estou interessado em como a população e os agentes de saúde pública negociam ações dentro dos espaços. Para a população, essas negociações geralmente exigem criatividade enquanto ela "vive" processos de saúde e projetos estatais relacionados à prevenção e cura de doenças.

O movimento permeia cada capítulo deste livro. Assim como no passado, os profissionais de saúde de hoje transitam pelo Bom Retiro a pé para levar cuidados a oficinas-residências lotadas e pôr em prática políticas sanitárias. Os habitantes brasileiros do Bom Retiro, geralmente negros, eram frequentemente deslocados ocupacional e residencialmente por imigrantes e seus descendentes. Alguns então migraram para outras partes da cidade ou para outros países, criando novos espaços residenciais e de trabalho com matizes raciais para os recém-chegados.[52]

O movimento influencia como os residentes se lembram do bairro. Quando o jornalista Marcos Faerman falou com moradores mais velhos do Bom Retiro na década de 1980, descobriu que eles costumavam usar cronologias globais imprecisas para sugerir que seu próprio grupo étnico autodefinido chegara a um lugar despovoado, mas fora expulso quando outros chegaram.

> Entre alguns velhos italianos ficou o sentimento de que eles perderam o Bom Retiro. Entre alguns velhos judeus, ficou o sentimento de que o melhor do Bom Retiro já morreu. Alguns velhos italianos ficam ressentidos quando se fala nos anos [19]30. Foi nesta época que as prostitutas foram jogadas em três de suas ruas mais importantes. As famílias italianas fugiram do bairro. Os judeus traziam algum dinheiro da Europa e compraram suas casas. Foi assim?[53]

---

52 Bosi, *Memória e sociedade*, p.105.

53 Marcos Faerman, "O bairro de Szmul, de Isaac, de Jacob, do *beigale*, do arenque, das dez sinagogas: ontem, na primeira parte da reportagem, mostramos o Bom Retiro dos italianos. Nesta página e na seguinte está outro Bom Retiro – o bairro dos judeus", *Jornal da Tarde*, 24 nov. 1981, p.14-5.

As histórias orais de Teresinha Bernardo com dois antigos moradores do Bom Retiro – dona Nidia, descrita como uma "mulher branca", e o sr. Raul, descrito como um "homem negro" – mostram a ligação entre ideias raciais e processos migratórios:[54]

> Dona Nidia: Era um bairro muito alegre, tinha três cinemas [e] dois clubes. Era um bairro que todos eram amigos, começou mudar quando vieram os judeus e a gente se dispersou.

> Sr. Raul: O Stacchini preferia os italianos como ele. Era 1927, lembro como se fosse hoje: eu aguentei todos aqueles anos as investidas dos italianos, porque praticamente eu tinha sido criado na loja [Stacchini Sapateiros], mas em [19]27 chovia italiano no Bom Retiro e aí o preto saiu mesmo, acabou o lugar dos pretos nas sapatarias e nas alfaiatarias. Ainda hoje eu não ponho os meus pés no Bom Retiro.

Dona Nidia e sr. Raul expressam o que Emily Sweetnam Pingel chama de "geografia racializada", onde cada novo grupo de imigrantes "não faz exatamente parte do bairro, estando na verdade de passagem".[55] A conversa de Pingel em 2019 com Maria, uma mulher que se identificava como negra e moradora de longa data do Bom Retiro, deixa isso claro:

> Hoje você tem uma quantidade imensa de coreanos. Então, você tem os coreanos, os judeus, que são tradicionais, os bolivianos. Hoje você tem paraguaios chegando, angolanos. Então é um bairro muito misturado. Mas aqueles que são *realmente* do bairro se conhecem... então você pode ir até a barraca de frutas da esquina, e o dono sabe que você vai pagar no final do mês. Mas quando um estrangeiro novo chega, todos nós sabemos, olha, esse estrangeiro é novo. E isso aconteceu muito rápido... e como é um bairro comercial, as pessoas vêm para trabalhar. Elas vêm para trabalhar e depois vão embora, mas nós ficamos. Então, *nós* sabemos quem é realmente *do* bairro.[56]

---

54 Bernardo, *Memória em branco e negro*, p.75, 119.

55 Pingel, "Immigrants, Migrants, and Paulistanos", p.7.

56 Idem, *Primary Care*, p.44.

Minhas próprias experiências com moradores e ex-moradores do Bom Retiro refletem as dessas pessoas. Em 2006, quando *O ano em que meus pais saíram de férias* foi lançado, participei de muitas conversas formais e informais pelo fato de o filme se passar no Bom Retiro e abordar temas de resistência política, casamento entre judeus e não judeus brasileiros e conflitos intergeracionais entre imigrantes e seus filhos nascidos no Brasil. Interpretei o filme como uma carta de amor a um Bom Retiro *imaginado*, com seu retrato de relações próximas entre pessoas de diferentes origens imigratórias e entre brancos e negros, apesar do racismo normalizado. No entanto, alguns ex-moradores do bairro que eu conhecia estavam menos entusiasmados. Eles não se "lembravam" de o filme retratar relacionamentos afetivos entre pessoas de diferentes origens étnicas, raciais e religiosas, já que suas próprias memórias foram construídas intencionalmente a partir de uma segregação étnico-religiosa.

Eu não tinha pensado sobre as conversas referentes a *O ano em que meus pais saíram de férias* por muitos anos, mas isso mudou em 2020, pouco antes da pandemia de Covid-19. Fui convidado a discutir a relação entre imigração e saúde na Casa do Povo, uma organização político-social do Bom Retiro fundada após a Segunda Guerra Mundial por judeus progressistas nascidos no Brasil ou que imigraram da Europa oriental. Os participantes eram, em sua maioria, judeus brasileiros que foram criados no bairro, mas haviam migrado para bairros de classe média alta em São Paulo. Alguns na plateia nunca haviam vivido no Bom Retiro, mas sentiam uma conexão profunda com o local por causa de histórias contadas por seus pais e avós. Havia também moradores atuais, alguns multigeracionais e outros recém-chegados de ascendência coreana e andina.[57] Os não residentes desprezaram minhas afirmações de que o Bom Retiro há tempos era multiétnico, apesar de minhas tentativas de apresentar estatísticas e da própria placa multilíngue da Casa do Povo (Figura I.2). Em vez disso, tinham uma visão idílica de um passado de etnia única. Os moradores atuais discordaram, falando sobre o Bom Retiro como um bairro multicultural que sofre com desafios de saúde e racismo de longa data. Todos os participantes pensaram que eu estava errado sobre

57 "Círculo de reflexão sobre judaísmo contemporâneo com Jeffrey Lesser", *Casa do Povo*, 13 jul. 2019, https://casadopovo.org.br/en/circulo-de-reflexao-sobre-judaismo-contemporaneo-18/. Acesso em: 29 ago. 2023.

a significativa presença negra no bairro, uma atitude que discuto em mais detalhes no capítulo 2.

Figura I.2. Placa multilíngue (português, inglês, espanhol, coreano, iídiche) no banheiro na Casa do Povo, Bom Retiro. Fotografia: Raphael Schapira, 14 out. 2022. Uso autorizado.

Não acredito que essas divergências com o público estivessem relacionadas apenas à autoidentificação. De fato, um aspecto comum das identidades étnicas ao redor do mundo são os contos imaginários internos de um grupo que frequentemente excluem experiências cotidianas multiétnicas.[58] Essas memórias normalmente entram em conflito com pesquisas acadêmicas, mas tentei levar as experiências lembradas a sério, mesmo quando põem em xeque meus argumentos. Levar a memória a sério, no entanto, não

58 Portelli, "Uchronic Dreams".

diminui a importância dos documentos históricos e das observações contemporâneas que analiso. Eles refletem suposições de representantes do Estado, da imprensa, de profissionais de saúde e de residentes e não residentes de que os imigrantes são exóticos e perigosos e, portanto, exacerbam desigualdades de saúde de longa data, apesar dos avanços médicos ao longo do tempo. Essas atitudes vêm à tona em temas como nutrição, dependência química, epidemias, saúde sexual, eugenia, valores da classe média, controle de fronteiras, cooperação internacional e políticas populacionais, em que os resíduos ajudam a estruturar relações contemporâneas.

A partir do século XIX, distritos urbanos ao redor do mundo ligados a imigrantes e à mão de obra proletária industrial se tornaram campos de batalha da saúde.[59] Muitos desses espaços estavam localizados em centros urbanos que as classes dominantes consideravam geograficamente marginais. Esse também é o caso hoje. Em 2019, um guia turístico que trabalhava em uma empresa em São Paulo voltada para programas de estudos universitários no exterior me disse que seria demitido se sugerisse um roteiro a pé pelo Bom Retiro. Quando perguntei o motivo, ele falou sobre o medo em relação aos moradores do bairro – como classe trabalhadora, como não brancos, como imigrantes. Lugares como o Bom Retiro são frequentemente alvos do Estado e da população, ao mesmo tempo que os habitantes são marginalizados em termos de saúde, acesso a direitos e políticas públicas.

Existem muitos bairros operários onde a mão de obra imigrante se especializa na produção de roupas e tecidos, e legados duradouros que estabelecem conexões emergem quando vemos pequenos espaços como espaços globais. O Bom Retiro, em São Paulo, também é a Praça Onze, no Rio de Janeiro, e Novo Hamburgo, no Rio Grande do Sul, ambos no Brasil. É o Lower East Side, em Nova York, e o Flats, em Cleveland, nos Estados Unidos; o Once, em Buenos Aires, na Argentina; o Ward, em Toronto, no Canadá; e a região sul de Tel Aviv, em Israel.[60] Embora sejam distintos (obviamente!), essas diferenças

---

59 Green, *Ready-to-Wear*.

60 Lisboa, "Insalubridade, doenças e imigração"; Colgrove, *Epidemic City*; Stepan, "*Hour of Eugenics*"; Markel e Stern, "Foreignness of Germs"; Barnett e Walker, "Role of

não nos impedem de ponderar semelhanças, sejam elas em estruturas sociais, discursos e ações sobre saúde ou em repertórios culturais que giram em torno do ambiente construído e se movimentam dentro dele.[61] De fato, procurar semelhanças entre lugares e tempos suscita questões que não aparecem, ou que podem ser descartadas, quando o foco é a diferença. A balada "Mentshn--Fresser" [Devorador de pessoas], de Shlomo Shmulevitsh (1912), pode ter sido inspirada pela gripe "russa" de 1889 ou pela "sequência de epidemias do início do século XX – tuberculose, poliomielite, cólera e gripe".[62] Embora tenha sido escrita no Império Russo, ela faria sentido tanto para os imigrantes da época quanto para aqueles que vivem no Bom Retiro hoje:

Uma praga terrível está se espalhando
pelo mundo
Com a velocidade ardente
de um grande incêndio
As mentes humanas são indefesas,
a sabedoria não tem utilidade
Nenhum remédio pode ser encontrado para...
um bacilo

Micróbios, bacilos, o que vocês querem?
À vontade de quem vocês servem?
Vocês devoram suas vítimas sem piedade
Vocês miram na vida que floresce
Vocês se banham em nossas lágrimas
Vocês sugam a medula de nossos ossos
Vocês envenenam nossas vísceras.

Immigrants"; E. Jones, "'Co-operation in All Human Endeavour'"; Martin, Goldberg e Silveira, "Imigração, refúgio e saúde"; Vignie e Bouchaud, "Travel, Migration".

61 Farmer, *Pathologies of Power*; Pegler-Gordon, *In Sight of America*.

62 מענטשן־פרעסער, *Mentshn-Fresser ("People Devourer")*, 1916, https://opensiddur.org/prayers/collective-welfare/trouble/epidemics/mentshn-fresser-people-devourer-by-shlomo-shmulevitsh-1916/; Shalom Goldman, "Yiddish Plague Songs", *Tablet*, 29 abr. 2020.

Lembrar que os centros geográficos são frequentemente periferias de saúde ajuda a entender como os mapas de São Paulo e outras cidades frequente e falsamente representam o espaço como algo contínuo e organizado.[63] A planicidade dos mapas, com suas linhas e símbolos que indicam ruas e muitas vezes são proporcionalmente equivocados, esconde ruas inundadas, calçadas quebradas, pilhas de lixo e animais não humanos errantes e voadores.[64] Os mapas, então, são resíduos da ignorância intencional e do autoengano de burocratas e representam uma "dupla articulação" espacial, para brincar com o argumento de Doreen Massey sobre como o espaço geográfico e o lugar cultural nem sempre convergem.[65]

Mapas da cidade de São Paulo, desde meados do século XIX até a década de 1950, consistentemente mostram o Bom Retiro (localizado no quadrante central norte) como uma periferia majoritariamente vazia em relação ao resto da parte central da cidade.[66] O mapa de 1890 (figuras I.3a e I.3b), por exemplo, mostra que adentrar mais do que alguns quarteirões no bairro significava entrar no vazio, saindo da malha, visto que as ruas ainda não tinham sido mapeadas.[67] O mapa de Artur Saboia de 1929 (figuras I.4a e I.4b) adota uma abordagem diferente, dando ao Bom Retiro uma pegada maior, mas terminando abruptamente na borda, sugerindo que São Paulo não existia fora do mapa. Em 1951, os mapas ainda representavam o Bom Retiro como um espaço de fronteira, com a organização urbana e tudo a ela associado cessando repentinamente.[68]

---

63 Vertesi, "Mind the Gap".

64 Monmonier, *How to Lie with Maps*, p.1.

65 Doreen Massey, "Double Articulation".

66 Rath, "Planta da cidade de São Paulo – 1868", em "São Paulo antigo: plantas da cidade", *Informativo Arquivo Histórico de São Paulo*, v.4, n.20, set.-out. 2008, http://www.arquiamigos.org.br/info/info20/img/1868-download.jpg.

67 Cosby, *Flowers Grew*, p.116-20.

68 Mapa Falk da cidade de São Paulo (1951) – 1, Acervo do Museu Paulista da USP, https://pt.m.wikipedia.org/wiki/Ficheiro:Mapa_Falk_da_Cidade_de_S%C3%A3o_Paulo_-_1,_Acervo_do_Museu_Paulista_da_USP.jpg; Joyner, "Planta da cidade de São Paulo levantada pela Companhia Cantareira e Esgotos, 1881", em "São Paulo antigo: plantas da cidade", *Informativo Arquivo Histórico de São Paulo*, v.4, n.20, set.-out. 2008, http://www.arquiamigos.org.br/info/info20/i-1881.htm.

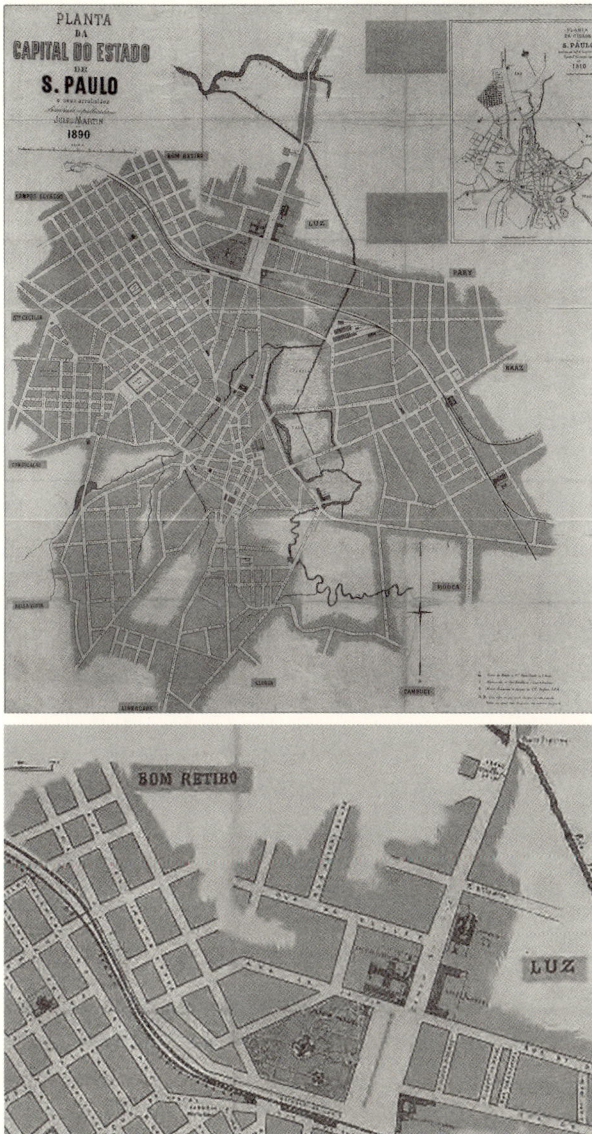

Figuras I.3a e I.3b. Mapa de São Paulo de 1890 e detalhe mostrando o Bom Retiro como um espaço predominantemente "vazio". Fonte: Jules Martin, "Planta da Capital do Estado de S. Paulo e seus arrabaldes desenhada e publicada por Jules Martin em 1890". *Informativo Arquivo Histórico de São Paulo*, v.4, n.20, set.-out. 2008, http://www.arquiamigos.org.br/info/info20/img/1890-download.jpg.

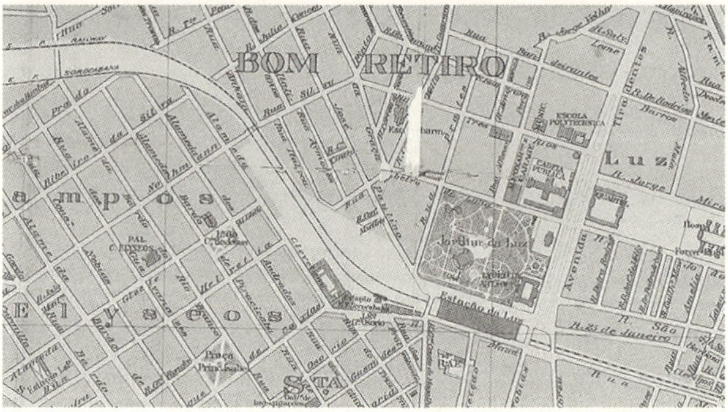

Figuras I.4a e I.4b. Mapa de São Paulo de 1929 e detalhe mostrando o Bom Retiro como bairro urbano. Fonte: Artur Saboia, "Planta da Cidade de S. Paulo (1929)". Coleção João Baptista de Campos Aguirra – 7ª Seção da Diretoria de Obras e Viação – Prefeitura de São Paulo – Seção Cartográfica da Companhia Litográfica Ipiranga (São Paulo e Rio de Janeiro), Museu Paulista. https://upload.wikimedia.org/wikipedia/commons/b/ba/Planta_da_Cidade_de_S._Paulo_-_1%2C_Acervo_do_Museu_Paulista_da_USP.jpg.

Métodos que levam a perguntas

Este livro é um reflexo das diversas abordagens que utilizo para gerar e analisar dados. Como muitos nas Humanidades, passei a maior parte da minha carreira me vendo como um pesquisador solitário, mesmo reconhecendo a ajuda de arquivistas, bibliotecários e estudantes. Para este projeto, no entanto, trabalhei com três equipes interconectadas, cujos dados, ideias e conclusões influenciam cada frase desta obra. Aqueles que leem as notas de rodapé perceberão que a pesquisa é influenciada por disciplinas como História, Estudos Culturais, Saúde Pública, Antropologia, Geografia e Sociologia. Em algumas dessas áreas de conhecimento, as publicações incluem vários autores, indicando um tipo de produção acadêmica diferente daquela que é típica das Humanidades, em que prevalecem as publicações de autoria única.

Usei diversas fontes históricas e contemporâneas, incluindo arquivos, observações, histórias orais, cartografia, criação de mapas digitais, exposições fotográficas e participação em programas de saúde patrocinados pelo município. Grande parte do material foi encontrado no arquivo do Museu de Saúde Pública Emílio Ribas, situado no prédio onde estivera localizado o Desinfectório Central de São Paulo, e o espaço arquivístico e histórico se tornou um ator na interpretação de alguns dos documentos.[69] Tentei dar aos leitores uma noção dos dilemas que enfrentamos na análise de dados ao apresentar, em alguns casos, várias conclusões. Usei a plataforma de mapeamento colaborativo Pauliceia 2.0 para vincular dados quantitativos (por exemplo, demografia, planejamento de infraestrutura, resultados de saúde e desafios socioambientais) ao ambiente construído, principalmente para detectar continuidades em padrões espaciais ao longo do tempo.[70] Muitas vezes, associei os dados quantitativos a plantas, notas de arquitetos, notas de ruas e reportagens para mapear os fluxos humanos contemporâneos pelos edifícios e ao redor deles, e então comparei essas informações com fotografias

---

69 Silveira et al., "O lugar dos trabalhadores de saúde nas pesquisas sobre processos migratórios internacionais e saúde"; Pardue, "I Only Know".

70 Plataforma Pauliceia 2.0, https://pauliceia.unifesp.br/portal/home, acesso em: 22 jun. 2024.

e gravuras de períodos anteriores. Minhas próprias observações e histórias orais emergem pelo fato de eu por muitos anos ter feito parte de uma equipe de atenção primária na UBS Bom Retiro.[71]

Ao examinar a inter-relação entre a vida das pessoas e o que essas vidas nos dizem sobre determinantes estruturais mais amplos ao longo do tempo, este livro dialoga com uma parcela da literatura acadêmica nacional que nem sempre conversa entre si. Por exemplo, historiadores da América Latina que estudam imigrantes geralmente se concentram em grupos únicos, e, em publicações anteriores, às vezes adotei essa abordagem. Tal foco tende a gerar dados que enfatizam comunidades étnicas fechadas com pouca interação nacional ou multiétnica. Acadêmicos que estudam imigração, seja no Brasil ou nos Estados Unidos, geralmente analisam como ela interage com questões socioeconômicas e de saúde amplas, mas raramente fazem comparações com outros países.[72] Espero que acadêmicos que estudam edifícios de saúde considerem útil meu foco na materialidade urbana, como calçadas e sistemas de esgoto. Epidemiologistas e antropólogos médicos que priorizam dados contemporâneos verão que os resíduos do passado sempre se refletem no presente. Embora este estudo específico termine com a publicação deste livro, os processos que vinculam saúde, imigração e o ambiente construído em bairros da classe trabalhadora como o Bom Retiro continuam.

Equipes

Grande parte da pesquisa e análise incluídas nesta obra foi gerada por três equipes multidisciplinares e multinacionais cujos membros

---

71 Foi realizada uma pesquisa com a aprovação do Comitê de Ética da Secretaria Municipal da Saúde de São Paulo (5 de abril de 2016) com base na aprovação prévia da UBS Bom Retiro (1º de abril de 2016). O projeto também foi aprovado pelo Conselho de Revisão Institucional da Universidade Emory como STUDY00002187 e pela Collaborative Institutional Training Initiative – Human Subjects Protection [Iniciativa de Treinamento Institucional Colaborativo – Proteção de Sujeitos Humanos] (ID: 36799181).

72 Mele, *Selling the Lower East Side*; Shah, *Contagious Divides*; Truzzi, "Etnias em convívio"; Chalhoub, "Politics of Disease Control"; Armus (org.), *Disease*.

frequentemente estavam em contato. Um parceiro brasileiro foi a Equipe Verde de Estratégia de Saúde da Família (ESF), liderada pelo dr. Fernando Cosentino na Unidade Básica de Saúde Bom Retiro, o posto de atendimento médico do SUS no distrito. Nunca é demais ressaltar a importância das Unidades Básicas de Saúde (UBSs), pois elas fornecem cuidados básicos e de saúde familiar para mais de 70% da população brasileira e alguns serviços para quase todos, incluindo quem tem planos de saúde particulares. A cobertura jornalística da saúde no país geralmente se dá por meio de um repórter posicionado dentro ou em frente a uma UBS, havendo até mesmo uma série de televisão com várias temporadas que trata do trabalho em uma clínica fictícia em um bairro carente de São Paulo.[73] As UBSs atendem áreas de cobertura determinadas em nível municipal, e o Bom Retiro, no setor 16 (Mapa I.2), tem uma localização espacialmente central, e não periférica, na cidade de São Paulo.[74]

A área de cobertura da UBS Bom Retiro tem cinco subseções, cada uma definida por uma cor e abarcando mais de 4 mil pacientes.[75] Entrei para a Equipe Verde em 2015 porque seu território, na parte oeste do Bom Retiro (destacada no Mapa I.3), incluía as áreas que abrigavam um albergue de imigrantes em meados do século XIX, o Desinfectório Central de São Paulo no final do século XIX e, no século XX, uma instituição municipal que pesquisava sobre doenças infecciosas, criação e execução de políticas públicas e várias instituições de saúde, como um centro de tratamento de hanseníase e uma clínica de saúde sexual em funcionamento quando a cidade sancionou a prostituição, na década de 1940.

Os pacientes da Equipe Verde eram diversos, e uma pesquisa de Emily Sweetnam Pingel na UBS Bom Retiro em 2019 revelou que cerca de 38% deles eram imigrantes, enquanto os outros listaram o Brasil como seu país de origem. As categorias raciais, que às vezes o paciente expressa e às vezes

---

73 *Unidade Básica*, criada por Helena Petta, Newton Cannito e Ana Petta (Globoplay, 2016-2018). Ver também *Sob Pressão*, criada por Lucas Paraizo, Luiz Noronha, Claudio Torres, Renato Fagundes e Jorge Furtado (TV Globo e Globoplay, 2017-2022).

74 Gregg, *Virtually Virgins*; Monica Andrade et al., "Brazil's Family Health Strategy"; Pingel, *Primary Care*, p.38.

75 A. Cruz et al., "Estudo de análise", p.2.

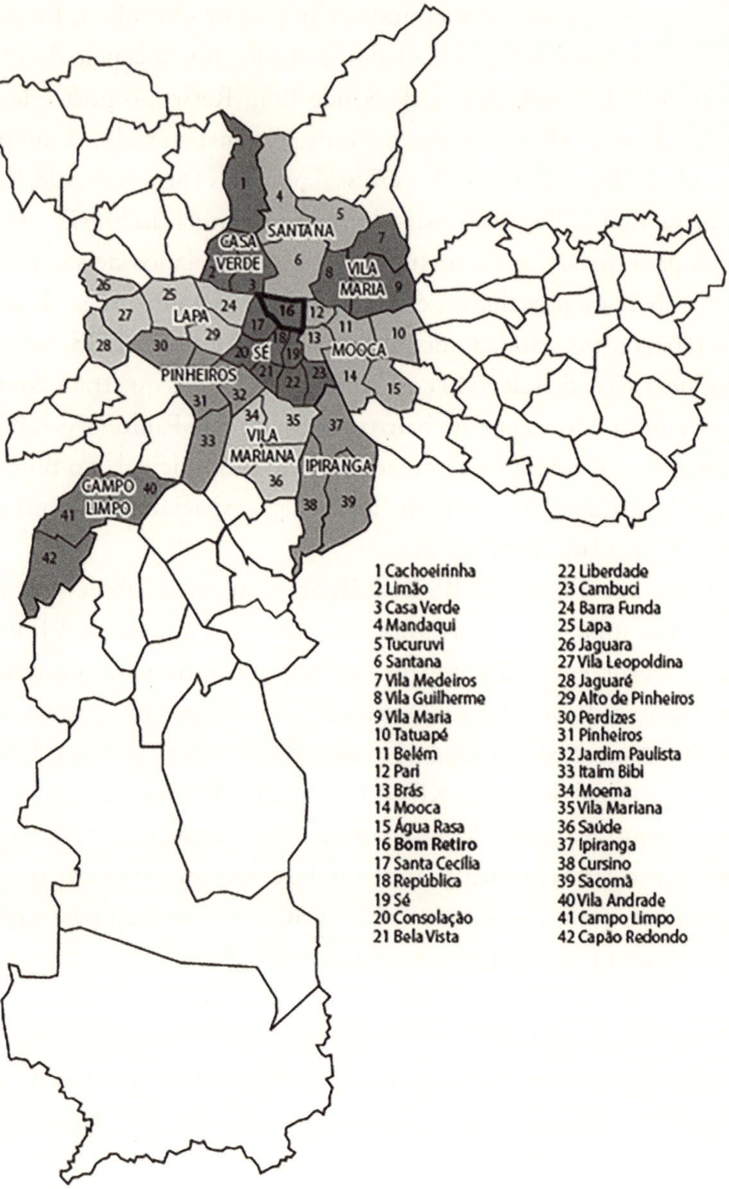

Mapa I.2. Mapa baseado em informações da Secretaria Municipal da Saúde de São Paulo mostrando áreas centrais de cobertura de saúde por distrito. O Bom Retiro fica na parte norte da cidade, dentro do distrito da Sé. Fonte: Prefeitura de São Paulo, Secretaria da Saúde, http://smul.prefeitura.sp.gov.br/historico_demografico/img/mapas/1992.jpg.

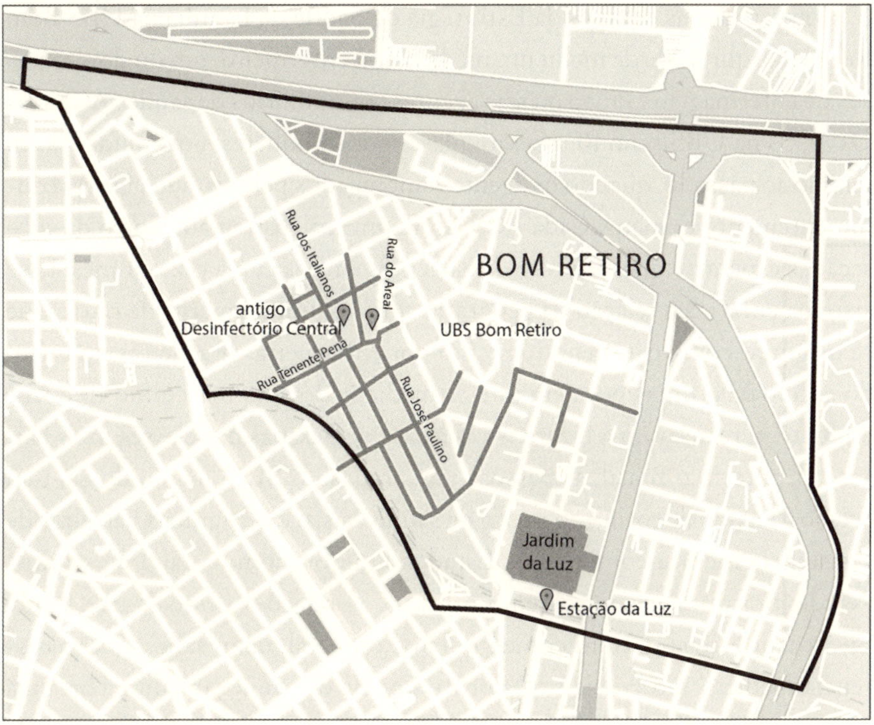

Mapa I.3. Área de cobertura da UBS Bom Retiro, incluindo o limite norte criado pelo Rio Tietê. Observa-se o Jardim da Luz na parte sul. A área de cobertura da Equipe Verde fica na parte oeste do bairro e abarca o que fora o Desinfectório Central. Fonte: Dr. Fernando Costa de Carvalho Cosentino, Unidade Básica de Saúde Dr. Octávio Augusto Rodovalho, Bom Retiro, 2 jun. 2021.

são julgadas pelo profissional de saúde sem que o paciente seja questionado sobre o assunto, foram listadas como branco (cerca de 47%), pardo (cerca de 34%), preto (cerca de 4%), amarelo – uma categoria racial formal no Censo brasileiro, usada em muitos registros oficiais – (cerca de 1,5%) e indígena (um número pequeno). Entre os não brasileiros, os maiores números vinham da América do Sul (Bolívia, Paraguai e Peru), com o segundo maior grupo sendo oriundo da Ásia (sobretudo da Coreia, havendo também alguns chineses).[76]

---

76 Pingel, *Primary Care*, p.36-7.

Como todas as equipes da Estratégia de Saúde da Família na UBS Bom Retiro, a Equipe Verde inclui um médico, um enfermeiro, um ou dois técnicos de enfermagem e cinco ou seis agentes comunitários de saúde (ACSs).[77] Os ACSs na UBS Bom Retiro são quase todos mulheres, uma mudança em relação ao passado, quando os agentes empregados pelo Estado eram predominantemente homens. Cada ACS cobre uma microrregião dentro da subseção, e espera-se que ele visite os pacientes em casa uma vez por mês. Esse sistema enfatiza a relação da geografia com a saúde e emerge de outro que se originou com visitas em domicílio por enfermeiras brasileiras no início do século XX, uma época em que os médicos do sexo masculino frequentemente se recusavam a fazer visitas à casa de pessoas das classes mais baixas.[78] Em todo o Brasil, as pessoas registradas no SUS, incluindo eu, têm acesso a visitas de rotina no posto de saúde. Visto que algumas barreiras de assistência médica comuns nos Estados Unidos, como a falta de seguro-saúde, praticamente inexistem no Brasil, as relações pessoais que Emily Sweetnam Pingel definiu como "quem e o que alguém 'sabe' sobre assistência médica" são cruciais. Os profissionais de saúde tinham e têm uma presença superdimensionada no Bom Retiro, como ficou claro tanto pela documentação histórica quanto pelos dados que coletei durante os cinco anos em que trabalhei com a Equipe Verde.

Outro parceiro brasileiro para este projeto foram pesquisadores do grupo História, Mapas e Computadores (Himaco) da Universidade Federal de São Paulo (Unifesp), dirigido pelo prof. Luis Ferla. O grupo de pesquisa se associou ao Pauliceia 2.0, um projeto de mapeamento histórico plurianual financiado pelo estado de São Paulo que incluía a Unifesp, o Arquivo Público do Estado de São Paulo, o Instituto Nacional de Pesquisas Espaciais (Inpe) e a Universidade Emory (Estados Unidos).[79] A terceira equipe foi o Coletivo de Pesquisa Lesser, conhecido por seus membros

77 Lotta, *Burocracia e implementação de políticas de saúde*.

78 E. Santos e Kirschbaum, "A trajetória histórica da visita domiciliária no Brasil".

79 História, Mapas e Computadores (Hímaco), http://www2.unifesp.br/himaco/#. Acesso em: 22 jun. 2024; Plataforma Pauliceia 2.0, https://pauliceia.unifesp.br/portal/home. Acesso em: 22 jun. 2024.

como Equipe Lesser.[80] Esse grupo de alunos de diversas nacionalidades de graduação, mestrado e doutorado da Universidade Emory e da Unifesp não atuou como assistentes de pesquisa tradicionais. Em vez disso, cada membro da equipe conduziu um projeto de pesquisa individual, focado em alguns aspectos de saúde, imigração e espaço no Bom Retiro, que se conectava com todos os outros. Esses projetos incluíam um estudo sociológico de violência obstétrica e de reprodução de desigualdades de saúde; análises históricas, epidemiológicas e neurocientíficas de saúde materna; um projeto sobre hanseníase; uma investigação de sistemas de saúde comunitários organizados pela Igreja coreana; e um projeto comparativo da saúde de imigrantes chineses, coreanos e bolivianos no Bom Retiro.

A Equipe Lesser compartilhou dados gerados entre diferentes disciplinas e métodos, suscitando perguntas muitas vezes inesperadas.[81] Talvez a mais desafiadora tenha sido como nossa pesquisa poderia influenciar diretamente a vida de profissionais de saúde e moradores do Bom Retiro. Uma resposta surgiu em 2016, quando a dra. Sara Kauko promoveu uma exposição fotográfica sobre a vida cotidiana na UBS Bom Retiro. Outra resposta veio em 2018, quando a Equipe Lesser participou de um projeto do Ministério da Saúde para mapear os desafios socioambientais à saúde no bairro. Uma descoberta do estudo foi que as áreas ao redor das oficinas-residências tinham alta incidência de doenças transmitidas por mosquitos, como a dengue. A resposta inicial de alguns profissionais de saúde foi afirmar que a falta de higiene pessoal era comum entre os bolivianos e paraguaios que viviam e trabalhavam nesses espaços. Usando outros tipos de dados, a Equipe Lesser conseguiu demonstrar a esses profissionais que as oficinas-residências estavam situadas em locais propensos a inundações desde o século XIX. A água parada, a coleta de lixo altamente inconsistente por parte do Estado e as subsequentes doenças transmitidas por mosquitos tinham uma longa história não relacionada ao país de origem da população.

---

80 "Research Collective", Jeffrey Lesser, Departamento de História, Universidade Emory, https://jlesser.org/team/. Acesso em: 22 jun. 2024.

81 Toji, *Immensity of Being Singular*.

O que vem a seguir?

Viver e morrer em São Paulo defende que tempo e espaço são essenciais para entender a saúde. Meu interesse pela migração e outras formas de movimento humano me leva a questionar ideias globalizadas referentes a construção, função e percepção de espaços de saúde, interpretados em termos gerais. Analiso a relação entre espaços urbanos densos (como ruas, casas, esgotos, edifícios e calçadas) e resultados de saúde em bairros da classe trabalhadora.[82] Quero entender como e por que doenças, epidemias, curas, acidentes e crimes se cruzaram com as histórias de migração e desenvolvimento espacial e como imigrantes e seus descendentes produziram alternativas, desde a medicina homeopática até protestos, a programas de saúde impostos pelo Estado, como vacinas ou o uso de inseticidas para matar mosquitos.

A organização deste livro é ela própria um argumento metodológico, e cada um dos capítulos cria resíduos que influenciam o seguinte. As palavras na página (real ou virtual), incluindo os *post scripta* observacionais que encerram cada capítulo, semeiam ideias sobre imigração, saúde e o ambiente construído que espero que criem uma estrutura final visível. Os dados históricos e contemporâneos são obviamente mediados de várias maneiras. Por exemplo, as vozes dos imigrantes frequentemente emergem por meio de documentos escritos por especialistas em saúde pública e servidores públicos, e muitas de minhas observações começaram com o contexto fornecido por profissionais de saúde, não por pacientes. Em cada capítulo, há mudanças, às vezes abruptas, entre passado e presente. Os leitores perceberão que as discussões gerais não se distribuem de modo equitativo ao longo das décadas. Alguns anos, meses ou mesmo dias recebem muito mais atenção do que outros pela maneira como os dados históricos vinculados à saúde vêm à tona. Ao escrever sobre o passado, uso cronologias tradicionais para mostrar como as leis criam instituições que geram resíduos mesmo depois que a legislação é revisada ou que as instituições são fechadas.

---

82 Low, "Empire and the Hajj".

O capítulo 1, "Nomear uma morte", disseca como a vida e a morte são negociadas quando imigrantes e representantes do Estado têm ideias conflitantes sobre saúde boa e ruim. Ele é seguido pelo capítulo intitulado "O Bom Retiro é o mundo?", uma análise espacial dentro de um contexto mais amplo de imigração, antinegritude, preocupações com a saúde e urbanização nas Américas. O capítulo 3, "Saúde ruim em um bom retiro", enfoca estruturas materiais, incluindo prédios e ruas, e pergunta por que certos tipos de incidentes de saúde ocorrem repetidamente ao longo do tempo. O capítulo 4, "Fazendo cumprir a saúde", examina a Polícia Médica de São Paulo, uma organização que foi desmantelada em 1940, mas cujos resíduos são notáveis nas atividades contemporâneas da Polícia Civil de São Paulo, do Instituto Médico Legal e da Coordenadoria de Vigilância em Saúde. O capítulo 5, "Um primeiro bloco de saúde", abre em meio ao surto de zika no Brasil em 2016, quando passei dois meses com uma equipe municipal de vigilância sanitária investigando reclamações de água parada com criadouros de mosquitos. Ele então mostra como um prédio, onde ficava o Desinfectório Central, passou a incorporar o Estado higienista. Por fim, "Ratos mortos e imigrantes mortos-vivos" analisa como crises de saúde levaram à perseguição de imigrantes e como os imigrantes, por sua vez, reagiram.

Post scriptum

Há muitas maneiras de chegar ao Bom Retiro. Além de três estações de metrô em duas linhas diferentes, há ônibus, e o bairro fica a uma distância relativamente curta de muitas outras partes centrais da cidade. A experiência de entrar no bairro e caminhar até a UBS Bom Retiro a partir da estação Tiradentes do metrô, no entanto, é completamente diferente do passeio da estação Luz do metrô que descrevi anteriormente neste capítulo. Saindo da estação Tiradentes, você pega uma pequena escada rolante até a Praça Coronel Fernando Prestes, ladeada pelo Quartel do Comando Geral da Polícia Militar do Estado de São Paulo, o Arquivo Histórico Municipal, uma escola pública de ensino fundamental e órgãos municipais, bem como o socialmente progressista Instituto Dom Bosco e a igreja associada a ele. De lá, você caminha pela rua Três Rios, com prédios residenciais de até dez andares, lojas, cafeterias descoladas, restaurantes com placas em português e coreano, organizações comunitárias e religiosas judaicas e estruturas impressionantes construídas no século XIX e ligadas à educação e à saúde, como a primeira Faculdade de Odontologia do Brasil.

Muitos vão à rua Três Rios para visitar o descolado Bom Retiro do K-pop *e do* K-coffee. *Eles se deparam com imigrantes ascendentes e seus descendentes, além de moradores de classe média e classe média alta que possuem propriedades comerciais e residenciais. Minha primeira experiência no bairro foi de desver, para usar um termo possivelmente cunhado por China Miéville.*[83] *Era meados da década de 1980 e eu estava realizando uma pesquisa sobre imagens de judeus no Brasil. Enquanto andava pelas ruas, buscava encontrar a vida judaica enquanto ignorava todo o resto. Na época, participei de vários movimentos sociais e em um deles conheci "Jacob", estudante de Medicina que logo deixaria o Brasil e iria a Israel. Décadas depois, quando comecei a pesquisa para este livro, um amigo me disse que Jacob era médico na UBS Bom Retiro (os leitores serão apresentados ao dr. Jacob no capítulo 3). Nós nos reaproximamos enquanto caminhávamos pelo bairro e um novo Bom Retiro surgia. Ele não se parecia nem com o que eu tinha conhecido décadas antes nem com o que os visitantes saudavam enquanto bebiam cafés chiques e comiam pratos "étnicos" em restaurantes relativamente caros. Pela primeira vez, vi muitos Bons Retiros, não um único Bom Retiro.*

---

83 Miéville, *City*.

Capítulo 1
Nomear uma morte

O revólver que matou Amelia Marini com um tiro no peito no Bom Retiro em 1913, diferentemente da pistola de partida do século XXI da qual falamos na introdução, tinha balas de verdade. Ela foi uma das muitas recém-chegadas que morreram violentamente no centro de São Paulo a cada ano. Nascida na Itália, Amelia Marini, como foi chamada pelo influente jornal *Correio Paulistano*, foi uma entre os milhões de imigrantes que chegaram ao Brasil por quatro décadas a partir de 1880. Listada nos registros policiais como Amelia Marino, ela migrou primeiro para a Argentina e depois para o Brasil em 1909, aos dezessete anos, após ser abandonada pelo marido.

Embora as armas e as mortes resultantes delas não fossem reconhecidas por muitos representantes do Estado como um problema de saúde pública, para as classes trabalhadoras imigrantes a violência armada era uma causa frequente de saúde ruim à medida que a população de São Paulo crescia consideravelmente, a partir do final do século XIX (Figura 1.1). De fato, Amelia Marini foi apenas uma das quase 400 mortes, muitas delas violentas, entre os cerca de 30 mil moradores do Bom Retiro em 1913.[1] Marini foi classificada pela polícia como uma trabalhadora doméstica e morava em um dos cortiços que dominavam a paisagem residencial da classe

1 Em 1913, a cidade de São Paulo tinha uma população de 480 mil habitantes. Houve 9.301 mortes no município naquele ano, uma taxa de 18,9 mortes a cada mil habitantes. O Bom Retiro, apesar de sua reputação como um lugar perigoso, teve uma taxa de mortalidade significativamente menor, de cerca de 13,5 mortes a cada mil habitantes. São Paulo, *Annuario demographico 1913*, p.21-2.

trabalhadora de São Paulo. Sua residência apertada ficava na rua dos Italianos, 37, a menos de um quarteirão da linha do trem e a apenas dois quarteirões do Desinfectório Central, imponente edifício municipal que desde 1893 abrigava as mais importantes unidades de pesquisa, políticas e fiscalização de saúde da cidade de São Paulo. Marini não tinha como não ver o grande edifício ao sair de sua casa todos os dias, já que a estrutura física alta que abrangia o quarteirão dominava o Bom Retiro espacial e visualmente, lembrando a população que o Estado podia "vê-los" e estava pronto para intervir agressivamente em sua vida privada no que dizia respeito à saúde.

As duas maneiras diferentes de grafar o sobrenome de Marini e as histórias conhecidas e desconhecidas de sua vida e de sua morte são importantes. Os médicos da Polícia Médica de São Paulo, inaugurada em 1911 como uma unidade da Secretaria da Justiça e da Segurança Pública, não concordariam comigo. Eles registraram a morte de Marini preenchendo um formulário com informações superficiais referentes a sua nacionalidade, idade, residência e raça. Sua morte foi tratada como apenas mais um exemplo da ligação explosiva entre saúde, imigração e vida proletária.[2] A palavra "suicídio" foi estampada em letras grandes no registro de ocorrência médica, eximindo a polícia da necessidade de investigar o caso.

O *Correio Paulistano* representava as oligarquias do estado, que demandavam imigrantes europeus para suas plantações, perante uma parcela de menos de 30% da população que era alfabetizada.[3] A publicação contou uma história diferente sobre Amelia Marini. A manchete gritava:

> Suicídio ou crime? Uma infeliz rapariga, abandonada pelo marido, vai viver na companhia de um dentista sírio – Um tiro no coração – Aparecimento do cadáver – A polícia, suspeitando de um crime, abre rigoroso inquérito – Sendo ouvido pela autoridade, o dentista declara acreditar num suicídio, pois a sua amante era extremamente nervosa.[4]

---

2 Boletim de Ocorrência 13493, 22 nov. 1913, pasta E13979 (MY 13979-1690), Registro de Ocorrência de Atendimentos Médicos realizados no Posto Médico da Assistência Policial, Arquivo Público do Estado de São Paulo (Apesp), São Paulo.

3 Rocha, *Saindo das sombras*.

4 "Suicídio ou crime", *Correio Paulistano*, 23 nov. 1913, p.6.

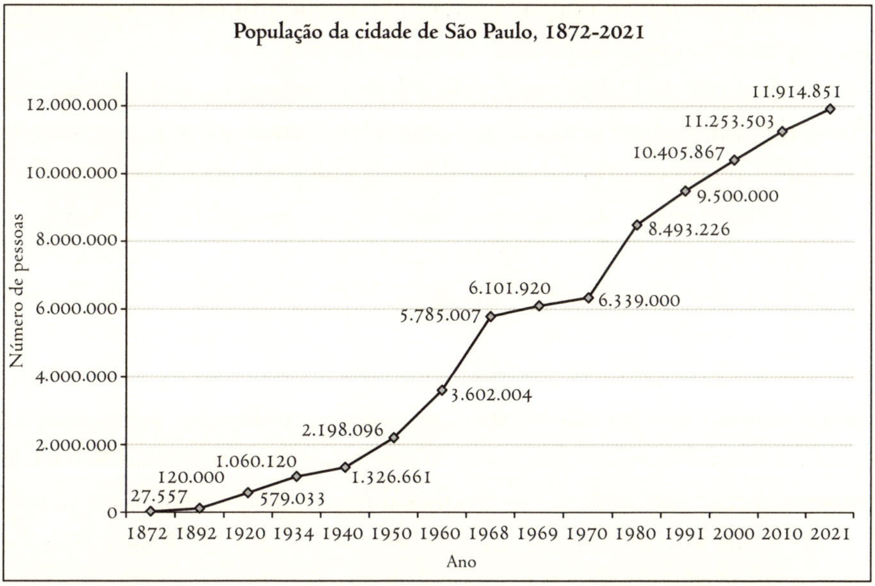

Figura 1.1. Fontes: Império do Brasil, "Quadro geral da população livre considerada em relação aos sexos, estados civis, raça, religião, nacionalidades e grau de instrução". In: *Recenseamento do Brasil em 1872*, v.12 (Rio de Janeiro: Tip. G. Leuzinger, 1874), https://biblioteca.ibge.gov.br/visualizacao/monografias/GEBIS%20-%20RJ/Recenseamento_do_Brazil_1872/Imperio%20do%20Brazil%201872.pdf; Ministério da Agricultura, Indústria e Comércio, Diretoria Geral de Estatística, *Recenseamento do Brasil – realizado em 1º de setembro de 1920*, v.4, pt.4 (Rio de Janeiro: Tip. da Estatística, 1922); Cidade de São Paulo, "Dados demográficos dos distritos pertencentes às subprefeituras", https://capital.sp.gov.br/web/subprefeituras/w/munic%C3%ADpio-de-s%C3%A3o-paulo-subprefeituras-e-distritos-municipais; Instituto Brasileiro de Geografia e Estatística, *Censo Demográfico 2010*, https://censo2010.ibge.gov.br/sinopse/index.php?uf=35&dados=4, acesso em: 28 jun. 2024; Instituto Brasileiro de Geografia e Estatística, *Censo Demográfico, Séries Históricas, População residente, 1872-2010*, https://www.ibge.gov.br/estatisticas/sociais/populacao/2098-np-censo-demografico/9662-censo-demografico-2010.html?edicao=9673&t=series-historicas. Preparado por Surbhi Shrivastava, Coletivo de Pesquisa Lesser, 2023.

O artigo em si falava de uma jovem italiana honrosa, mas ingênua, que estava prosperando apesar das adversidades da vida.

Ao chegar ao Bom Retiro, Amelia Marini conheceu um imigrante (tal como ela), um homem vindo da Síria que aparentemente estava ascendendo socialmente.[5] Alexandre Naban era aluno de Odontologia na Escola de Farmácia, Odontologia e Obstetrícia, outro importante edifício de saúde no Bom Retiro, inaugurado em 1905 (atualmente a Oficina Cultural Oswald de Andrade, localizada na rua Três Rios, n.363). Após obter sua licença, abriu um consultório em um bairro paulistano associado a imigrantes do Oriente Médio (na rua Florêncio de Abreu). Apaixonado e com sua renda aparentemente assegurada, Naban sugeriu que o casal vivesse junto, mas em quartos separados, talvez porque não fossem formalmente casados. Marini aparentemente concordou, e o dentista alugou dois quartos no cortiço da rua dos Italianos, "rodeando-a de relativos confortos e prodigalizando-lhe descanso" de seu trabalho exaustivo como doméstica.

A reportagem do *Correio Paulistano* sobre a morte de Marini estava repleta de estereótipos de imigrantes como desafios à saúde médica e moral. O artigo falava de uma imigrante honrosa (na época, as mulheres italianas eram frequentemente associadas a promiscuidade; ver capítulo 2) e retratava Naban como um explorador do Oriente Médio.[6] O edifício onde viviam foi apresentado como uma representação física da honra de Marini e um contraste com os estereótipos que ligavam os imigrantes à falta de higiene: "O cortiço da rua dos Italianos n. 37, ao contrário dos demais existentes em S. Paulo e nos quais impera a imundície, com prejuízo para a saúde pública, é constituído de quatro ou cinco habitações pobres, mas limpas e relativamente confortáveis". O fato de a publicação sugerir que a casa da falecida era mais saudável que outros cortiços tirava a atenção do fato de ela não ser casada, ter um filho e viver "maritalmente", mesmo enquanto

5 No Brasil, termos étnico-nacionais (como "sírio") são usados para se referir tanto aos descendentes quanto aos próprios imigrantes. Lesser, *A negociação da identidade nacional*.

6 O romance pseudorrealista *O estrangeiro: crônica da vida paulista*, de Plínio Salgado, estava repleto de referências a bairros como o Bom Retiro, onde sírios e outros imigrantes não europeus e não cristãos atacavam as mulheres. Lesser, *O Brasil e a questão judaica*, p.101.

lembrava os leitores que os imigrantes criavam "saúde ruim" por meio de suas condições de vida.[7]

Cerca de um ano e meio depois de Marini e Naban se tornarem um casal, o pequeno Alberto nasceu. O *Correio Paulistano* sugeriu que o nascimento desencadeou uma tensão sobre a necessidade de formalizarem a união e de se verem todos os dias. Foi o choro dessa criança "forte e bem tratada" que levou o dono do cortiço, Diogo Baroni, a pedir a Carmella Cicca, uma vizinha que era imigrante italiana, para ver como estava Marini naquela noite de fim de novembro. Foi então que ela foi encontrada morta, com o revólver de Naban e um cartucho vazio ao seu lado.[8]

Passados e presentes entrelaçados

O Bom Retiro está repleto de resíduos da morte de Amelia Marini, desde suas causas até suas repercussões. O bairro ainda tem um alto índice de violência diária (incluindo suicídios e tentativas de suicídio) e problemas de saúde que levam a intervenções estatais e curas populares. Nas calçadas quebradas ainda há diversas fábricas informais, inundações são comuns, e há pilhas de lixo nas ruas. O Bom Retiro continua sendo, como foi ao longo do século XX, uma geografia de ruas que "eram pobres, cheias de cortiços, sem conforto algum, nem calçamento, com pouca água, quase imprestável, sem higiene".[9] Os moradores continuam sendo estigmatizados pela geografia, pelo tipo de residência e pelo *status* de cidadania, e as escolas públicas do distrito ainda educam os filhos de imigrantes da classe trabalhadora e de não imigrantes não brancos, assim como o faziam há um século.[10] A rua dos

---

7 "Suicídio ou crime", *Correio Paulistano*, 23 nov. 1913, p.6; Bertolli Filho, *A gripe espanhola em São Paulo*, p.45.

8 Boletim de Ocorrência 13493, 22 nov. 1913, pasta E13979 (MY 13979-1690). Registro de Ocorrência de Atendimentos Médicos realizados no Posto Médico da Assistência Policial, Arquivo Público do Estado de São Paulo (Apesp); "Suicídio ou crime", *Correio Paulistano*, 23 nov. 1913, p.6.

9 Penteado, *Belenzinho, 1910*, p.35.

10 Miranda, "Ensaio de um método"; M. Araújo, *A escolarização de crianças negras paulistas*; Peters, *Apartments for Workers*, p.17.

Italianos contemporânea segue repleta de residências e de oficinas têxteis precárias, apertadas e mal ventiladas. O edifício mais imponente da rua dos Italianos no final do século XIX era o centro de controle de epidemias da cidade, o Desinfectório Central, que ainda pertence à Secretaria Municipal da Saúde e é usado por ela.

As múltiplas migrações de Amelia Marini, seu relacionamento e seu filho com outro imigrante e sua vida e morte no Bom Retiro compõem uma história global. Para muitos membros das classes dominantes brasileiras interconectadas – proprietários de terras, políticos, servidores públicos e donos de meios de comunicação –, imigrantes como Marini eram parte de sua tentativa de reconstruir racial e economicamente o Brasil após a abolição da escravatura em 1888.[11] Para atrair imigrantes "brancos", os líderes de São Paulo tiveram que enfrentar uma crença disseminada na Europa de que se estabelecer no Brasil era perigoso e geralmente fatal. À medida que o Brasil fazia a transição do Império para a República, os governantes promulgaram novas políticas de saúde que acreditavam que convenceriam os imigrantes a escolher o Brasil e impedi-los-iam de trazer novas doenças para o que acreditavam ser um país já "doente".[12]

O Brasil se tornou uma república em 15 de novembro de 1889, durante um surto de febre amarela. O saneamento e a eliminação de epidemias eram as principais prioridades nacionais, tanto para incentivar o investimento estrangeiro quanto para manter o proletariado trabalhando.[13] A política de saúde foi colocada sob responsabilidade do governo estadual, não federal, e em 1890 o novo Serviço Sanitário do Estado de São Paulo recebeu 46% do orçamento estadual, um grande salto em relação ao 1% que o governo imperial havia destinado à saúde.[14] Com esse investimento, a infraestrutura

---

11 Holloway, *Immigrants on the Land*.

12 "Saúde pública", *Correio Paulistano*, 9 fev. 1892, p.1.

13 Romero, "Construção da nação e exclusão social".

14 Lei Estadual n. 12, de 28 de outubro de 1891, "Organiza o Serviço Sanitário do Estado", Alesp, https://www.al.sp.gov.br/repositorio/legislacao/lei/1891/lei-12-28.10.1891.html; Blount III, *Public Health Movement*; Márcia Silva, "História da assistência hospitalar em São Paulo"; Mascarenhas, "História da saúde pública no Estado de São Paulo"; Kropf e Hochman, "From the Beginnings".

oficial de saúde pública do estado de São Paulo, incluindo hospitais e instituições de ensino para a área da medicina, tornou-se a mais sofisticada do Brasil.[15] Grande parte desse orçamento estadual foi direcionado para Santos, a cidade portuária onde os imigrantes chegavam, e para São Paulo, a cidade aonde quase todos os recém-chegados iam logo depois de deixar o porto. Embora a porcentagem de fundos estaduais direcionados à saúde pública tenha diminuído ao longo das décadas, ela permaneceu entre 10% e 20% ao longo de 1920.[16] Sob a liderança de Emílio Ribas, médico e principal especialista em saúde pública de São Paulo, os servidores públicos regulamentaram as profissões médicas e defenderam abordagens científicas para avaliar doenças infecciosas por meio de instituições de saúde, começando com o Instituto Bacteriológico em 1892.[17]

A população imigrante e as estruturas de trabalho industrial do Bom Retiro tornaram o distrito um alvo das autoridades sanitárias, assim como ocorreu com locais semelhantes em todo o mundo, de Buenos Aires a Bombaim.[18] Dois dos edifícios de saúde mais importantes da cidade do final do século XIX foram instalados no bairro, o Desinfectório Central e a vizinha e fascinantemente inclusiva Escola de Farmácia, Odontologia e Obstetrícia.[19] Esses prédios, embora tivessem usos diferentes, continuam entre os maiores do distrito. Dois outros tipos de edificação compunham o ambiente construído no Bom Retiro. No final do século XIX, o bairro tinha uma das maiores porcentagens de cortiços da cidade e o maior número de fábricas, incluindo de cerâmica, cerveja e têxteis.[20] Ambos os tipos de estru-

---

15 Nemi, "Charity and Philanthropy".

16 Blount III, *Public Health Movement*.

17 Mota, *Tropeços da medicina bandeirante*; Márcia Silva, *O laboratório e a república*.

18 Caggiano, "Inmigrantes en la ciudad de Buenos Aires"; Kidambi, "'Infection of Locality'"; Walcott, "Overlapping Ethnicities"; Shear, "When the Virus Came for the American Dream"; Dwork, "Health Conditions of Immigrant Jews"; Fee e Liping, "Origins of Public Health Nursing"; Yankelevich, "Migración, mestizaje y xenofobia"; Monteyne, *Temporary Accommodation of Settlers*, p.6-8.

19 Decreto Estadual n. 120, de 29 de outubro de 1892, publicado no *Diário Oficial do Estado de São Paulo*, 4 nov. 1892, https://www.al.sp.gov.br/norma/137615.

20 Alfredo Pinto, *A cidade de São Paulo em 1900*, p.27; Bandeira Júnior, *Indústria no estado de São Paulo*; Galvão, *Parque industrial*; Zequini, *O quintal da fábrica*, p.185.

tura eram amplamente preenchidos por trabalhadores imigrantes e seus descendentes.

Líderes políticos estaduais promulgaram o Código Sanitário de São Paulo de 1894. Os 520 artigos tratavam de tudo,

> do padrão de construção higiênica de habitações e edifícios públicos – escolas, cadeias, hospitais – e privados: fábricas, oficinas, lojas, açougues e mercados. Definiu medidas de prevenção e tratamento de moléstias epidêmicas e infectocontagiosas. Determinou a vacinação e a revacinação, listou as moléstias de notificação obrigatória e fixou penalidades, para o não cumprimento da lei. Além disso, definiu a primeira legislação sobre o trabalho de mulheres e menores nas fábricas e nas oficinas.[21]

As novas regulamentações de saúde e infraestrutura surgiram à medida que avanços tecnológicos no transporte oceânico encurtaram o tempo que pessoas, doenças e ideias vindas de outras partes do mundo levavam para chegar ao Brasil. Residentes negros de longa data foram expulsos dos bairros centrais conforme disparava o número de imigrantes, tendo políticos e seus aliados na mídia proposto que "branqueariam" o Brasil com cristãos europeus. Os recém-chegados geralmente iam para plantações rurais, onde substituíam ex-escravizados, mas muitos se estabeleceram na cidade de São Paulo, onde se tornaram trabalhadores da indústria. Alguns desses novos habitantes urbanos eram oriundos dos mesmos lugares de onde vieram aqueles que foram para o campo, como Itália, Espanha e Portugal. Outros vinham de lugares (como o Oriente Médio ou a Ásia) ou de populações (não cristãos) que os formadores de opinião no Brasil não haviam considerado.

O Bom Retiro é semelhante a muitos bairros industriais ao redor do mundo onde imigrantes e seus descendentes compõem uma parcela considerável da população.[22] No final do século XIX, o maior contingente de

---

21 M. Ribeiro, "O engenheiro e o inquérito", p.131. Ver também Decreto Estadual n. 233, de 2 de março de 1894, "Estabelece o Código Sanitário", Alesp, https://www.al.sp.gov.br/repositorio/legislacao/decreto/1894/decreto-233-02.03.1894.html.

22 Rodriguez, "Inoculating against Barbarism?"; Stepan, *Eradication*.

residentes do Bom Retiro e de São Paulo nascidos no exterior viera da Itália; o Brasil recebeu mais de 800 mil imigrantes italianos entre 1880 e 1920.[23] Antes da Primeira Guerra Mundial, a maioria era veneziana e toscana. Um visitante italiano em 1908 escreveu: "Ouve-se falar o italiano mais em São Paulo do que em Turim, em Milão e em Nápoles, porque entre nós se falam os dialetos e em São Paulo todos os dialetos se fundem sob o influxo dos vênetos e toscanos, que são em maioria".[24]

Autoridades de saúde e políticos do século XIX nas Américas associaram tipos específicos de trabalho, geografia e nacionalidade a resultados precários de saúde e a uma falta de modernidade entre as classes trabalhadoras, tanto imigrantes quanto nativas.[25] Em São Paulo, imigrantes dessa classe geralmente viviam em bairros centrais perto de rios que, a partir de meados do século XIX, abasteciam fábricas, as quais, por sua vez, geravam esgoto e saúde ruim. Esses distritos eram frequentemente baixos, alterando o ambiente construído, por meio da construção de canais e da pavimentação de ruas, por exemplo, empreitadas complexas e normalmente malsucedidas devido ao investimento estatal mínimo e aos desafios tecnológicos.

A falta de modernização aterrorizava algumas autoridades, uma das quais observou, em 1892, que os habitantes da parte central da cidade estavam adoecendo "em suas proprias cazas, ou nas ruas da cidade de São Paulo, que são verdadeiros focos de epidemias".[26] Jacob Penteado era um desses moradores. Quando criança, viveu no Bom Retiro e depois se tornaria um conhecido editor, tradutor, funcionário dos correios e cronista da vida na cidade. Ele se lembrava de como a população do distrito era estigmatizada

23 Mangili, *Bom Retiro*, p.50.

24 Ferrero, *Nell'America meridionale*, p.35. Ver também Constantino, *Italiano na cidade*, p.38.

25 Dwork, "Health Conditions of Immigrant Jews"; Fee e Liping, "Origins of Public Health Nursing"; E. Jones, "Co-operation in All Human Endeavour"; Stepan, *"Hour of Eugenics"*.

26 [Ilegível], Enfermaria Militar para o Inspetor de Higiene, São Paulo, 11 jan. 1892, Inspetoria de Higiene da Província de São Paulo (Serviço Sanitário), Ofícios Recebidos, 1887 a 1898, v.138ª5, Amsper; Magnani, "Rua, símbolo e suporte da experiência urbana".

por sua saúde precária, embora ela sofresse com "quase inexistentes providências sanitárias, como postos de higiene, instruções ao povo, medidas profiláticas".[27] Eram comuns doenças como tuberculose, sífilis, varíola, febre tifoide e peste bubônica, além daquelas transmitidas por mosquitos e outras relacionadas à água parada e ao descarte inadequado do lixo. A saúde precária também incluía abuso infantil e envenenamento (acidental ou intencional). Brigas entre moradores, acidentes de trabalho e colisões entre pedestres e veículos, como carruagens e bondes puxados por cavalos, carroças puxadas por humanos e veículos motorizados, eram aspectos significativos da vida cotidiana.[28] "Doenças" morais, como o ativismo de trabalhadores, suicídios reais e pressupostos, trabalho sexual e masturbação entre crianças em idade escolar, sobre as quais "reprimendas, castigos e até expulsões pouco efeito surtiam", também preocupavam as classes média e alta, que olhavam para o Bom Retiro pelas lentes de reportagens de jornal que destacavam a violência de ações policiais e de movimentos de trabalhadores.[29]

No Bom Retiro, doenças "antigas" perduram até o presente, incluindo tuberculose, febre tifoide, alcoolismo e cólera.[30] Doenças "novas" geralmente carregam resíduos de doenças passadas, já que as enchentes dos rios Tamanduateí e Tietê continuam fazendo parte da vida cotidiana e tornam cronicamente relevantes as doenças transmitidas pelo mosquito *Aedes aegypti*.[31] As reclamações de moradores, seja por meio do governo, da imprensa ou de ações públicas, têm sido majoritariamente ignoradas, na

27 Penteado, *Belenzinho, 1910*, p.259.

28 Ver o caso emblemático do imigrante italiano Antônio Quamatri, que foi atropelado por uma carroça puxada a cavalo. "Fatos diversos – acidente", *Correio Paulistano*, 2 jul. 1906, p.2; Sposati (org.), "Mapa exclusão/inclusão social do município de São Paulo – III (2010)". Em 2018, a Equipe Verde mapeou desafios socioambientais à saúde no Bom Retiro como parte de um projeto mais amplo do SUS na cidade de São Paulo.

29 Antunes, *Eugenia e imigração*, tese (Doutorado); Formiga, Melo e Paula, "O pensamento eugênico e a imigração no Brasil"; Penteado, *Belenzinho, 1910*, p.42.

30 Guimarães e Hirata (orgs.), *Care and Care Workers*; Georges e Santos, "Olhares cruzados".

31 Martinez et al., "Equity in Health"; Ferreira, Veras e Silva, "Participação da população no controle da dengue"; Figueiredo, "Dengue in Brazil"; Ferraz e Gomes, "A construção discursiva".

medida em que os profissionais de saúde pública e os formuladores de políticas públicas enfocam a cultura imigrante como a principal causa de doenças, assim como o fizeram no século XIX.

Espaços lotados

Em 1890, Aluísio Azevedo (1857-1913), jornalista, diplomata e romancista, publicou seu influente romance *O cortiço*, no qual descreve da seguinte forma o tipo de moradia que dá nome à obra:

> O que aliás não impediu que as casinhas continuassem a surgir, uma após outra, e fossem logo se enchendo, a estenderem-se unidas por ali a fora, desde a venda até quase ao morro, e depois dobrassem para o lado do Miranda e avançassem sobre o quintal deste, que parecia ameaçado por aquela serpente de pedra e cal. [...]
> E os quartos do cortiço pararam enfim de encontro ao muro do negociante, formando com a continuação da casa deste um grande quadrilongo, espécie de pátio de quartel, onde podia formar um batalhão. Noventa e cinco casinhas comportou a imensa estalagem.[32]

A descrição dos cortiços feita por Azevedo surgiu de suas experiências no Rio de Janeiro do século XIX. No entanto, ainda hoje, políticos e especialistas em saúde pública apontam para moradias precárias em distritos como o Bom Retiro como uma das principais causas de saúde ruim, muitas vezes usando uma linguagem semelhante à de Azevedo.

Atualmente, o município de São Paulo define cortiço como uma "moradia coletiva multifamiliar, [...] constituída por uma ou mais edificações construídas em lote urbano [e] subdividida em vários cômodos alugados, subalugados ou cedidos a qualquer título".[33] As palavras aparentemente

---

32 Azevedo, *Brazilian Tenement*, p.9, 22; para o original em português, ver Azevedo, *O cortiço*.

33 Lei Municipal n. 10.928, de 8 de janeiro de 1991, "Regulamenta o inciso II do artigo 148 combinado com o inciso V do artigo 149 da Lei Orgânica do Município de São

neutras escondem o impacto da classe social nos resultados de saúde. Por exemplo, o renomado "bom" sistema nacional de saúde contemporâneo do Brasil, com sua longa história de campanhas de vacinação bem-sucedidas, convive com a saúde ruim criada por dificuldades de acesso a serviços básicos de água, saneamento e higiene. No passado, os verdadeiramente ricos buscavam tratamento no exterior, mas a maioria dos abastados de São Paulo utilizava clínicas e hospitais privados localizados nos bairros ricos onde residiam, o que continua ocorrendo nos tempos atuais. No século XIX e no início do século XX, os espaços privados de saúde em São Paulo eram geralmente comandados por renomados médicos e enfermeiros imigrantes, aclamados pelas mesmas classes dominantes que acreditavam que os estrangeiros eram vetores de doenças. Entre 1872 e 1932, pouco mais de 9% dos médicos registrados no Serviço Sanitário do Estado de São Paulo eram estrangeiros e treinados, predominantemente italianos, e os nomes das clínicas frequentemente enfatizavam suas origens europeias.[34]

Em lugares como o Bom Retiro, também havia imigrantes atuando como trabalhadores da área da saúde. Esses médicos, enfermeiros e parteiras geralmente haviam recebido menos treinamento do que seus colegas de classe alta, ganhavam honorários baixos e não tinham acesso às tecnologias médicas mais novas.[35] A saúde dos imigrantes, portanto, frequentemente girava em torno de tratamentos populares que emergiam de experiências pré-migratórias e se conectavam a formulações brasileiras existentes. As curas variavam de rezas a ervas, incluindo o uso de amuletos que associavam catolicismo e rituais religiosos africanos presentes no Brasil, como a figa ou contas coloridas que significavam conexões com divindades africanas.[36] Para doenças graves, grande parte daqueles que viviam no Bom Retiro ia (e ainda vai) à Santa Casa de Misericórdia, instituição filantrópica católica que

---

Paulo, dispõe sobre as condições de habitação dos cortiços e dá outras providências", Leis Municipais, http://leismunicipa.is/tdgej.

34 Mott et al., "Médicos e médicas em São Paulo", p. 856-63.

35 Idem, "As parteiras eram 'tutte quante' italianas"; Penteado, *Belenzinho, 1910*, p.215.

36 Oro, "Imigrantes calabreses e religiões afro-brasileiras no Rio Grande do Sul".

administrava a saúde para os habitantes da cidade que não pertenciam à elite. A Santa Casa também administrava a morte, desde o recolhimento de cadáveres até o fornecimento de caixões para sepultamentos.[37]

O Código Sanitário de 1894, que teve como modelo o francês, refletia inquietações disseminadas entre as classes dominantes. Segundo essas visões, imigrantes da classe trabalhadora e pessoas que não eram brancas estavam propensos a se tornarem vetores de doenças. As políticas e ações sanitárias vinculavam raça, classe, nacionalidade e residência geográfica e enfocavam doenças contagiosas e a melhoria do ambiente construído laboral e residencial. O código foi pouco cumprido, frequentemente modificado e alvo de intensas críticas por parte de membros de diferentes classes. Mesmo assim, as autoridades de saúde pública promoveram quedas nas taxas gerais de mortalidade (incluindo índices de mortalidade resultantes de doenças transmissíveis e não transmissíveis) na cidade de São Paulo de 10,6% em 1894 para 4,2% em 1899, um nível que permaneceu estável até a epidemia mundial de H1N1 de 1918.[38] Esses agentes aclamaram a "esplêndida posição" da cidade em termos de natalidade e mortalidade, sobretudo na comparação com outras cidades pelo mundo.[39] Ao se concentrarem na mortalidade, políticos e líderes de saúde pública nacionalmente renomados promoveram São Paulo como "o estado mais adiantado e progressista do Brasil" ao mesmo tempo que culpavam imigrantes da classe trabalhadora e seus bairros e habitações pelas doenças infecciosas que continuavam a se espalhar pelo município.[40] Autoridades de saúde pública usaram a mesma abordagem para explicar o aumento nas taxas de mortalidade infantil, apesar dos programas do Serviço Sanitário estadual para gestantes.[41] Eles observaram, de maneira correta, que a população urbana estava crescendo rapidamente devido à entrada

37 "Saúde Pública", *Correio Paulistano*, 9 fev. 1892, p.1.

38 Ramos, *Indicadores do nível de saúde*.

39 São Paulo, Diretoria do Serviço Sanitário, *Annuario demographico 1912*, p.12-3.

40 Meyer e Teixeira, Serviço Sanitário do estado de São Paulo, *A gripe epidêmica no Brasil e especialmente em São Paulo*, p.3; Penna, *Saneamento do Brasil*, p.30; Mascarenhas, "História da saúde pública no estado de São Paulo", p.5.

41 Blount III, *Public Health Movement*.

de imigrantes, mas depois tenderam a tratar a mortalidade e a morbidade de adultos e crianças como questões culturais, e não estruturais.[42]

O Bom Retiro toma forma

O Bom Retiro não existia como um lugar nomeado quando o Brasil se declarou um império e proclamou sua independência de Portugal em 1822. Na época, a cidade de São Paulo tinha menos de 10 mil habitantes e pelo menos 25% eram escravizados. Mesmo assim, os moradores estavam profundamente cientes da importância geográfica do morro que se erguia das várzeas dos rios Tamanduateí e Tietê. A terra em aclive era atraente para os ricos, que acreditavam – como os britânicos que fundaram a capital de verão Shimla para evitar os rios de Calcutá – que sua altitude tornava as pessoas menos propensas a doenças. Em meados do século XIX, a área que se tornaria o Bom Retiro estava cercada por oito propriedades rurais enormes erguidas por escravizados, frequentemente chamadas de chácaras, construídas parcialmente em terras que haviam sido um mercado indígena. Com a colonização portuguesa, esses espaços indígenas foram cedidos a uma pequena elite fundiária ligada ao Império. Joaquim Egídio de Sousa Aranha (1821-1893), barão do café, banqueiro e político conhecido pelo título de marquês de Três Rios, foi um desses latifundiários.[43] Sua enorme Chácara Bom Retiro foi maior do que o centro histórico da cidade de São Paulo durante boa parte do século XIX.[44]

---

42 Brasil, Diretoria Geral de Estatística, "Coeficiente de natalidade e mortalidade – ano 1907, Exposição Nacional de 1908".

43 Seabra, *Meandros dos rios nos meandros do poder*, p.38.

44 "Planta – São Paulo chácaras, sítios e fazendas, ao redor do centro (desaparecidas com o crescer da cidade)", [s.d.], item número BR_APESP_IGC_IGG_CAR_I_S_Scan-2014-12-16_08-34-34. Núcleo de Acervo Cartográfico, Apesp. Para uma reprodução do mapa, ver "Reprodução de planta: São Paulo chácaras, sítios e fazendas, ao redor do centro (desaparecidas com o crescer da cidade)", coleção do Museu Paulista (USP), domínio público, https://pt.m.wikipedia.org/wiki/Ficheiro:Reprodu%C3%A7%C3%A3o_de_Planta_-_S%C3%A3o_Paulo_Ch%C3%A1caras,_S%C3%ADtios_e_Fazendas,_ao_R%C3%A9dor_do_Centro_

A vida saudável no morro mudou ao longo do século XIX. As primeiras indústrias do Bom Retiro, fábricas de cerâmica que se beneficiaram da lama ao longo das várzeas, começaram a aumentar a densidade populacional e a poluição ambiental. Os proprietários passaram a vender suas chácaras para investidores de terra, muitos deles imigrantes, que então subdividiam os lotes para serem alugados ou recomprados, geralmente por outros imigrantes.[45] A cada ano, durante o final do século XIX e início do século XX, o número de fábricas crescia e, com elas, vinham os trabalhadores. A retificação de rios, os trilhos ferroviários e os novos códigos de zoneamento transformaram o Bom Retiro em um bairro proletário que aqueles com dinheiro e poder frequentemente descreviam como um espaço "estrangeiro".[46] As mudanças no ambiente construído também criaram novas fronteiras. Até hoje, o Bom Retiro está repleto de ruas que terminam abruptamente em viadutos intransitáveis, que tornam entrar e sair do bairro um desafio. As vias que permitem esse fluxo de entrada e saída afunilam as pessoas em direção às áreas do bairro com grandes edifícios policiais e militares (hoje perto da Estação da Luz e da estação Tiradentes do metrô).

A caracterização do Bom Retiro como estrangeiro estava longe de ser neutra; ela teve (e tem) um impacto direto nas políticas e resultados de saúde. Alguns membros das classes dominantes, por exemplo, acreditavam que os estrangeiros melhorariam o país ao desafricanizar a população e implantar ideias trabalhistas "modernas". Outros achavam que os estrangeiros traziam doenças e ideias perigosas, como o socialismo e o anarquismo. O Bom Retiro se tornou e continua sendo um espaço "estrangeiro": "as residências apareciam entremeadas por pequenas lojas, oficinas diversas e, como elemento bastante característico dessa área, casas de '*rendez-vous*' e pensões suspeitas".[47]

(Desaparecidas_com_o_Crescer_da_Cidade)_-_1,_Acervo_do_Museu_Paulista_da_USP.jpg, acesso em: 28 jun. 2024.

45 Mangili, *Bom Retiro*, p.157; Salla, *Produzir para construir*, p.110.

46 F. Santos et al., "A enchente de 1929 na cidade de São Paulo".

47 Müller, "A área central da cidade", p.175.

A conexão que se estabelecia entre estrangeirice e perigo perdura até hoje, mas não acho que o marquês de Três Rios via o Bom Retiro dessa forma quando viajava para sua propriedade de fim de semana em meados do século XIX. Como muitos homens poderosos da época, o marquês, que havia sido presidente da Província de São Paulo três vezes, esperava ser reconhecido; afirma-se que ele gostava de transitar pelo Bom Retiro e pela rua Três Rios de bonde em vez de usar sua carruagem particular porque, quando outros embarcavam, tiravam o chapéu para ele com um respeitoso "Bom dia, senhor marquês!".[48] O senhor marquês ficaria chocado ao caminhar pela "descolada" rua Três Rios pavimentada hoje, com seus autoidentificados centros culturais judaicos, cafeterias e supermercados coreanos e fábricas têxteis informais que empregam majoritariamente trabalhadores andinos. Para ser justo, seria igualmente difícil para os moradores contemporâneos do bairro imaginar que suas ruas, casas e locais de trabalho lotados eram um retiro rural na confluência de dois rios.

No final do século XIX, os planejadores começaram a reorganizar o centro da cidade de São Paulo, anteriormente composto de seis paróquias da era colonial, em 21 distritos, tendo o Bom Retiro recebido a designação oficial em 1910. Uma década depois, o Censo de 1920 forneceu o primeiro vislumbre demográfico complexo do distrito, cuja população de 29.804 pessoas era a décima maior, representando pouco mais de 5% da população do centro. A reorganização política do centro continuou ao longo do século XX. Atualmente, o Bom Retiro é um dos oito distritos dentro da subprefeitura da Sé, uma das 32 subprefeituras que compõem o município de São Paulo. O centro da cidade tem mais de 460 mil habitantes, mas as cerca de trinta ruas do Bom Retiro abrigam menos de 10% deles.[49] Embora as fontes

48 Penteado, *Belenzinho, 1910*, p.271, nota 35. O nome da rua Três Rios foi oficializado em 1916. Ato Prefeito n. 972, de 24 de agosto de 1916, Prefeitura de São Paulo, Legislação Municipal, http://legislacao.prefeitura.sp.gov.br/leis/ato-gabinete-do-prefeito-972-de-24-de-agosto-de-1916#correlacionadas.

49 São Paulo, Secretaria Municipal da Saúde, Coordenação de Epidemiologia e Informação, *Boletim CEInfo Saúde em Dados 2022*, p.6; Perillo, "Novos caminhos da migração no estado de São Paulo", p.78-9; São Paulo, Secretaria Municipal da Saúde, Coordenação de Epidemiologia e Informação, *Boletim CEInfo Informativo Censo*

variem muito em suas estimativas populacionais, em parte porque os imigrantes costumam ser reticentes em falar com os recenseadores, todos concordam que por volta de 1970 houve um crescimento negativo no distrito. Moradores de classe média, geralmente filhos de imigrantes que frequentaram a universidade, estavam se mudando do que viam como um bairro cada vez mais perigoso e repleto de doenças para regiões de classe média alta da cidade. Isso levou a região a registrar o mais baixo número de habitantes (26.678 pessoas) em 2000 (Figura 1.2). No século XXI, esses números começaram a subir em todos os distritos do centro da cidade, e o dado oficial para a população do Bom Retiro em 2021 foi de 39.202 habitantes.[50]

Imigrantes da classe trabalhadora não foram os primeiros estrangeiros no Bom Retiro. Grande parte da transformação de um "Bom Retiro" saudável para um bairro urbano insalubre foi liderada por centro-europeus que Warren Dean definiu como uma "burguesia imigrante". Esses recém-chegados tinham uma tolerância ao risco acima da média e aproveitaram um "ambiente de *laissez faire* quase perfeito" para estabelecer indústrias urbanas nos espaços econômicos normalmente ignorados pelos oligarcas nativos focados em monoculturas de exportação antes da Primeira Guerra Mundial.[51] Os burgueses imigrantes frequentemente se casavam com mulheres brasileiras, algumas delas filhas de oligarcas rurais e outras de imigrantes abastados. Essa dinâmica estava clara no século XX, quando os relatórios anuais publicados pelas autoridades sanitárias de São Paulo incluíam tabelas de "casamentos pela nacionalidade". Em 1912, por exemplo, houve 254 casamentos de homens brasileiros com mulheres estrangeiras e 658 casamentos de homens estrangeiros com mulheres brasileiras.[52]

Demográfico 2012, https://www.prefeitura.sp.gov.br/cidade/secretarias/upload/saude/arquivos/publicacoes/Boletim_CEInfo_Censo_02.pdf; "Perfil dos municípios paulistas", Fundação Seade, https://perfil.seade.gov.br/, acesso em: 28 jun. 2024; Caldeira, *Política dos outros*.

50 Rede Nossa São Paulo, "População total por distrito". *Mapa da Desigualdade 2022*, p.8, https://www.nossasaopaulo.org.br/wp-content/uploads/2022/11/Mapa-da-Desigualdade-2022_Tabelas.pdf, acesso em: 28 jun. 2024.

51 Dean, *Industrialization of São Paulo*, p.49-51, 64.

52 São Paulo, Diretoria do Serviço Sanitário, *Annuario demographico 1912*, p.9.

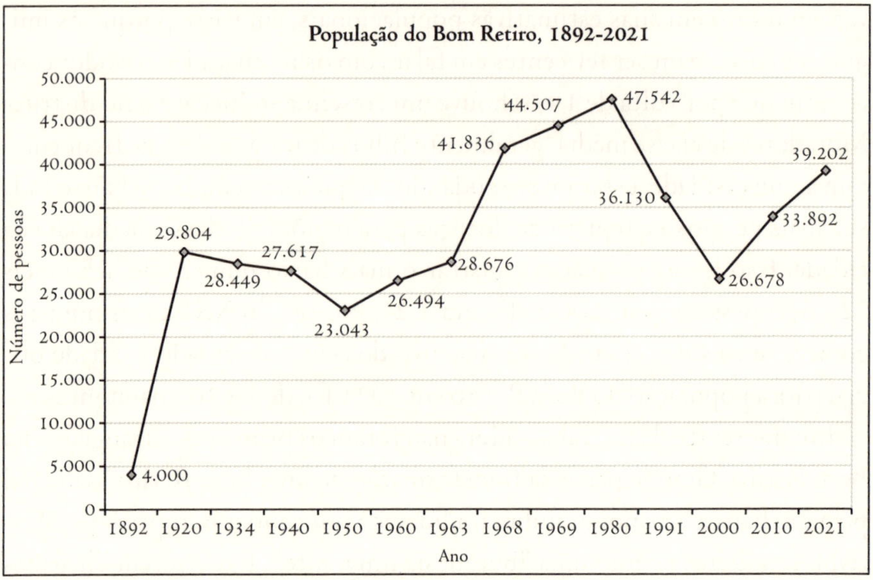

Figura 1.2. Fontes: Henrique Raffard, *Alguns dias na Pauliceia* (São Paulo: Academia Paulista de Letras, 1977), p.109; Cidade de São Paulo, "Dados demográficos dos distritos pertencentes às subprefeituras", https://capital.sp.gov.br/web/subprefeituras/w/munic%C3%ADpio-de-s%C3%A3o-paulo-subprefeituras-e-distritos-municipais; Liziane Peres Mangili, *Bom Retiro, bairro central de São Paulo: transformações e permanências, 1930-1954* (São Paulo: Alameda, 2011), p.69-70; Decio Amadio, "Desenho urbano e bairros centrais de São Paulo: um estudo sobre a formação e transformação do Brás, Bom Retiro e Pari" (Tese de Doutorado, Universidade de São Paulo, 2005), p.5; Organização das Nações Unidas, *Population Growth and Policies in Mega-Cities: São Paulo* (New York: United Nations, 1993), p.3; Seade, "O perfil dos municípios paulistas, Bom Retiro", https://perfil.seade.gov.br/, acesso em: 28 jun. 2024; Hilário Dertônio, *O bairro do Bom Retiro* (São Paulo: Prefeitura Municipal, Secretaria de Educação e Cultura, Departamento de Cultura, 1971), p. 19. Preparado por Surbhi Shrivastava, Coletivo de Pesquisa Lesser, 2023.

À medida que os proprietários de terras e nobres perdiam influência e riqueza ao longo do século XIX, eles começaram a vender suas propriedades para imigrantes empreendedores/especuladores de terra. Os novos proprietários modificaram os padrões de posse de terra no Bom Retiro ao subdividir as antigas propriedades e construir ruas. Eles então revenderam os lotes para investidores relativamente abastados, que construíram moradias coletivas ou estruturas para fábricas. A transformação das propriedades em lotes grandes, seguida de sua subdivisão, significava que a classe trabalhadora só podia alugar essas propriedades. Se os sonhos dos imigrantes de "ser bem-sucedido na América" incluíam ter terras ou uma casa própria, eles raramente se concretizavam no Bom Retiro. Independentemente de as habitações serem chamadas de *tenements* na América do Norte ou de *vecindades*, *conventillos* ou *inquilinatos* na América do Sul, o aluguel e a aglomeração marcavam as geografias urbanas da classe trabalhadora.[53]

A criação do Bom Retiro urbano tem origem em grande parte na subdivisão de terras por quatro proprietários imigrantes que vieram ao Brasil em meados do século XIX: Manfred Meyer, nascido na Alsácia; Charles Dimmit Dulley, nascido nos Estados Unidos; e Frederico Glette e Victor Nothmann, nascidos na Alemanha. Os dois últimos compraram a chácara do visconde de Mauá e a transformaram no bairro de Campos Elíseos e uma pequena parte do que atualmente é o Bom Retiro.[54] Para nossa história, entretanto, Meyer e Dulley foram mais relevantes. Meyer era um agente do consulado francês em São Paulo; em 1859, abriu a Olaria Meyer e começou a comprar indústrias semelhantes na região. Ele logo se tornou o principal produtor de tijolos, telhas e outros materiais de construção na cidade. Em 1859, casou-se com Elvira Isabel de Souza Queiroz, filha de um proprietário rural, e o casal adquiriu o enorme lote que pertencia ao barão cafeeiro e político Antônio da Silva Prado e que hoje faz parte dos distritos do Bom Retiro e da Barra Funda.[55] Menos de uma década depois, o casal

53 Rosenfeld, "Rent Strike"; *Correio Paulistano*, 21 abr. 1882, p.4; Sábato e Romero, *Los trabajadores de Buenos Aires*; Yee, "Housing".

54 Marins, *Um lugar para as elites*.

55 Mangili, *Bom Retiro*, p.32-3.

obteve fundos adicionais para a compra de terras vendendo algumas de suas fábricas de cerâmica. Uma delas foi vendida para João Ribeiro da Silva, importador de cimento que havia aprendido uma nova técnica para produzir pedras artificiais que estimulariam a construção de casas particulares na parte central de São Paulo.[56]

Em 1870, Meyer e Queiroz estavam focados na aquisição, subdivisão e venda de terras, embora continuassem a possuir fábricas de cerâmica na década de 1880.[57] Logo, eles eram donos de três grandes propriedades localizadas entre as linhas ferroviárias (concluídas em 1861) e as várzeas dos rios Tietê e Tamanduateí, incluindo parte do que havia sido a Chácara Bom Retiro do marquês de Três Rios. Entre 1881 e 1892, os Meyer estavam envolvidos em mais de metade das vendas de terras e casas no Bom Retiro (42 como vendedores e uma como compradores), incitados por incentivos fiscais municipais destinados a fomentar a industrialização e a imigração e o crescimento populacional associados a ela.[58] Muitas das terras dos Meyer foram vendidas para os governos municipal e estadual, incluindo o lote que se tornaria o nexo geográfico da saúde pública e da imigração com o primeiro albergue de imigrantes da cidade em 1881 e o Desinfectório Central em 1893. Os Meyer também foram pioneiros na controversa técnica de doar terras ao município para a construção de ruas ao longo das quais venderiam lotes, às vezes até mesmo antes de as ruas serem construídas.[59]

Charles Dimmit Dulley, nascido em Pittsburgh, na Pensilvânia (Estados Unidos), também foi um dos principais compradores e vendedores de terras no Bom Retiro. Ele chegou a São Paulo aos 22 anos, em 1861, e trabalhou como engenheiro de túneis para a Estrada de Ferro São Paulo,

---

56 "Editais", *Correio Paulistano*, 25 maio 1880, p.2; E. Campos, "Nos caminhos da Luz, antigos palacetes da elite paulistana", p.32.

57 "A Província de São Paulo", *O Estado de S. Paulo*, 8 out. 1880, p.3.

58 Lei Municipal n. 414, de 28 de agosto de 1899, Prefeitura de São Paulo, Legislação Municipal, https://legislacao.prefeitura.sp.gov.br/leis/lei-414-de-28-de-agosto-de-1899/detalhe; Mangili, *Bom Retiro*, p.158-64.

59 "Indicações", *Correio Paulistano*, 12 mar. 1884, p.2; "Rua Helvetia", *Correio Paulistano*, 1º maio 1884, p.2; "Pareceres de Comissões", *Correio Paulistano*, 10 mar. 1885, p.2.

conhecida informalmente como "A Inglesa". Como muitos membros da burguesia imigrante, Dulley convivia majoritariamente com expatriados, no caso dele vindos dos Estados Unidos, do Reino Unido e da Alemanha. Faziam parte do grupo Harriet Matilde Rudge e seu marido, Henry Fox, relojoeiro inglês responsável pelo relógio da Catedral da Sé, no centro de São Paulo. Rudge e Fox tiveram várias filhas nascidas no Brasil, e Dulley se casou com Ana Luiza Fox em dezembro de 1866, na mesma época em que deixou o emprego para se tornar um magnata da construção contratado pela ferrovia.[60] A renda cada vez maior de Charles, aliada às conexões comerciais e à cidadania brasileira de Ana Luiza, significava que as compras de terras eram relativamente fáceis.[61]

Essas aquisições individuais logo se tornaram a Chácara Dulley, um centro para a vida social de expatriados.[62] Charles Dimmit Dulley morreu em 1878, mas foi somente no final do século que tiveram início os planos de subdividir a terra e integrá-la ao crescente ambiente urbano criado em grande parte por Manfred Meyer. Provavelmente sob a liderança de Charles John Dulley, filho de Charles e Ana Luiza formado em Engenharia na Inglaterra, a propriedade foi vendida em grandes lotes, um dos quais se tornou a Escola de Farmácia, Odontologia e Obstetrícia em 1905. Em 1907, a Sociedade de São Francisco de Sales (também conhecida como Salesianos de Dom Bosco) comprou um grande lote, no qual em 1911 foi inaugurado o internato Santa Inês.[63]

---

60 "Casamentos livres", *Correio Paulistano*, 28 dez. 1866, p.2.

61 "O dr. Clímaco Barbosa", *Jornal da Tarde*, 29 dez. 1879, p.2.

62 "Planta dos terrenos da Chácara Dulley", 1904, número de acesso 1-05834-0000-0000, Coleção João Baptista de Campos Aguirra, Museu Paulista, São Paulo, https://commons.wikimedia.org/wiki/File:Planta_dos_Terrenos_da_Ch%C3%A1cara_Dulley.jpg.

63 A ordem salesiana pode ser chamada de "organização de imigrantes", uma vez que chegou ao Brasil vinda da Itália via Uruguai no final do século XIX. "Urbanização do bairro do Bom Retiro: o loteamento da Chácara Dulley – 2", em Projeto Iphan, *Multiculturalismo em situação urbana*. Ver também Lei Municipal n. 959, de 19 de novembro de 1906, Prefeitura de São Paulo, Legislação Municipal, http://legislacao.prefeitura.sp.gov.br/leis/lei-959-de-19-de-novembro-de-1906/consolidado.

Os imigrantes e a expansão urbana

Amelia Marini foi apenas uma dos cerca de 5 milhões de imigrantes vindos da Europa, da Ásia, do Oriente Médio e das Américas que se estabeleceram no Brasil antes de 1950, a maioria após a rápida industrialização e a abolição da escravatura em 1888 (figuras 1.3 e 1.4). Sua história nos lembra que, embora a imigração seja frequentemente estudada quantitativamente, os imigrantes têm nomes, vidas saudáveis e enfermas e mortes. A esmagadora maioria chegou de navio à cidade portuária de Santos, onde muitos saíram das docas para embarcar em um trem rumo à Estação da Luz, construída pelos britânicos. A construção da estação em estilo vitoriano, localizada no extremo sudoeste do Bom Retiro, teve início em 1861 e foi

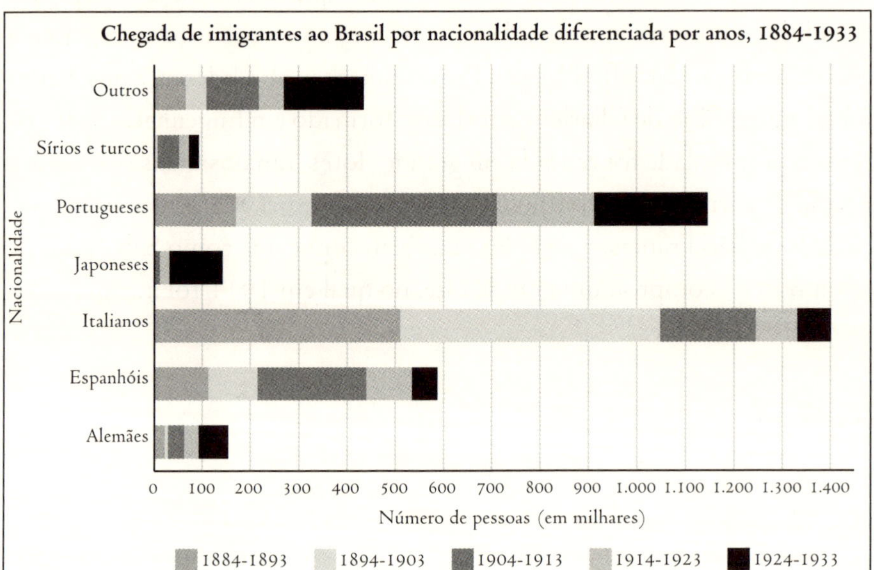

Figura 1.3. Fonte: Instituto Brasileiro de Geografia e Estatística, Centro de Documentação e Disseminação de Informações, "Apêndice: Estatísticas de 500 anos de povoamento". In: *Brasil: 500 anos de povoamento* (Rio de Janeiro: IBGE, 2000), p.226. Preparado por Surbhi Shrivastava, Coletivo de Pesquisa Lesser, 2023.

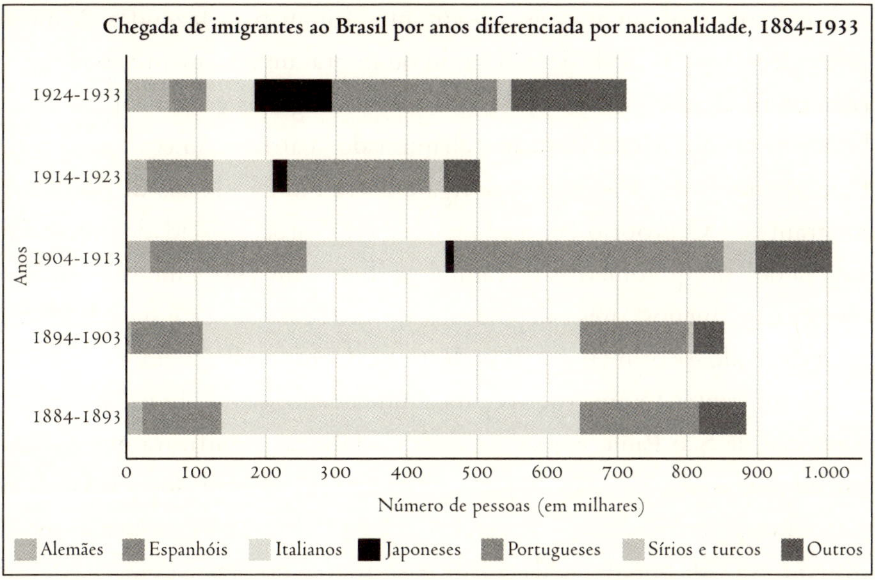

Figura 1.4. Fonte: Instituto Brasileiro de Geografia e Estatística, Centro de Documentação e Disseminação de Informações, "Apêndice: Estatísticas de 500 anos de povoamento". In: *Brasil: 500 anos de povoamento* (Rio de Janeiro: IBGE, 2000), p.226. Preparado por Surbhi Shrivastava, Coletivo de Pesquisa Lesser, 2023.

concluída seis anos depois. O fato de muitos imigrantes terem passado pela Estação da Luz – e, portanto, pelo Bom Retiro – a caminho das plantações do estado de São Paulo tem duas ramificações importantes para nossa história. Primeiro, o bairro carrega um peso simbólico de centro da imigração. Nesse sentido, é como a Ellis Island ou a Angel Island, nos Estados Unidos, embora nenhuma das localidades tivesse uma população imigrante residente como o Bom Retiro. Segundo, os imigrantes que transitavam pela Estação da Luz frequentemente levavam consigo doenças. Assim, surtos de febre amarela e ações de saúde pública em todo o estado entre 1889 e 1896 seguiram o traçado da ferrovia.[64]

64 Telarolli Jr., "Imigração e epidemias no estado de São Paulo", p.275-6.

Nem todos os imigrantes, no entanto, foram para fazendas. Muitos permaneceram na cidade de São Paulo ou migraram novamente após experiências rurais decepcionantes. Esses recém-chegados geralmente se estabeleciam no que Jacob Penteado chamou de "bairros começados com B: Bom Retiro, Brás, Belenzinho, Bexiga e Barra Funda", locais de operários imigrantes.[65] O próprio Penteado nasceu em Sorocaba (cidade industrial a cerca de 100 quilômetros da capital paulista) em 1900, migrou quando criança para Buenos Aires e depois retornou ao Brasil aos sete anos de idade, estabelecendo-se primeiro no Bom Retiro e depois no Belenzinho.

Os imigrantes foram cruciais para a industrialização do Brasil, e a transformação de São Paulo em uma cidade de fábricas significava que os trabalhadores precisavam ser alojados, alimentados e mantidos saudáveis o suficiente para trabalhar (figuras 1.5 e 1.6).[66] Em 1893, o Censo mostrou que 55% da população da cidade nascera fora do Brasil, e em 1920 esse número ainda era alto (35%).[67] Os recém-chegados correspondiam a mais da metade dos pacientes da Santa Casa de Misericórdia de São Paulo, e um diretor, que no início da carreira trabalhara na Hospedaria de Imigrantes da cidade, reclamou em 1901: "O crescimento rápido baseado na imigração tem inconvenientes, inconvenientes sérios, pelo menos sob o ponto de vista da patologia".[68] Essas preocupações foram materializadas na Estação da Luz, onde os imigrantes eram recebidos por representantes da Secretaria da Saúde para triagem e tratamento de doenças e sua bagagem era submetida a um processo de desinfecção química.[69]

A explosão demográfica na cidade de São Paulo teve início no final do século XIX; atualmente, a população metropolitana ultrapassa 12 milhões

---

65 Penteado, *Belenzinho, 1910*, p.31.

66 Dean, *Industrialization of São Paulo*.

67 Fausto, *Crime e cotidiano*, p.10.

68 Márcia Silva, "O processo de urbanização paulista", p.265; Carvalho, "Novidades clínicas na cirurgia paulista".

69 Essas abordagens perduram até hoje. Centro de Controle e Prevenção de Doenças dos Estados Unidos, Divisão de Migração Mundial e Quarentena, "Immigrant and Refugee Health", https://www.cdc.gov/immigrantrefugeehealth/index.html, acesso em: 28 jun. 2024; Biehl e Petryna, "Peopling Global Health".

e a da Grande São Paulo é de mais de 20 milhões de habitantes. A pequena cidade que antes de 1880 tinha uma economia cafeeira se tornou um manicômio urbano frenético, industrializado e muitas vezes não planejado pouco depois disso. A chegada de pessoas, dinheiro e instituições implicava novas ideias sobre espaço. Logo, os líderes municipais, como tantos nas Américas, estavam redesenhando a cidade cartográfica e topograficamente como parte do que acreditavam que seria uma transição de uma metrópole colonial para uma metrópole semelhante às europeias.

Mudanças no ambiente construído foram acompanhadas de novos discursos sobre melhorias e modernização. Moradores de bairros operários, no

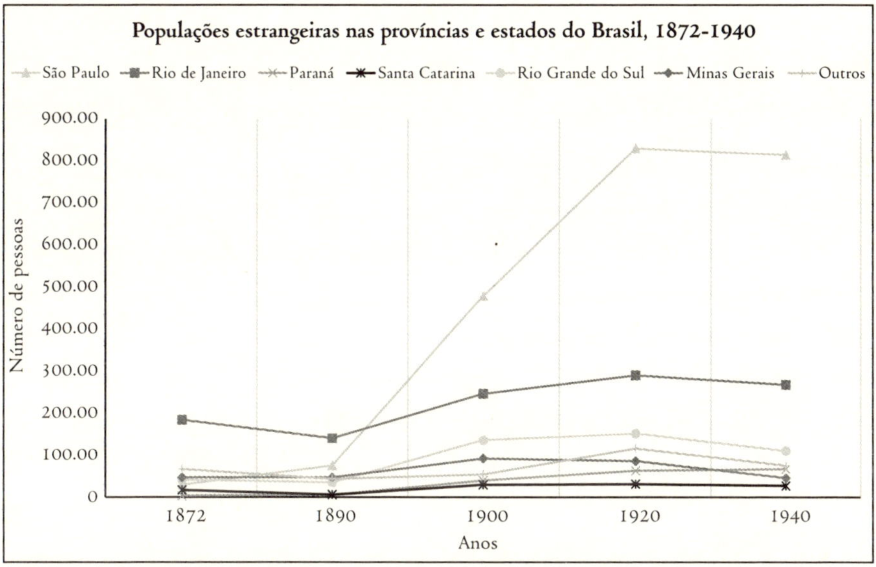

Figura 1.5. Fontes: Instituto Brasileiro de Geografia e Estatística, *Censo Demográfico, Séries Históricas, População residente, 1872-2010*, https://www.ibge.gov.br/estatisticas/sociais/populacao/2098-np-censo-demografico/9662-censo-demografico-2010.html?edicao=9673&t=series-historicas; Maria Stella Levy, "O papel da migração internacional na evolução da população brasileira (1872 a 1972)", *Revista de Saúde Pública*, v.8, supl., p.49-90, jun. 1974, https://doi.org/10.1590/S0034-89101974000500003. Preparado por Surbhi Shrivastava, Coletivo de Pesquisa Lesser, 2023.

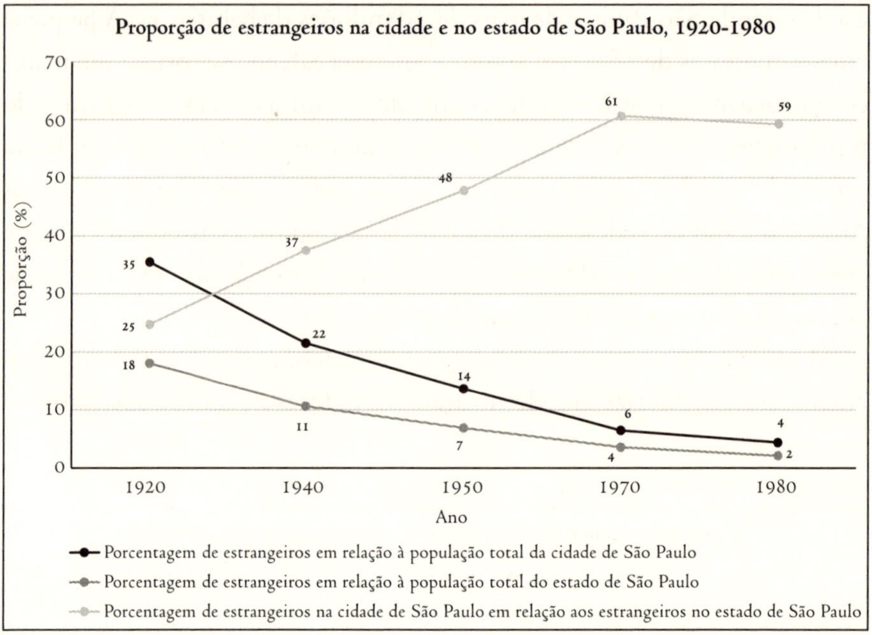

Figura 1.6. Fontes: Instituto Brasileiro de Geografia e Estatística, *Censo Demográfico, Séries Históricas, População residente, 1872-2010*, https://www.ibge.gov.br/estatisticas/sociais/populacao/2098-np-censo-demografico/9662-censo-demografico-2010.html?edicao=9673&t=series-historicas; Maria Stella Levy, "O papel da migração internacional na evolução da população brasileira (1872 a 1972)", *Revista de Saúde Pública*, v.8, supl., jun. 1974, p.49-90, https://doi.org/10.1590/S0034-89101974000500003. Preparado por Surbhi Shrivastava, Coletivo de Pesquisa Lesser, 2023.

entanto, geralmente reclamavam que não viam os benefícios. Por exemplo, a iluminação pública de São Paulo começou a ser elétrica em 1905 e, em um período de uma década, essa era a regra na maioria dos bairros de classe média alta da cidade.[70] No Bom Retiro, contudo, a iluminação a gás em vias públicas perdurou até 1937, o último bairro a fazer a transição.[71] A letra da valsa "Lampião de gás" sugere como as desigualdades do passado podem se

70 Americano, *São Paulo naquele tempo*, p.15-126.

71 Rodrigues, *Vias públicas*, p.154.

tornar prazeres nostálgicos no presente: "Minha São Paulo calma e serena / Que era pequena, mas grande demais / Agora cresceu, mas tudo morreu / Lampião de gás que saudade me traz".[72]

Geografias do trabalho imigrante

Os processos que levaram indivíduos e grupos a imigrar envolveram complexas redes sociais, familiares, econômicas e geográficas. No Bom Retiro, essas ligações eram visíveis inicialmente por meio de imigrantes endinheirados como Meyer e Dulley. Isso mudou por volta de 1880, quando imigrantes da Itália, de Portugal e da Espanha se estabeleceram e começaram a trazer novas ideias sobre vestimentas, alimentação, linguagem e atividades políticas. O racismo era outro tipo de rede, e muitos imigrantes aprenderam que poderiam ter êxito mais rapidamente se expulsassem do centro da cidade os residentes de ascendência africana que viviam no local havia muito tempo. A saúde era um tipo de rede particularmente notável, pois o trabalho nas fábricas era perigoso, e os trabalhadores raramente podiam pagar por assistência médica privada, um tópico que exploro no capítulo 4. Mesmo assim, as autoridades viam o autocuidado dos imigrantes – o uso de curas populares brasileiras para substituir aquelas real ou miticamente usadas antes da migração, por exemplo – como algo que não era moderno. Resíduos de preconceitos do século XIX que profissionais de saúde e empresários tinham contra europeus do sul também são encontrados em descrições do século XXI dos andinos. Um exemplo é o constante uso da palavra "indolente" por donos de fábricas que buscavam uma produção cada vez mais rápida e por profissionais de saúde que se decepcionavam quando os imigrantes não se comportavam como brasileiros de classe média.

Os donos de fábricas usavam redes para empregar trabalhadores imigrantes. Entretanto, o número crescente de fábricas de pequeno e grande porte não apenas aumentou a população do Bom Retiro, mas também ajudou a

---

72 Maria Elisa Campiotti Bérgami, "Lampião de gás" (1958). Gravada por Inezita Barroso, com acompanhamento da Orquestra Hervê Cordovil. A letra está disponível em: https://www.luso-poemas.net/modules/news/article.php?storyid=33124.

adoecê-la. O acesso aos rios gerava energia para as fábricas, que, por sua vez, produziam enormes quantidades de resíduos industriais. O eflúvio que escorria para os rios Tamanduateí e Tietê criou "depósitos de lodo pútrido" ao longo das várzeas, enquanto moscas e mosquitos davam origem a "poderosos e crescentes focos de infecção".[73] A poluição e as doenças, no entanto, não impediam as crianças de brincar, nadar e pescar nos rios.[74]

Como a legislação industrial não era cumprida, as fábricas geraram persistentemente problemas de saúde no Bom Retiro. Era comum ocorrerem acidentes no distrito, em "um incalculável número de tendas de sapatarias, marcenarias, fábricas de macarrão, graxas, óleos, tintas, fundições, tinturarias, fábricas de calçados, roupas, chapéus, além de ateliês domésticos que produziam alimentos, bebidas e produtos químicos como sabão e velas".[75] Chaminés e fumaça criaram uma paisagem visual em São Paulo que fez o Bom Retiro parecer muito maior do que de fato era. Jorge Americano, político e ex-reitor da Universidade de São Paulo, lembra-se de olhar para o bairro no final do século XIX: "seriam trinta ou quarenta chaminés, de fumaça negra de coque da Inglaterra (ainda não havia eletricidade em São Paulo)". Os paulistas falavam disso orgulhosamente. "Manchester brasileira!".[76] As redes mundiais humanas e materiais que se uniram no Bom

73 São Paulo, *Relatório de 1904 apresentado à Câmara Municipal de São Paulo pelo prefeito Dr. Antônio da Silva Prado*, p.26-8.

74 Penteado, *Belenzinho, 1910*, p.235.

75 Rolnik, *A cidade e a lei*, p.78. Ver também Lei Municipal n. 130, de 23 de janeiro de 1895, Prefeitura de São Paulo, Legislação Municipal, https://legislacao.prefeitura.sp.gov.br/leis/lei-130-de-23-de-janeiro-de-1895/consolidado; Decreto Estadual n. 2.141, de 14 de novembro de 1911, artigo 293, Alesp, https://www.al.sp.gov.br/repositorio/legislacao/decreto/1911/decreto-2141-14.11.1911.html; Secretaria da Segurança Pública do Estado de São Paulo, Grupo 12G6 – Delegacias da Grande São Paulo, 8-Registros de acidente de trabalho da 2ª Delegacia – Bom Retiro (1934-1941), Acadepol 738, Apesp, http://icaatom.arquivoestado.sp.gov.br/ica-atom/index.php/delegacias-da-grande-sao-paulo-degran;isad.

76 Americano, *São Paulo naquele tempo*, p.97-8. Sorocaba, município a menos de 100 quilômetros do Bom Retiro com intensa atividade indústria têxtil, também era conhecida como a Manchester Paulista. C. Cunha, *O patrimônio cultural da cidade de Sorocaba*; Herrera, *Manchester Paulista?*.

Retiro, às vezes chamadas de "modelo São Paulo", criaram um centro industrial da cidade marcado por moradias lotadas e fábricas abertas 24 horas por dia.[77]

Muitos desses processos estavam em jogo em 1885, na abertura da Fábrica de Tecidos de Anhaia e Cia., a primeira fábrica têxtil de grande porte no Bom Retiro.[78] O negócio pertencia a Luís Antônio Anhaia, grande proprietário de terras e vereador de Itu, na época uma região de plantações, incluindo de algodão, a cerca de 100 quilômetros da cidade de São Paulo. A fábrica de Anhaia no Bom Retiro se beneficiou do fato de estar localizada próxima aos trilhos da ferrovia para transportar os produtos têxteis rapidamente. Na virada do século, a fábrica empregava 350 trabalhadores, que atuavam em dois turnos de doze horas e produziam mais de 12 mil metros de produtos têxteis, juntamente com seus resíduos, por dia.[79] Para manter essas métricas de produção, a empresa impôs conformidade a regras sociais e trabalhistas. Em resposta, no final de 1902, as tecelãs começaram uma greve (apenas uma de muitas), após serem maltratadas por um supervisor e depois da demissão de uma costureira de 17 anos que trabalhava no local havia três anos.[80] Cada uma dessas greves resultou em intervenção policial e violência, entrelaçando ainda mais questões trabalhistas e de saúde.

A repressão estatal não impediu o ativismo trabalhista, e as ruas do Bom Retiro eram frequentemente tomadas por trabalhadores imigrantes.[81] Quando pedidos para usar espaços internos para reuniões de greve em outras partes da cidade eram negados, normalmente usavam-se os campos

---

77 Oliva e Fonseca, "O 'modelo São Paulo'", p.33.

78 Dean, "A fábrica São Luiz de Itu".

79 Alfredo Pinto, *A cidade de São Paulo em 1900*, p.210.

80 Rago, *Do cabaré ao lar*, p.71; "Fatos policiais, operários em parede", *O Comércio de São Paulo*, 16 dez. 1902, p.1; "Fatos policiais, ainda a greve", *O Comércio de São Paulo*, 18 dez. 1902, p.1; "No Bom Retiro e em Santa Ifigênia", *Correio Paulistano*, 19 maio 1912, p.7.

81 Miniguccio Cicinderella, "Cartas do Bô Ritiro", *Vida Paulista: Humorismo, Literatura, e Esporte*, v.2, n.21, 1º ago. 1921, p.6; Penteado, *Belenzinho, 1910*, p.240-1; "A manifestação anticlerical do dia 15", *A Lanterna: Folha Anti-Clerical e de Combate*, 29 abr. 1911, p.1.

abertos do Bom Retiro.[82] O cruzamento entre a rua dos Imigrantes, a rua do Areal e a rua Tenente Pena se tornou um dos principais pontos para protestos públicos, frequentemente patrocinados por *A Lanterna* e mais tarde por *A Plebe*, dois jornais anarquistas editados por Edgard Frederico Leuenroth.[83] As reuniões atribuíram grande valor simbólico a esse cruzamento. Em 1913, um discurso de Antônio Soares dos Santos, da Liga Popular Contra a Carestia da Vida, foi "estupidamente interrompido" por um opositor que tentou arrastá-lo do palco improvisado para a delegacia. A multidão ficou do lado de Antônio Soares dos Santos, e o próprio Leuenroth o levou de volta ao palco para terminar seu discurso.[84] Em 1917, os grevistas no Bom Retiro "formaram verdadeiras barricadas de onde alvejavam, num fogo certeiro e vivo, os inconscientes e militarizados defensores do Estado e do capitalismo, princípio e causa da sua própria desgraça e da desgraça daqueles que são os seus irmãos de sofrimento e miséria".[85]

O poder simbólico residual do cruzamento também foi usado pelo Estado. Em 1925, o município de São Paulo decidiu criar centros de saúde modelo focados em cuidados pré-natal e pós-natal, saúde da primeira infância, nutrição, doenças venéreas e tuberculose. Apenas três foram abertos na cidade, um deles naquele mesmo cruzamento no Bom Retiro, nomeado em homenagem a Geraldo de Paula Souza, médico e fundador da Faculdade de Saúde Pública da Universidade de São Paulo.[86] Hoje, a UBS Bom Retiro

---

82 "Vida operária", *A Lanterna: Folha Anti-Clerical e de Combate*, 12 ago. 1911, p.3; C. Santos, *Sob a luz dos infames*.

83 "O povo contra o regime da fome", *A Lanterna: Folha Anti-Clerical e de Combate*, 22 mar. 1913, p.3; "Contra a carestia da vida e a desocupação", *A Lanterna: Folha Anti-Clerical e de Combate*, 7 mar. 1914, p.3; Blay, *Eu não tenho onde morar*, p.134; Penteado, *Belenzinho, 1910*, p.241.

84 "O povo contra a carestia da vida", *A Lanterna: Folha Anti-Clerical e de Combate*, 19 abr. 1913, p.2.

85 "Contra a carestia da vida", *A Lanterna: Folha Anti-Clerical e de Combate*, 22 jun. 1912, p.3; "O proletariado em revolta afirma o seu direito à vida", *A Plebe: Pela Liberdade e o Anarquismo*, 21 jul. 1917, p.1.

86 Aguiar, *Tecnologias e cuidado em saúde*, p.106-9. Ver também Losco e Gemma, "Atenção primária em saúde para imigrantes bolivianos no Brasil".

fica localizada nesse cruzamento, continuando a mostrar a importância de espaços específicos para as concepções estatais de saúde.

As autoridades de saúde pública geralmente retratavam os bairros da classe trabalhadora nas Américas como insalubres, incontroláveis e violentos, necessitando, portanto, de intervenções estatais que aliassem saúde e policiamento.[87] O Brasil não era diferente, e, como argumentou Paulo César Garcez Marins:

> Tumulto e desordem foram palavras fácil e comumente aplicadas à dinâmica das capitais republicanas, à ocupação de suas ruas e casas, e a seus habitantes, cada vez mais numerosos e movediços. As elites emergentes imputavam-se o dever de livrar o país do que consideravam "atraso", atribuído ao passado colonial e imperial do país e visível na aparente confusão dos espaços urbanos, povoados de ruas populosas e barulhentas, de habitações superlotadas, de epidemias que se alastravam com rapidez pelos bairros, assolando continuamente as grandes capitais litorâneas.[88]

Os preconceitos de funcionários do governo contra trabalhadores estrangeiros muitas vezes se entrelaçavam com o racismo contra não brancos, uma categoria que incluía, em diferentes momentos, católicos do sul da Europa e judeus do Leste Europeu.[89] Esses mesmos políticos e seus aliados comumente culpavam os trabalhadores pela deterioração ambiental típica da expansão industrial rápida e desregulamentada. No Bom Retiro, as doenças vieram com as enchentes regulares dos rios Tietê e Tamanduateí, cujas águas invadiam casas, ruas e fábricas. Em 1872, 1887 e novamente em 1929, São Paulo foi atingida por fortes chuvas que exigiram a remoção de famílias dos cortiços do Bom Retiro e interromperam o transporte público

---

87 Harvey, "Labor, Capital, and Class Struggle"; Silvana Silva, "Os bairros do Brás e Bom Retiro", p.91-113.

88 Marins, "Habitação e vizinhança", p.132-3.

89 A lista de "tipos" fisionômicos de Jorge Americano incluía imigrantes, migrantes de outras partes do Brasil e negros. Americano, "Gente que a gente via", em *São Paulo naquele tempo*, p.318.

dentro e fora do bairro.[90] Cada incidente foi seguido de investigações do governo e respostas públicas furiosas, mas as enchentes e os problemas de saúde relacionados a elas continuam até o presente.[91]

Uma dessas investigações foi liderada por Luiz Bianchi Betoldi, imigrante italiano da Lombardia que se mudou para São Paulo em 1872. Ele era engenheiro, proprietário de imóveis no centro da cidade e recrutador de trabalhadores italianos para as fábricas do Bom Retiro. Ele era funcionário da Diretoria de Obras Municipais e elaborou um deprimente relatório em 1887 sobre a enchente e o consequente aumento repentino no número de casos de malária. Segundo ele, sem grandes mudanças estruturais, "[i]nfelizmente pelas observações efetuadas na ocasião da última enchente, ficou manifesto ser relativamente impossível qualquer real melhoramento a fim de impedir o alagamento, mesmo no caso de uma enchente inferior à atual".[92] Betoldi defendeu, sem muito sucesso, que os líderes municipais assumissem mais responsabilidade pela "rua", colocando recipientes de coleta de lixo, com horários programados para retirada, na frente dos cortiços.[93] Outro engenheiro empregado pela cidade, Theodoro Sampaio, fez um estudo semelhante meia década depois do de Betoldi e chegou às mesmas conclusões, observando que pouco havia mudado no período de cinco anos.[94]

Os desafios de saúde do Bom Retiro e as angústias que eles causaram nos moradores e líderes da cidade fizeram do distrito um foco de ações sanitárias municipais. Eles também transformaram o bairro em um laboratório para futuras políticas de saúde quando foi inaugurado o novo Serviço

---

90 "Os efeitos dos temporais", *Correio Paulistano*, 16 fev. 1929, p.5.

91 Hacon, *Geo Saúde*.

92 Betoldi, "Relatório sobre as observações efetuadas com o movimento das águas no vale dos rios Tamanduateí e Tietê durante a inundação de 1887", p.8, 11.

93 *Correio Paulistano*, 25 nov. 1889, p.2.

94 T. Sampaio, "Relatório da Comissão do saneamento das várzeas São Paulo 1890-1891", http://www2.unifesp.br/himaco/enchente_1887.php; São Paulo, Comissão do Saneamento das Várzeas, Relatório dos estudos para o saneamento e aformoseamento das várzeas.

Sanitário do Estado de São Paulo, em 1890. Mesmo assim, a imagem de saúde ruim persiste até os dias atuais, piorando durante as epidemias. Henrique Raffard, filho do cônsul suíço no Rio de Janeiro, visitou o bairro, em rápida expansão, em 1886 e novamente em 1890, observando que o ambiente construído não era propício à boa saúde: "É de lastimar que não se tenham melhor preparado os terrenos do Bom Retiro para evitar que as águas pluviais fiquem retidas em alguns lugares; e também podia ter havido melhor direção no alinhamento de algumas construções".[95] Em 1901, Antônio Francisco Bandeira Jr. observou de perto o crescimento industrial de São Paulo, catalogando ruas por suas fábricas e lojas. Suas visitas ao Bom Retiro estabeleceram relações entre o ambiente construído e a saúde ruim: "As casas são infectas, as ruas, na quase totalidade, não são calçadas, há falta de água para os mais necessários misteres, escassez de luz e de esgotos".[96]

A imagem do Bom Retiro como um lugar sujo, propenso a inundações e doente era tão disseminada que os leitores de jornal só precisavam ver o nome de uma rua do bairro para tirar conclusões negativas. Como afirma Valéria Guimarães, um artigo contando a história de alguém que morava no Bom Retiro imediatamente evocava um lugar

> fabril e proletário, uma várzea do rio Tietê, o que o deixava sujeito a frequentes enchentes. Tinha um dos maiores índices de epidemias de São Paulo. Seus poços de água eram insalubres e seus terrenos residenciais, estreitos e compridos, com cinco ou seis metros de frente, alinhavam em seus corredores várias casinhas onde moravam numerosas famílias.[97]

Essas imagens ajudam a explicar por que o *Correio Paulistano* enfatizou a limpeza e a ordem na casa de Amelia Marini.

Para a maioria dos moradores do Bom Retiro, as enchentes traziam adversidades, visto que os obrigava a andar descalços por vários quarteirões

95 Raffard, *Alguns dias na Pauliceia*, p.18-9.

96 Bandeira Júnior, *Indústria no estado de São Paulo*. Ver também Chalhoub, *Cidade febril*.

97 Guimarães, "Os dramas da cidade nos jornais", p.328.

para obter água limpa, mesmo nas partes mais abastadas do bairro.[98] Proteger animais não humanos, limpar casas cheias de lama e correr para tomar vacinas para prevenir novas doenças transmitidas pela água e por mosquitos era a regra.[99] Essas duras realidades persistem no Bom Retiro, mas as memórias muitas vezes as ocultam: dona Alice nasceu no interior do estado de São Paulo, cuja área ultrapassa 248 mil quilômetros quadrados, e sua família migrou os 175 quilômetros que separam sua cidade natal do Bom Retiro quando ela tinha três anos de idade. Sua conversa com Ecléa Bosi como parte de um projeto de história oral com moradores mais velhos de São Paulo inclui essa lembrança nostálgica que relaciona as enchentes com a imigração e a terra natal onde ela nunca estivera:

> Quando chovia muito, a baixada do Bom Retiro ficava a Veneza brasileira. A enchente tomava conta de tudo. As famílias todas tinham barco e, durante a noite, passeavam nas ruas inundadas, com iluminação nas barcas, cantando e fazendo serenata. Para nós, os moços, aquilo era uma alegria, quando o Tietê transbordava.[100]

Enchentes, problemas de esgoto e falta de água potável eram tão graves que a primeira Repartição de Águas e Esgotos da cidade foi instalado no Bom Retiro.[101] O distrito começou a receber esgoto em 1894, mas estudos do início do século XX mostram que os bairros operários de São Paulo sofriam com água não tratada devido a problemas de infraestrutura e distribuição irregular.[102] Dentro do Bom Retiro, a distribuição de água limpa e de

---

98 "Câmara Municipal, requerimentos", *Correio Paulistano*, 13 dez. 1883, p.1; Ortigara, *Cartografia, plantas e projetos históricos*, p.80.

99 Dertônio, *O bairro do Bom Retiro*, p.67.

100 Bosi, *Memória e sociedade*, p.108.

101 Alfredo Pinto, *A cidade de São Paulo em 1900*, p.16. Mais de 10% dos acidentes registrados pela polícia do Bom Retiro entre 1934 e 1941 envolveram a Repartição de Águas e Esgotos. Secretaria da Segurança Pública do Estado de São Paulo, Grupo 12G6 – Delegacias da Grande São Paulo, 8-Registros de acidente de trabalho da 2ª Delegacia – Bom Retiro (1934-1941).

102 Leão, *São Paulo em 1920*, p.12; Bertolli Filho, *A gripe espanhola em São Paulo*, p.45.

esgoto também era desigual, estando as partes ao norte do bairro mais propensas a inundações. Mesmo assim, alguns dos protestos contra o custo de vida no Bom Retiro antes da Primeira Guerra Mundial incluíam a reclamação de que os esgotos no bairro estavam aumentando os custos de aluguel e, portanto, expulsando a classe trabalhadora.[103]

A saúde ruim no Bom Retiro não era causada apenas por inundações e esgotos precários. O lixo, arrastado pelo bairro por causa da água e de programas de remoção insatisfatórios, era e é um problema em especial.[104] No século XIX, assim como hoje, o lixo de residências, fábricas e dos rios da cidade transbordava para as ruas em bairros em regiões de baixada cada vez que chovia de maneira mais considerável. O lixo doméstico geralmente era depositado em terrenos baldios ou do lado de fora das casas, já que o primeiro incinerador de lixo de São Paulo só foi inaugurado em 1913. Os resíduos materiais da vida familiar eram comidos por vacas e cães ou recolhidos em carroças por quem não tinha emprego formal, para serem vendidos como fertilizante ou, mais recentemente, para reciclagem.[105] Na década de 1890, eram constantes as reclamações sobre lixo jogado em sumidouros próximos a poços públicos: "a água tirada dos poços vizinhos; é claro – como podem ser estas infeccionadas [*sic*]".[106] Em meados da década de 1980, o Bom Retiro foi descrito da seguinte forma no *Jornal da Tarde*: "25.109 habitantes, quinhentas mil pessoas correndo por suas ruas diariamente, sessenta e oito toneladas de lixo, em cada dia".[107] Outros observadores vincularam resultados negativos de saúde no bairro à cultura em vez de à estrutura (condições de trabalho, superlotação e escassez de serviços sociais), muitas vezes descrevendo distritos industriais da classe trabalhadora usando a linguagem

---

103 Paula, *Os operários pedem passagem!*, v.4, p.146-7.

104 Frehse, *O tempo das ruas na São Paulo de fins do Império*, p.97.

105 São Paulo, *Mensagem enviada ao Congresso Legislativo a 14 de julho de 1909*, p.39; Greenfield, "Development of the Underdeveloped City", p.108-9.

106 "Notícias de Taubaté", *Correio Paulistano*, 30 mar. 1890, p.1; "Saúde pública", *Correio Paulistano*, 9 fev. 1892, p.1.

107 Faerman, "Bairro de Szmul, de Isaac, de Jacob, do *beigale*, do arenque, das dez sinagogas: ontem, na primeira parte da reportagem, mostramos o Bom Retiro dos italianos", *Jornal da Tarde*, 24 nov. 1981, p.14-5.

das doenças. De fato, a culpa pelas condições sanitárias precárias em casas e no Bom Retiro era geralmente atribuída aos trabalhadores imigrantes, em vez de à poluição ambiental de rios e fábricas.[108]

Enchentes e remoção insatisfatória de resíduos eram uma combinação perigosa. Doenças transmitidas por mosquitos eram, portanto, parte da vida cotidiana dos moradores do Bom Retiro, e repelentes de insetos com nomes como "Terror dos Mosquitos" se tornaram parte do cenário comercial.[109] Autoridades de saúde pública geralmente colocavam a culpa nos moradores, mas estes últimos viam o Estado como o problema. Reclamações sobre a água eram constantes nas reportagens do *Correio Paulistano*; este aviso de 1912 é um exemplo típico:

> **Queixas e reclamações**
>
> Escrevem-nos os moradores da rua General Flores, no trecho compreendido entre as ruas Solon e Jaraguá, solicitando a nossa intervenção perante o governo municipal, a fim de [que] seja removido para as proximidades do Rio Tietê o escoadouro de água ali existente, o qual inunda frequentemente esse local.
>
> As águas procedentes das ruas [*sic*] Guarany e imediações afluem àquele lugar, pondo em sério risco a saúde dos seus moradores, visto que no outro lado da rua se formou um verdadeiro riacho, que é uma ponte geradora de mosquito e que pode produzir febres de mau caráter.[110]

Quase um século depois, as reclamações dos moradores são semelhantes, visto que as enchentes e a água parada continuam fazendo do Bom Retiro um dos bairros centrais com maior incidência de dengue.[111] O Bom Retiro do lazer rural foi transformado em um lugar de saúde ruim.

---

108 Dertônio, *O bairro do Bom Retiro*, p.34; Hochman, *Sanitation of Brazil*; Finkelman, *Caminhos da saúde pública no Brasil*; Eibenschutz (org.), *Política de saúde*; Cueto e Palmer, *Medicine and Public Health*.

109 "Notas e notícias, terra dos mosquitos", *Comércio de São Paulo*, 10 jan. 1908, p.2.

110 "No Bom Retiro e em Santa Ifigênia, queixas e reclamações", *Correio Paulistano*, 13 fev. 1912, p.7.

111 Pingel et al., "Comprometendo-se com a continuidade"; C. Silva, *Estudo epidemiológico da dengue no município de São Paulo*, p.37; Cristiane Bomfim, "Bom Retiro tem

Iluminando a escuridão

Embora o passado histórico possa não fazer parte da consciência cotidiana dos vivos, o ambiente construído contemporâneo carrega vestígios desse passado e se conecta às experiências vividas. Uma das formas como isso se dá para quem reside no Bom Retiro, trabalha nele ou passa por ele é a presença do primeiro jardim botânico de São Paulo, inaugurado em 1798 (Figura 1.7). Renovado e reaberto ao público em 1825 como Jardim da Luz, o espaço enfatizou para "escravos, imigrantes, trabalhadores e demais pessoas que não pertenciam à elite" que passear ao ar livre era um privilégio de saúde.[112] Em 1890, o Jardim da Luz se tornou o ponto central de uma série de novas ruas que ligavam o Bom Retiro a outras partes do centro da cidade.[113] Uma década depois, aristocratas locais financiaram o Liceu de Artes e Ofícios de São Paulo para formar trabalhadores especializados para a indústria (o prédio hoje é a Pinacoteca do Estado de São Paulo).

Em reconhecimento ao papel dos imigrantes no Bom Retiro, um monumento de bronze e granito em homenagem ao revolucionário italiano Giuseppe Garibaldi foi inaugurado no Jardim da Luz em 1910. Garibaldi estava ligado à política brasileira por meio de seu envolvimento na Revolução Farroupilha (1835-1845), no Rio Grande do Sul. Em São Paulo, as crianças brincavam da brincadeira de Garibaldi, que consistia em enganar um participante para segurar suas mãos visando ajudar um manco "Garibaldi" (que, entre outros ferimentos de guerra, uma vez foi baleado no tornozelo) a montar um "cavalo" com suas botas cobertas de fezes.[114] Imigrantes adultos "garibaldinos" também brincavam em público enquanto

---

maior incidência de dengue", *Jornal da Tarde/O Estado de S. Paulo*, 5 maio 2011; Guilherme Balza, "Oito dos dez bairros com mais mortes por Covid-19 estão no centro 'pobre' de São Paulo", *Portal G1* – Globo, 27 maio 2020. Em 2020, o distrito teve os maiores índices de morte por Covid-19 na cidade.

112 Resende e Amed, "O Jardim da Luz e os desdobramentos da urbanização paulistana", p.107.

113 Rodrigues, *Vias públicas*, p.48.

114 Penteado, *Belenzinho, 1910*, p.236.

Figura 1.7. Fotografia de 1887 do Jardim da Luz com legenda enfatizando que ele faz parte do Bom Retiro. Fonte: Militão Augusto de Azevedo, "Jardim público e parte do bairro do Bom Retiro", São Paulo, 1887. Fundo Museu Paulista, do Álbum Comparativo da Cidade de São Paulo USP, p.57, https://commons.wikimedia.org/wiki/File:Milit%C3%A3o_A._de_Azevedo_-_%C3%81lbum_Comparativo,_57_-_Acervo_do_Museu_Paulista_da_USP.jpg.

celebravam a unificação da Itália em passeata pelo Bom Retiro tocando marchas patrióticas italianas todo dia 20 de setembro, a partir do início dos anos 1900.[115]

Nas últimas décadas do século XX, o Jardim da Luz costumava ser associado ao trabalho sexual, ao crime e à falta de moradia, levando a cidade a trancar os portões ornamentados ao cair da noite. A presença policial foi intensificada, expulsando aqueles que viviam no parque com a intenção

115 Americano, *São Paulo naquele tempo*, p.39.

declarada de devolver o espaço a pessoas de todas as gerações, classes e nacionalidades. Hoje, o jardim tecnicamente não fica mais no Bom Retiro, um distrito cujo tamanho oficial variou de 2,5 a 4 km², mas quase ninguém sabe disso. Aulas de exercícios físicos para idosos patrocinadas pela UBS Bom Retiro são realizadas no parque, assim como atividades que eram comuns no século XIX, como tirar fotos de família ou comprar serenatas musicais.

As fronteiras bem definidas do Jardim da Luz, dentro dos limites muito menos claros do bairro, conectam o passado ao presente. O lado leste abriga a impressionante Pinacoteca, visitada principalmente em excursões escolares e por adultos das classes dominantes. A oeste e norte do parque, visíveis das janelas da Pinacoteca (que vão do chão ao teto), estão os edifícios mistos residenciais, comerciais e industriais de dois e três andares do Bom Retiro. A saída sul do Jardim da Luz fica a menos de 20 metros da entrada da Estação da Luz.[116] Os contornos físicos do parque criaram um conflito de longo prazo no que concerne ao acesso no nível da rua. No século XIX, houve discussões com relação à travessia segura de pedestres sobre os trilhos ferroviários já existentes, enquanto mais recentemente há questões ligadas à expulsão das pessoas do parque a cada noite.[117]

Atualmente, a Estação da Luz, o Jardim da Luz e os trilhos do trem representam um planejamento urbano insurgente, visto que as fronteiras informais do Bom Retiro incluem lugares que oficialmente não fazem mais parte do distrito. Esse senso geográfico é relativamente novo. Como mostrei na "Introdução", os mapas do século XIX indicavam a área ao norte do jardim botânico como vazia, embora esses espaços tivessem sido ocupados muito antes da chegada dos portugueses. A cartografia reforçou visualmente a colonização ao mostrar as terras como despovoadas e, portanto, disponíveis para ocupação. Esses mapas justificaram, com ruas às vezes errôneas, a transferência de propriedade de chácaras para a elite imperial e as posteriores vendas para incorporadores cujas subdivisões se tornaram parte do crescimento da cidade. Representar o Bom Retiro como vazio, mesmo

116 Jorge, "São Paulo das enchentes, 1890-1940".
117 Rodrigues, *Vias públicas*, p.48.

quando a região era densamente povoada no final do século XIX, permitiu aos políticos evitar a prestação de determinados serviços.

O "vazio" foi rapidamente transformado pelos construtores em um bairro urbano. À medida que as propriedades rurais passaram a ser lotes urbanos, o Bom Retiro se tornou um espaço cheio de fábricas, e os trabalhadores precisavam mantê-las em operação.[118] Em 1890, os líderes municipais buscavam cada vez mais ligar o Bom Retiro a outras partes da cidade por meio de vias públicas, na esperança de que isso estimulasse mais produção industrial e crescimento.[119] Em 1900, o distrito se tornou o segundo local na cidade de São Paulo a ter uma linha de bonde para transportar os trabalhadores das fábricas.[120] Essas mudanças aumentaram ainda mais a falta de demarcação entre geografias de trabalho e não trabalho. Um número crescente de indústrias e serviços comerciais surgiu perto de residências/pequenas oficinas, tornando a poluição industrial uma parte característica da vida e da morte no Bom Retiro.

***

Este capítulo apresentou três argumentos. O primeiro mostra o que podemos aprender quando analisamos vidas individuais em nossos estudos de temas abrangentes como imigração, saúde e geografia. A vida e a morte de Amelia Marini ajudam a ilustrar como a violência e a nacionalidade se relacionam com a saúde para imigrantes e autoridades estatais, de legisladores a policiais. O segundo argumento é que a transformação do Bom Retiro de um retiro rural de fim de semana para os ricos em um distrito industrial urbano repleto de operários imigrantes criou resíduos relacionados à opressão de trabalhadores, à repressão e à alterização de negros e imigrantes pelas classes dominantes. Por fim, mostrei que o Estado usou mapeamentos para justificar a criação de bairros da classe trabalhadora e, em seguida, classificar esses mesmos bairros como locais que não mereciam benefícios de

118 E. Campos, "São Paulo antigo".

119 J. Pereira, *Defesa dos bens dominaes do município de São Paulo*, p.136-8.

120 Alfredo Pinto, *A cidade de São Paulo em 1900*, p.27.

infraestrutura. O Bom Retiro, portanto, faz parte de uma série de círculos espaciais concêntricos que inclui a cidade de São Paulo, o Brasil, as Américas e o mundo. Parte do que o torna global, como afirmo no próximo capítulo, é a forma como ele é visto de fora, como um "bairro estrangeiro", ligado a imigração, saúde, trabalho e racismo.

Post scriptum

O Bom Retiro está no centro de uma controvérsia política e de memória contemporânea em São Paulo relacionada a imigração, nomenclatura e geografia. Embora tenha havido pouca comoção em meados da década de 1980, quando a estação de metrô Ponte Pequena passou a se chamar estação Armênia, com o intuito de reconhecer a presença histórica daquele grupo de imigrantes, o cenário foi outro em 2018, quando o então governador de São Paulo, Márcio França, mudou o nome da estação Liberdade para Japão-Liberdade. A associação entre o Japão e a Liberdade foi uma surpresa para muitos, já que a maioria dos moradores do bairro nunca foi composta por descendentes de japoneses. Ativistas negros interpretaram corretamente a mudança como um exemplo da forma como a imigração é usada para apagar a presença africana em São Paulo. Eles insistiram no reconhecimento da importância histórica da Liberdade para a luta por liberdade dos africanos escravizados, representada no ambiente construído pela Igreja Santa Cruz das Almas dos Enforcados, no local do antigo posto central português de açoitamento. Ativistas nikkei *foram igualmente ruidosos em sua oposição, observando que eles eram brasileiros, não japoneses. Em 2020, o deputado estadual Zé Américo (PT) propôs acrescentar "África" ao nome oficial da estação de metrô. Em 2023, o nome da praça foi modificado para Japão-Liberdade-África, continuando uma longa tradição discursiva de denominar a brasilidade usando o nome de espaços geográficos distantes.*[121]

---

121 Projeto de Lei n. 71/2020, de 6 de março de 2020, "Denomina 'Japão-Liberdade--África' a atual estação Japão-Liberdade do Metrô de São Paulo", Alesp, https://www.al.sp.gov.br/propositura/?id=1000319630; Lei Municipal n. 17.954, de 31 de maio de 2023, "Denomina Japão-Liberdade-África a área livre que especifica, localizada no distrito da Liberdade, subprefeitura da Sé, e dá outras providências", Câmara Municipal de São Paulo, https://splegisconsulta.saopaulo.sp.leg.br/Pesquisa/DetailsDetalhado?COD_MTRA_LEGL=1&COD_PCSS_CMSP=23&ANO_

Conflitos referentes a nomes de lugares e identidade nacional também acontecem no Bom Retiro. Em 2017, o então prefeito de São Paulo, João Doria, em colaboração com o cônsul-geral da Coreia e diretores de multinacionais coreanas, tentou mudar o nome do Bom Retiro para Pequena Seul.[122] *"O Bom Retiro é o mundo" se tornou uma frase da oposição, e a proposta da Pequena Seul foi arquivada após protestos de moradores do bairro que não eram descendentes de coreanos. Em 2021, o consulado coreano retomou a ideia, dessa vez propondo que o distrito fosse chamado de Korea Town (em inglês!) como parte do projeto de poder não tão sutil da "Hallyu" (onda coreana) do governo, que incluiu de tudo, desde conceder passaportes diplomáticos à banda BTS até promover produtos feitos na Coreia por meio de programas exibidos em plataformas de* streaming. *O cônsul coreano argumentou que a mudança de nome atrairia investimentos estrangeiros e turismo para o Bom Retiro, e muitos imigrantes coreanos e empresários descendentes de coreanos apoiaram a ideia. Eles argumentaram que uma nova imagem de coreanos modernos, descolados e saudáveis, em vez da imagem de imigrantes doentes da classe trabalhadora oriundos do Paraguai ou da Bolívia trabalhando em oficinas-residências semiescondidas, traria crescimento econômico ao bairro.*

Uma noite, em outubro de 2021, observei um evento de pessoas protestando contra Korea Town que, como havia ocorrido quatro anos antes, usou a frase "O Bom Retiro é o mundo". Ele foi patrocinado pela Casa do Povo, organização político-social do Bom Retiro fundada em 1946 por judeus-brasileiros e imigrantes judeus do Leste Europeu progressistas e de esquerda.[123] *A Casa do Povo ocupa um grande edifício (um antigo teatro) na "descolada" rua Três Rios, embora, quando a visitei para entrevistar ativistas na década de 1980 a estrutura estivesse quase deserta (essas histórias orais não foram um grande sucesso porque meu sobrenome, que vem dos pais do meu pai, judeus da Europa Central, e não dos pais da minha mãe, russos da classe trabalhadora, levou os homens mais velhos a desconfiarem*

PCSS_CMSP=2020; Willian Moreira, "Deputado quer mudar novamente nome da Estação Liberdade do Metrô de São Paulo", *Diário do Transporte*, 8 mar. 2020, https://diariodotransporte.com.br/2020/03/08/deputado-quer-mudar-novamente-nome-da-estacao-liberdade-do-metro-de-sao-paulo/.

122 Jéssica Moreira e Dayana Araújo, "Não podemos nomear o Bom Retiro como bairro de um povo só, alertam moradores", *Aprendiz*, 14 abr. 2017, https://portal.aprendiz.uol.com.br/2017/04/14/nao-podemos-nomear-o-bom-retiro-como-bairro-de-um-povo-alertam-moradores/; Casa do Povo, "Mobilização e festejo pela diversidade cultural e social do Bom Retiro", 7 out. 2021, https://www.facebook.com/casadopovoxxi/videos/1257473124698316.

123 Casa do Povo, https://casadopovo.org.br/, acesso em: 28 jun. 2024.

de minhas motivações).[124] *Na década de 2000, a Casa do Povo se reinventou como promotora do multiétnico Bom Retiro e, portanto, a proposta da Korea Town foi particularmente incômoda.*[125] *O protesto de 2021 incluiu uma série de palestras curtas sobre a história multicultural do bairro e uma roda de samba. Durante os comentários do público, um morador mais velho sugeriu que o Corinthians, time de futebol fundado no início do século XX por imigrantes no Bom Retiro, era prova da natureza multicultural do bairro.*[126] *A casa veio abaixo quando ele puxou uma versão empolgante do canto do time, que inclui letras que sugerem que os fundadores britânicos da equipe criaram "o clube mais brasileiro".*[127]

---

124 Lesser, *O Brasil e a questão judaica*.

125 Raquel Rolnik, "'Bom Retiro é o Mundo': Projeto Korea Town exclui outros povos e ignora problemas reais", *Labcidade*, 24 nov. 2022, https://www.labcidade.fau.usp.br/de-bom-retiro-a-korea-town-projeto-exclui-outros-povos-e-ignora-problemas-reais/.

126 Teatro Popular União e Olho Vivo, "Mobilização e festejo pela diversidade cultural e social do Bom Retiro", *Facebook*, 10 out. 2021, https://www.facebook.com/casadopovoxxi/videos/1257473124698316.

127 "Hino do Corinthians", *Letras*, https://www.letras.mus.br/corinthians/1539059/, acesso em: 28 jun. 2024.

Capítulo 2
O Bom Retiro é o mundo?

> Pedro [Álvares] Cabral inventou o Brasil...
>
> Sim, senhores! Ele teve que ir à África buscar escravizados, mas se perdeu no meio do oceano. [...]
>
> Bem, o que ele estava pensando? Que o oceano não tem fim? Naturalmente, ele estava fadado a encontrar terra, mas como estava perdido e não fazia ideia de onde estava, acabou vindo ao Brasil, onde encontrou os selvagens, o bairro do Bom Retiro, as italianas bonitinhas, assim como meu avô, que era um veterinário do serviço público. [...]
>
> Pedro Cabral adorou a festa, e eu também.[1]
>
> Juó Bananére, "A invençó do Brasile"[2]

---

1 "Chi inventò o Brasile fui o Pietro Caporale. O Pietro Caporale fui un portoghese nassido no Portogallo in quello tempo che Portogallo era inda a Molarchia, uguale come o Brazile quano era tambê Molarchia. [...] O indiscobrimento du Brasile fui un fatto molto vulgarissimo. Tenia di sê, nê che o Pietro Caporale non queria. Si signori! Illo tenia di í p'ra Afriga pur causa di buscá a scravatura i intó si perde nu meio do oceanimo. [...] Tambê, che si pensa? O oceanimo intó non tê fin? Aóra, certamente illo tenia di batê na terra, ma siccome illo stava perdido i non sabia andove stava, intó illo vignó p'ru Brasile e incontró os servagio, o Bó Ritiro, as intalianigna bunitigna, i tambê o migno avó che ero veterinario da forza publiga. [...] O Pietro Caporale gustô molto da festa, e io tambê."

2 Bananére, "A invençó do Brasile", *O Pirralho*, v.89, 3 maio 1913, p.19. O poema de Bananére pode ter inspirado o sucesso do Carnaval de 1934 de Lamartine Babo, "História do Brasil", cuja letra também afirma que Pedro Álvares Cabral "inventara" o Brasil. Cukierman, "Who Invented Brazil?".

Juó Bananére estava farto de reclamações sobre a população imigrante do Bom Retiro. Ele insistiu que Pedro Álvares Cabral (*c.* 1468-1520), o colonizador português que "inventou" o Brasil, chegara em 1500 para encontrar um Bom Retiro totalmente formado. Se isso fosse verdade, o bairro e seus residentes seriam cruciais para a história da origem do país. Bananére também não estava acreditando que o Bom Retiro tinha apenas 30 mil habitantes, já que era "o maior distrito de São Paulo, o mais bonito e o que mais admiro".[3]

Bananére, pseudônimo do jornalista e engenheiro civil Alexandre Ribeiro Marcondes Machado (1892-1933), usava um "português macarrônico" para registrar o dialeto e a cultura dos imigrantes italianos do Bom Retiro, frequentemente em *O Pirralho*, revista humorística de Oswald de Andrade. Paulo Menotti del Picchia também refletiu sobre os imigrantes, mas sua poesia modernista não era tão engraçada quanto a de Bananére. Em "Torre de Babel", Menotti del Picchia associou o país de origem a uma variedade de características físicas e políticas:

Italianos joviais,
húngaros de olhos de leopardo,
caboclos de Tietê arrastando o caipira,
bolchevistas da Ucrânia,
polacos de Wrangel,
nipões jaldes como gnomos nanicos talhados em âmbar
entre as pragas dos contramestres,
os rangidos das tábuas do andaime,
o estridor metálico
das vigas de aço e dos martelos sonoros,

3 Bananére, "O studenti du Bó Retiro: Poisia Patriotica, (Premiata c'oa Medaglia de pratina na insposiçó da Xéca-Slovaca i c'oa medaglia di brigliantina na sposiçó internazionale da Varzea du Carmo)" [O aluno do Bó Retiro: Poema Patriótico (Premiado com a medalha de prata na Exposição Tchecoslovaca e com uma medalha na Exposição Internacional da Várzea do Carmo, 1913)], em *La divina increnca*, p.17. O poema original foi publicado em *O Pirralho*, 14 fev. 1913, p.13.

no céu libérrimo de São Paulo,
fizeram a confusão das línguas,
sem perturbar a geometria rigorosa
do ciclópico arranha-céu![4]

No início do século XX, muitos formuladores de políticas públicas estavam menos entusiasmados do que os poetas em relação aos imigrantes, com frequência apresentando-os tanto como problemas quanto como salvadores. Os recém-chegados que passavam pelo primeiro grande centro de recepção de imigrantes de São Paulo, inaugurado no Bom Retiro em 1882, tornavam-se componentes saudáveis de projetos políticos (por exemplo, "na semana passada 500 imigrantes fortes chegaram") e componentes doentes cuja doença contaminaria o corpo nacional.[5] Um século depois, quando autoridades municipais começaram a divulgar o Bom Retiro como um lugar onde era possível fazer uma viagem "ao exterior" sem sair da cidade, a dualidade ainda estava presente, e aqueles rotulados como estrangeiros pagavam um preço por isso. A construção de longo prazo do Bom Retiro como um lugar de segregação radical entre diferentes grupos de imigrantes significava que formadores de opiniões culturais na imprensa, em *blogs* de culinária e na Secretaria Municipal de Turismo fomentavam estereótipos e preconceitos talvez involuntariamente.

A divulgação do Bom Retiro como um espaço onde diferentes "estrangeiros" viviam em comunidades fechadas reforçou ideias racistas sobre o perigo e a doença do bairro e de seus moradores. A visibilidade das pessoas e do lugar aumentou um medo entre as classes dominantes paulistanas de que "doenças morais" e biomédicas reais e imaginárias no Bom Retiro estivessem prestes a se espalhar para partes mais abastadas da cidade.[6] As diferentes comunidades étnicas do Bom Retiro têm uma conexão muito forte entre si. Contudo, quando o Instituto do Patrimônio Histórico e Artístico

4 Del Picchia, *Poesias, 1907/1946*, p.195-6.
5 "Varíola", *Correio Paulistano*, 5 jun. 1887, p.2.
6 Romero, "Construção da nação e exclusão social", p.81.

Nacional (Iphan) começou a enfocar o Bom Retiro no início do século XXI, o foco estava na segregação:

> Bom Retiro, Bó Ritiro dos italianos, o "pequeno *shtetl*" dos judeus, o bairro dos letreiros em coreano, do *football* dos ingleses, dos sinos da Igreja Armênia, da identidade sul-americana dos bolivianos, da "Acrópole" dos gregos, dos nordestinos, dos comerciantes e dos sacoleiros, do café e da ferrovia que tornaram São Paulo uma metrópole – o Bom Retiro é um mapa-múndi encravado na capital paulista.[7]

A Secretaria da Cultura e a Secretaria da Educação de São Paulo também adotaram uma abordagem semelhante quando coproduziram "O Bom Retiro é o mundo", vídeo com 25 minutos de duração que afirma que

> [o] Bom Retiro foi um bom retiro para gente de várias partes do mundo: portugueses, italianos, judeus, gregos, sírios, coreanos e bolivianos. Ao receber gente de todo o mundo, o Bom Retiro acabou sendo um bairro muito brasileiro, onde convivem a bagunça e a organização, a riqueza e a pobreza, deuses ocidentais e deuses orientais. E pelas ruas desse bairro, pode-se encontrar todo tipo de pessoa: [...] brasileiros e estrangeiros e estrangeiros-brasileiros.[8]

Representações aparentemente "positivas" em "O Bom Retiro é o mundo" estão incrustadas em estereótipos menos favoráveis. Um segmento sobre Emanuel, um judeu-brasileiro que vai à sinagoga pelo menos uma vez por semana, descreve-o como alguém que "quebrou a barreira" ao se casar com "uma japonesa" (na verdade uma brasileira de ascendência japonesa, não uma imigrante do Japão), já que "é muito comum que os judeus se casem com judeus". No entanto, em 2006, a maioria dos judeus-brasileiros, assim como a maioria dos judeus nas Américas, raramente frequentava cerimônias religiosas, e mais de 50% se casaram com brasileiros não judeus.

7 Projeto Iphan, *Multiculturalismo em situação urbana*, p.1.

8 André Klotzel, "O Bom Retiro é o mundo", *YouTube*, https://www.youtube.com/watch?v=7i7Dlu3vGCY.

O filme está disponível no YouTube, onde novos comentários continuavam aparecendo até 2024. Esses apontamentos se encaixam em padrões que discuti anteriormente, com memórias dos bons e velhos tempos e "saudades" do "meu Bom Retiro". As postagens variavam de memórias espaciais de ruas e edifícios específicos a outras como "Meu pai é o grego do restaurante" e "uma italiana cuidava de mim". Um comentário chegou a fazer menção às relações muitas vezes ignoradas entre grupos étnicos nas décadas de 1960 e 1970, comentando sobre "os meus vizinhos gregos, italianos, judeus, nordestinos e portugueses", a maioria dos quais eram, sem dúvida, brasileiros.

As representações do Bom Retiro como um bairro onde "o mundo" compartilha um único espaço sugerem uma geografia de comunidades fechadas com marcadores étnicos distintos e visíveis, como roupas, pelos faciais, hábitos públicos como fumar e taxas de natalidade. A lista de Jorge Americano do início do século XX de "gente que a gente via" estereotipa muitos dos imigrantes da classe trabalhadora no Bom Retiro:

> Portugueses de grandes bigodes [...].
> Espanhóis de jaqueta e costeletas, um olho verde e outro vazado. [...]
> Italianos da Calábria, de guedelhas indomesticáveis, fumando cachimbos enormes.
> Raros judeus de olhos de continhas azuis, um olho de cada lado do nariz aguçado.
> Dentes alvos reluzindo em ingênuas faces pretas. [...]
> Sírios de nuca batida e sobrancelhas em asa de urubu sobre narizes imensos.[9]

As memórias de Jacob Penteado do Bom Retiro também descreviam a etnia em termos absolutos, afirmando que imigrantes de um país desapareciam à medida que outros tomavam seu lugar. Na sua visão, o Bom Retiro era "um reduto italiano" no início dos anos 1900, mas imigrantes do Leste Europeu o tornaram "um verdadeiro gueto, uma cidade israelita" a partir dos anos 1920.[10]

---

9 Americano, "Gente que a gente viu", em *São Paulo naquele tempo*, p.318.
10 Penteado, *Belenzinho, 1910*, p.34-5.

Enquanto a imigração de lugares tão distantes uns dos outros quanto a Grécia e a Coreia aumentou ao longo do século XX (Figura 2.1), italianos católicos e judeus do Leste Europeu permaneceram o ponto focal para muitos de fora do bairro. O jornalista Marcos Faerman, por exemplo, concentrou-se nos dois grupos em uma série de reportagens para o *Jornal da Tarde* em 1981, usando o termo "comunidade" para evocar populações fechadas e imutáveis. A primeira parte, "Lembrando os bons tempos", teve como foco "imigrantes italianos [que] se instalaram no bairro", enquanto a segunda parte, que supostamente descrevia dias não tão bons no presente, foi intitulada "O bairro de Szmul, de Isaac, de Jacob, do *beigale*, do arenque, das dez sinagogas", tendo como foco "o bairro dos judeus".[11] Embora o Bom Retiro nunca tenha tido uma maioria de moradores nascidos no exterior, o bairro, como tantos nas Américas, figurou e ainda figura no imaginário popular como um bairro de imigrantes. Isso torna complexas as marcações humanas/espaciais em artigos como o de Faerman. Os temas sugerem que os moradores, incluindo a maioria que são cidadãos, não são totalmente brasileiros e que a globalidade é negativa. Ao mesmo tempo, o passado, o presente e o futuro do Brasil parecem residir em sua multiculturalidade, o que torna a globalidade positiva.

Essas dualidades geralmente aparecem quando conduzo histórias orais. Embora eu não associe a palavra "comunidade" a grupos ou bairros específicos, meus sujeitos normalmente o fazem, mesmo quando lhes são apresentadas provas de que diversos grupos étnicos viviam próximos uns dos outros, iam à escola juntos e participavam conjuntamente de movimentos políticos baseados em classe.[12] Na verdade, as pessoas em geral contam suas

11 Marcos Faerman, "Lembrando os bons tempos", *Jornal da Tarde*, 23 nov. 1981, p.14-5; idem, "O bairro de Szmul, de Isaac, de Jacob, do *beigale*, do arenque, das dez sinagogas: ontem, na primeira parte da reportagem, mostramos o Bom Retiro dos italianos. Nesta página e na seguinte está outro Bom Retiro – o bairro dos judeus", *Jornal da Tarde*, 24 nov. 1981, p.14-5.

12 Patai, "Minority Status", p.A52; Fendler, "Others"; Brunger, "Problematizing the Notion of 'Community'", p.245-56; "A Gazeta no Bom Retiro", *A Gazeta*, 7 fev. 1914, p.2.

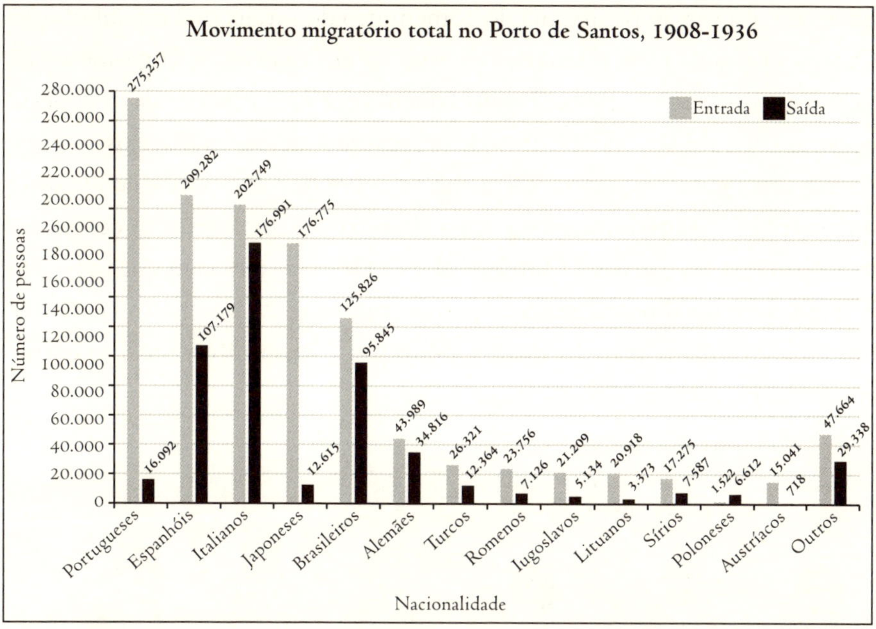

Figura 2.1. Fontes: Instituto Brasileiro de Geografia e Estatística, *Censo Demográfico, Séries Históricas, População residente, 1872-2010*, https://www.ibge.gov.br/estatisticas/sociais/populacao/2098-np-censo-demografico/9662-censo-demografico-2010.html?edicao=9673&t=series-historicas; Maria Stella Levy, "O papel da migração internacional na evolução da população brasileira (1872 a 1972)", *Revista de Saúde Pública*, v.8, supl., jun. 1974, p.49-90, https://doi.org/10.1590/S0034-89101974000500003; Jeffrey Lesser, *A invenção da brasilidade*, p.120. **Nota:** Alguns brasileiros foram incluídos porque a legislação da época classificava como imigrantes todos aqueles que compravam passagens de classe turística.

próprias histórias como narrativas em que sua comunidade é única, mais esforçada, mais bem-sucedida e/ou mais vitimizada que as outras. A excepcionalidade e sua ligação com os bairros também pode ser vista na charge da Figura 2.2, repleta de estereótipos, publicada na amplamente distribuída *Folha da Manhã* e desenhada por Belmonte, um dos caricaturistas mais famosos do Brasil. O título da charge, "Dize-me em que rua andas e eu te direi quem és", é a versão paulistana do comentário do intelectual espanhol José Ortega y Gasset "*Dime el paisaje en que vives y te diré quién eres*" [Diga-me a paisagem em que você vive e eu lhe direi quem você é].[13] A partir de uma perspectiva, o título das caricaturas de árabes, japoneses, brasileiros negros, portugueses e italianos diz: "Diga-me a rua em que você vive e eu lhe direi quem você é", sugerindo que a etnia domina organicamente o corpo urbano (ou seja, os bairros). Outra leitura é "Diga-me a rua em que você está andando e eu lhe direi quem você é", sugerindo que até mesmo os visitantes são biologicamente transformados, pode-se até dizer infectados, ao entrar em território étnico.

Figura 2.2. Charge de Belmonte, "Dize-me em que rua andas e eu te direi quem és". Fonte: *Folha da Manhã*, 15 out. 1944, p.15.

A charge enfoca a alteridade física ao enfatizar que os homens imigrantes eram facilmente identificáveis na esfera pública por seus pelos faciais, roupas e narizes grandes, imagens não muito diferentes das descrições de Jorge Americano mencionadas anteriormente. As ruas do centro da cidade seriam instantaneamente reconhecíveis, ainda hoje, já que as geografias dos bairros estão todas associadas a grupos específicos: árabes (rua 25 de Março, na São Bento), japoneses (rua Conde de Sarzedas, na Liberdade), brasileiros negros

13 Ortega y Gasset, "La pedagogía del paisaje", p.55. Octavio Paz escreveu posteriormente: "Diga-me como morres e te direi quem és". Paz, *Labyrinth of Solitude*, p.54.

(rua Direita, na Sé), portugueses (rua Caetano Pinto, no Brás), italianos (rua Marconi, na República) e judeus (rua José Paulino, no Bom Retiro).[14] Judeus do Leste Europeu e japoneses são retratados de forma multigeracional, destacando uma preocupação expressada por alguns políticos e intelectuais do período entreguerras de que esses dois grupos de imigrantes constituiriam famílias grandes e, por conseguinte, mudariam a composição racial do Brasil para pior.[15]

Discursos sobre a globalidade de grupo único do Bom Retiro frequentemente contrastavam um "mundo" saudável e economicamente produtivo com um "Brasil" de doenças e perigos. Essa bifurcação foi apresentada de forma incisiva no *Diário Popular* em 1997, quando um artigo entusiástico sobre a "mistura cultural" do Bom Retiro incluiu um encarte sobre como o crescimento econômico do bairro foi prejudicado pelo tráfico de drogas e prostituição de não imigrantes.[16] Nos trinta anos em que realizo pesquisas no Brasil, frequentemente ouço o Bom Retiro ser definido em dicotomias por profissionais da saúde, ativistas do bairro e moradores imigrantes e descendentes de imigrantes: saudável/doente, eles/nós, ascensão/declínio, brasileiro/estrangeiro. Essas expressões complexas de identidades humanas e geográficas geralmente surgem em minhas conversas, lembrando-me que o Bom Retiro nunca foi um espaço geográfico fechado habitado por apenas um grupo.[17] Contudo, para as classes trabalhadoras imigrantes que passavam doze horas ou mais por dia fazendo trabalho repetitivo em fábricas ou oficinas, o mundo do Bom Retiro é um espaço muito pequeno e fechado. As diferentes visões concomitantes ajudam a entender por que o bairro, e muitos outros semelhantes a ele, é definido como imutável em termos de alteridade, mesmo que os imigrantes – portugueses, italianos, europeus do leste, coreanos, bolivianos, chineses, bengalis – tenham mudado ao longo do tempo.

---

14 Esse mapa do Google mostra o quão geograficamente próximos estão os bairros "étnicos" de São Paulo: https://maps.app.goo.gl/UNhVNc6odoAyciDp9.

15 O. Araújo, "Enquistamentos étnicos", p.227-46; El-Dine, "Eugenia e seleção imigratória", p.243-52.

16 Moacir Assunção, "Mistura cultural marca Bom Retiro", *Diário Popular*, 15 fev. 1997.

17 Feldman, "Bom Retiro"; Truzzi, "Etnias em convívio"; Ana Corrêa, "Imigrantes judeus em São Paulo"; Póvoa, *A territorialização dos judeus na cidade de São Paulo*.

Geografias alterizadas

Espaços denominados como estrangeiros são típicos das cidades. Eles podem ser chamados de Chinatown, Little Italy ou Pequena África. Às vezes, a "estrangeirice" é tão estabelecida que um termo não nacional pode criar uma imagem geográfica/étnica, como no Lower East Side (Nova York), na Buford Highway (Atlanta), na Liberdade (São Paulo) ou no Once (Buenos Aires). No Brasil e em outros países, a designação de um espaço como estrangeiro inclui geografia (dentro e fora da nação) e identidade (nós e eles).[18] Maiorias nascidas no Brasil em espaços geográficos como o Bom Retiro nunca impediram o bairro de ser denominado como "estrangeiro" pela população e pelo Estado (Figura 2.3). Muitos brasileiros são descritos como árabes, japoneses ou alemães, embora seus ancestrais imigrantes tenham chegado ao país há algumas gerações.[19]

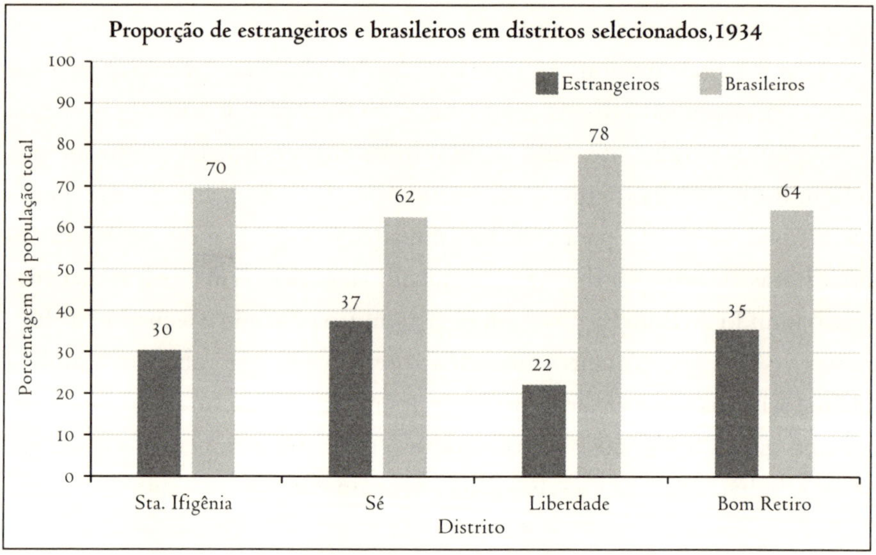

Figura 2.3. Fonte: Oscar Egídio de Araújo, "Enquistamentos étnicos", *Revista do Arquivo Municipal*, v.6, n.65, mar. 1940, p.235.

---

18 J. Borges, "O estrangeiro nos dicionários de língua portuguesa".

19 Karam, *Another Arabesque*.

Quando dissociamos a classificação de "estrangeiro" da cidadania, o Bom Retiro se encaixa, *grosso modo*, no que John Logan, Wenquan Zhang e Richard Alba chamaram de "enclave de imigrantes". Nesse modelo,

> bairros étnicos em cidades centrais servem aos recém-chegados relativamente empobrecidos como uma possível base para eventual assimilação espacial com a maioria branca. [...] [P]ovoações segregadas podem resultar de preferências do grupo, mesmo quando a assimilação espacial é viável. Todavia, em alguns casos, viver em bairros étnicos não está relacionado a restrições econômicas, indicando uma preferência positiva por tais áreas.[20]

Embora o Bom Retiro tenha sido o lar de diferentes grupos de imigrantes, as realidades demográficas mostram que o "enclave" é heterogêneo e transnacional.

Como os documentos estatais às vezes categorizavam os filhos e netos de imigrantes como estrangeiros, não surpreende o fato de que outros o fizessem também. O escritor e diplomata austro-norte-americano Ernst von Hesse-Wartegg (1851-1918) passou três longos períodos no Brasil nas primeiras décadas do século XX. Seu *Zwischen Anden und Amazonas* [Entre os Andes e o Amazonas], publicado em 1915 em alemão, descreve São Paulo da seguinte forma:

> São Paulo não é uma cidade brasileira de 450 mil habitantes, mas uma cidade italiana de aproximadamente cem mil, uma portuguesa de talvez quarenta mil, uma espanhola de igual tamanho e uma cidade pequena alemã [Kleinstadt] de mais ou menos dez mil habitantes, com poucas de suas vantagens, mas muitas de suas desvantagens. Ainda há uns cinco mil sírios, que, sozinhos, possuem três jornais, impressos em caracteres arábicos, alguns mil franceses, russos, japoneses, poloneses, turcos, ainda ingleses, escandinavos, americanos em número desconhecido por falta de uma estatística fidedigna. O resto, provavelmente um terço do total, deve ser de brasileiros.[21]

---

20 Logan, Zhang e Alba, "Immigrant Enclaves", p.299. Ver também Portes e Manning, "Immigrant Enclave".

21 Hesse-Wartegg, *Zwischen Anden und Amazonas*, p.148.

Quatro décadas depois, as palavras de Hesse-Wartegg foram repetidas, quase literalmente, por Pasquale Petrone, italiano que atuou como professor titular emérito do Departamento de Geografia da Universidade de São Paulo (USP) e presidente da Associação dos Geógrafos Brasileiros. Seu artigo sobre a São Paulo da virada do século continua sendo amplamente citado.[22]

Intelectuais nascidos no Brasil adotaram uma abordagem semelhante em relação aos nascidos no exterior para entender como imigração, etnia e espaço estavam relacionados. O poeta e crítico Guilherme de Almeida foi membro da prestigiosa Academia Brasileira de Letras. Em 1929, escreveu uma série de oito artigos sobre suas "impressões colhidas nos diversos bairros estrangeiros" para o jornal *O Estado de S. Paulo*. Na época, foi progressista ao reconhecer a importância dos imigrantes, mas sua linguagem satírica carregada de questões raciais usava muitos dos tropos racistas dominantes em circulação naquela época e agora. Cada artigo sugeria que os imigrantes se segregavam da sociedade nacional para se envolver em práticas sociais, culturais e econômicas nefastas.[23] Ele chamou o Bom Retiro de "gueto" por causa de sua crescente população judaica do Leste Europeu, evocando uma imagem de pobreza e alteridade que os não judeus geralmente associavam aos *shtetls* do Leste Europeu. Almeida via os imigrantes que viviam no Bom Retiro como sendo de alguma forma menos do que completamente humanos, não muito diferente das representações da charge de Belmonte da época da Segunda Guerra Mundial discutida anteriormente: "Cara a cara com a primeira cara do 'gueto' paulistano. Cara? Barba: barba e nariz. O primeiro judeu".[24]

A apresentação da estrangeirice como algo genético foi reforçada por estatísticas, por exemplo, no anuário demográfico-sanitário de 1907 do Serviço Sanitário do Estado de São Paulo, enfatizando as altas taxas de natalidade entre os imigrantes.[25] Quase cinco décadas depois, o historiador

---

22 Petrone, "A cidade de São Paulo no século XX", p.135-6.

23 Almeida, *Cosmópolis*.

24 Ibidem, p.4.

25 São Paulo, *Anuário Demográfico da Seção de Estatísticas Demógrafo-Sanitárias 1907*, p.12.

Richard Morse marcou São Paulo por etnias, chamando o Bom Retiro de um "bairro estrangeiro".[26] Em 1958, em uma publicação oficial da Associação dos Geógrafos Brasileiros, Aroldo de Azevedo fez o mesmo – marcando bairros como Belmonte havia feito em 1944 (Figura 2.2) enquanto defendia o que poderia ser chamado de "democracia étnica":

> Sob o ponto de vista étnico, as marcas são bem sensíveis: sírio-libaneses e armênios concentrados na rua 25 de Março e vizinhanças; japoneses, nos quarteirões próximos à rua Conde de Sarzedas; judeus oriundos da Europa centro-oriental, no Bom Retiro; italianos, no Brás, na Mooca e na Bela Vista; negros, na Barra Funda, na Casa Verde e também na Bela Vista; estrangeiros de variada procedência disseminados em muitos dos "bairros-jardins", todos eles convivendo, na mais completa harmonia, com os que se orgulham de descender de velhos troncos coloniais ou de proceder de outros rincões paulistas e outras regiões do país.[27]

Apesar do foco nas diferenças, estatísticas de autoridades federais, estaduais e municipais sugerem que Bom Retiro estava na média em quase todas as categorias.[28] O Censo de 1920 mostrou que cerca de 35,22% da população do bairro era composta de estrangeiros, tornando-o o oitavo entre os dezesseis distritos do centro da cidade, tendo a maioria dos recém-chegados vindo de locais como Itália, Espanha, Portugal e Turquia Asiática (atualmente Síria e Líbano). Essa porcentagem se manteve em meados da década de 1930, quando a população estrangeira do Bom Retiro era quase idêntica à média da cidade, de 35,44%, um número surpreendentemente baixo dada a reputação do bairro como estrangeiro. O Bom Retiro também é como grande parte da cidade de São Paulo em outros aspectos. Sua estrutura de

---

26 Morse, "São Paulo since Independence", p.442.

27 Azevedo, *A cidade de São Paulo*, p.19.

28 Ministério da Agricultura, Indústria e Comércio, Diretoria Geral de Estatística, *Recenseamento do Brasil: município de São Paulo*, "Dados demográficos dos distritos pertencentes às subprefeituras"; Bassanezi, "São Paulo do passado – dados demográficos (1836-2020)".

classes é muito semelhante à da cidade, à do resto do Brasil urbano e à de muitos distritos urbanos de classe trabalhadora nas Américas.[29]

No início do século XXI, o Bom Retiro continua sendo um distrito central comum da cidade de São Paulo. Em 2000, a população ativa era a sexta entre os dez distritos do centro, e sua renda, de cerca de R$ 1.520 por mês, era a quinta maior.[30] Dados de 2018 e 2019 mostram que 20% dos moradores tinham menos de 15 anos (índice ligeiramente maior do que o do município e o do estado), enquanto os moradores com mais de 60 anos (geralmente imigrantes ou seus filhos) correspondiam a 14% do total, porcentagem ligeiramente menor que a municipal e ligeiramente maior que a estadual.[31] Havia 94,49 homens para cada 100 mulheres, novamente um índice ligeiramente maior do que o do município e ligeiramente menor que o do estado. Entre os moradores do Bom Retiro, 59% eram alfabetizados. Em termos de natalidade, o bairro tem um cenário semelhante ao de São Paulo, embora as taxas de mortalidade para aqueles com idades entre 15 e 34 anos e acima de 60 anos tenham sido menores do que na cidade e no estado (segundo dados de 2016). Por fim, em termos de renda, o Bom Retiro é um lugar pobre, como a maior parte do Brasil. Em 2010, a porcentagem de pessoas ganhando pouco ou nada no distrito era quase duas vezes maior do que na cidade e no estado de São Paulo. Naquele ano, a renda mensal *per capita* era de R$ 933, cerca de 10% menor do que a média municipal e aproximadamente 10% maior do que a média estadual.[32]

Em alguns aspectos, a população do Bom Retiro é mais pobre que a de muitos outros bairros do centro da cidade. Em 2010, mais de 39% dos moradores do Bom Retiro ainda não tinham acesso à rede de esgoto do município, e um estudo de 2018 da Prefeitura de São Paulo revelou que o bairro tinha o

29 Kelsey, *How the other Nine-Tenths Lived*; Joseph Leidy, "Mapping Newcomers in Buenos Aires, 1928", *Not Even Past*, 12 set. 2016, https://notevenpast.org/13770-2/.

30 Shinohara e Comarú, "Dinâmica habitacional e demográfica da metrópole paulista".

31 Rede Nossa São Paulo, "Mapa da desigualdade", 2019, https://www.nossasaopaulo.org.br/wp-content/uploads/2019/11/Mapa_Desigualdade_2019_tabelas.pdf.

32 Fundação Seade, "Perfil dos municípios paulistas: Distrito de Bom Retiro", https://perfil.seade.gov.br/, acesso em: 28 jun. 2024.

maior número de cortiços entre os distritos da região central.[33] A constância dos tipos de moradia no Bom Retiro está relacionada à alta densidade populacional e à grande quantidade de oficinas-residências, cujos trabalhadores procuram evitar o transporte motorizado devido ao seu custo relativamente alto. Não surpreende, portanto, o fato de que em 2010 o Bom Retiro teve o menor tempo de deslocamento médio entre residência e local de trabalho na cidade. Desde o final do século XIX, o bairro é marcado por altas taxas de desemprego e subemprego. Em 2010, dos 96 distritos de São Paulo, o Bom Retiro apresentava o nono maior índice de chefes de domicílio sem renda e o 56º lugar em termos de chefes de domicílio com renda superior a 20 salários mínimos.[34]

Estatísticas disponíveis sugerem que, desde o final do século XIX, o bairro está no mesmo patamar de outros da cidade em termos de saúde.[35] Quando analisei os números do início do século XX divulgados pelo Serviço Sanitário do Estado de São Paulo para 25 bairros do centro da cidade, a incidência e prevalência de doenças no Bom Retiro, bem como a morbidade e a mortalidade no bairro, estavam dentro da média. O número total de mortes causadas por doenças comuns variou ao longo do tempo, estando o bairro às vezes em 6º lugar no *ranking*, às vezes em 19º. Em outras palavras, ele nunca foi o mais saudável nem o mais insalubre da cidade. A situação é semelhante nos dias atuais. Estatísticas ajustadas por idade colocam o Bom Retiro no meio dos distritos centrais em termos de inclusão/exclusão social, uma designação municipal que inclui resultados de saúde.[36]

---

33 Sposati, "Mapa exclusão/inclusão social do município de São Paulo – III (2010); Prefeitura Municipal de São Paulo, *Diretrizes de intervenção – Quadras 37 e 38 – Campos Elíseos*, p.46; idem, Dados abertos, "Cortiços no município de São Paulo", http://dados.prefeitura.sp.gov.br/dataset/corticos, acesso em: 28 jun. 2024; São Paulo (município), *Cortiços em São Paulo: frente e verso*.

34 Sposati, "Mapa exclusão/inclusão social do município de São Paulo – III (2010)".

35 Sposati (org.), *Mapa da exclusão/inclusão*, 1996; Sposati, "Mapa exclusão/inclusão social do município de São Paulo – III (2010)".

36 Lei Municipal n. 11.220, de 20 de maio de 1992, "Institui a divisão geográfica da área do Município em Distritos, revoga a Lei n. 10.932, de 15 de janeiro de 1991,

Bom Retiro afrodiaspórico

Incorporado ao conceito de espaços de imigrantes ou estrangeiros nas Américas está a (in)visibilização de não imigrantes, especialmente aqueles de ascendência africana. O que alguns acadêmicos e ativistas chamam de "branqueamento" acontece em diversas geografias socioeconômicas, étnicas e raciais, incluindo o Bom Retiro.[37] A realidade dos cidadãos negros e não brancos que residem, trabalham e socializam nos mesmos espaços geográficos que os imigrantes e seus descendentes está ligada aos fluxos das hierarquias de saúde no Bom Retiro e no Brasil de forma mais ampla.[38] Para muitos políticos e grandes proprietários de terras no século XIX, os imigrantes trouxeram doenças *e* representavam o potencial de melhoria racial em relação à população de ascendência africana.[39] Desde o estabelecimento da república brasileira, uma política oficial, denominada "branqueamento", buscava subsidiar imigrantes "brancos" ao mesmo tempo que proibia a entrada daqueles considerados não brancos. Políticas de branqueamento incentivaram financeiramente milhões de europeus a emigrar para o Brasil, os quais logo depois foram seguidos por não europeus, sobretudo vindos do Japão e do Oriente Médio. Ao mesmo tempo, muitos imigrantes em potencial e políticos em nações de emigração acreditavam que o Brasil era um local perigosamente insalubre precisamente por causa da população negra. Assim, como mostram Guilherme Leite Gonçalves e Sérgio Costa, o racismo era parte de como o capitalismo e a industrialização estavam relacionados à identidade nacional no Brasil.[40] Lugares como o Bom Retiro,

---

e dá outras providências", Casa Civil do Gabinete do Prefeito, Legislação Municipal, https://legislacao.prefeitura.sp.gov.br/leis/lei-11220-de-20-de-maio-de-1992, acesso em: 28 jun. 2024; Sposati, *Mapa da exclusão/inclusão social da cidade de São Paulo 2000*; Waldman, Silva e Monteiro, "Trajetória das doenças infecciosas".

37 Min, *Caught in the Middle*; Logan, Zhang e Alba, "Immigrant Enclaves"; Sánchez, *Boyle Heights*; Andrews, *Blackness in the White Nation*; Ortiz, *African American and Latinx History*; Hou, "Spatial Assimilation"; Douglas Massey, "New Immigration and Ethnicity".

38 Alberto e Hoffnung-Garskof, "'Racial Democracy'".

39 Um mangá bilíngue (português-japonês) que trata dessa questão é D'Angelo e Giassetti, *O catador de batatas e o filho da costureira*.

40 Gonçalves e Costa, *Um porto no capitalismo global*, p.75-96.

com populações negras e imigrantes de longa data, tornaram-se foco de preocupações do Estado referentes à saúde ruim.

Em 1893, os descendentes de africanos correspondiam a quase 13% da população do distrito que na época incluía o Bom Retiro.[41] Entre 1911 e 1915, Fábio Dantas Rocha estima que quase 16% da população no local era de negros, sendo 51% de italianos e 23% de portugueses. O pesquisador chegou a esses números as partir da análise de documentos da Polícia Médica, um conjunto de dados que é o foco do capítulo 4, "Fazendo cumprir a saúde".[42] No período de 1916 a 1920, a porcentagem de negros no Bom Retiro subiu para quase 27%, ficando os italianos com 48% do total e os portugueses com 16%. De 1921 a 1925, segundo Rocha, a população do Bom Retiro era quase 36% negra, 34% italiana e 18% portuguesa. De 1926 a 1930, 40% eram negros e 24% italianos; ademais, pela primeira vez, havia uma grande porcentagem de brancos que não se enquadravam nas categorias de italianos, espanhóis ou portugueses (26%), indicando a quantidade cada vez maior no bairro de filhos de imigrantes nascidos no Brasil.

As porcentagens de composição da população obtidas a partir de registros da Polícia Médica inflam a quantidade de não brancos, visto que as autoridades estatais tinham como alvo pessoas não brancas e imigrantes em ações de aplicação da lei e de saúde pública. Os números sugerem que, nas categorias amplas de negros, brancos e imigrantes, o Bom Retiro fica no meio dos 23 distritos do centro da cidade que aparecem no conjunto de documentos, uma posição confirmada em histórias orais.[43] O Censo de 2010 mostra que o bairro não mudou muito demograficamente: quase metade dos moradores se identifica como não brancos, uma categoria que abrange brasileiros autodeclarados pretos e pardos (na faixa de 16% a 35%), bem como imigrantes da Ásia e dos Andes.[44] Em 2020, o Bom Retiro ficou em 58º lugar entre 96 bairros de São Paulo em termos de salário médio

41 Fernandes, *A integração do negro na sociedade de classes*, p.41.

42 Rocha, *Saindo das sombras*, p.146-50.

43 T. Bernardo, *Memória em branco e negro*, p.45-6.

44 Instituto Brasileiro de Geografia e Estatística, Censo 2010, "Brasil 1 por 1", http://mapasinterativos.ibge.gov.br/atlas_ge/brasil1por1.html, acesso em: 28 jun. 2024.

mensal (R$ 2.693, cerca de US$ 500) para aqueles com emprego formal (as estatísticas não refletem o alto número de moradores com emprego informal no distrito).[45] As estatísticas de classe e raça do Bom Retiro refletem as do Brasil em geral, enfatizando que a denominação de estrangeiro ou imigrante não é demograficamente precisa. A população negra do Bom Retiro raramente é discutida em trabalhos acadêmicos, que geralmente se debruçam sobre a imigração e uma suposição associada a ela segundo a qual o distrito não tem uma população negra significativa.[46]

A invisibilização de pessoas negras em espaços geográficos denominados como estrangeiros não deveria surpreender. A abolição da escravatura em 1888 levou muitos ex-escravizados a procurar empregos nas indústrias de São Paulo, onde frequentemente se estabeleciam em moradias precárias em distritos no centro da cidade, incluindo o Bom Retiro. Com o tempo, muitos foram realocados forçosamente para regiões periféricas da cidade em expansão, geralmente depois de demolições de moradias promovidas pelo Estado e da construção de vias.[47] No século XX, os brasileiros não brancos também começaram a migrar internamente para São Paulo. Alguns se estabeleceram no Bom Retiro, principalmente aqueles vindos do Nordeste, atingido pela pobreza e pela seca, região onde, no século XVII, os primeiros africanos escravizados do Brasil trabalharam em plantações de cana-de-açúcar.[48]

---

45 Rede Nossa São Paulo, "Remuneração média mensal (em R$) do emprego formal, por distrito", *Mapa da Desigualdade 2022*, p.8, https://www.nossasaopaulo.org.br/wp-content/uploads/2022/11/Mapa-da-Desigualdade-2022_Tabelas.pdf, acesso em: 28 jun. 2024.

46 Fernandes, *A integração do negro na sociedade de classes*, p.38-42; Elaine Muniz Pires, "História dos bairros paulistanos – Bom Retiro", Banco de Dados Folha, *Almanaque Folha*, http://almanaque.folha.uol.com.br/bairros_bom_retiro.htm, acesso em: 28 jun. 2024. Um estudo inovador da Praça Onze/Pequena África, no Rio de Janeiro, é Bitter, "Narrativas de memória e performances musicais dos judeus cariocas da 'Pequena África'". Ver também Skidmore, *Black into White*; Dávila, *Diploma of Whiteness*; Telles, *Race in another America*; Travassos e Williams, "Concept and Measurement of Race".

47 Britt, "Re/Mapping São Paulo's Geographies"; Guimarães, "Preconceito de cor e racismo no Brasil".

48 P. Fontes, *Um Nordeste em São Paulo*; Melo e Fusco, "Migrantes nordestinos na região metropolitana de São Paulo".

A historiadora Kim Butler mostra que as alegações de que o estado de São Paulo era exclusivamente branco eram discursivas, não factuais, posição com a qual concorda a historiadora Barbara Weinstein.[49] Fábio Dantas Rocha divide os brasileiros por raça e os não brasileiros por país de origem, e revela que São Paulo frequentemente tinha mais residentes negros do que de qualquer grupo de imigrantes. De acordo com Butler, o número de negros nascidos vivos no estado era relativamente alto tanto em 1925 quanto em 1929, e, dos 13 distritos do centro da cidade, o Bom Retiro abrigava 5,6% do total de negros em 1925 e 4,9% em 1929 – o quinto maior índice em ambos os casos.[50]

Os próprios imigrantes geralmente almejavam branquear os bairros em que viviam. Uma maneira de fazer isso era por meio da escolha de escolas. A primeira escola italiana em São Paulo, a Scuola Sempre Avanti Savoia, do Bom Retiro (o nome, usado por muitas escolas italianas, faz referência a um grito de guerra em favor de uma família real da Itália), foi fundada em 1887 por imigrantes que não queriam mandar suas filhas para a escola municipal, inaugurada apenas alguns anos antes, onde estariam em companhia de crianças negras.[51] Manter sua língua e sua cultura ia ao encontro do preconceito, já que evitar escolas públicas significava minimizar as interações com brasileiros pretos e pardos. Embora Jacob Penteado se lembrasse de haver muitos alunos e professores negros na escola pública Marechal Deodoro no início do século XX, isso mudou ao longo das décadas.[52] A análise de Samuel Harman Lowrie de 1938 mostra que a escola do Bom Retiro tinha uma das menores porcentagens de crianças pretas e pardas em São Paulo.[53]

49 Butler, *Freedoms Given, Freedoms Won*; Weinstein, *Color of Modernity*.

50 Estado de São Paulo, Diretoria de Serviços Sanitários, *Boletim Mensal de Estatística Demógrafo-Sanitária*, 8, jan.-dez. 1925, p.1-12 e 7, jan.-dez. 1929, p.1-12, apud Butler, *Freedoms Given, Freedoms Won*, p.76.

51 *GL'Italiani in San Paulo*, 28 fev. 1889, p.2; Panizzolo, "The Daily Life of Italian and Italian-Descendant Children", p.63-4; Lei Provincial n. 8, de 15 de fevereiro de 1884, artigo 1, Alesp, https://www.al.sp.gov.br/repositorio/legislacao/lei/1884/lei-8-15.02.1884.html.

52 Penteado, *Belenzinho, 1910*, p.41. Para uma análise do branqueamento de professores em escolas públicas, ver Dávila, *Diploma of Whiteness*.

53 Lowrie, "O elemento negro na população de São Paulo", p.57.

Um estudo mais recente realizado por Marcia Luiza Pires de Araújo mostra que, em 1938, na escola pública Marechal Deodoro, inaugurada em 1907 como Escolas Reunidas do Bom Retiro e localizada nos números 78 e 80 da rua dos Italianos (mudando dois anos depois para o número 405), do outro lado da rua do Desinfectório Central, 7% das crianças foram registradas como pretas ou pardas.[54]

O agrônomo e economista Decio Zylbersztajn cresceu no Bom Retiro nos anos 1950 e 1960, e seu romance, *O filho de Osum* (Osum, ou Oxum, é uma divindade iorubá muito celebrada no Brasil), é repleto de brasileiros negros, imigrantes judeus e judeus brasileiros em constantes relações, embora nem sempre pacíficas.[55] Todavia, a geografia étnica de imigrantes, brasileiros negros, brasileiros pardos e brasileiros brancos do Bom Retiro não é discutida. Por exemplo, a maioria dos porteiros, zeladores de prédios residenciais e trabalhadores domésticos do Bom Retiro são nordestinos, um termo que associa raça e classe e, como a estrangeirice, perdura por gerações após a migração física ter ocorrido.[56] Esses empregos representam uma geografia etnorracial muito diferente daquela dos imigrantes vindos sobretudo da região dos Andes e do Paraguai e de seus descendentes, ligados à produção têxtil, ou dos imigrantes coreanos e seus descendentes, associados à posse de lojas e fábricas.[57] Outro espaço racializado é a Universidade Zumbi dos Palmares, fundada em 2003 tendo como missão "a inclusão da pessoa negra e/ou de baixa renda no ensino superior, viabilizando a integração de negros e não negros em ambiente favorável à discussão da diversidade social, no contexto da realidade nacional e internacional".[58]

Apesar de sua reputação como um espaço estrangeiro, o Bom Retiro foi uma parte importante da mobilização dos negros brasileiros no século XX. O bairro foi o lar do primeiro jornal negro de São Paulo, *O Menelick*, fundado

54 M. Araújo, *A escolarização de crianças negras paulistas*, p.142-4.

55 Zylbersztajn, *O filho de Osum*.

56 Pingel, *Primary Care*, p.44-5; P. Fontes, *Um Nordeste em São Paulo*.

57 Chi, *O Bom Retiro dos coreanos*.

58 Universidade Zumbi dos Palmares, "Sobre nós: conheça a Universidade Zumbi dos Palmares", https://zumbidospalmares.edu.br/sobre-nos/, acesso em: 28 jun. 2024.

em 1915 como parte de uma expansão mais ampla da imprensa negra nas Américas.[59] Editado pelo poeta, contador e ex-trabalhador da fundição Deocleciano Nascimento, o jornal foi batizado em homenagem ao ostensivo primeiro imperador da Etiópia, Menelik I, filho do rei Salomão e de Makeda, a rainha de Sabá.[60] O escritório do jornal, localizado na rua da Graça, 207, ficava a menos de dois quarteirões da Sinagoga Kehilat Israel, erguida em 1913 por judeus bessarábios como a primeira sinagoga de São Paulo. Em 1916, Deocleciano Nascimento realocou o jornal de sua casa para um prédio na rua do Areal, a pequena rua que hoje abriga a UBS Bom Retiro e que, como mostro no capítulo 4, era frequentemente associada a negros e doenças. Artigos em *O Menelick* mostram uma vibrante presença cultural negra no Bom Retiro, com casas noturnas e concursos de beleza.[61] Mesmo assim, como afirma Paulina Alberto, *O Menelick* e outros jornais negros em São Paulo geralmente "revelam estar cientes de estar sendo observados e julgados".[62]

As relações entre negros e imigrantes faziam parte da vida cotidiana tanto no Brasil rural quanto no urbano. Os recém-chegados se separavam dos negros que trabalhavam com eles e viviam perto deles para criar certa branquitude. Muitos imigrantes se recusavam a se casar com negros como uma forma de reforçar a linhagem de cor, e os registros policiais contêm diversos casos de violência de imigrantes contra negros.[63] O racismo beneficiava muitos imigrantes cujos vizinhos negros eram "[b]anidos do sistema de trabalho assalariado e do artesanato pela concorrência do 'branco europeu'" e "viam com ansiedade e ressentimento as transições quase mágicas que se operavam no destino de antigos vizinhos nos porões e nos cortiços".[64]

---

59 Putnam, *Radical Moves*, p.124-5.

60 Bastide, "A imprensa negra no estado de São Paulo", p.8; Seigel, *Uneven Encounters*.

61 *O Menelick*, 1º jan. 1916, p.3-4; Côrtes, "'Leitoras'", p.170; Fernando Santos, *Aspectos da luta pela cidadania negra*.

62 Alberto, *Terms of Inclusion*, p.36.

63 Monsma, "Symbolic Conflicts, Deadly Consequences", p.1123-52.

64 Fernandes, *A integração do negro na sociedade de classes*. Ver também Andrews, *Blacks and Whites in São Paulo, Brazil*.

José Benedito Correia Leite (1900-1989) fundou o jornal negro *O Clarim da Alvorada* em 1924. Em suas memórias, fala de marcadores culturais, como "roupa de brim barata, andar de chinelo ou descalços" que fazia a população negra que vivia na "periferia, [...] Barra Funda, Bixiga, Liberdade, Bom Retiro, Brás" ficar ciente das diferenças entre ela e os imigrantes. Quando criança, Correia Leite vivia e trabalhava na casa de uma família italiana no Bixiga, bairro na região central de São Paulo que, assim como o Bom Retiro, era associado a imigrantes, apesar da presença de negros brasileiros. Leite lembra que sua ligação com a cultura imigrante às vezes significava que ele era "desenegrecido" com a frase "Mas ele não é muito negro".[65]

As geografias racializadas do Bom Retiro tinham uma relação direta com a saúde ruim, incluindo tanto os resultados de saúde quanto a violência étnica. Jorge Americano, que se tornaria reitor da Universidade de São Paulo, fazia parte de uma gangue de jovens cujas "guerras" usavam tanto violência física (de porretes a pedradas) quanto a violência discursiva (por meio de "trocinhas"). Ele relata suas memórias do espaço e das relações entre imigrantes e não imigrantes no Bom Retiro em "Desafios e guerras entre meninos" (1904).

> Através de Jaime (não sei por quem ele soube) chegou a notícia de que os meninos do Bom Retiro tinham nos declarado guerra e viriam atacar-nos. Jaime tinha 8 anos, e eu, 13.
>
> Nós, dos Campos Elísios, éramos "gente fina", e os do Bom Retiro não eram.
>
> Eu não acreditei muito, mas "o seguro morreu de velho". Jaime acreditou. Os meus amigos não acreditaram muito, mas os de Jaime acreditaram.
>
> Entramos na corrida armamentista.
>
> Não sei o que aconteceu do lado do Bom Retiro, mas, no nosso, fabricamos armas.
>
> Eram paus com bolotas de cera na ponta, para bater na cabeça, grudar e arrancar os cabelos. E paus com pregos, para bater e furar a cabeça. Eram canivetes afiados. Pedras. "Estilingues" de elástico, com arremessos.

---

65 Cuti, *E disse o velho militante José Correia Leite*, p.26, 45.

Ninguém soube como principiaram nem como acabaram os boatos. Mas a guerra não veio.[66]

Em meados da década de 1940, o sociólogo Florestan Fernandes estudou os discursos de inclusão e exclusão entre as gangues de jovens do Bom Retiro, enfocando as troças que elas usavam. Seu foco espacial o levou a concluir que, para as crianças, diferentemente de seus pais, a nacionalidade (imigrantes, brasileiros de ascendência imigrante, brasileiros de ascendência não imigrante) era menos importante do que a geografia (ou seja, em que rua moravam). Assim como hoje, as ruas não eram formalmente segregadas, embora tivessem concentrações de grupos étnicos e raciais específicos, tornando as gangues concomitantemente étnicas e multiétnicas. Por conseguinte, as zombarias frequentemente empregavam uma linguagem étnica que poderia não se casar perfeitamente com a filiação. Por exemplo, gangues que incluíam judeus poderiam zombar de outros grupos por sua judeidade.[67]

Construindo alturas e seus descontentamentos

Em São Paulo, a verticalização residencial, tanto de bairros mais elevados quanto de edifícios altos, está estatisticamente relacionada a melhores resultados de saúde.[68] Estruturas grandiosas, no entanto, não dominam o Bom Retiro e outros bairros da classe trabalhadora no município, por diversos motivos.[69] No Bom Retiro, edifícios do século XIX que sediavam o Desinfectório Central e a Escola de Farmácia, Odontologia e Obstetrícia continuam entre os maiores do bairro. Ambos ocupam áreas enormes, e sua altura visava reforçar o papel do Estado de fazer a saúde funcionar

66 Americano, "Desafios e guerras entre meninos", em *São Paulo naquele tempo*, p.50.

67 Fernandes, "As 'Trocinhas' do Bom Retiro". Ver também T. Cruz, "Gênero e culturas infantis".

68 LABCidade, "A verticalização de mercado em São Paulo é branca"; Jorge, *Tietê, o rio que a cidade perdeu*, p.47-8; R. Araújo et al., "São Paulo Urban Heat Islands".

69 Somekh, *A cidade vertical e o urbanismo modernizador*; Toledo, *A capital da vertigem*; Stewart, *Framing the City*; Cwerner, "Helipads, Heliports"; Caldeira, *City of Walls*.

na prática. Ademais, o bairro tem inúmeros galpões que, assim como as estruturas de saúde, estão situados em grandes terrenos que costumavam ser fábricas. A bem cuidada sede da Gaviões da Fiel, torcida organizada do Corinthians, é uma dessas estruturas, mas também o são muitos terrenos abandonados ou, em alguns casos (como descobri durante uma série de visitas com agentes de vigilância sanitária), pertencentes a indivíduos abastados que foram diagnosticados com transtorno de acumulação, do espectro obsessivo-compulsivo. Por fim, uma série de restrições de zoneamento na década de 1970 buscou converter essa parte do bairro para uso institucional, com uma baixa densidade populacional.[70] Consequentemente, a maioria das ruas do Bom Retiro é dominada por prédios baixos (de até três andares).

Jung Yun Chi dividiu o Bom Retiro em três setores geográficos que mostram a microssegregação – com base em classe, trabalho, uso da edificação e etnia/raça – típica de bairros de classe trabalhadora povoados por imigrantes nas Américas.[71] O setor 1 tem em seu centro a rua José Paulino (antiga rua dos Imigrantes), com prédios de dois e três andares que abrigam lojas de varejo de roupa e oficinas-residências onde os funcionários trabalham e moram. Ele possui cerca de 1.700 estabelecimentos comerciais e produz mais de 50% de todas as roupas femininas do Brasil. Os moradores do setor 1 no passado eram brasileiros de ascendência africana ou imigrantes do sul da Europa; hoje, tendem a ser bolivianos, paraguaios ou brasileiros não brancos. Ao longo da década de 1930, essa parte do Bom Retiro apresentava muitas pequenas vielas que terminavam em muros de tijolos, às vezes sob a linha do trem, projetadas por políticos para dificultar a saída do bairro.[72]

Os poucos prédios de apartamentos de classe média alta do Bom Retiro com mais de três andares ficam no pequeno setor 2 (Figura 2.4). Essa é a parte do bairro mais distante e acima das várzeas. A pavimentação chegou primeiro a esse segmento do bairro, limitando o ruído (de cascos e de veículos com rodas de metal) e melhorando o fluxo de tráfego por meio da

---

70 Nakano, "Desenvolvimento territorial e regulação urbanística", p.394.

71 Chi, *O Bom Retiro dos coreanos*, p.53-4.

72 "A Gazeta no Bom Retiro", *A Gazeta*, 7 fev. 1914, p.2.

substituição das frequentemente enlameadas vias secundárias feitas de cascalho e pedra. Era onde o marquês de Três Rios gostava de passear no início do século XX, local que foi o alvo dos incorporadores, que o denominaram "alto Bom Retiro" após a Segunda Guerra Mundial.[73] Prédios residenciais foram construídos no setor 2 de acordo com o código e estavam entre os primeiros a ter banheiros de hóspedes, à medida que os espaços residenciais se tornavam importantes para receber convidados entre as classes médias. Quando fui em visitas domiciliares a esses prédios com a equipe da UBS Bom Retiro, muitas portas tinham um mezuzá (pequeno rolo contendo versículos da Bíblia judaica) ou uma descoloração indicando onde um mezuzá havia sido removido, geralmente por novos proprietários que eram imigrantes coreanos e/ou seus descendentes. Uma discussão sobre as mudanças e a mistura étnica dentro de edifícios vistos de forma individual aparece em uma série de ensaios de 1990 sobre o Bom Retiro, chamado por Cremilda Medina de uma "cidade judaica" do passado. O jornalista Marcos Seil Kim usou a metáfora dos três rios (como na "descolada" rua Três Rios) para sugerir que o bairro é tipicamente brasileiro porque seus moradores imigrantes e descendentes de imigrantes, como os rios, estão "juntos, mas separados".[74]

O setor 3 é o maior e mais pobre do Bom Retiro e inclui a precária Favela do Moinho ao longo da linha do trem, nomeada em homenagem a uma usina que tinha sua própria plataforma ferroviária.[75] Entre as construções estão o antigo Desinfectório Central (atualmente o Museu de Saúde Pública Emílio Ribas e um depósito da Secretaria da Saúde), a escola pública Marechal Deodoro (ainda em funcionamento) e colégios particulares, muitas instituições religiosas e a UBS Bom Retiro. No século XIX e no início do século XX, a maioria das residências eram cortiços de madeira, mas na década de 1930 eles deram lugar a estruturas de concreto ou alvenaria de dois e três andares, muitas das quais permaneceram cortiços. Mais

73 Koulioumba, "Construtores estrangeiros e a produção arquitetônica moderna no Bom Retiro (1950-1970)".

74 Medina, "Apresentação", p.9; Kim, "Nas curvas do rio ídiche", p.13.

75 Claire Rigby, "São Paulo's Water Crisis", *Guardian*, 15 abr. 2015.

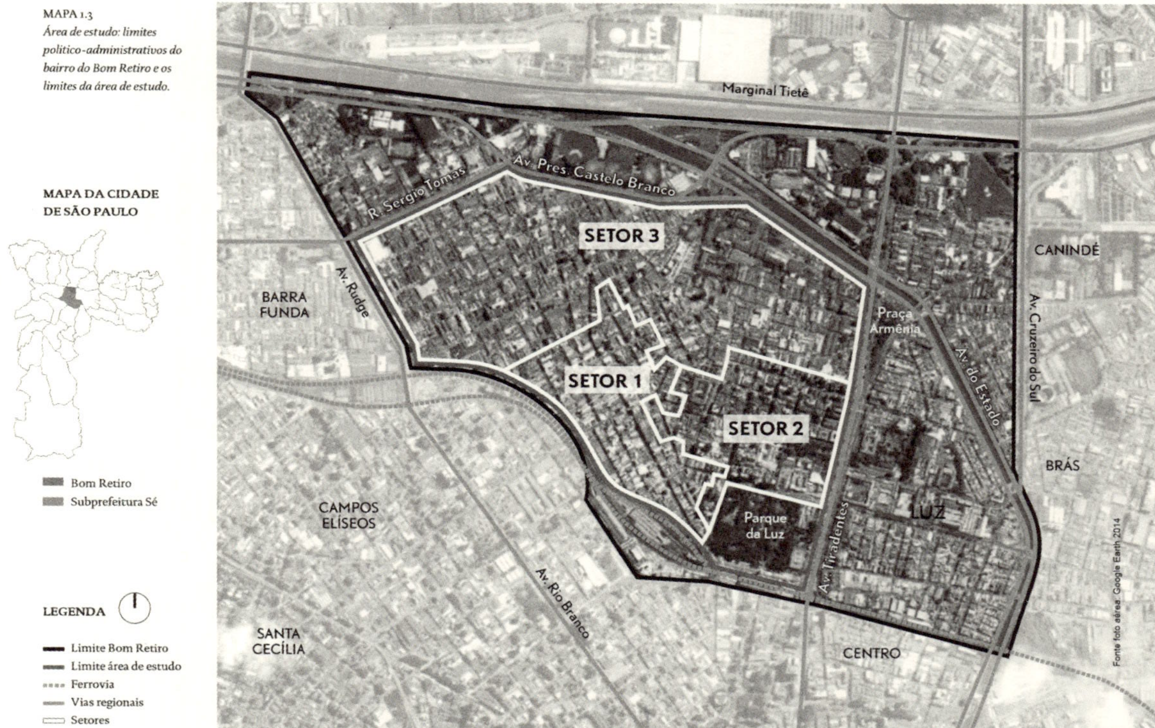

Figura 2.4. Os três setores geográficos étnicos/de trabalho/de classe do Bom Retiro. Fonte: Jung Yun Chi, *O Bom Retiro dos coreanos: descrição de um enclave étnico*. São Paulo, 2016. Dissertação (Mestrado) – Universidade de São Paulo, p.39. Uso autorizado por Jung Yun Chi.

para o final do século, foram erguidos alguns prédios de apartamentos de vários andares para a classe média, mas hoje eles geralmente contêm oficinas-residências.

O Coletivo de Pesquisa Lesser analisou a altura de edifícios residenciais nos setores 2 e 3, onde vive a maioria dos moradores do Bom Retiro. Buscamos determinar se poderia haver uma correlação entre a altura dos edifícios e a precariedade dos serviços estatais e dos resultados de saúde no setor 3. Não é de surpreender que o setor 2 tinha muito mais prédios altos com apartamentos unifamiliares com vários cômodos do que o setor 3 (Mapa 2.1). Os prédios do setor 2 geralmente apresentavam sistemas internos nos quais os sacos de lixo eram coletados pelos funcionários do prédio e colocados em grandes lixeiras. Os prédios do setor 3, por outro lado, estavam cheios de oficinas-residências, e os moradores/trabalhadores colocavam o lixo na rua em sacos baratos. Como a coleta era irregular, esses sacos geralmente eram rasgados por humanos (em busca de comida e materiais de revenda) e por não humanos (em busca de alimentação e local para se reproduzirem). Esses mesmos sacos, e o lixo de rua em geral, propiciavam o acúmulo de água parada após as chuvas, levando à reprodução de mosquitos e aos impactos diferenciais de longo prazo na saúde discutidos nos capítulos seguintes. O lixo de rua é de fato um dos principais criadouros do mosquito da dengue em São Paulo e na maior parte do Brasil urbano.[76]

O lixo é um resíduo material que leva a doenças reais e cria estereótipos que associam classe, raça e etnia a doenças. Embora a coleta de lixo estatal no Bom Retiro seja irregular, a separação e coleta informal tem sido a norma desde o século XIX. Os catadores informais de lixo geralmente faziam/fazem seu trabalho à noite, para evitar o olhar de julgamento da população, já que, como observa Marta Pimenta Velloso,

> as pessoas que trabalham ou vivem do lixo – catadores, coletores e até mesmo os engenheiros sanitaristas – são estigmatizados pela sociedade. São vistos, da

---

76 Mendonça, Veiga e Souza e Almeida Dutra, "Saúde pública, urbanização e dengue no Brasil".

Altura dos prédios no quarteirão de estudo e na rua dos Bandeirantes definida a partir dos números de andares

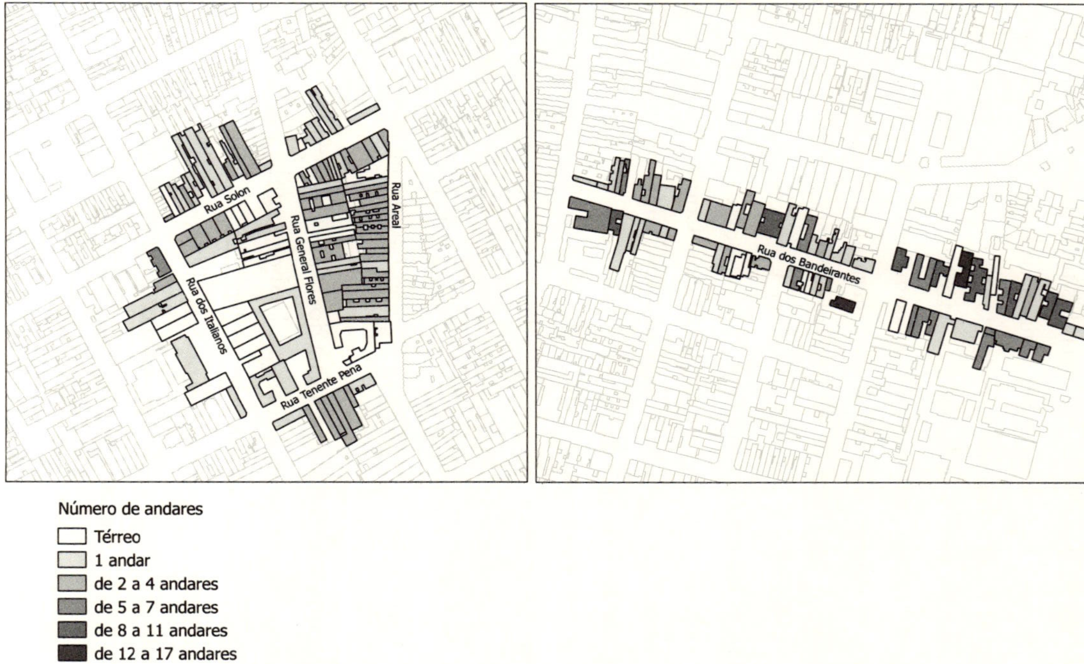

Mapa 2.1. Comparação da altura de edifícios por andares no Bom Retiro ao redor da UBS (e abrangendo o antigo Desinfectório Central) e a parte de classe média alta do bairro mais próxima da estação Tiradentes do metrô. Os dados foram coletados por meio de observação no nível da rua e plotados usando técnicas de sistema de informação geográfica. Fonte: Preparado por Delphine LaCroix e Juliana Casagrande, Coletivo de Pesquisa Lesser, 2017.

> mesma maneira, os espaços destinados ao tratamento e ao destino final dos resíduos – lixões, vazadouros, depósitos, aterros sanitários, usinas de reciclagem e estações de tratamento de esgotos.[77]

Os moradores do Bom Retiro reclamam do problema do lixo nas ruas há 150 anos, muitas vezes na imprensa, devido à inércia do governo.

As associações históricas entre doença, imigrantes e lixo são às vezes repetidas por profissionais de saúde contemporâneos. Em junho de 2018, a Equipe Lesser participou de um projeto da Secretaria da Saúde de São Paulo para identificar riscos socioambientais no Bom Retiro, com o objetivo de focar melhor as ações de saúde. O mapeamento inicial foi feito com um enorme mapa colocado em uma mesa muito grande, com adesivos coloridos para representar diferentes desafios, incluindo os referentes a água (por exemplo, esgotos a céu aberto ou inundações graves), atmosféricos (como poluição do ar), sociais (edificações de madeira em áreas internas ou externas, moradores de rua, cortiços), residuais (por exemplo, lixo na rua) e zoossanitários (como insetos e mosquitos) (Figura 2.5).

Se o mapeamento tivesse ocorrido no Bom Retiro do final do século XIX e do início do século XX, os riscos socioambientais e suas localizações mais comuns teriam sido semelhantes em ambos os períodos, devido às continuidades em termos de locais de inundação, falta de infraestrutura e classe. Por exemplo, vulnerabilidades zoonóticas ligadas a inundações, que favorecem a proliferação de doenças transmitidas por mosquitos, estão mais presentes no setor 3 do que no setor 2, assim como ocorria no passado. Conversas entre profissionais de saúde sobre doenças e geografia também poderiam ter pitadas semelhantes de suposições raciais e de classe. Ouvi diversas vezes algo como "É claro que este local tem lixo/mosquitos/más condições de trabalho/problemas de esgoto/etc., porque há oficinas-residências bolivianas/paraguaias lá". Nesse caso, os resíduos espaciais e raciais eram mais do que teóricos; eles tinham um impacto direto em todos os aspectos da saúde.

77 Pimenta Velloso, "Os restos na história", p.1958.

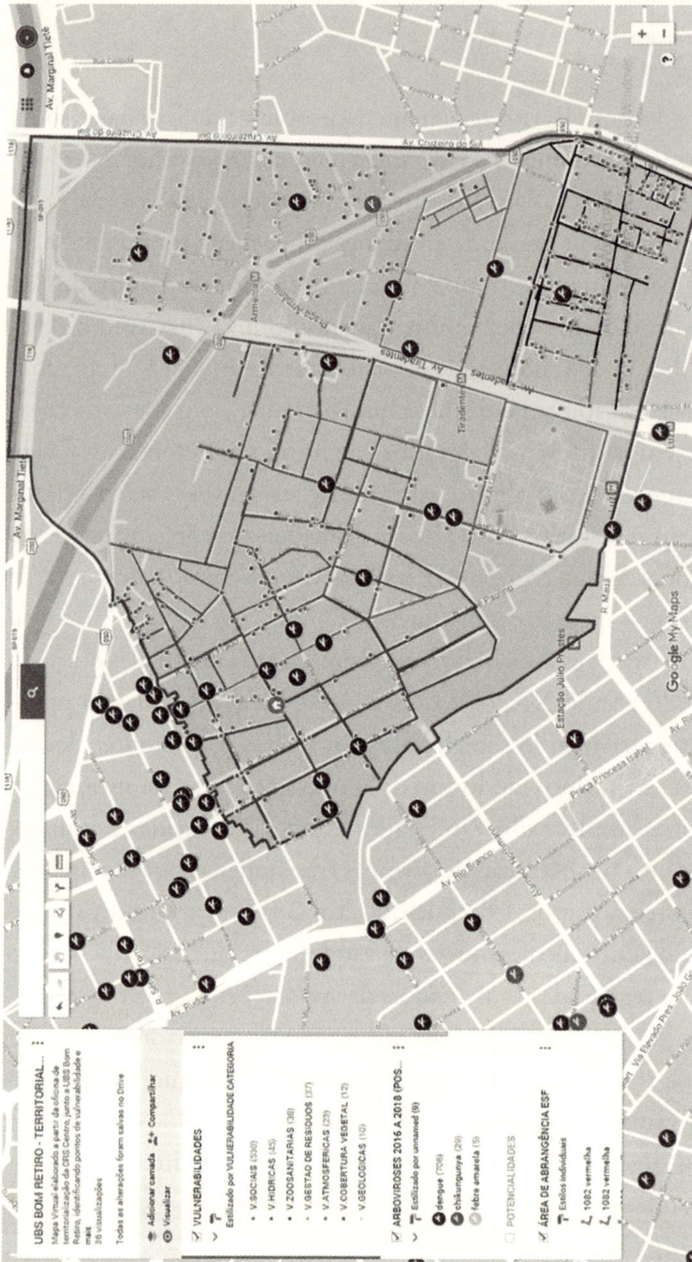

Figura 2.5. Localização dos riscos socioambientais no Bom Retiro, 2018. O mapa híbrido foi elaborado por profissionais de saúde da UBS Bom Retiro e a Equipe Lesser. Fonte: Cidade de São Paulo SUS/Pavs/PSP, "Relatório Diagnóstico Socioambiental", Unidade Básica de Saúde Bom Retiro – Supervisão Técnica de Saúde – Santa Cecília (2018).

* * *

Este capítulo situa a história demográfica e material do Bom Retiro dentro de um contexto mais amplo de imigração, preocupações com a saúde e urbanização nas Américas. Ele põe em xeque o conceito do Bom Retiro como um bairro de imigrantes ou estrangeiros ao demonstrar a multietnicidade de longo prazo do distrito. Também analiso como a negação da negritude era parte de uma estratégia política e cultural maior para branquear o Brasil, um processo que se acreditava que resultaria em uma população mais saudável. A legislação, portanto, proibia a entrada de não brancos e colocava o Brasil dentro de um mercado de trabalho global racializado. Apesar da crença que muitos políticos, educadores e sanitaristas racistas tinham na transformação racial que resultaria da vinda dos imigrantes ao país, as geografias que surgiram em bairros densos urbanos de classe trabalhadora foram consideradas insalubres. Em outras palavras, muitos dos que promoviam o branqueamento por meio da imigração também acreditavam que a maioria dos recém-chegados não estava cumprindo suas obrigações raciais de saúde. Os imigrantes raramente eram vistos como vítimas das geografias de saúde que emergiam do ambiente natural, especialmente a presença de rios e os subsequentes alagamentos, e do ambiente construído de fábricas e cortiços, que frequentemente transformava ocorrências climáticas e resultados industriais em crises de saúde. No final do século XIX, autoridades de saúde pública e seus aliados geralmente consideravam os imigrantes como perpetradores de saúde ruim e viam o Bom Retiro, à semelhança de tantos outros bairros de classe trabalhadora nas Américas, como doente.

Post scriptum

Era março de 2016, e eu não sabia que a Semana de Moda de Paris tinha acabado havia pouco ou mesmo que ela existia. Mesmo se soubesse, eu não teria entendido por que a principal rua comercial do Bom Retiro estava cheia de carros de luxo cujos motoristas abriam portas para passageiros elegantemente vestidos. O que descobri foi que um pequeno grupo de fabricantes de roupas do Bom Retiro vendia principalmente para uma clientela de classe média alta e de classe alta, ao contrário da maioria dos lojistas, cujos estabelecimentos de atacado e varejo focavam em volume de vendas. Essas lojas exclusivas regularmente mandavam seus estilistas para desfiles de moda ao redor do mundo, onde registravam, em fotos e desenhos, as últimas tendências, enviando-as por e-mail para o Bom Retiro. Os estilistas rapidamente produziam moldes, que eram provados no dia seguinte. No final, ainda seriam acrescentados às roupas um logotipo e uma marca.

Anos depois, um amigo que é dono de uma fábrica/loja de roupas de luxo contou como eles veem o processo. Várias vezes ao ano, os donos de estabelecimentos elegantes no Bom Retiro, geralmente coreanos ou descendentes deles, viajam à Europa para ver as tendências da estação. Ir a butiques e tirar fotos é constrangedor, e quem o faz muitas vezes é convidado, ou forçado, a deixar o estabelecimento. Consequentemente, esses empresários de moda do Bom Retiro agora vão a lojas de departamento – a rede Zara na Espanha é uma das favoritas –, cujas lojas e designs *se adéquam bem às mídias sociais. Nesses espaços, tirar fotos de roupas é uma prática comum. As imagens são enviadas via WhatsApp aos estilistas de cada fábrica, que então acrescentam seu toque pessoal às novas coleções. Em outras palavras, embora os originais sejam os mesmos, cada fábrica/loja do Bom Retiro cria uma versão única que só ela vende.*

As diferenças sazonais entre os hemisférios implicam que a moda de verão na Europa de hoje é apropriada para o Brasil do futuro. As freguesas sabem o dia em que as diferentes coleções serão lançadas no Bom Retiro e reservam a visita com bastante antecedência. As clientes do meu amigo tendem a ser mulheres brancas abastadas na faixa dos 50 e 60 anos, geralmente de cidades menores do interior de São Paulo e de estados vizinhos. Para elas, a moda de inspiração europeia é um importante marcador de classe, e elas tendem a frequentar apenas uma loja, trabalhando com apenas um vendedor, que tratam como funcionário em suas butiques particulares. No Bom Retiro, comprar roupas globais criadas no Brasil não é diferente de comer uma comida global criada no Brasil, pois ambas permitem àqueles que têm dinheiro se sentirem cosmopolitas e internacionais sem precisar sair do país.

Capítulo 3
Saúde ruim em um bom retiro

O tiroteio tarde da noite na rua dos Italianos deixou cinco feridos. Paschoal Tura, imigrante italiano de 39 anos que era um pequeno comerciante, convidara alguns vizinhos para tomar uma em sua casa em agosto de 1914. O grupo era composto de imigrantes e brasileiros, o que não causava espanto, visto que cerca de 35% dos moradores da cidade haviam nascido no exterior.[1] Todos iriam trabalhar no dia seguinte, tendo profissões que variavam de sapateiro a operário, mas isso não os impediu de beber até tarde no domingo à noite. Logo "beberam cerveja em demasia, tornando-se exaltados a tal ponto de insultar e provocar a todos".[2]

Jeronymo Barbelia, vizinho de Tura, era um dos foliões. Quando embriagado, ficou violento e, em algum momento depois da meia-noite, os outros foliões decidiram que era hora de ele ir embora. Barbelia, no entanto, não foi para casa depois de ser expulso da casa de Tura. Esperou pelos outros e, quando estes saíram, sacou uma navalha, desafiando cada um para uma luta. Depois de ser ignorado ou talvez ridicularizado, Barbelia pegou uma espingarda e disparou duas vezes, ferindo cada um dos cinco conforme o chumbo fino se espalhava. Barbelia então fugiu enquanto os outros eram levados ou se dirigiam ao Posto Médico da Assistência Policial, embora os documentos não expliquem como chegaram lá.

O *Correio Paulistano* noticiou o tiroteio na rua dos Italianos em um tom moralista, assim como o que fora usado para descrever a morte de Amelia

---

1 Fausto, *Crime e cotidiano*, p.10.

2 "Tiros de espingarda – consequências do álcool", *Correio Paulistano*, 10 ago. 1914, p.4.

Marini 39 anos antes. A manchete "Tiros de espingarda – consequências do álcool" introduzia um artigo associando o *status* de proletário e os cortiços do Bom Retiro a imigração, álcool e violência armada. A documentação da Polícia Médica apresenta perspectivas diferentes daquelas das reportagens de jornal. Cada vítima ganhou sua própria reportagem de página inteira, e todas mostram que os profissionais de saúde chamaram a polícia.[3] Embora os documentos não informem o que aconteceu depois que o grupo foi atendido, eles nos ensinam muito sobre a vida dos imigrantes em São Paulo. As famílias Barbelia e Tura viviam próximas uma à outra na rua dos Italianos, nos números 175 a 205, um padrão de numeração que indica uma série de cortiços que mais tarde no século seriam substituídos por edifícios únicos com diversas entradas. Todas as vítimas foram consideradas brancas pelos médicos. A vítima mais jovem, Leonardo, filho de Paschoal de 16 anos, teve ferimentos leves. Ele trabalhava como sapateiro em 1914, porém, como muitos filhos de imigrantes, ascendeu socialmente, tornando-se o jogador-proprietário do Turano Futebol Clube em 1923.[4]

Na longa história das Américas, a imprensa, a polícia, os políticos e os profissionais de saúde pública associaram os imigrantes à violência, à criminalidade, a más condições sanitárias e de trabalho e a doenças. No processo, emergiram ideias culturais amplas, vinculando a saúde ruim a localizações geográficas, geralmente a bairros específicos.[5] No final do século XIX e no início do século XX, os políticos direcionaram seu foco para os não brancos e os imigrantes do sul e do leste da Europa, bem como os locais onde viviam, à medida que

> a cidade de São Paulo passou a contar com "o lado de lá", visto como o território popular dos imigrantes operários, correspondente à atual Zona Leste, e "o lado de cá", tido como a parte mais rica e próxima dos comércios e serviços

---

3 Secretaria da Segurança Pública do Estado de São Paulo, Registro de ocorrências da Assistência Policial, 1911-1940, docs. 018863, 018864, 018865, 018866 e 018867, v.13.988, todos de 9 ago. 1914, Apesp.

4 "Futebol, E'cos", *A Gazeta*, 9 mar. 1923, p.2; "Futebol, E'cos", *A Gazeta*, 17 mar. 1923, p.3.

5 Britt, "Spatial Projects of Forgetting".

sofisticados do centro principal e, atualmente, reconhecido como o centro expandido do município de São Paulo.[6]

Essa distinção continua sendo verdade, e os resultados de saúde do "lado de lá" são consistentemente piores do que aqueles do "lado de cá".[7]

Imigrantes doentes em habitações insalubres

É muito irônica a história da saúde real e imaginada dos imigrantes no Brasil. Os residentes temporários e o governo de seus países de origem estavam tão preocupados com a saúde ruim dos brasileiros quanto os formuladores de políticas públicas no Brasil estavam com relação à saúde ruim dos recém-chegados. De fato, a emigração para o Brasil foi interrompida em vários momentos pelos governos europeus devido a problemas de saúde. Em 1886, o Ministério do Interior da Itália enviou um memorando se opondo à emigração ao Brasil e especialmente à província de São Paulo, considerada uma das "mais insalubres e inóspitas do Império".[8] Três anos depois, quando o Brasil se tornou uma república, o governo italiano foi mais longe, proibindo a emigração ao Brasil por quase dois anos devido a surtos de febre amarela em portos como o de Santos e o do Rio de Janeiro. Alguns políticos italianos alegaram que a remigração à Itália resultou da "ferocidade de surtos epidêmicos entre imigrantes em São Paulo".[9] O Decreto Prinetti, de 1902, proibiu emigrantes de aceitar passagens subsidiadas pelo estado de São Paulo e, duas décadas depois, até mesmo o jornal paulistano em italiano *Fanfulla* se manifestou contra a entrada de italianos por causa das más condições locais de saúde e trabalho.[10]

---

6 Nakano, "Desigualdades habitacionais", p.56.

7 Granada et al., "A pandemia de Covid-19 e a mobilidade internacional no Brasil".

8 Hutter, *Imigração italiana em São Paulo*, p.118; Telarolli Jr., "Imigração e epidemias no estado de São Paulo", p.270.

9 Blount III, *Public Health Movement*, p.59.

10 Lesser, *A invenção da brasilidade*, p.141; Kenzo, *Não há cura sem anúncio*, p.33; Telarolli Jr., "Imigração e epidemias no estado de São Paulo", p.271; Aliano, "Brazil through Italian Eyes".

Apesar das inquietações de ambos os lados do Atlântico, pessoas e doenças viajaram pelos mares. Políticas de saúde frequentemente estavam ligadas à imigração, por exemplo, quando as autoridades brasileiras rastrearam uma epidemia de cólera em 1893 que deixou 53 mortos, encontrando sua origem em navios que haviam parado em Gênova e Marselha, duas cidades em meio a seus próprios surtos. Os portos foram fechados em todo o Brasil, levando a uma queda na entrada de imigrantes e à ira de proprietários rurais e donos de fábricas urbanas. Por conseguinte, autoridades sanitárias desenvolveram um plano para construir um centro de quarentena entre o Porto de Santos e a cidade de São Paulo. O local escolhido foi São Bernardo do Campo, na época uma cidade com cerca de 2.500 moradores cercada por fazendas nas quais grande parte dos trabalhadores eram imigrantes italianos. Como era impossível impedir que os navios saíssem da Europa e os proprietários de terras exigiam mão de obra, os sanitaristas propuseram colocar em quarentena imigrantes com escarlatina, cólera, febre amarela ou varíola, todas doenças que tinham o potencial de se espalhar rapidamente.[11] Os edifícios que abrigariam os recém-chegados seriam construídos com materiais frágeis e depois queimados para evitar a propagação de doenças. A estrutura de teste, no entanto, desabou, pondo fim ao plano.

O Bom Retiro frequentemente era o foco de formuladores de políticas públicas de saúde e de imigração dos dois lados do Atlântico. A população do bairro e de suas residências lotadas e mal construídas se tornaram um tema controverso, assim como aconteceu em outras cidades grandes nas Américas.[12] Governos estrangeiros temiam que as condições de vida precárias no Brasil espalhassem doenças para seus cidadãos, que podiam então voltar para casa com suas enfermidades. Especialistas brasileiros em saúde pública concordaram, embora temessem que imigrantes doentes espalhassem doenças para a população nativa.

---

11 Márcia Silva, *O mundo transformado em laboratório*, p.40.

12 Motta Junior, *Relatório apresentado ao Senhor Doutor Presidente do Estado de São Paulo*, p.LII; Shively, "Sanitary Tenements"; Campbell, "What Tuberculosis Did for Modernism".

As preocupações se centravam nos espaços residenciais da classe trabalhadora à medida que a quantidade de cortiços aumentava consideravelmente na década de 1880, conforme novos distritos centrais como o Bom Retiro passavam por um crescimento populacional.[13] Novos códigos municipais procuraram controlar esse tipo de habitação e o comércio informal vinculado a ela, mas em 1920 mais de 80% dos moradores de São Paulo alugavam "casas que abrigam ou servem de dormitório, ainda que temporário, a várias famílias, ou a muitas pessoas de famílias diferentes".[14] Mesmo depois da Segunda Guerra Mundial, metade da população do Bom Retiro vivia em cortiços, e, em 1976, as muitas residências precárias levaram a cidade a rotular o bairro como uma das "áreas decadentes de bairros mais centrais".[15] No ano 2000, quase 600 mil moradores da cidade (6% da população) viviam em cortiços, embora as percentagens fossem quase cinco vezes maiores em bairros centrais como o Bom Retiro.[16]

No final do século XIX, todas as ruas do Bom Retiro eram ladeadas de cortiços. O aperto, aliado a serviços públicos precários, criava geografias de saúde ruim, tanto discursivas quanto reais, no Bom Retiro. O custo do aluguel nos cortiços era alto, levando-se em consideração os salários das classes trabalhadoras, e as famílias dividiam banheiros, cozinhas e outras áreas de serviço em espaços internos ou em pátios abertos. Na maioria dos

---

13 Vaz, "Dos cortiços às favelas e aos edifícios de apartamentos"; Silva de Souza, *Cortiços em São Paulo*, p.43-4.

14 Código de Posturas do Município de São Paulo, de 6 de outubro de 1886, sobretudo artigos 1-28, Câmara Municipal de São Paulo, SPLegis, https://www.saopaulo.sp.leg.br/iah/fulltext/leis/LCP-1886.pdf. Ver também Scarlato, "Estrutura e sobrevivência dos cortiços no bairro Bexiga", p.117-27; M. Sampaio, "O cortiço paulistano entre as ciências sociais e política", p.130; Bonduki, "Origens da habitação social no Brasil".

15 "Sondagem preliminar a um estudo sobre a habitação em São Paulo (1947): estudo contratado pela Escola de Sociologia e Política de São Paulo, coordenado por J. L. Lebret", *Revista do Arquivo Municipal*, v.139-40, abr.-jun. 1951, p.3-48; Lagenest, "Os cortiços de São Paulo"; M. Sampaio e Pereira, "Habitação em São Paulo", p.178; Pingel, *Primary Care*, p.73-4.

16 Companhia de Desenvolvimento Habitacional e Urbano do Estado de São Paulo, *Relatório Geral do Programa de Atuação em Cortiços*, p.17.

cortiços, famílias multigeracionais comiam e dormiam em quartos individuais, com uso compartilhado de água e banheiros externos ou no corredor. Os recém-casados normalmente viviam e trabalhavam na mesma fábrica que seus pais. Muitos cortiços tinham uma área central aberta onde os moradores conviviam socialmente e onde eram realizados trabalhos domésticos como lavar roupas e preparar comida. Essas áreas comuns também eram centros de atividades comerciais, como a cultura de vegetais e a criação de animais não humanos em pequena escala.[17] Embora a construção dos cortiços tenha mudado, eles continuam a funcionar como no passado, com instalações compartilhadas e espaços residenciais e de trabalho mistos. A partir do período entreguerras, o Bom Retiro passou a ter um dos maiores números de edifícios por metro quadrado em São Paulo e hoje tem uma das maiores porcentagens de moradores vivendo em cortiços entre os distritos do centro da cidade.[18]

Cortiços cheios de trabalhadores estrangeiros chamaram a atenção das autoridades de saúde. Em 1892, o município criou a Intendência de Higiene e Saúde Pública para regulamentar "alimentação, socorros, hospitais, recolhimentos, matadouros, mercados ou feiras, limpeza e asseio, lavanderia, chafarizes, abastecimento de águas e esgotos, jardins, imigração e alojamentos, cemitérios etc.".[19] O Código Sanitário de 1894 foi o primeiro de muitos que colocaram as funções de saúde pública nas mãos da polícia.[20] Como demonstrou o historiador André Mota, instituições e as políticas que elas criaram alterizaram imigrantes e não brancos social e

17 Lucchesi, "Do cortiço às vilas operárias".

18 T. Bernardo, *Memória em branco e negro*, p.58.

19 Lei Municipal n. 1, de 29 de setembro de 1892, artigo 1b, Prefeitura de São Paulo, Legislação Municipal, http://legislacao.prefeitura.sp.gov.br/leis/lei-1-de-29-de-setembro-de-1892/consolidado.

20 Decreto Estadual n. 264, de 27 de outubro de 1894, "Dá regulamento à Repartição Central de Polícia", Leis Estaduais, https://leisestaduais.com.br/sp/decreto-n-264-1894-sao-paulo-da-regulamento-a-reparticao-central-de-policia; Lei Municipal n. 203, de 27 de fevereiro de 1896, artigo 1, Prefeitura de São Paulo, Legislação Municipal, http://legislacao.prefeitura.sp.gov.br/leis/lei-203-de-27-de-fevereiro-de-1896/consolidado.

geograficamente. Os cortiços, "como vulgarmente se chamam essas construções acanhadas", tornaram-se "insalubres, repulsivas algumas, onde as forças vivas de trabalho se juntam em desmedida, fustigada [*sic*] pela dificuldade de viver, numa quase promiscuidade que a economia lhes impõe, mas que a higiene repele", repletos de moradores, geralmente estrangeiros, doentes.[21] A linguagem aqui é importante. Embora as condições de saúde nos cortiços fossem precárias, o Código Sanitário sugeria que os moradores eram a causa da saúde ruim.

As autoridades criminalizaram as violações de saúde e as tratavam como transgressões morais. No século XIX, o Estado usou cada vez mais a saúde pública como desculpa para adentrar espaços privados e comerciais e impor novas formas de controle social. A "saúde" ajudou a incentivar mudanças no ambiente construído com a destruição de cortiços.[22] As autoridades de saúde pública estavam tão ansiosas para livrar a cidade dos cortiços que, em 1911, o Serviço Sanitário do Estado de São Paulo eliminou a palavras das comunicações oficiais, substituindo-a primeiro por "habitação coletiva" e depois usando termos como "prédios de apartamento" ou "hotéis".[23]

Muitos cortiços foram construídos nos grandes espaços internos de fábricas fechadas ou abandonadas. Outros, dentro do que haviam sido casas unifamiliares. Estas geralmente se tornavam imóveis para locação à medida que as classes média e alta se separavam geograficamente das classes trabalhadoras ao se mudarem para novos bairros. Os cortiços e seus moradores se tornaram alvos de muitos líderes municipais, embora Eva Alterman Blay afirme que isso era um "(falso) problema do poder público".[24] A falsidade talvez explique por que decretos formalizando alturas mínimas de edifícios

21 Mota, *Tempos cruzados*, p.93.

22 Lei Municipal n. 1, de 29 de setembro de 1892, artigo 1b; Lei Municipal n. 203, de 27 de fevereiro de 1896, Ato 2; Documentos Avulsos, Polícia e Higiene, 1892-1898, Arquivo Histórico Municipal Washington Luís (AHM), São Paulo.

23 Decreto Estadual n. 2.141, de 14 de novembro de 1911, artigo 293, Alesp, https://www.al.sp.gov.br/repositorio/legislacao/decreto/1911/decreto-2141-14.11.1911.html (o conjunto completo de novas regulamentações consta nos artigos 291 a 299); Lemos, "Os primeiros cortiços paulistanos", p.15.

24 Blay, *Eu não tenho onde morar*, p.95.

e o tamanho interno de janelas e portas e especificando a necessidade de haver pelo menos um banheiro para cada vinte moradores muitas vezes não eram cumpridos.[25] Os cortiços eram um "negócio altamente lucrativo", e os proprietários continuaram alugando residências das quais se mudavam ou construindo novas moradias baratas, todas com aluguéis elevados.[26] Os imigrantes pagavam caro por espaços apertados e sem ventilação perto de seus locais de trabalho, e o grupo de proprietários geralmente ausentes incluía alguns dos moradores mais ricos de São Paulo e até mesmo alguns bancos. O município também lucrava ao taxar os cortiços com base no número de residências internas, e não como uma propriedade única, sendo o custo sempre repassado aos locatários.[27]

No século XX, a geografia da cidade de São Paulo incluía bairros cheios de cortiços que haviam sido abandonados pela classe não trabalhadora e novos bairros considerados mais ricos, mais saudáveis e mais brancos.[28] Em 1893, foi construído o bairro de Higienópolis, descrito pelo diplomata francês Paul Walle como o "ponto de encontro de tudo o que São Paulo e o estado possuem de mais rico e de mais distinto; admiram-se um grande número de casas suntuosas – palacetes, como lá se diz –, de vilas luxuosas e confortáveis".[29] Os resultados de saúde em bairros como esse eram muito melhores do que os do Bom Retiro, com alta densidade populacional, suas fábricas e suas moradias precárias.[30]

As autoridades de saúde pública geralmente acusavam as classes trabalhadoras, em vez de responsabilizar a industrialização, a precariedade dos serviços ou a desigualdade de acesso aos cuidados, pela saúde ruim.[31] Como

---

25 Decreto Estadual n. 2.141, de 14 de novembro de 1911, artigo 293.

26 Guzzo, "A habitação popular em São Paulo", p.60.

27 Cano, "A cidade dos cortiços".

28 Wilhelm, *São Paulo Metrópole* 65; Nakano, "Desenvolvimento territorial e regulação urbanística nas áreas centrais de São Paulo", p.397.

29 Walle, *Au Brésil*, p.8; Leite, *Maria Lacerda de Moura*, p.18.

30 Dertônio, *O bairro do Bom Retiro*, p.17.

31 Gallois e Rosalen, "Direitos indígenas 'diferenciados' e seus efeitos entre os Wajãpi no Amapá"; Marinelli et al., "Assistência à população indígena"; Lacerda, Figueira e Pinto, "Conhecimentos tradicionais dos povos indígenas da região Pantaneira Sul-Mato-Grossense", p.150-8.

os cortiços e outras moradias não pertencentes à elite não se encaixavam na imagem de um lar adequado, políticas e ações naturalizaram imagens do Bom Retiro e das pessoas que lá viviam como perigosas, sujas e doentes.[32] O jogo de empurra pôde ser visto durante um surto de varíola na Hospedaria de Imigrantes do Bom Retiro em junho de 1887. Um relatório citando o inspetor de higiene da província de São Paulo afirmou que, "após minucioso exame e indagações, verificou ser falsa semelhante notícia, não havendo naquele estabelecimento nem em suas imediações caso algum daquela terrível moléstia, e sim alguns casos de sarampão". Após a inspeção, a varíola foi confirmada, e o paciente foi imediatamente enviado para o hospital de isolamento, embora nada tenha sido feito sobre as condições da hospedaria.[33]

Embora as autoridades e os moradores concordassem que cortiços lotados e sem ventilação eram propícios a problemas de saúde e outros males sociais, havia pouco consenso sobre as soluções. Os moradores do Bom Retiro oscilavam em suas relações com o Estado, às vezes temendo as autoridades de saúde pública e outras vezes confiando nelas. Em 1884, um grupo de residentes do bairro reclamou aos jornais locais que estavam "sem luz e sem polícia" e viviam com "falta de segurança individual". Eles alegavam que, após o estabelecimento da Hospedaria de Imigrantes, a saúde precária aumentara no bairro. Houve o estupro de uma jovem imigrante alemã por dois "estrangeiros" que não foram identificados, roubos diurnos cujas vítimas, assustadas, "procuram, e com razão, evitar conflitos desagradáveis" e até mesmo o "misterioso suicídio" de um idoso.[34]

É preciso enfatizar que, para os moradores históricos e contemporâneos do Bom Retiro, saúde, crime e violência eram parte de uma única equação. Nesse sentido, diferentes classes sociais defendiam o fato de haver instituições de saúde pública dentro do Departamento de Justiça, mesmo que isso também causasse excessos, especialmente na criminalização de doenças.

---

32 Cunningham e Black, "Healing the Sick City"; Piccini, *Cortiços na cidade*; Kowarick e Ant, "One Hundred Years of Overcrowding".

33 "Varíola", *Correio Paulistano*, 5 jun. 1887, p.2.

34 *A Província de São Paulo*, 1º fev. 1884, p.2.

A prisão do imigrante espanhol Juan Moqueira em 1898 é um exemplo de como saúde, violência, crime e densidade populacional se entrelaçavam na vida cotidiana. Moqueira vivia em um cortiço na rua do Areal, 42, a apenas um quarteirão do Desinfectório Central e ao lado do que hoje é a UBS Bom Retiro. De acordo com o inspetor José Pisa, Moqueira estava comandando um esquema de falsificação em sua residência, mas as vítimas dos golpes não estavam dispostas a denunciar o imigrante, talvez por medo dos criminosos ou possivelmente por sua desconfiança da polícia. Isso mudou em setembro de 1898, quando a polícia convenceu o vizinho de Moqueira a deixar um policial se esconder em um forno e observar as transações fraudulentas. O *Correio Paulistano* incitou a imagem pública das residências do Bom Retiro como locais repletos de perigos com uma manchete polêmica na primeira página: "Mais notas falsas – autoridade no forno – com a boca na botija".[35]

Em todo o mundo, muitas autoridades e moradores acreditavam que os bairros com populações densas eram sujeitos a doenças biológicas, imoralidade, crime e violência.[36] Em 1893, após um surto de febre amarela, o governo da cidade de São Paulo encomendou um relatório sobre cortiços no distrito da Santa Ifigênia, que até 1910 incluía o bairro do Bom Retiro. Sanitaristas demonstraram espanto com a forma como imigrantes e outros membros das classes trabalhadoras viviam e exigiram: "É preciso cuidar [...] da habitação [...] onde se acumula a classe pobre, a estalagem onde pulula a classe operária [...] nessas construções insalubres, repulsivas algumas, [...] [vivendo] numa quase promiscuidade que a economia lhes impõe, mas a higiene repele".[37] A comissão propôs que o município construísse novos tipos de cortiço para alugar. Chamados de "casinhas", o nome e a estrutura

35 "Mais notas falsas: autoridade no forno: com a boca na botija", *Correio Paulistano*, 13 set. 1898, p.1.

36 Carbone, *Park, Tenement, Slaughterhouse*; M. Jones, "Tuberculosis, Housing"; Garb, "Health, Morality, and Housing"; Gilman, *Difference and Pathology*; Kraut, *Silent Travelers*.

37 São Paulo, Câmara Municipal de São Paulo, *Relatório da Comissão de Exame e Inspeção das Habitações Operárias e Cortiços do Distrito de Santa Ifigênia, apresentado pelo Intendente Municipal Cesário Motta Jr.* apud Cordeiro, *Os cortiços de Santa Ifigênia*, p.43-4.

pretendiam ser higiênicos e modernos. Embora essa proposta pública nunca tenha sido concretizada, o planejador urbano Nabil Georges Bonduki ressalta que a iniciativa privada frequentemente construía vilas operárias seguindo esse modelo.[38]

Embora tenha chocado os legisladores, o relatório de 1893 teve um impacto restrito. Em 1905, o vereador e advogado sindical Afonso Celso Garcia repreendeu seus colegas sobre a falta de intervenção estatal em bairros operários: "Senhores, do nosso domínio municipal, que se estende nesta grande cidade, nos fique ao menos na consciência que nós, tendo visto a cidade inteiramente desabrigada contra a invasão e propagação de moléstias e epidemias, soubemos cumprir o nosso dever". Ele propôs que a comissão fosse reinstituída, mas apenas com médicos e engenheiros sanitaristas.[39]

As descrições do Bom Retiro como doente continuaram ao longo do século, assim como as enchentes, as moradias superlotadas e o mau funcionamento dos sistemas de transporte, abastecimento de água e esgoto.[40] "Colloque sentimental", poema de Mário de Andrade publicado em *Pauliceia desvairada*, de 1922, conta a história de um "conde" de São Paulo que, quando lhe perguntam "Sabe que existe um Brás, um Bom Retiro?", responde "Só conheço Paris!". Uma caminhada pelo bairro operário enfatiza as reações dos ricos às condições reais:

> — Deixe-me pôr o lenço no nariz.
> Tenho todos os perfumes de Paris!
> — Mas olhe, embaixo das portas, a escorrer...
> — Para os esgotos! Para os esgotos!
> — ... a escorrer,
> Um fio de lágrimas sem nome!...[41]

---

38 Bonduki, *Origens da habitação social no Brasil*, p.59.

39 Brazil, "Celso Garcia, indicação 144 de 1905, 24ª sessão ordinária de 29 de julho de 1905", *Anais da Câmara Municipal*, p.115, https://www.saopaulo.sp.leg.br/static/atas_anais_cmsp/anadig/Sessoes/Ordinarias/024SO1905.pdf.

40 Peixoto-Mehrtens, *Urban Space and National Identity*, p.129; Jorge, "Rios e saúde na cidade de São Paulo".

41 Mário de Andrade, "Colloque sentimental", p.99-100.

A aversão aos cortiços também estava presente entre os imigrantes.[42] Uma reportagem de 1906 no jornal ítalo-brasileiro *Fanfulla* reclamou da

> [...] insuficiência de ar e de luz [...] numerosas pessoas em ambientes muito pequenos, mal ventilados, úmidos e baixos [...]. [Essa] gente reduzida a aglomerar-se em dez ou doze pessoas em um ou dois cômodos [...] [Nos bairros pobres] [...] os cortiços se transformaram em verdadeiros pombais humanos, onde se vive numa promiscuidade de gente e sexo...[43]

Os participantes de um protesto trabalhista realizado em 1913 na esquina da rua dos Italianos com a rua Tenente Pena, em frente ao Desinfectório Central, queixaram-se da "grande imprensa paulista, que se ocupa de tudo, menos da causa do povo explorado". Consequentemente, os trabalhadores "vivem morrendo de trabalhar nas fábricas, nos campos, nas oficinas, donde tiram minguado salário que mal lhes basta para o magro pão de cada dia".[44] Alfredo Cusano, um jornalista italiano, passou cinco anos no Brasil no início do século XX. Ele descreveu os cortiços de São Paulo como uma "espécie de enormes armazéns, nos quais se reúnem, em uma promiscuidade que alimenta os mais desagradáveis vícios e facilita os contágios...".[45]

Seria um erro imaginar que os cortiços eram apenas residenciais. Os espaços de moradia geralmente também eram – e são – locais de trabalho; portanto, acidentes de trabalho aconteciam em casa com frequência. Os investigadores que organizaram o estudo municipal de 1893 sobre os cortiços ficaram surpresos ao constatar que os dois ambientes construídos que eles consideravam diferentes apresentavam pontos de convergência: "Cubículos feitos de tábua e pintados de piche, e levantados todos do chão 0,70m. Área não ladrilhada, tem uma torneira, e as cozinhas não têm escada de acesso [as cozinhas compartilhadas nos cortiços geralmente se abriam para

42 Guzzo, "A habitação popular em São Paulo", p.63.

43 *Fanfulla*, 23 mar. 1906, apud Kowarick, "Cortiços", p.49. Ver também Trento, "A Itália em guerra".

44 "Bom Retiro", *A Lanterna: Folha Anti-Clerical e de Combate*, 22 mar. 1913, p.3.

45 Cusano, *Italia d'oltre mare*, p.117.

um espaço ao ar livre, tanto para ventilação como para facilitar o descarte de resíduos alimentares]. Estes cômodos são dependências de uma oficina, não são cortiços".[46] O vereador Celso Garcia fez parte da Comissão de Higiene e Saúde Pública e da Comissão de Justiça e Polícia.[47] A partir dessas duas posições, ele fez diversas propostas de políticas públicas que associavam moradia e melhoria dos resultados de saúde moral e biomédica. Em 1905, ele demonstrou preocupação ao conversar com seus colegas políticos:

> Eu tenho notado que, em certos bairros da nossa capital, principalmente no Bom Retiro e no Brás, já há inumeráveis habitações comuns [...].
> Há nesses bairros muitas famílias compostas de muitas pessoas e morando em uma só casa, num só quarto até às vezes num corredor úmido e infecto. Nessas habitações qual não há de ser o ar viciado? Em cada habitação é um acúmulo de pessoas, de móveis, de objetos, de utensílios de cozinha, um soalho que não se lava; nesses antros vive o velho, o moço, a criança; aí dão à luz as mulheres, cerram os olhos os moribundos; aí talvez em mais de um caso, quando muitas famílias morem em um só cômodo, dorme o impudico ao lado da donzela, o ébrio ao lado do velho e da criança.[48]

Celso Garcia era exceção ao desejar melhorar a qualidade de vida nos cortiços. Outros políticos tentaram demolir moradias de trabalhadores e, ao longo do século XX, famílias foram expulsas de suas residências no Bom Retiro.[49] A maioria dos legisladores, no entanto, parecia satisfeita em

---

46 Arquivo Público do Estado de São Paulo, Acervo, Instrumentos de Pesquisa, "Fichas de coleta de informações da Comissão de exame e inspeção das habitações operárias e cortiços no Distrito de Santa Efigênia (1893)", https://www.arquivoestado.sp.gov.br/web/digitalizado/cartografico/corticos_sta_ephigenia, acesso em: 28 jun. 2024. Ver também Cordeiro, *Os cortiços de Santa Ifigênia*, p.139.

47 Beiguelman, *Os companheiros de São Paulo*, p.88; Câmara Municipal de São Paulo, "Centro de Memória CMSP – uma história em transformação", https://www.saopaulo.sp.leg.br/memoria/, acesso em: 28 jun. 2024.

48 Celso Garcia, indicação 144 de 1905, p.115.

49 "Dezenas de famílias despejadas no bairro do Bom Retiro", *A Plebe: Pela Liberdade e o Anarquismo*, 15 set. 1947, p.1.

deixar os cortiços como estavam. Os altos aluguéis geravam renda para seus benfeitores, que muitas vezes eram ricos, ou para eles próprios. Apesar da receita fiscal que geraram, os distritos da classe trabalhadora demoravam para receber melhorias municipais como esgotos e transporte com preço acessível.[50] Jorge Americano lembra dos bondes elétricos como algo destinado a "pessoas graúdas, gente do governo", que mandavam suas empregadas domésticas para os pontos de bonde, exigindo que corressem para avisar o "patrão" que o veículo estava chegando.[51] Jacob Penteado chamava as pessoas ricas que andavam de bonde de "caraduras", já que muitos dos que podiam pagar as tarifas pulavam em vagões que transportavam materiais.

O preço da passagem de bonde começou a cair em 1909, quando foram criados serviços de "bondes para operários", cuja tarifa custava metade do valor de uma passagem regular. Mesmo assim, o jornal anarquista *A Lanterna* reclamou do "insaciável interesse" da São Paulo Tramway, Light and Power Company (conhecida informalmente como Light), a "poderosa empresa canadense" que administrava serviços elétricos em São Paulo. A linha de bonde do Bom Retiro, inaugurada em 1911, não era "um melhoramento, mas sim um verdadeiro presente de grego", porque sua parada ficava longe de onde a classe trabalhadora vivia.[52] Essas paradas distantes significavam que cavalos, e portanto estábulos e mosquitos, continuaram fazendo parte da paisagem da classe trabalhadora por mais tempo do que em locais mais luxuosos. De fato, foi somente em meados da década de 1920 que os mapas de tráfego da Light São Paulo mostraram intenso movimento diário de entrada e saída no Bom Retiro.[53]

Os cortiços também estavam ligados à educação. Quase metade das quarenta escolas "italianas" abertas entre 1887 e 1905 ficavam no Bom Retiro, o que Jacob Penteado chamou de "um reduto tipicamente italiano, graças

---

50 L. Camargo, "Habitações populares em São Paulo"; Adolpho Pinto, *A transformação e o embelezamento de São Paulo*, p.27-9; Barros, "A habitação e os transportes".

51 Americano, "Os bondes eléctricos (1901)", em *São Paulo naquele tempo*, p.186-7; Frehse, *O tempo das ruas na São Paulo de fins do Império*, p.201-3.

52 "Pela cidade", *A Lanterna: Folha Anti-Clerical e de Combate*, 24 jun. 1911, p.2.

53 Passos e Emídio, *Desenhando São Paulo*, p.88-91.

aos italianos fugindo às rudes e mal remuneradas tarefas da lavoura, [que] vinham tentar melhor sorte na capital".[54] Apesar de algumas dessas escolas terem recebido subsídios do governo italiano, todas eram obrigadas a seguir o modelo curricular estatal de São Paulo, incluindo um foco na higiene, como era o caso na maior parte das Américas.[55] A escola Sempre Avanti Savoia! foi inaugurada em 1887 e eventos de arrecadação de fundos incluíram apresentações de ópera italiana realizadas no *Turnerschaft* (ginásio) mantido por imigrantes alemães.[56] O anarquista e ativista trabalhista corso Angelo Bandoni (1868-1947) se estabeleceu no Bom Retiro após chegar ao Brasil em maio de 1900 a bordo do *Città di Genova*.[57] Em 1902, ele fundou a Escola Libertária Germinal, na rua Sólon, 138, perto do Desinfectório Central, embora a escola tenha durado apenas três anos, pois os fundos se esgotaram.

Enquanto as escolas ensinavam higiene aos jovens como um tópico moral e científico, também surgiram outras formas de gestão da saúde. O *Correio Paulistano* abriu um escritório no Bom Retiro em 1911 e ofereceu aos novos assinantes assistência médica gratuita e remédios com preço reduzido como um incentivo.

> Procurando captar as simpatias dos moradores do Bom Retiro, o "Correio Paulistano" mantém um posto médico gratuito, no edifício desta agência.
> Aí será encontrado, todos os dias úteis, das 11 horas da manhã ao meio-dia, o distinto clínico dr. Simões Corrêa, que atendará a todas as pessoas que o procurarem.
> As receitas do médico de nossa Agência serão aviadas com um "abatimento de 20 por cento" nas acreditadas farmácias "Romana", o [*sic*] "Ítalo-Brasileira", sitas à rua dos Imigrantes.

---

54 Penteado, *Belenzinho, 1910*, p.34.

55 Mimesse, "O cotidiano da escolarização primária paulistana nos anos iniciais do século XX".

56 Panizzolo, "A escola étnica na cidade de São Paulo e os primeiros tons de uma identidade italiana"; "A Escola Moderna em S. Paulo", *A Lanterna: Folha Anti-Clerical e de Combate*, 12 fev. 1910, p.2.

57 Romani, *Da biblioteca popular à escola moderna*, p.87-100.

> Ainda mais: o "Correio Paulistano", no intuito de favorecer às classes reconhecidamente pobres, fornecer-lhes-á também "gratuitamente" os medicamentos. Para obter todos esses favores basta apenas que a pessoa necessitada dos socorros médicos apresente no consultório um exemplar do "Correio Paulistano".
> O dr. Simões Corrêa deu consulta ontem a um doente que compareceu no consultório desta agência, munido de 1 exemplar do "Correio Paulistano".
> *Caixa de esmolas para os pobres do Bom Retiro* – A agência do "Correio Paulistano", neste bairro, receberá todo e qualquer óbolo destinado aos pobres do Bom Retiro.[58]

A saúde dominava os discursos sobre o Bom Retiro e outros bairros centrais em parte por conter tipos de moradia que apresentavam condições ainda piores que as dos cortiços. Para imigrantes mais pobres do que a média, as pensões tinham apenas quartos individuais, que muitas vezes se encontravam lado a lado em um corredor escuro atrás de uma pequena entrada, com um esgoto a céu aberto e um único banheiro compartilhado. As pensões geralmente eram (e ainda são) administradas por viúvas, que às vezes forneciam refeições. Embora tradicionalmente fossem destinadas a pessoas solteiras e normalmente separadas por gênero, em muitas das pensões do Bom Retiro famílias inteiras se amontoavam em quartos individuais.[59] Os hotéis-cortiços eram (e continuam sendo) outro tipo de moradia encontrado no Bom Retiro. Até o final da Primeira Guerra Mundial, os hotéis-cortiços frequentemente funcionavam como restaurantes baratos durante o dia e então transformavam o espaço do refeitório em um dormitório onde os trabalhadores alugavam uma cama por noite.[60] Até mesmo os telhados do Bom Retiro se tornaram residências: quartos foram construídos neles usando materiais baratos.

58 "No Bom Retiro", *Correio Paulistano*, 11 abr. 1911, p.5.

59 Cordeiro, "Moradia popular na cidade de São Paulo".

60 Siqueira, "Os hotéis na cidade de São Paulo na primeira década do século XX", p.345.

Uma forma de moradia típica do centro de São Paulo, porém muito menos comum no Bom Retiro por causa das inundações, eram os porões. A luz entrava nessas residências escuras e bolorentas apenas por pequenas janelas na altura do teto ou no nível da rua. Os porões frequentemente abrigavam pessoas negras nas décadas depois da abolição da escravatura, em 1888; entretanto, à medida que os preços dos aluguéis subiam nos distritos centrais, elas eram frequentemente forçadas a migrar para áreas periféricas da cidade.[61] A Liberdade, por exemplo, é um bairro próximo do Bom Retiro. O local é associado a imigrantes japoneses, que ocuparam porões na década de 1920 conforme os negros migravam para outras partes da cidade.[62] Hoje, esses mesmos porões abrigam novamente muitos negros, bem como recém-chegados da África e do Sudeste Asiático.

Nem todas as moradias de trabalhadores no Bom Retiro eram precárias. Alguns donos de fábricas do século XIX e início do século XX construíram vilas operárias ao lado de suas fábricas ou perto delas para atrair e reter trabalhadores qualificados.[63] Essas casas unifamiliares foram agrupadas para criar minibairros para aqueles que ganhavam salários acima da média. Michele Anastasi nasceu na Sicília em 1887 e migrou aos catorze anos para "a cidade italiana!!" de São Paulo.[64] Em 1906, aos vinte anos, abriu uma "destilaria premiada" de xaropes e bebidas alcoólicas no número 1 (atualmente 21) da rua dos Italianos, comprou uma casa ao lado e então abriu um armazém de secos e molhados nas cercanias (rua Silva Pinto, 23),

61 C. Santos, *Nem tudo era italiano*, p.135-71; Britt, "*I'll Samba Someplace Else*".

62 Fantin, "Do interior para os porões, dos porões para as fachadas". Em 2016, coministrei um curso para o Centro de Pesquisa e Treinamento do Serviço Social do Comércio (Sesc), uma organização sem fins lucrativos financiada por interesses empresariais brasileiros, que incluiu uma visita a porões contemporâneos na rua do Glicério. Centro de Pesquisa e Formação, Sesc São Paulo, Atividades, Liberdade ao avesso: novos olhares sobre o bairro paulistano, https://centrodepesquisaeformacao.sescsp.org.br/atividade/liberdade-ao-avesso-novos-olhares-sobre-o-bairro-paulistano, acesso em: 28 jun. 2024.

63 Blay, *Eu não tenho onde morar*, p.7.

64 "A 'Gazeta' no Bom Retiro", *A Gazeta*, 5 abr. 1916, p.2; Alfredo Pinto, *A cidade de São Paulo em 1900*, p.9.

tendo todas essas propriedades lhe pertencido até sua morte, em 1937.[65] Ao longo dos anos, ele se tornou tão conhecido que até seus problemas de saúde foram relatados na imprensa de língua italiana.[66] Anastasi construiu um pequeno bairro de casas pintadas com cores vivas para seus funcionários qualificados. Atualmente, a Vila Michele Anastasi emerge ao final de um túnel escuro na rua da Graça, 381.[67] O local abriga sobretudo imigrantes bolivianos e seus filhos nascidos no Brasil, e as oficinas/residências trabalham semicoletivamente, por exemplo, no recebimento de tecidos e na entrega de produtos acabados.[68]

Em meados do século XX, o Bom Retiro passou por um processo de verticalização de baixa altitude, à medida que alguns prédios de apartamentos pequenos – de até cinco andares – começaram a substituir muitas casas unifamiliares antigas de madeira e fábricas abandonadas.[69] Essas mudanças no ambiente construído não eliminaram nem os cortiços, nem seus moradores. Alguns cortiços contemporâneos no Bom Retiro são construídos sobre precárias plataformas de madeira dentro de estacionamentos onde carros de luxo ficam enquanto seus proprietários vão comprar roupas. Existem cortiços "de luxo" que lembram pequenos apartamentos do tipo *studio* e que incluem conexão de internet. Durante meu trabalho de campo, percebi que os habitantes do Bom Retiro geralmente se descreviam como moradores de pensões em vez de usar a palavra "cortiço". Os profissionais de saúde, no entanto, frequentemente empregavam o termo, e alguns o faziam apenas ao se referir a residências de imigrantes. Apesar de uma lei de 1911 ter eliminado a palavra de comunicações oficiais, hoje o município a

65 "Michele Anastasi", *Il Pasquino Coloniale*, 19 jun. 1937, p.14.

66 "Michele Anastasi", *Il Pasquino Coloniale*, 26 maio 1934, p.8.

67 "Premiada destilaria italiana", *Correio Paulistano*, 8 jan. 1936, p.10.

68 Instituto Butantan/Museu Emílio Ribas, *História, imigração e saúde*. Visitei a Vila Michele Anastasi diversas vezes com um dos agentes comunitários de saúde da UBS Bom Retiro, que também se tornou objeto de estudo acadêmico. Steffens e Martins, "Falta um Jorge"; Rafael Ciscati, "Agentes de saúde estrangeiros atendem uma crescente população imigrante em São Paulo", *O Globo*, 8 jan. 2018.

69 Caldeira, *City of Walls*, p.14.

utiliza para descrever todas as residências multifamiliares em regiões proletárias da cidade.[70]

Edifícios ao ataque

Muitos em São Paulo acreditavam que a saúde ruim era resultante do ambiente do Bom Retiro. As populações de imigrantes e descendentes de imigrantes, que aparentemente sempre mudavam, também pareciam doentes e perigosas. No final do século XIX, sanitaristas enfocaram imigrantes portugueses no que dizia respeito ao consumo de álcool e suas relações com a população negra. Os imigrantes italianos eram negativamente estereotipados como pessoas abertamente sexuais, tendo práticas reprodutivas inapropriadas e disseminando o tracoma. Na primeira metade do século XX, o foco mudou para os judeus do Leste Europeu, que eram associados a prostituição, sujeira, tracoma e costumes sociais anacrônicos – de vestuário a alimentação. No final do século XX e início do século XXI, estereótipos do Bom Retiro como um local insalubre são frequentemente associados a bolivianos (por tuberculose e falta de higiene), brasileiros (por dependência química e falta de higiene), chineses (por conta da Covid-19, problemas de saúde sexual e falta de higiene), judeus ultraortodoxos (por recusar vacinas e pela falta de higiene) e coreanos (por supostamente consumirem carne de cachorro e pela falta de higiene).[71]

Autoridades de saúde pública no continente americano associaram imigrantes à saúde ruim e, portanto, criaram instituições de vigilância

70 São Paulo, Governo do Estado, Fundação Sistema Estadual de Análise de Dados (Seade), https://capital.sp.gov.br/busca?q=%22cortico%22&sort=createDate-&start=1&news=79914&title=%22cortico%22, acesso em: 28 jun. 2024.

71 Prefeitura Municipal de São Paulo, *Diretrizes de intervenção – Quadras 37 e 38 – Campos Elíseos*, p.46; Blount III, *Public Health Movement*, p.122; Leonardo Guandeline, "Coreanos eram principais clientes de restaurante fechado por vender carne de cachorro em SP", *O Globo*, 10 nov. 2011; Frúgoli e Spaggiari, "Networks and Territorialities"; "Surto de sarampo em SP faz Paraná entrar em alerta", *Gazeta do Povo* (Curitiba), 22 jul. 2019; "Vacina, contaminação e surto em SP", *Folha de S.Paulo*, 24 jul. 2019; "Vacina reforça xenofobia, e imigrantes pesam medo de Covid-19 e deportação", *Folha de S.Paulo*, 7 dez. 2020.

sanitária. Locais fora da costa avaliavam imigrantes, colocavam em quarentena aqueles com doenças contagiosas e deportavam os que representavam problemas políticos.[72] No Rio de Janeiro, o processamento geralmente acontecia na Ilha das Flores, enquanto nos Estados Unidos era frequentemente realizado na Ellis Island (na costa leste) e na Angel Island (na costa oeste).[73] Outra abordagem de controle de imigrantes usava centros de processamento em portos costeiros de entrada, como em Halifax (Canadá) e Buenos Aires (Argentina).[74]

Os processos de controle de imigrantes no estado de São Paulo eram típicos das Américas, mas as operações e sua localização não o eram. As abordagens *in loco* destacavam as tensões entre o desejo por trabalho, por imigrantes "brancos" e por saúde pública. Por exemplo, os imigrantes que entravam no Porto de Santos eram imediatamente enviados para hospedarias em solo para controle sanitário e para assinatura de contratos de trabalho. Uma das primeiras foi a pequena Hospedaria de Sant'Ana, erguida em 1877 em um prédio adaptado em uma colônia agrícola fora da cidade de São Paulo.[75] O número crescente de entradas logo tornou esse edifício obsoleto. Em 1881, uma comissão especial da Assembleia Legislativa estadual nomeou Nicolau de Souza Queiroz, descendente de uma família de grandes proprietários de terras cujos empregados vinham cada vez mais do exterior, como chefe de um novo serviço de imigração.[76] Queiroz acreditava que uma hospedaria "moderna" era necessária para racionalizar a entrada, a saúde e a moradia inicial dos recém-chegados antes de os enviar às plantações de café de São Paulo. Não é de se espantar que esse prédio tenha sido

72 Maram, "Immigrant and the Brazilian Labor Movement".

73 Lee e Yung, *Angel Island*; Pegler-Gordon, *In Sight of America*; FitzGerald e Cook-Martín, *Culling the Masses*.

74 Reznik e Fernandes, "Hospedarias de imigrantes nas Américas", p.237; R. Teixeira, "Sob a perspectiva de uma política expansionista", p.288; Kushnir, "Hospedaria Central, o expurgo na Ilha das Flores".

75 Lei Provincial n. 36, de 21 de fevereiro de 1881, Alesp, https://www.al.sp.gov.br/repositorio/legislacao/lei/1881/lei-36-21.02.1881.html; Udaeta, *Nem Brás, nem Flores*, p.100.

76 Holloway, *Immigrants on the Land*, p.36-7.

instalado no Bom Retiro, que, como o Lower East Side de Nova York no final do século XIX, havia se tornado o substituto geográfico no controle dos males que adentravam o país junto com os imigrantes.[77]

Em 1882, a Hospedaria de Imigrantes do Bom Retiro foi aberta perto da junção dos dois principais sistemas ferroviários de São Paulo: a Estrada de Ferro Central do Brasil e a São Paulo Railway. Ela ficava a apenas 1,5 quilômetro da Estação da Luz, que havia sido expandida em 1870 e novamente em 1895, à medida que crescia a chegada de imigrantes. As autoridades de saúde pública acreditavam que essa localização lhes permitiria facilmente colocar em quarentena os imigrantes doentes, mesmo enquanto assinavam contratos e se preparavam para o trabalho nas plantações. Os recém-chegados iam caminhando até a hospedaria, geralmente com suas bagagens. Para os imigrantes que desembarcavam na Estação do Norte, no bairro vizinho do Brás, a hospedaria aguardava com carroças puxadas por cavalos para as bagagens. Oferecia-se um bonde puxado por burros para mulheres e crianças, que ainda tinham que andar um quilômetro até a hospedaria, já que as linhas de bonde não cobriam uma grande parte do Bom Retiro.[78] De acordo com relatos, os homens tinham que ser convencidos por autoridades sanitárias a se separar de suas famílias e andar mais de quatro quilômetros da estação até a hospedaria (Figura 3.1).[79]

Administrar a saúde para aqueles que chegavam do exterior se transformou rapidamente em priorizar a saúde ruim do Bom Retiro em relação à dos outros bairros de São Paulo. A nova hospedaria ficava em um terreno que pertencia a Manfred Meyer e Elvira Isabel de Souza Queiroz Meyer, que também ganharam o contrato para fornecer comida no local.[80] Como o valor de suas terras disparou, o casal as vendeu ao Estado para o que se tornaria o

77 Riis, *How the other Half Lives*; Diner, Shandler e Wenger, *Remembering the Lower East Side*; Dans e Wasserman, *Life on the Lower East Side*.

78 "Seção Livre", *Correio Paulistano*, 20 maio 1883, p.2.

79 "Sociedade Central de Imigração", *Gazeta de Notícias* (Rio de Janeiro), 2 mar. 1885, p.2.

80 "Imigração", *Correio Paulistano*, 9 fev. 1882, p.1; "Cronologia Paulista", *Correio Paulistano*, 18 maio 1882, p.2; "Serviço Provincial de Imigração", *Correio Paulistano*, 16 nov. 1882, p.1.

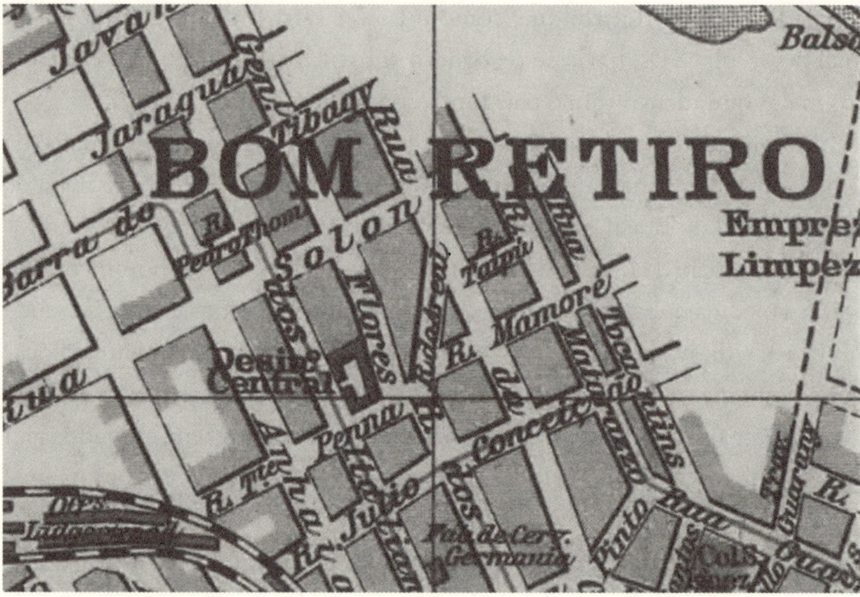

Figura 3.1. Principais ruas do Bom Retiro em 1913. O Desinfectório Central foi construído no terreno que antes abrigava a Hospedaria de Imigrantes. Fonte: Alexandre Mariano Cococi e L. Fructuoso Costa, *Planta guia da cidade de São Paulo* (São Paulo: Companhia Litográfica Hartmann Reichenbach, 1913), https://www.loc.gov/item/2001620477/.

Desinfectório Central, o centro de controle sanitário, na capital paulista.[81] A partir daí, a associação entre imigração e saúde em um único lote de terra ajudou, com o passar do tempo, a consolidar o Bom Retiro como um lugar onde a saúde ruim estava relacionada à estrangeirice. Resíduos dos usos passados do terreno são, portanto, encontrados em instituições de saúde contemporâneas relacionadas a imigrantes no local, que ainda pertence à Secretaria Municipal da Saúde.

É irônico o fato de que, enquanto autoridades de saúde pública e outras pessoas reclamavam da saúde ruim que emergia de cortiços densamente povoados, o próprio Estado colocava os recém-chegados em estruturas

81 Cruz Paiva e Moura, *Hospedaria de Imigrantes de São Paulo*, p.21.

superlotadas onde as doenças frequentemente se espalhavam. A hospedaria do Bom Retiro oficialmente comportava 500 pessoas por vez, mas tinha apenas 230 leitos. Além disso, quando grandes navios chegavam, geralmente mais de 500 imigrantes eram processados, a maioria italianos, mas também uma quantidade considerável de portugueses e espanhóis.[82] Por conseguinte, era comum os recém-chegados serem forçados a dormir no chão do refeitório da hospedaria e, quando esse espaço ficava cheio, eram enviados para uma fábrica de cerâmica próxima.[83] Enquanto autoridades governamentais enfatizavam que era "bom o estado sanitário do estabelecimento, não tendo havido falecimento algum", a realidade era diferente. À medida que crescia rapidamente o número de imigrantes que passavam pela instituição, de pouco menos de 2 mil em 1882 para mais de 6 mil em 1885, outro prédio foi construído para abrigar o refeitório, a cozinha, a despensa e as bagagens.[84]

Quase imediatamente após a abertura da hospedaria, a saúde precária nela começou a receber atenção regular da imprensa. Surtos de crupe, escarlatina e varíola levaram a recriminações mútuas entre formuladores de políticas públicas e sanitaristas sobre as condições físicas precárias no edifício.[85] Houve relatos de que profissionais do sexo atuavam impunemente ao redor do edifício.[86] Imigrantes começaram a registrar queixas nas autoridades consulares brasileiras e italianas.[87] Profissionais médicos brasileiros que trabalhavam na hospedaria estavam igualmente insatisfeitos com os

---

82 Museu da Imigração, Centro de Preservação, Pesquisa e Referência, "Ebook do Acervo Digital do Museu da Imigração", p.9, https://museudaimigracao.org.br/acervo-e-pesquisa/e-book.

83 "Imigração", *Correio Paulistano*, 9 fev. 1882, p.1; *Correio Paulistano*, 16 abr. 1885, p.2.

84 "Serviço Provincial de Imigração", *Correio Paulistano*, 16 nov. 1882, p.1; Udaeta, *Nem Brás, nem Flores*, p.107.

85 Hutter, *Imigração italiana em São Paulo*, p.80-3.

86 "Imigração provincial", *Correio Paulistano*, 17 abr. 1885, p.2; "Imigrantes", *Correio Paulistano*, 28 maio 1885, p.2; L. Teixeira e Almeida, "Os primórdios da vacina antivariólica em São Paulo".

87 "Sociedade de Imigração de S. Paulo", *A Imigração*, v.2, n.11, maio-jun. 1885; "Serviço Provincial de Imigração", *Correio Paulistano*, 16 nov. 1882, p.1.

imigrantes, e seus relatos geralmente sugeriam que as culturas estrangeiras não eram saudáveis.[88]

Conflitos sobre a hospedaria não ocorriam apenas entre imigrantes e autoridades. O prédio e seus habitantes se tornaram um ponto de controvérsia entre, de um lado, uma classe política/econômica emergente que favorecia a imigração para mudança social e, de outro, proprietários de terras, que buscavam substituir escravizados por mão de obra barata. O primeiro grupo era representado pela Sociedade Central de Imigração (SCI), fundada em 1883.[89] Seus membros acreditavam que a abolição, que só ocorrera em 1888, criaria uma crise trabalhista e que as pequenas propriedades inevitavelmente substituiriam grandes fazendas. Os apoiadores da SCI achavam que a saúde ruim do Brasil estava relacionada à sua população de ascendência africana e mestiça e que a expansão da mão de obra branca melhoraria tanto a saúde pública quanto a produtividade do trabalho. Eles tinham certeza de que o futuro do Brasil estava nas colônias de imigrantes europeus, que modernizariam o país.

A SCI se posicionou como inimiga da oligarquia fundiária, porém ambos os lados concordavam que a boa saúde, que resultaria de políticas públicas, era fundamental para acabar com as proibições europeias à emigração e que os imigrantes "branqueariam" o Brasil. Um dos membros mais barulhentos da SCI foi um imigrante da Europa central, Karl von Koseritz, que se tornou jornalista e deputado federal pelo Rio Grande do Sul. Ele desprezava os grandes proprietários de terras, e suas memórias descreveram a SCI como uma entidade que "declarou guerra ao latifúndio" para criar pequenas propriedades.[90] No final de 1883, os membros da SCI incluíam comerciantes que haviam emigrado de Portugal e da Inglaterra, um escritor suíço, um geólogo dos Estados Unidos e um professor alemão. Entre os apoiadores brasileiros estavam o abolicionista André Rebouças e o tecnocrata

88 Márcia Silva, "Concepção de saúde e doença nos debates parlamentares paulistas entre 1830 e 1900", p.72-3.

89 Carrega, "As propagandas imigrantistas do Brasil no século XIX".

90 Koseritz, *Imagens do Brasil*, p.204-5. O original em alemão, *Bilder aus Brasilien*, foi publicado em 1885, e a primeira edição brasileira saiu apenas 60 anos depois.

modernizador senador Alfredo d'Escragnolle Taunay. O SCI publicava seu próprio jornal, *A Imigração*, e seus 400 membros criticavam algumas das formas tradicionais como a sociedade brasileira operava.[91]

Uma das principais controvérsias entre os membros da SCI e a elite fundiária dizia respeito ao bem-estar dos recém-chegados na hospedaria no Bom Retiro. Em março de 1885, Ennes de Souza, um dos diretores da entidade, inspecionou o local após reclamações de alguns imigrantes de que as condições de saúde eram tão ruins que queriam retornar à Europa. A *Germania: Deutsche Zeitung für Brasilien*, de São Paulo, publicou o relatório altamente crítico de Souza, que foi reimpresso na *Gazeta de Notícias*, do Rio de Janeiro, mas não no *Correio Paulistano*, que representava a elite fundiária.[92] Souza reclamou que a localização da hospedaria, aclamada por políticos por sua proximidade com a Estação da Luz, era terrível, por conta das enchentes e da distância das estações de trem e pontos de bonde. Os imigrantes "são aí aglomerados como sardinhas em latas" e a instalação era "tudo o que há de mais impróprio para tal fim" e "contrária aos mais elementares preceitos de higiene".[93] Souza também via problemas de saúde na falta de espaço privado para as famílias, nas paredes finas que separavam mulheres e homens solteiros e na proximidade entre as camas. Suas preocupações levaram a SCI a propor a construção de uma nova e grande hospedaria na cidade portuária de Santos, de modo que o processamento sanitário e laboral dos imigrantes ocorresse antes da viagem de trem de treze horas para São Paulo.

João de Sá e Albuquerque, o inspetor geral de imigração em São Paulo, respondeu aos ataques de Ennes de Souza na *Gazeta de Notícias*. Sá e Albuquerque alegou que o relatório, "além de severo em alguns pontos, é inteiramente falso em outros".[94] Ele apresentou a hospedaria de imigrantes como crucial para a boa saúde, alegando que ela ficava no ponto mais alto do Bom

91 Lesser, *A invenção da brasilidade*, p.106-12.

92 "Article from *A Germania*", reimpresso como "A hospedaria dos imigrantes em S. Paulo", *Gazeta de Notícias* (Rio de Janeiro), 18 mar. 1885, p.2.

93 "Sociedade Central de Imigração", *Gazeta de Notícias* (Rio de Janeiro), 2 mar. 1885, p.2.

94 "Imigração", *Gazeta de Notícias* (Rio de Janeiro), 9 mar. 1885, p.2.

Retiro e tinha excelente ventilação, tornando-a excepcionalmente higiênica. Também exaltou o moderno sistema de saúde da cidade de São Paulo, rejeitando a insinuação de Ennes de Souza de que uma nova hospedaria deveria ser construída no Porto de Santos.

Ennes de Souza respondeu rapidamente na imprensa. Ele afirmou que, embora a saúde ruim pudesse ter sido aceitável para escravizados, não o era para recém-chegados livres:

> Pobres imigrantes!
> A sua recepção em S. Paulo tem sido até aos últimos tempos antes de uma recepção de *negros novos* da Costa d'África do que de europeus, cheios de aspirações ou cansados do velho mundo, que procuram a livre América para trocarem por seu inteligente trabalho as vantagens da liberdade e da propriedade e as garantias de próspero futuro para suas famílias.

Como o Brasil poderia atrair esses imigrantes, enfureceu-se o diretor da SCI, com uma hospedaria cujas mesas de madeira do refeitório eram impossíveis de limpar e onde "as mesas, de pau tosco, são negras e gordurosas como o chão".[95]

Em 1884, à medida que se espalhavam as críticas à hospedaria do Bom Retiro, o governo do estado de São Paulo ordenou que uma hospedaria maior fosse construída no Brás, um distrito adjacente ao Bom Retiro onde estava localizada a Estação do Norte.[96] A construção começou em 1885 e, dois anos depois, a nova hospedaria, muito maior, foi inaugurada. O prédio do Bom Retiro e seu terreno adjacente foram colocados à venda, mas não houve interessados, devido à sua reputação como um lugar de saúde ruim,

---

95 "Sociedade Central de Imigração", *Gazeta de Notícias* (Rio de Janeiro), 21 mar. 1885, p.2.

96 Reznik e Fernandes, "Hospedarias de Imigrantes nas Américas", p.238; Lei Provincial n. 56, de 21 de março de 1885, "Autoriza o Governo a construir um prédio para Hospedaria de Imigrantes, nas proximidades das linhas férreas do norte e inglesa", Alesp, https://www.al.sp.gov.br/repositorio/legislacao/lei/1885/lei-56-21.03.1885.html; "Relatório apresentado à Assembleia Legislativa Provincial de São Paulo pelo Presidente da Província barão de Parnaíba, no dia 17 de janeiro de 1887", p.123.

reforçada por surtos constantes de difteria e varíola na hospedaria. Como a situação se manteve até 1889, as autoridades de saúde pública dobraram a aposta, criando um local de quarentena para recém-chegados adoecidos e para imigrantes que queriam ser repatriados, o que levou os imigrantes a reclamarem formalmente para o cônsul italiano.[97]

A hospedaria do Brás funcionou até 1978; após a Segunda Guerra Mundial, abrigou e processou sobretudo migrantes vindos dos estados do Nordeste.[98] Assim como no caso da hospedaria do Bom Retiro, a nova era focada em saúde e trabalho, e o estilo arquitetônico deixava claro o poder do Estado para os recém-chegados. O prédio hoje abriga um museu e arquivo, e as áreas de desinfecção e isolamento permanecem visíveis.[99] Quando o estimado historiador Warren Dean visitou a hospedaria do Brás em 1963, comparou as recepções dos imigrantes em Nova York e em São Paulo:

> A Hospedaria de Imigrantes é a Ellis Island do Brasil; [porém,] diferentemente da velha instituição sombria na Baía de Nova York, a Hospedaria não foi fechada por falta de clientes. Ela agora recebe um enxame ainda maior de pessoas, camponeses do Nordeste brasileiro que vêm a São Paulo para encontrar trabalho nas plantações de algodão ou cana-de-açúcar ou para colher café ou laranja.
>
> Uma cerca alta de estacas de ferro, um largo portão, depois um amplo pátio, e você está de frente para a própria Hospedaria. Uma fachada estupenda, de três andares de altura e 180 metros de largura, revestida e pintada com a onipresente cal de cor creme de São Paulo e interrompida apenas por fileiras de grandes janelas. A Hospedaria é uma surpresa entre os cortiços decadentes da classe trabalhadora com que divide a rua.

---

97 "Ospedaria degli Imigranti", *GL'Italiani in San Paulo*, 9 fev. 1889, 2; "Hospedaria dos Imigrantes", *Sentinella da Monarchia: Orgam Conservador*, 21 jul. 1889, p.1; "Repatriação de imigrantes", *Sentinella da Monarchia: Orgam Conservador*, 7 ago. 1889, p.2; "Repatriação de imigrantes", *A Imigração*, v.6, n.61, set. 1889, p.4; Lesser, *A invenção da brasilidade*, p.114-8; Reale, *Brás, Pinheiros, Jardins*, p.19.

98 P. Fontes, *Making of Industrial São Paulo*.

99 Segawa, "Arquitetura de hospedarias de imigrantes".

> Passa-se por um vestíbulo em arco cujas paredes ostentam mapas que mostram de onde vieram os imigrantes de São Paulo – Itália, Portugal, Espanha, Japão e ultimamente de Minas, da Bahia e do Nordeste. Passando pelo arco, encontra-se uma grande praça de edifícios; ao longo de suas paredes de tijolos sem revestimento, correm finos pórticos de madeira. No meio da praça há mais dois edifícios – um pequeno hospital e um refeitório de aparência mais nova. Ao redor do pátio, encostados nos pórticos, sentados nas varandas ou simplesmente de pé ou agachados nas pedras do calçamento, estão centenas de esfarrapados, homens, mulheres e crianças. Toda a cena, a alvenaria envelhecida, a tinta descascando, até mesmo o sol, um frio sol de manhã de inverno, é uma revelação instantânea de total desespero.[100]

Salvando um bairro doente

Embora tenha durado pouco, a hospedaria do Bom Retiro ajudou a consolidar as ligações do bairro com doença e alteridade. O medo entre políticos e autoridades de saúde de que a saúde precária se espalhasse para outras partes da cidade aumentou à medida que a extensão de ruas e novas linhas de transporte trouxeram mais mobilidade para as classes baixa e trabalhadora.[101] Embora o Estado frequentemente respondesse com maior vigilância e repressão, alguns imigrantes lutaram contra as imagens negativas. Um exemplo paradigmático é o de Ignácio Emílio Achiles Betholdi. Nascido em Milão em 1810, fugiu com seus pais para o Brasil em 1831, após ter participado da mesma insurreição da sociedade secreta Carbonária que levou Giuseppe Garibaldi, "herói de dois mundos", a emigrar para a América do Sul. Betholdi se mudou frequentemente em busca de melhores oportunidades, do estado de Santa Catarina, no Sul, para o Rio de Janeiro e para Campinas (SP), tendo se estabelecido na capital paulista em 1864 como um médico de meia-idade bem-sucedido conhecido por produzir e vender pílulas para constipação. Betholdi também era um filantropo e o primeiro

---

100 Dean, "Visit to the Hospedaria", manuscrito não publicado, 13 maio 1963, apud Gloria La Cava, *Italians in Brazil*, p.59.

101 "Inspetoria Geral de Higiene", *Correio Paulistano*, 4 set. 1886, p.3.

presidente da Società Italiana di Beneficenza in San Paolo, cujo objetivo era construir um hospital. Acredita-se que ele foi um dos fundadores, em 1868, da Loja Maçônica América e foi nomeado para a Academia de Medicina de São Paulo.[102]

A casa e a clínica de Betholdi ficavam na rua do Bom Retiro, 3 (atual rua General Couto de Magalhães), uma área elevada no lado sul da Estação da Luz, do "lado bom dos trilhos".[103] Nas décadas de 1860 e 1870, a rua do Bom Retiro ostentava mansões, e a casa/clínica de Betholdi ficava bem acima das várzeas, contrastando com as residências da classe trabalhadora ao longo da linha do trem. Na década de 1880, a relação espacial entre a saudável rua do Bom Retiro e o enfermo bairro do Bom Retiro começou a mudar. Muitos membros das classes dominantes acreditavam que uma passagem subterrânea para pedestres permitia que as doenças se espalhassem do Bom Retiro para outras partes da cidade.[104] Em uma década, algumas das antigas mansões, muitas de propriedade de imigrantes abastados como Betholdi, foram subdivididas em cortiços, e outras moradias precárias surgiram em lotes abertos perto da estação de trem.[105] A Repartição de Águas e Esgotos de São Paulo construiu sua sede na rua do Bom Retiro. Enquanto Alfredo Moreira Pinto saudava a infraestrutura da empresa como "uma das glórias da engenharia brasileira", tratava-se de um dos locais de trabalho mais propensos a acidentes na cidade.[106] Hoje, a área ao sul da Estação da Luz (rua General Couto de Magalhães, avenida Cásper Líbero, rua

---

102 Begliomini, "Cadeira n. 96 – Patrono Ignácio Emílio Achiles Betholdi, 1810-1886"; Francisco, *A maçonaria e o processo da abolição em São Paulo*, p.54.

103 L. Camargo, *Viver e morrer em São Paulo*, p.151.

104 *Almanaque Paulista*, v.1, 1881, p.191; Martins, *São Paulo Antigo*, p.93; "Câmara Municipal, expedientes", *Correio Paulistano*, 3 nov. 1888, p.2; E. Campos, "Nos caminhos da Luz, antigos palacetes da elite paulistana", p.40.

105 *Folha do Braz*, 12 nov. 1899, p.1; *Relatório da Comissão de Exame e Inspeção das Habitações Operárias e Cortiços do Distrito de Santa Ifigênia*, 1893.

106 Alfredo Pinto, *A cidade de São Paulo em 1900*, p.97; Secretaria da Segurança Pública do Estado de São Paulo, Grupo 12G6 – Delegacias da Grande São Paulo, 8-Registros de acidente de trabalho da 2ª Delegacia – Bom Retiro (1934-1941), Acadepol 738, Apesp.

Mauá – antiga rua da Estação) transmite a mesma sensação que no final do século XIX, repleta de residências de curta permanência e cortiços.[107]

Talvez a proximidade de imigrantes pobres com sua casa/clínica e o medo de que a saúde precária deles afetasse sua reputação levaram Betholdi a oferecer tratamento médico aos "pobres" sem custo. Todavia, não foram apenas imigrantes com alto grau de escolaridade como Betholdi que reagiram aos crescentes ataques aos imigrantes como vetores de doenças. No Novo e no Velho Mundo, os recém-chegados também lutavam contra o preconceito, geralmente por meio de atividades físicas.[108] O amor de Charles Dimmit Dulley pelos esportes fez de sua chácara no Bom Retiro um centro de críquete, golfe e rúgbi nas últimas décadas do século XIX.[109] Muitos dos atletas eram imigrantes que trabalhavam nas ferrovias, e o São Paulo Athletic Club, inaugurado na Chácara Dulley em 1888, continua sediando a prática de esportes ingleses como o rúgbi.[110] Reza a lenda que a primeira partida formal de futebol do Brasil ocorreu na Chácara Dulley em meados da década de 1890; nas décadas seguintes, era comum jogos de futebol serem realizados no local (uma área que hoje inclui a movimentada rua Três Rios).[111] Ferimentos eram frequentes nesses jogos e podiam ser tratados na própria clínica da chácara, que incluía uma maternidade. Esses serviços de saúde, no entanto, não foram suficientes para salvar a vida de Charles Dimmit Dulley. Ele morreu em 1878 tentando resgatar um engenheiro ferroviário e um jardineiro que haviam caído em um poço cheio de água contaminada com formicida.[112]

---

107 A antiga sede da Repartição de Águas e Esgotos ficava no atual número 605 da avenida Cásper Líbero.

108 Riess, "From Pitch to Putt"; S. Jones, *Sport, Politics.*

109 Americano, "Golfe", em *São Paulo naquele tempo*, p.300.

110 Spac: Clube Atlético São Paulo, https://www.spac.org.br/, acesso em: 28 jun. 2024.

111 "S. Paulo Athletic Club", *Correio Paulistano*, 8 dez. 1888, p.2; Barbosa, *Soccer and Racism*, p.14. Há um debate desinteressante sobre a data exata do jogo. Segundo Diego Monteiro Gutierrez, foi em 1898. Gutierrez, "O rugby, identidade e processos econômicos no Brasil", p.58-9; Mills, *Charles Miller.*

112 "Desastre lamentável", *Correio Paulistano*, 10 out. 1878, p.3; "Noticiário geral, desastre lamentável", *Correio Paulistano*, 11 out. 1878, p.3.

Atividades esportivas eram uma parte importante do Bom Retiro dos imigrantes. Em 1910, um grupo de ferroviários ingleses fundou o Sport Club Corinthians Paulista, nomeado em homenagem ao Corinthian Football Club, de Londres, na então rua dos Imigrantes. O futebol rapidamente se tornou popular e, em uma década, a polícia era chamada com frequência para tirar as crianças que estavam interrompendo o tráfego com seus jogos.[113] O clube se tornaria um dos maiores times de futebol do Brasil, e a concentração de torcedores do Corinthians no Bom Retiro é acima da média.[114] Atualmente, um pequeno monumento na esquina da atual rua José Paulino com a rua Cônego Martins obriga todos os transeuntes a transpor a persistente presença física do time.

Os esportes, e o Corinthians, surgiram como um ponto importante durante minha primeira visita domiciliar de saúde, em 2016, com a Equipe Verde, liderada na época por alguém que denominarei de dr. Jacob. Tínhamos acabado de visitar uma oficina úmida onde trabalhavam imigrantes bolivianos, incluindo várias mulheres grávidas. O supervisor, um imigrante coreano, estava reticente em permitir que as mulheres se afastassem por um tempo da costura para comparecer às consultas pré-natais legalmente exigidas com o dr. Jacob. Com isso, a visita se transformou em uma negociação para futuros cuidados de saúde, uma vez que os médicos deixaram claro que, se as mulheres não comparecessem à UBS Bom Retiro para suas consultas, a polícia poderia visitar a oficina. As gestantes foram dispensadas do trabalho para as consultas, e a incomum ameaça de acionar a polícia mostra a gravidade do incidente. Enquanto o dr. Jacob e eu caminhávamos de volta à UBS, ele usou uma metáfora do futebol para me ajudar a entender o sistema público de saúde do Brasil, do qual tanto os profissionais quanto os pacientes reclamam, afirmando não ser tão ágil quanto deveria:

---

113 "Bom Retiro", *O Combate*, 2 dez. 1920, p.2.

114 Nos distritos centrais, o Bom Retiro torcia mais pelo Corinthians do que metade dos outros bairros. Instituto Datafolha, "Pesquisa de torcidas do Instituto Datafolha no município de São Paulo em 2008", http://www.spfcpedia.com/2009/06/torcidas-na-cidade-de-sao-paulo.html. Pesquisas posteriores do Datafolha não perguntaram aos entrevistados sobre seu local de residência.

> Imagine um jogo entre Corinthians e Palmeiras no Estádio do Pacaembu [na época, a casa do Corinthians]. Agora, imagine se os torcedores de ambos os times entrassem pelo mesmo portão – as pessoas iriam se machucar [porque brigariam]. Então você precisa de uma entrada diferente para os torcedores de cada equipe. Isso também vale para os cuidados de saúde – quando todos os aspectos da saúde devem passar por uma única entrada [o SUS], as coisas não funcionam bem.[115]

O Bom Retiro continua sendo o lar de atividades e estruturas esportivas ligadas à imigração. O Estádio Municipal de Beisebol Mie Nishi foi inaugurado em 1958 com a presença da família real do Japão e do time de beisebol da Universidade Waseda, de Tóquio. Originalmente usado para o beisebol e para o sumô (ambos praticados no Brasil principalmente por descendentes de japoneses), mais recentemente o foco mudou para o *gateball*, um jogo semelhante ao *croquet* que seguiu os militares norte-americanos até o Japão e depois até a Coreia.[116] O esporte hoje é praticado por muitos imigrantes coreanos mais velhos do Bom Retiro (outros jogam *badminton* intensamente no Jardim da Luz). O Estádio Municipal de Beisebol Mie Nishi também abriga o recém-construído Centro de Esportes Radicais (de 2019) e o Clube Amigo do Refugiado do município, que oferece atividades esportivas para o crescente número de refugiados no Bom Retiro e na cidade em geral.[117]

* * *

Este capítulo discutiu dois tipos de edifícios que relacionavam saúde e imigração. As residências de imigrantes eram geralmente malfeitas, e seus moradores tinham pouco acesso a serviços públicos como esgoto ou

---

115 Anotações de campo de visita domiciliar com o dr. Jacob da UBS Bom Retiro a um prédio residencial na rua Correia de Melo, 19 maio 2016, 8h30 às 10h30.

116 Roth, "Mean-Spirited Sport".

117 Prefeitura da Cidade de São Paulo, "Programa Clube Amigo do Refugiado", 21 jun. 2018, https://www.prefeitura.sp.gov.br/cidade/secretarias/esportes/noticias/?p=259185.

coleta de lixo. Muitos políticos e sanitaristas culpavam os habitantes pelas doenças reais – e também pelas doenças morais imaginadas – que observaram ou acreditavam estar se espalhando no Bom Retiro e em bairros semelhantes. Uma resposta dos formuladores de políticas públicas foi construir edifícios a partir dos quais a política de saúde pública era aplicada. Em São Paulo, o Desinfectório Central ficava no Bom Retiro, no mesmo terreno onde se localizava a primeira Hospedaria de Imigrantes da cidade. Ao associar estrangeirismo, espaço urbano e doença, membros das classes dominantes miravam em imigrantes e seus descendentes; por conseguinte, muitas políticas tinham matizes de estereótipos racistas. Tais atitudes não passaram despercebidas pelos imigrantes, que frequentemente contestavam individual e coletivamente essas políticas, com ações que variavam desde enviar petições a diplomatas até demonstrar hostilidade em relação aos agentes de saúde. Por conta desse círculo vicioso de políticas e respostas, o Bom Retiro, como tantos espaços da classe trabalhadora com grande número de imigrantes nas Américas, passou a figurar em discursos perenes sobre perigo, violência e doença.

Post scriptum

Em 2016, com grande alarde, o sofisticado Shopping Lombroso, com uma estética tropical em tons de malva e azul-petróleo semelhante à da série Miami Vice, *foi inaugurado no Bom Retiro.*[118] *As sessenta lojas de roupas chamativas foram construídas a partir da demolição de um quarteirão inteiro de cortiços e pequenas fábricas. O nome do shopping é uma homenagem ao criminologista judeu-italiano Cesare Lombroso (1835-1909), que acreditava que violar a lei era uma característica herdada que poderia ser identificada por meio de exames físicos. Apesar de sua própria origem, Lombroso era racista e antissemita, e suas teorias tiveram ampla aderência entre as classes instruídas no Brasil.*[119] *Suas ideias foram essenciais para solidificar o racismo científico no Brasil, influenciando políticas de policiamento, saúde e imigração.*

---

118 Lombroso, https://www.lombroso.com.br/, acesso em: 28 jun. 2024.

119 Cavaglion, "Was Cesare Lombroso Antisemitic?"; Alvarez, "A criminologia no Brasil ou como tratar desigualmente os desiguais".

Uma das entradas do Shopping Lombroso fica na rua Professor Cesare Lombroso. A rua foi renomeada em 1958; até então chamada de rua Itaboca, ela era associada à prostituição e ao trabalho sexual desde a década de 1920.[120] *Entretanto, permaneceram os resíduos do trabalho sexual de imigrantes no Bom Retiro. A ficção contemporânea, passeios guiados que homenageiam e dão agência a mulheres e meninas traficadas e reportagens sobre batidas policiais frequentemente naturalizam o Bom Retiro como um local de prostituição.*[121]

Que o Bom Retiro seria um lugar de impureza, perigo e saúde ruim relacionada a atividades sexuais comerciais não deveria ser uma surpresa, dados os estereótipos de imigrantes como disseminadores de doenças. Alexandre Ribeiro Marcondes Machado (1892-1933) era aluno da Escola Politécnica na rua Três Rios, no Bom Retiro; seu alter ego, *Juó Bananére, era um poeta satírico que escrevia em um português italianizado (que ele chamava de "macarrônico"), tão comum na cidade. Seu poema de 1915, "Sodades de Zan Paolo", apresentava um refrão sensual focado nas "bellas figlia lá du Bó Ritiro", sem dúvida relacionado aos estereótipos das mulheres italianas no bairro. Na década de 1920, o Bom Retiro já era associado a trabalhadoras sexuais do Leste Europeu, geralmente judias. A luta contra o estigma geográfico e étnico se tornaria um dos principais temas entre os judeus-brasileiros nas três décadas seguintes.*[122]

A relação entre imigração e prostituição no Bom Retiro nos leva de volta à localização do Shopping Lombroso. Em 1940, o então governador do estado de São Paulo, Adhemar de Barros (nomeado pelo ditador Getúlio Vargas), criou uma zona de prostituição, sob

---

120 Dicionário de ruas: história das ruas da cidade de São Paulo, [s.v.] "Rua Professor Cesare Lombroso", https://dicionarioderuas.prefeitura.sp.gov.br/historia-da-rua/rua-professor-cesare-lombroso, acesso em: 28 jun. 2024.

121 Zylbersztajn, *O filho de Osum*; Paula Janovitch, "Prostituição e confinamento em São Paulo: um percurso pela antiga zona do meretrício do Bom Retiro", *Instagram*, 12 ago. 2022, https://www.instagram.com/p/ChKPZp1lb1C/. O trabalho sexual contemporâneo em torno da Estação da Luz é um assunto recorrente na imprensa. Para apenas um de muitos exemplos, ver Leandro Calixto e Leonardo Soares, "Estação da Luz vira ponto para dezenas de prostitutas", *O Estado de S. Paulo*, 27 fev. 2010, https://www.estadao.com.br/brasil/estacao-da-luz-vira-ponto-para-dezenas-de-prostitutas/. Sobre a prisão de profissionais do sexo chineses, ver "Polícia descobre rede de prostituição em karaokê de fachada no Bom Retiro", *Veja São Paulo*, 3 jul. 2019; Camila Yunes, "Polícia resgata 14 chinesas mantidas como escravas sexuais em karaokê de fachada em São Paulo", *JPNews*, 4 jul. 2019; Patrícia Pasquini, "Chinesas viviam como escravas em prostíbulo no Bom Retiro", *Folha de S.Paulo*, 4 jul. 2019.

122 Lesser, *O Brasil e a questão judaica*, p.71-8.

protesto dos moradores. Ironicamente, a decisão fazia parte de uma campanha de moralização na qual Barros pressionou a Delegacia de Costumes para colocar o Bom Retiro na mira. De acordo com o historiador Guido Fonseca, Barros se gabou a Vargas de que a polícia estava reprimindo ativamente "o abuso de tóxicos e seus traficantes, a quiromancia, a terrível macumba e o baixo espiritismo [...], os centros de corrupção social, o exercício ilegal de profissões e, em particular, à cafetinagem e ao meretrício".[123] *Para limpar a cidade, Barros então criou uma zona de prostituição "em duas discretas vias públicas, do baixo meretrício. Inúmeros benefícios advieram dessas medidas, não só por facilitar o policiamento, como também por oferecer um interessante campo para estudos sociais, defendendo, ao mesmo tempo, a ordem e a moralidade públicas".*[124] *O então governador não estava exagerando: pesquisas sobre a prostituição no Bom Retiro eram feitas por estudantes de Serviço Social na época.*[125]

As duas vias públicas mencionadas por Barros eram a rua Itaboca (atual rua Professor Cesare Lombroso) e a rua dos Aimorés, esta última nomeada em homenagem a um grupo indígena devastado pela violência dos portugueses e pela varíola nos séculos XVIII e XIX.[126] *De 1940 a 1953, essas ruas abrigaram um distrito da luz vermelha autorizado, que chegaram a ter 161 pequenos bordéis, 650 profissionais do sexo e um grande número de homens geralmente bêbados. Ambas as ruas terminavam em um muro sobre o qual passavam as linhas do trem, permitindo à polícia controlar com facilidade a entrada e a saída. Segundo um relato, Barros teria dito que a prostituição "é produto vosso, fica para vocês [no Bom Retiro]".*[127] *O fechamento da zona do baixo meretrício, em 31 de dezembro de 1953, incluiu policiais armados e uma "rebelião das meretrizes", que se espalharam pelo bairro, causando vandalismo e ferimentos.*[128]

---

123 G. Fonseca, *História da prostituição em São Paulo*, p.210.

124 Ibidem, p.216.

125 Furlan, *Alguns aspectos da regulamentação da prostituição em São Paulo*.

126 Langfur, "Uncertain Refuge".

127 Rechtman, *Itaboca, rua de triste memória*.

128 "Rebelião das meretrizes", *Diário da Noite*, 1º jan. 1954, p.16.

Capítulo 4
Impondo a saúde

Antônio Baruf acordou se sentindo mal. Como fizera muitas vezes antes, foi à Santa Casa de Misericórdia em busca de tratamento. Essa vez, contudo, foi diferente, visto que sua visita no início de outubro de 1914 se transformou de uma consulta médica em um incidente de segurança. Imigrante italiano, Baruf morava em um cortiço perto da linha do trem na rua dos Aimorés, a mesma pequena rua do Bom Retiro que décadas depois se tornou o centro da prostituição legal em São Paulo. Como tantos outros membros das classes trabalhadoras, Baruf buscou tratamento médico gratuito na Santa Casa, fundada pelos jesuítas em 1562 e o principal hospital público de São Paulo para os destituídos.[1] Na sala de espera, Baruf conheceu Zegio Costa, jovem de dezoito anos que vivia na Mooca, que, assim como o Bom Retiro, era um bairro operário que surgiu a partir da subdivisão de propriedades e do crescimento industrial. Os moradores da Mooca incluíam muitos imigrantes italianos no início do século XX e refugiados sírios no início do século XXI.[2]

Ambos aguardavam atendimento quando a polícia chegou. Uma enfermeira relatou que eles haviam cometido um crime e exigiu que fossem removidos à força do hospital. O delito de fato foi grave: ler *A Lanterna*, autointitulada "folha anticlerical de combate" anarquista. Após o incidente, os editores da publicação orgulhosamente relataram a expulsão da dupla:

---

1 Márcia Silva, "Santa Casa de Misericórdia de São Paulo", p.398.

2 Tonini, *Saúde da população síria*.

"Não nos causa esse fato estranheza alguma. É natural que *A Lanterna* causa pavor a todos os sequazes do Vaticano".[3]

O fato de dois imigrantes doentes terem sido expulsos de um hospital por motivos políticos era emblemático da maneira como a saúde ruim e o policiamento faziam parte da vida cotidiana em cidades brasileiras. Saúde e aplicação da lei se entrecruzavam em casa, no trabalho e na rua. A convergência pode ser vista em brigas entre cidadãos e não cidadãos, entre inquilinos e proprietários, entre trabalhadores e patrões, entre vizinhos e entre colegas de trabalho. O policiamento era apenas uma forma de violência institucional conduzida pelo Estado no Bom Retiro. As fábricas, onde a saúde ruim era normalmente causada por máquinas e pela poluição industrial, frequentemente eram alvo de intervenções das instituições de aplicação da lei, assim como ocorria com as residências, onde profissionais de saúde pública afiliados à polícia geralmente apareciam sem terem sido convidados. Visto que o Bom Retiro desempenhou um papel central em diversas revoltas, o Estado também criava saúde ruim por meio de ações militares. Em nome do controle do espaço para controlar o comportamento, impor a ordem e erradicar doenças, o Estado adentrava a vida íntima das pessoas, de forma muitas vezes violenta. O Estado perseguia imigrantes como vetores de doenças, agitadores trabalhistas e provocadores políticos desde o momento em que desembarcavam.

As dores da revolta

Autoridades de saúde pública em São Paulo concentraram suas políticas e intervenções na prevenção e erradicação de doenças. Os moradores do Bom Retiro, no entanto, tinham uma visão diferente do que poderíamos chamar de saúde do público. Para eles, interações violentas que resultassem em ferimentos, morte e traumas eram uma forma de saúde ruim, assim como as doenças. A violência doméstica e no ambiente de trabalho criou

3 "Por lerem a 'Lanterna,' dois moços foram expulsos da 'Santa' Casa", *A Lanterna: Folha Anti-Clerical e de Combate*, 3 out. 1914, p.3.

muitos resultados ruins de saúde, também gerados pelos constantes conflitos entre o Estado armado e imigrantes que lutavam por direitos trabalhistas. Embora os cortiços dominassem os discursos sobre o Bom Retiro, os maiores e mais imponentes edifícios eram instituições de saúde e quartéis militares. A designação do Bom Retiro como uma zona de segurança não é apenas histórica: em 1992, a polícia pegou minha câmera e confiscou o filme porque eu havia tirado fotos dentro da Estação da Luz.

O Bom Retiro tem um longo histórico de violência. Os "Protocolos Italianos" de 1896 são um exemplo de como o bairro se tornou um foco de saúde ruim não relacionada a doenças ou enfermidades. Naquele ano, o governo brasileiro indenizou imigrantes italianos cujos negócios foram saqueados ou destruídos por membros das Forças Armadas Brasileiras durante duas revoltas lideradas por militares, a Revolução Federalista (1893-1895) e a Revolta da Armada (1893-1894). Não italianos reclamaram que eles também sofreram, e, na noite de 22 de agosto de 1896, grupos de "brasileiros" armados, muitos deles estudantes, tomaram as ruas do centro de São Paulo para protestar contra os protocolos. De acordo com notícias, imigrantes italianos e seus descendentes responderam gritando "Viva a Itália!" e "Morte ao Brasil!". Comerciantes fecharam suas lojas, e as autoridades fecharam todo o entretenimento, interrompendo também a circulação de bondes. Alguns dos piores derramamentos de sangue ocorreram no Bom Retiro, onde as trocas de tiros acabaram com a cavalaria brasileira restaurando a ordem violentamente.[4]

A violência organizada que consumiu o Bom Retiro e outros bairros centrais em 1896 se repetiu três décadas depois, durante as três semanas de julho de 1924 durante as quais ocorreu a Revolta Paulista, às vezes chamada de Revolução Esquecida. A violência surgiu como uma reação a uma crise econômica nacional e ao fato de muitos soldados considerarem o presidente Artur da Silva Bernardes antimilitarista. Inspirados por oficiais militares subalternos, os tenentes, que exigiam o voto secreto, livre acesso à justiça e

4 *O Estado de S. Paulo*, 23 ago. 1896, p.3; Americano, *São Paulo naquele tempo*, p.149; Marcos Silva, *Os Protocolos Italianos*, p.174-7; Riccò, "Il segno di Menelik".

educação pública obrigatória, muitos em São Paulo se juntaram à rebelião contra o governo federal.[5] Um número "massivo" de imigrantes participou porque os revolucionários prometeram acabar com os altos custos dos bens básicos e por causa daquilo que Boris Fausto chamou de "uma eloquente evidência de sua insatisfação na nova terra e de oposição aberta à oligarquia".[6] Os conflitos de classe entre imigrantes eram perceptíveis durante a revolta, pois os proletários recém-chegados e seus descendentes saqueavam os armazéns de alimentos que pertenciam à burguesia imigrante.

O Bom Retiro foi alvo de bombardeios aéreos e ocupação por tropas federais. Em resposta, o bairro foi tomado por trincheiras, nas quais os moradores se defendiam usando "metralhadoras, pistolas e granadas, dirigidas a esmo".[7] Em 17 de julho, uma granada explodiu em frente a uma casa na rua dos Aimorés, 60 (na qual vivera Antônio Baruf e a apenas um quarteirão do local em que hoje se encontra o Shopping Lombroso, discutido no *post scriptum* do capítulo 3), onde um imigrante italiano estava brincando com seus dois filhos, tendo ambos falecido.[8] Outro imigrante italiano do Bom Retiro era o "major" José Molinaro, chefe político do bairro do Partido Republicano Paulista, principal partido do estado. Molinaro supostamente controlava nove mil votos no distrito, um número que representa a maioria do eleitorado, uma vez que as mulheres só conquistaram o direito ao voto em 1932. O escritor e crítico cultural Oswald de Andrade certa vez perguntou: "Quem é mais povo, o major Molinaro, cabo do Partido Republicano e representante direto de uma grande massa de choferes da nossa praça, ou os magnatas que esbanjaram centenas de contos de réis para comprar cadeiras no Congresso?".[9]

Em 1928, após Molinaro ter sido assassinado na escadaria da Assembleia Legislativa por um adversário político do Bom Retiro, o deputado Carlos Cyrillo Júnior lembrou do major da seguinte forma:

---

5 Anna Corrêa, *A rebelião de 1924 em São Paulo*.

6 Fausto, "Imigração e participação política", p.12.

7 Cohen, *Bombas sobre São Paulo*, p.35.

8 Assunção Filho, *1924 – Delenda São Paulo*, p.57.

9 O. Andrade, *Estética e política*, p.161.

> [Ele era] uma figura popularíssima [...], um verdadeiro soldado da República. Durante a revolução de julho, fora soldado combatente da legalidade, pondo na sua bravura um espírito cívico cheio de convicção e de beleza. Tivera sua cabeça a prêmio nas horas dantescas da rebelião e se batera corajosamente nos postos de maior risco.[10]

O funeral de Molinaro foi enorme, e o *Correio Paulistano* precisou de uma página inteira para listar os que estiveram presentes.[11]

Ações violentas do Estado no Bom Retiro, como em todos os outros lugares, sempre levaram a resultados ruins de saúde. Assim, as memórias da Revolta Paulista frequentemente focam no sofrimento, não em ideais políticos. Os longos artigos literários de Marcos Faerman (típicos do Novo Jornalismo) para o *Jornal da Tarde*, de São Paulo, foram publicados em dois dias em 1981. Como a não ficção criativa contemporânea, Faerman combinou suas próprias lembranças dos "bons tempos" com entrevistas com moradores idosos do Bom Retiro. Em um de seus artigos nada convencionais, associou a violência de 1924 às gangues de crianças que discuti no capítulo 3.

> Bons tempos aqueles, quando os meninos do Bom Retiro faziam guerras nas ruas, pegavam canarinho na várzea (onde hoje estão as marginais do Tietê), pescavam traíras e lambaris no rio então limpo, bonito. Os velhos moradores do Bom Retiro gostam de contar essas histórias, das primeiras décadas deste século, quando tantos imigrantes italianos se instalaram no bairro.
>
> Bom Retiro: começo do século até os anos 30.
>
> Era o tempo das trocinhas – bandos, bandos de meninos. Os meninos faziam guerras na rua – guerras de verdade; valia pedra, valia até a terrível ronqueira, que tinha em sua fórmula as cápsulas das velhas revoluções... Quanto menino não se desgraçou nas tuas guerras, Bom Retiro?[12]

10 "Na Câmara dos Deputados", *Correio Paulistano*, 28 dez. 1928, p.3.
11 "Major José Molinaro", *Correio Paulistano*, 29 dez. 1928, p.7.
12 Faerman, "Lembrando os bons tempos", *Jornal da Tarde*, 23 nov. 1981, p.14-5.

Como tantos outros residentes do Bom Retiro no início do século XX, Vitor Nicolau Montanaro era filho de imigrantes italianos. Jogador de futebol amador que jogou no Palestra Itália (que se tornaria o Palmeiras), tinha 14 anos em 1924. Cinquenta anos depois da revolta, lembrou-se da saúde ruim causada pela violência: "[...] minha família estava apavorada. [...] Meu pessoal foi para o alto de Santana, que era o lugar mais seguro. Mas antes eu vi muita bomba cair no Bom Retiro. Muita gente morreu. Minha família não passou fome porque levamos o que comer. Mas teve gente que saqueou mercado".[13]

Luiz Sérgio Thomás também cresceu no Bom Retiro, descendente da família Thomasi, que havia deixado a Itália em 1878. Um irmão foi para a Austrália, outro para a Argentina, e Pietro Pacífico, pai de Luiz Sérgio, estabeleceu-se no Brasil. Em um primeiro momento, Pietro alugou um quarto de um oleiro na rua do Areal, mas juntou dinheiro suficiente para comprar um grande lote de terra na rua Sólon. Ele construiu uma fábrica de tijolos e telhas, pequenas casas para os trabalhadores e o primeiro prédio de dois andares do bairro.[14] Hoje, várias ruas do Bom Retiro levam o sobrenome da família.

Em 1981, Luiz Sérgio Thomás, acamado aos 96 anos, contou à filha Alcina sobre a violência das revoltas de 1924 e 1932.[15] Ele se concentrou na solidariedade do bairro para expressar o trauma de serem bombardeados e ocupados.

> Não tinha bairro com mais política do que o Bom Retiro. Quando veio a revolução de 24, os soldados queriam usar nossa casa para colocar suas armas. Não deixei. E aí nós fugimos numa madrugada, para Santo Amaro. Já em 32, eu estava numa festa, quando chegou a notícia da Revolução. Fui logo para a Revolução. E o Bom Retiro inteiro se alistou, quando soube que eu estava na briga,

---

13 Apud João Marcos Carvalho, "Testemunhas falam da guerra de 1924", *Folha de S.Paulo*, 24 jul. 1994, https://www1.folha.uol.com.br/fsp/1994/7/24/mais!/26.html.

14 Faerman, "Lembrando os bons tempos", p.14.

15 Lesser, *A negociação da identidade nacional*, p.190-4.

que eu era o chefe do Segundo Destacamento da Guarda Civil... Eles vieram aos sopetões... Era o Bom Retiro na guerra! A nossa casa era a filial do quartel-general da Revolução de 32 – ali no Bom Retiro. É, nada parecido com 24, quando nos fomos, naquele Ford velho, aquela retranca braba...[16]

Policiando a saúde dos imigrantes

O Estado armado foi apenas um dos fornecedores de violência e da saúde ruim associada a ela no Bom Retiro. Os registros de ocorrência do Posto Médico da Assistência Policial, sede da Assistência Policial da cidade de São Paulo (conhecida informalmente como Polícia Médica), estão repletos de exemplos de agressão cotidiana na rua, em casa e no local de trabalho. A Polícia Médica surgiu como um órgão estatal de fiscalização da saúde em meados do século XVIII na Alemanha, e uma primeira versão brasileira foi criada em 1854, dentro da Secretaria de Polícia da Corte.[17] Em São Paulo, o Serviço Médico Policial da Capital foi inaugurado em 1885, com dois médicos. Em 1894, um novo decreto imperial criou a Intendência de Polícia e Higiene dentro da Repartição Central de Polícia, tendo a tarefa de monitorar a saúde nas ruas, em casas e nas prisões.[18] Três médicos, que podiam ter diplomas estrangeiros, foram contratados. Dependendo da situação, eles atuavam como médicos-legistas, declarando a morte, como patologistas, tentando determinar a causa da morte, como peritos criminais, trabalhando com a polícia, e como emergencistas.[19] Embora essas categorias profissionais sejam distintas hoje em dia, os médicos nas Américas (e em outras regiões) continuam sendo obrigados a relatar vários tipos de incidentes médicos à

16 Faerman, "Lembrando os bons tempos", p.15. Ver também Nastri, "Bom Retiro em capítulos".

17 Mantovani, "O que foi a Polícia Médica?"; D. Pereira, *Aspectos históricos e atuais da perícia médico legal e suas possibilidades de evolução*, p.42; Foucault, "Birth of Social Medicine", p.134-56; Rosen, "Cameralism".

18 Decreto Estadual n. 264, de 27 de outubro de 1894, "Dá regulamento à Repartição Central de Polícia", Leis Estaduais, https://leisestaduais.com.br/sp/decreto-n-264-1894-sao-paulo-da-regulamento-a-reparticao-central-de-policia.

19 Ibidem, Capítulo IV, Título IX, Dos médicos, artigos 28, 29.

polícia, incluindo abusos, crimes sexuais e ferimentos causados por atos violentos (como ferimentos de bala).[20]

Nas cinco décadas depois do decreto de 1894, a ligação entre saúde e policiamento se expandiu à medida que cresciam as populações de classe trabalhadora, negra e imigrante.[21] Em 1906, foi criado o Gabinete Médico-Legal e, cinco anos depois, foi a vez da Polícia Médica, que surgiu dentro da Secretaria da Justiça e da Segurança Pública.[22] Brincando com o comentário de que "questão *social* [ou seja, o movimento trabalhista] é caso de polícia" – atribuído por ativistas trabalhistas imigrantes ao presidente brasileiro Washington Luís Pereira de Sousa (1926-1930) –, Fábio Dantas Rocha observa "a administração da saúde na capital [...] também passou a ser vista como caso de polícia".[23]

Em 1911, a Polícia Médica, cujas atividades examino a seguir, foi formalizada como um serviço municipal de saúde emergencial com vínculos diretos com a polícia.[24] Os médicos, enfermeiros e motoristas de ambulância, embora não tivessem treinamento ou patentes policiais, tornaram-se parte de um regime moralista e de segurança mais amplo e estavam presentes nas experiências formais e informais dos moradores da classe trabalhadora. Entre 1911 e 1940, quando seus serviços foram transferidos para a Secretaria da Saúde, a Polícia Médica registrou dezenas de milhares de casos

20 Lei Federal das Contravenções Penais, Decreto-lei n. 3.688, de 3 de outubro de 1941, artigo 66, 2, Jusbrasil, https://presrepublica.jusbrasil.com.br/legislacao/110062/lei-das-contravencoes-penais-decreto-lei-3688-41.

21 Lei Estadual n. 666, de 16 de março de 1950, "Dispõe sobre extinção do Posto Médico da Assistência Policial, atualmente subordinado à Secretaria da Segurança Pública, e dá outras providências", Alesp, https://www.al.sp.gov.br/repositorio/legislacao/lei/1950/lei-666-16.03.1950.html.

22 Decreto Estadual n. 1.414, de 24 de outubro de 1906. São Paulo, Governo do Estado, *Diário Oficial*, http://dobuscadireta.imprensaoficial.com.br/default.aspx?DataPublicacao=19061025&Caderno=Diario%20Oficial&NumeroPagina=2519.

23 Rocha, *Saindo das sombras*, p.101. Ver também French, *Drowning in Laws*.

24 Lei Estadual n. 1.252, de 14 de setembro de 1911, "Cria lugares de médicos e enfermeiros para o serviço de assistência policial, e define-lhes as atribuições", Leis Estaduais, https://leisestaduais.com.br/sp/lei-ordinaria-n-1252-1911-sao-paulo-crea-logares-de-medicos-e-enfermeiros-para-o-servico-de-assistencia-policial-e-define-lhes-as-attribuicoes; Maestrini, *Em busca da cidade moderna*.

individuais, incluindo todo o espectro da saúde ruim. Os relatórios detalhavam acidentes de trabalho, violência nas ruas, complicações de gravidez, ferimentos causados por interações humanas com animais não humanos que vagavam pelas ruas ou zumbiam nas casas, alimentos que adoeciam as pessoas, suicídios e tentativas de suicídio e pessoas encontradas mortas em casa ou na rua.[25] Na maioria, a Polícia Médica mandava os pacientes para casa, mas houve outros finais. Aqueles com problemas de saúde graves eram enviados a hospitais ou instituições de saúde mental. Pacientes considerados criminosos eram entregues à polícia ou enviados diretamente para a prisão. Mulheres e meninas eram frequentemente devolvidas a tutores do sexo masculino, como pais e maridos. Portanto, a Polícia Médica de São Paulo se encaixava em padrões globais mais amplos, em que "as ideias e práticas de investigação, regulação e acusação, e inspeção, coleta de informações e intervenção eram centrais para a prática da polícia médica".[26]

A ligação entre saúde, imigrantes e policiamento foi altamente racializada. Os arquivos da Polícia Médica mostram como o "branqueamento", uma crença generalizada entre as classes média e alta de que eliminar a herança africana do Brasil era fundamental para estabelecer a posição do país como uma potência mundial "moderna", foi operacionalizado sob o disfarce de ciência. Muitos políticos e especialistas em saúde do século XIX, no Brasil e em outros países, estavam fascinados por métodos acadêmicos agora desacreditados que alegavam curar males sociais controlando a genética e a hereditariedade.[27] Usando uma linguagem científica para justificar seu racismo, os políticos implementaram restrições formais e informais à imigração e aos imigrantes, incluindo aqueles vindos da África ou de ascendência africana, do Sudeste Asiático, chineses, portugueses e europeus não cristãos, às vezes considerados fora da categoria "brancos" por diferentes parcelas da população. Em 1935, por exemplo, a Câmara dos Deputados

---

25 *O Estado de S. Paulo*, 25 mar. 1906, p.2; Processo: Rua dos Italianos 30, Secretaria Geral, Seção de Polícia e Higiene, Processos de Fiscalização, 1906, caixa 15, AHM, São Paulo.

26 Carroll, "Medical Police", p.465.

27 Stepan, *"Hour of Eugenics"*; Gudmundson e Wolfe, *Blacks and Blackness*.

do Brasil decidiu subsidiar a imigração japonesa, mas não a portuguesa; um deputado justificou seu voto dizendo que os colonos japoneses eram "até mais brancos que os portugueses".[28] Ideias e pseudociência racistas eram partes aceitáveis do discurso e das políticas, apoiadas pela produção acadêmica de instituições conceituadas – um caso típico foi o do psiquiatra Paulo de Azevedo Antunes, cujo livro *Eugenia e imigração*, citado com frequência, surgiu a partir de sua tese de doutorado de 1926 na Faculdade de Medicina e Cirurgia de São Paulo.[29]

Especialistas em saúde pública geralmente adotavam a combinação de racismo e falsa ciência para colocar no alvo imigrantes, não brancos e mulheres. À medida que o policiamento se tornou parte das intervenções de saúde do estado, novas instituições sanitárias, como o Desinfectório Central, começaram a dominar o ambiente construído.[30]

> A primeira via a focalizar a cidade de São Paulo como uma "questão" foi a higiênico-sanitarista, conjugando o olhar médico com a observação/transformação do engenheiro, junto a uma política de intervenção de um Estado planejador/reformador, que procurou de todas as formas neutralizar o espaço, dar-lhe uma qualidade universal e manipulável, mediante a "racionalidade e objetividade" da ciência, que tem função-chave na sua luta contra o "arcaico pela ordem e progresso", caminhando conjuntamente ao desejo já latente e generalizado de "ser moderno", em que a cidade aparece como sinônimo de progresso em oposição ao campo. Conjuntamente à questão urbana, constrói-se a questão social com o surgimento da pobreza e a identificação do outro – o pobre, o imigrante.[31]

Preconceitos contra imigrantes e as classes trabalhadoras levaram muitos especialistas em saúde pública, a imprensa e a polícia a acreditar que

---

28 Brasil, "Discurso de Acylino de Leão em 18 de setembro de 1935", *Anais da Câmara dos Deputados*, p.432.

29 Antunes, *Eugenia e imigração*.

30 Candelaria, "Acção do posto de hygiene em policiamento sanitario"; Matos, "Construindo a paulistanidade".

31 Matos, "Na trama urbana", 133.

os moradores do Bom Retiro eram particularmente propensos à violência, visto que o distrito foi classificado como excepcionalmente violento. Estatísticas de criminalidade contribuíam para esses preconceitos. Quando Olga Maria Panhoca da Silva, Rodrigo Prando e Luiz Panhoca examinaram 1.350 laudos de corpo de delito do Instituto Médico Legal de São Paulo entre 1910 e 1950, descobriram que os imigrantes tinham mais probabilidade de aparecer como vítimas de agressões do que os brasileiros.[32] Reportagens sobre a violência no Bom Retiro tendiam ao sensacionalismo, principalmente quando estavam relacionadas a imigrantes. Foram publicados diversos artigos sobre crianças feridas por tiros, um deles já em 1892, quando Virginia Sahú, de três anos, moradora de um cortiço na rua do Areal, foi baleada enquanto brincava na rua.[33] Esses incidentes, fossem eles agressões ou assassinatos, geralmente terminavam com exames médicos em delegacias de polícia e, às vezes, com corpos sendo transportados para a Santa Casa para confirmação da morte antes do enterro.[34]

Conflitos entre inquilinos e proprietários eram uma arena de violência popular diária que resultava em intervenções policiais e médicas. O primeiro relato de um problema com a justiça do proprietário Sixto Spina ocorreu em 1901, depois que ele agrediu o inquilino Bernardino de Angelo.[35] Ele evitou o processo nesse caso, embora os documentos não expliquem o porquê (suponho que uma recompensa financeira). Dois anos depois, Spina estava novamente em apuros, por se recusar a consertar janelas emperradas no cortiço que possuía na rua dos Imigrantes, 11A, apesar das reclamações dos moradores de que estavam ficando doentes por viverem em espaços fechados. Dessa vez, as autoridades sanitárias agiram, forçando-o a abrir as janelas para deixar o ar circular. Mesmo assim, as interações agressivas do proprietário com seus inquilinos continuaram.[36]

---

32 O. Silva, Prando e Panhoca, "Os imigrantes e a violência na cidade de São Paulo no início do século 20", p.328.

33 "Criança baleada", *Correio Paulistano*, 25 dez. 1892, p.1, 8.

34 "Vida diária, assassinato", *Correio Paulistano*, 1º maio 1900, p.2, 8.

35 "Tribunal de Justiça, agravos, n. 2.669", *O Comércio de São Paulo*, 15 maio 1901.

36 "Prefeitura Municipal, requerimentos despachados", *Correio Paulistano*, 4 jul. 1903, p.3.

Em 1906, Spina, chamado pelo *Correio Paulistano* de "Senhorio Feroz", cometeu mais uma agressão, contra Francisco Bianca Stella, porque o imigrante italiano havia jogado "água suja" no pátio do cortiço, que não estava ligado à rede de esgoto. Embora o ataque de Spina tenha sido aparentemente motivado pelas práticas precárias de higiene do imigrante, o resultado foi a saúde ruim de Stella. Seus ferimentos foram tão extensos que ele levou três dias para ir à delegacia, onde o médico de plantão confirmou a gravidade do ataque, levando à prisão de Spina.[37]

Outro incidente de 1906 retrata vibrantemente uma relação diferente entre proprietários e imigrantes no que diz respeito a resultados de saúde. O imigrante italiano Antonino de Lucca começou a usar seu quarto em um cortiço no Bom Retiro, na rua dos Italianos, 30, como uma pequena fábrica de usinagem. O barulho e a poeira produzidos na oficina levaram os moradores do prédio, sobretudo imigrantes italianos, a reclamar com o proprietário, que os ignorou. Eles então registraram uma queixa na polícia, mas as autoridades policiais argumentaram que questões sanitárias não eram da sua alçada. Autoridades de polícia e higiene também não agiram, alegando que nem poeira nem som eram categorias de ação sanitária urgente. Frustrados, os moradores contrataram advogados e foram à imprensa, o que acabou resultando em uma multa para Antonino de Lucca – a qual não foi aplicada nem paga.[38]

Policiamento médico

O estabelecimento da Polícia Médica em 1911 foi parte de uma reorganização mais ampla dos serviços estaduais e municipais de saúde e aplicação da lei. Os funcionários do serviço de saúde agora tinham nova margem de manobra para processar aqueles que vendiam produtos alimentícios adulterados e o direito de usar a força e multar aqueles que impediam a desinfecção de residências e comércios. A Polícia Médica era uma prioridade municipal, passando de três médicos em 1911 para dezesseis equipes duas

---

37 "Senhorio feroz", *Correio Paulistano*, 12 mar. 1906, p.3.

38 Processo, Rua dos Italianos 30, 1906.

décadas depois, cada uma com um médico, um enfermeiro e um assistente, todos homens.[39] A organização tinha seu próprio espaço, denominado posto médico, e começou a guardar registros detalhados que o Estado usaria para justificar políticas de saúde direcionadas a imigrantes, pobres e à classe trabalhadora. Um novo sistema de plantão significava que havia funcionários no posto médico 24 horas por dia, e as tarefas incluíam dar instruções de cuidados para tutores ou feridos e trabalhar com doentes mentais, deficientes físicos ou mortos, tudo sem nenhum custo financeiro para o público. Localizada na sede da Repartição Central de Polícia, a Polícia Médica tinha ambulâncias e acesso a tecnologia avançada, como serviços de telefone e telegrama. Suas responsabilidades incluíam primeiros socorros para vítimas de acidentes e visitas domiciliares muitas vezes não solicitadas para "[p]restar socorros em domicílio aos doentes da população pobre, fazendo transportá-los para os hospitais".[40]

O controle social relacionado à saúde (que fosse ou não imposto) estava sempre presente nas Américas e geralmente marcado por "clientelismo, preconceito e inépcia".[41] As políticas estavam assentadas em uma falsa objetividade, como fica evidente nas centenas de milhares de registros de ocorrência arquivados pela Polícia Médica ao longo de sua existência de quase três décadas. Os documentos mostram uma ampla gama de problemas de saúde entre a população da classe trabalhadora, de doenças graves e acidentes de trabalho a eventos aparentemente menos sérios, como cortes, queimaduras

---

39 Lei Estadual n. 1.252, de 14 de setembro de 1911, artigo 1º; Decreto Estadual n. 2.141, de 14 de novembro de 1911, "Reorganiza o Serviço Sanitário do Estado", artigos 177, 461, Leis Estaduais, https://leisestaduais.com.br/sp/decreto-n-2141-1911-sao-paulo-reorganiza-o-servico-sanitario-do-estado?q=Assist%C3%AAncia%20Policial; Lei Estadual n. 1.342, de 16 de dezembro de 1912, "Reorganiza vários departamentos da Secretaria da Justiça e da Segurança Pública", artigo 11, Leis Estaduais, https://leisestaduais.com.br/sp/lei-ordinaria-n-1342-1912-sao-paulo-reorganiza-varios-departamentos-da-secretaria-da-justica-e-da-seguranca-publica.

40 Lei Estadual n. 1.252, de 14 de setembro de 1911, artigo 3: 1 e 2.

41 Hanley, *Public Good*, p.14. Ver também MacDougall, *Activists and Advocates*, p.30-1; R. Carrillo, "Balance epidemiológico argentino".

e desmaios. Acidentes de trânsito, agressões, suicídios e assassinatos apareciam regularmente.

Os formulários da Polícia Médica utilizavam categorias fixas que davam poucas informações para questões de saúde complexas, colocando as classes trabalhadoras e sua saúde em caixas simplistas que eram fáceis de serem interpretadas de forma negativa. O registro de ocorrência médica, de uma página, incluía informações como nome do paciente, idade, profissão, residência e nacionalidade, bem como local onde o paciente foi encontrado, local do incidente e para onde ele foi enviado após o exame. Esses registros também tinham um espaço para "cor", um dos raros documentos desse período da história brasileira que apresentava essa categoria. Em sua pesquisa sobre os espaços geográficos das mulheres negras em São Paulo, Katherine Ann Cosby observa que a Polícia Médica foi organizada durante o "ápice do pensamento racial científico, [quando a] teoria de que a branquitude sobrepujava todas as outras raças na mistura racial se tornou amplamente aceita" pelas classes dominantes do Brasil.[42] Os registros de ocorrência, portanto, reforçavam categorias de cidadania (como "imigrante" ou "brasileiro"), categorias raciais (como "negro" ou "branca") e categorias de classe (como "pobre" e "proletário").[43]

Em muitos desses documentos, uma palavra era carimbada em letras grandes na parte superior. Por exemplo, quando a Polícia Médica suspeitava que um incidente havia sido causado por uma violação da lei, a palavra "crime" era estampada no registro. Outras categorias incluíam "parturiente", "socorro na via pública", "tentativa de suicídio", "desastre" e "acidente no trabalho". Enquanto muitos pacientes eram atendimentos sem agendamento, os registros mostram que telégrafo e telefones também eram usados com frequência para enviar um veículo da Polícia Médica ao local do incidente. Eles não mencionam, no entanto, quem exatamente fez o contato.

Os médicos da Polícia Médica tinham o poder de determinar culpa antes da investigação. Em alguns casos, como o de Amelia Marini, discutido no capítulo 1, possíveis homicídios eram descartados como suicídio. Em outros,

42 Cosby, *Flowers Grew*, p.85. Ver também Weinstein, *Color of Modernity*; Skidmore, *Black into White*.

43 Débora Nascimento, *Corpos violados*.

a Polícia Médica julgava que determinados incidentes estavam relacionados a comportamentos criminosos e enviava os pacientes para a polícia ou até mesmo para a prisão. Foi o que ocorreu com João Antônio Jorge, de 22 anos. Em 1916, o operário, que era imigrante sírio e solteiro, pegou dinheiro emprestado com Anna Danzila, imigrante italiana casada que vivia no mesmo cortiço que ele, na rua dos Italianos, o qual tinha diversas entradas: ele morava no número 166 e ela, no 161.[44] Em uma noite no início de novembro, quando Jorge voltava do trabalho, Danzila (listada como Tansilla pela Polícia Médica) o confrontou e exigiu o pagamento. Quando ele se recusou a fazê-lo, ela supostamente lhe deu um soco na cabeça, e ele, em retaliação, jogou uma garrafa nela.[45] Ambos foram levados à Polícia Médica para serem tratados por ferimentos aparentemente leves, presos e depois liberados.[46] Encontraremos João Antônio Jorge novamente no capítulo 6, depois de ele ter voltado à vida após morrer de gripe.

A Polícia Médica era um híbrido. Do lado médico, monitorava e reportava ligações entre saúde, geografia e criminalidade. Quando chamada para atender um acidente ou tratar um ferimento, ela relatava doenças infecciosas ao Serviço Sanitário e, juntas, as duas unidades "inspecionavam" centenas de residências e estabelecimentos comerciais todos os dias, de acordo com relatórios publicados no *Diário Oficial da Cidade de São Paulo*.[47] Sem treinamento

---

44 Secretaria da Segurança Pública do Estado de São Paulo, Registro de ocorrências da Assistência Policial, 1911-1940, v.E14015, doc. 36905, 27 nov. 1916, Apesp.

45 "O dia de ontem", *A Gazeta*, 28 nov. 1916, p.5; "Cobrança de uma dívida", *Correio Paulistano*, 28 nov. 1916, p.7.

46 Secretaria da Segurança Pública do Estado de São Paulo, Registro de ocorrências da Assistência Policial, 1911-1940, v.E14015, doc. 36906, 27 nov. 1916, Apesp.

47 Ver, por exemplo, "Policiamento Sanitário", *Diário Oficial*, 3 jul. 1901, p.1726-7, https://www.imprensaoficial.com.br/DO/BuscaDO2001Documento_11_4.aspx?link=%2f1901%2fdiario%2520oficial%2fjulho%2f03%2fpag_1726_0HHHJ78279IN8e5VFP21N8PRRF3.pdf&pagina=1726&data=03/07/1901&caderno=Di%C3%A1rio%20Oficial&paginaordenacao=101726; "Policiamento Sanitário", *Diário Oficial*, 30 maio 1902, p.1141-2, https://www.imprensaoficial.com.br/DO/BuscaDO2001Documento_11_4.aspx?link=%2f1902%2fdiario%2520oficial%2fmaio%2f30%2fpag_1141_EB1B6KM16VHDTeD62V50IOICV9D.pdf&pagina=1141&data=30/05/1902&caderno=Di%C3%A1rio%20Oficial&paginaordenacao=101141.

nem equipamentos para cuidar de problemas de saúde graves, a Polícia Médica canalizava imigrantes da classe trabalhadora em hospitais públicos como a Santa Casa, onde o doente Antônio Baruf, que começou este capítulo, foi preso por ler um jornal proletário. Para os ricos, as coisas funcionavam de forma diferente, uma vez que um decreto de 1912 estabelecia que, se um médico particular estivesse presente em uma cena médica, a Polícia Médica não deveria se envolver no tratamento.[48]

A tecnologia de transportes ajudou a Polícia Médica a relacionar saúde e aplicação da lei. O município promoveu seus veículos puxados por cavalos e motorizados como evidências de abordagens modernas à saúde pública, usando-os para reforçar a autoridade do Estado (Figura 4.1). Não causa espanto o fato de que o público às vezes considerasse tais veículos opressivos. Uma seção de 1921 da "Vita Boalista", "Cartas do Bô Ritiro" – título em português macarrônico de uma seção da revista de humor *Vida Paulista*, traçou um perfil das relações da população com autoridades de saúde pública e zombou tanto da organização quanto de sua tecnologia. Os leitores certamente se identificaram com o choque do autor ao ter de andar "di carona inzima da Farmazia da Imbulança" para obter medicamentos em uma clínica dentro da Central de Polícia.[49]

A tecnologia de comunicação, como acesso local a instalações telefônicas e telegráficas, permitiu à Polícia Médica responder rapidamente a incidentes de saúde. Telegrafistas do Corpo de Bombeiros recebiam chamadas de emergência do número crescente de "telégrafos policiais" (Figura 4.2) que começaram a ser distribuídos pela cidade a partir do início da década de 1910.[50] Esses equipamentos pareciam caixas de alarme de incêndio e eram

---

48 Decreto Estadual n. 2.215, de 15 de março de 1912, "Dá regulamento para o serviço da assistência policial", Título II, Direção da Assistência e modo de internação, Capítulo II, Da Internação dos Mendigos e Inválidos, Loucos, Doentes e Crianças e processo dos Vadios", artigos 94-106, Alesp, https://www.al.sp.gov.br/repositorio/legislacao/decreto/1912/decreto-2215-15.03.1912.html.

49 Miniguccio Cicinderella, "Cartas do Bô Ritiro", *Vida Paulista: Humorismo, Literatura, e Esporte*, v.2, n.18, 16 jun. 1921, p.8.

50 Decreto Estadual n. 2.215, de 15 de março de 1912, Título 1, Capítulo II, Da Estação Telegráfica e Telefônica e Capítulo III, Dos Aparelhos de Avisos, artigos 24-62.

Figura 4.1. Ambulâncias e outros veículos em frente à Central de Polícia em 1905. Fonte: Secretaria da Segurança Pública, Polícia Civil do Estado de São Paulo, Fotos Históricas, https://www.policiacivil.sp.gov.br/portal/faces/pages_home/institucional/fotosHistoricas?_afrLoop=20463266830628&_afrWindowMode=0&_afrWindowId=hypifnas3_15#!%40%40%3F_afrWindowId%3Dhypifnas3_15%26_afrLoop%3D20463266830628%26_afrWindowMode%3D0%26_adf.ctrl-state%3Dhypifnas3_39, acesso em: 28 jun. 2024.

produzidos pela Gamewell Company, da Carolina do Sul (Estados Unidos), que em 1910 fornecia 95% das caixas de alarme de incêndio e dos telégrafos policiais nos Estados Unidos, um número provavelmente semelhante à sua participação de mercado global.[51] Em São Paulo, as caixas eram fixadas em postes, e as chaves de cada caixa eram mantidas por um policial

51 Em 2000, a empresa foi comprada pela Honeywell. "Our History", Gamewell Fire Control Instruments by Honeywell, Internet Archive Wayback Machine, 12 maio 2008, https://web.archive.org/web/20080512201708/http://www.gamewell-fci.com/history.html. Imagens das caixas de alarme usadas pela polícia de São Paulo podem ser encontradas em Mauricio Xavier, "Memória paulistana: telégrafo policial", *Veja São Paulo*, 19 ago. 2011, https://vejasp.abril.com.br/cidades/memoria-paulistana-telegrapho-policial/.

local e um único comerciante com uma loja próxima ao local. Quando as caixas eram destrancadas, o mecanismo contava com um mostrador simples que poderia ser girado até a opção desejada: "desastre", "telefone", "ambulância" ou "carro de cadáver". Quem estava fazendo a chamada então puxava uma alavanca que enviava um código ao departamento correspondente.[52]

Figura 4.2. Caixa de telégrafo da polícia semelhante às usadas em São Paulo para chamar a Polícia Médica, sem data. Quando abria a porta da caixa com uma chave, o oficial da Polícia Médica encontrava um dispositivo de escuta em um fio, um amplificador de voz embutido na caixa e uma alavanca que poderia girar para chamar diferentes serviços de emergência. Fonte: Daniel Mayer, "Los Angeles – Historic LAPD Academy – Police Telegraph Box", jul. 2009, *Wikimedia Commons*, https://commons.wikimedia.org/wiki/File:Los_Angeles_-_Historic_LAPD_Academy_-_Police_telegraph_box.JPG.

52 Xavier, "Memória paulistana: telégrafo policial".

A intervenção da Polícia Médica na vida cotidiana cresceu junto com a população de São Paulo. Um comparativo da organização em 1912 e 1930, dois anos para os quais a Equipe Lesser conseguiu examinar um conjunto completo de registros de ocorrência, mostra as mudanças. Em 1912, quando a população da cidade era estimada em 400 mil pessoas, a organização tinha quatro médicos.[53] Em 1930, quando a população era de cerca de um milhão de pessoas, a Polícia Médica expandira para 16 médicos e um número igual de enfermeiros e auxiliares de enfermagem.[54] O aumento, passando de 1 médico para cada 100 mil habitantes a 1 para 62.500 habitantes, refletiu-se no número total de registros de ocorrência. Em 1912, esses documentos preenchiam 12 volumes, com um total de 6.146 registros. Em 1930, foram necessários 38 volumes para conter 21.075 registros. A taxa de aumento foi significativamente maior do que a referente ao crescimento da população por dois motivos. Primeiro, conforme viam a cidade se expandir e se complexificar de formas que encaravam como negativas, políticos e burocratas da saúde aumentaram a vigilância sanitária. Além disso, o número de moradores de São Paulo que dependiam da Polícia Médica para cuidados básicos de saúde cresceu ao longo do tempo. Cada médico, portanto, atendeu cerca de 1.500 casos em 1912, número que caiu para cerca de 1.300 em 1930, visto que a ampliação da equipe permitiu que novos sistemas de triagem diminuíssem o número de cidadãos atendidos por cada médico.

As categorias incluídas nos registros de ocorrência se expandiram notavelmente ao longo das décadas. Enquanto os registros da década de 1910 eram sucintos, com poucos detalhes e grande número de espaços em branco, eles foram ficando mais elaborados com o decorrer dos anos.

---

53 O número de habitantes em 1912 vem da Diretoria Geral de Estatística do Ministério da Agricultura, Indústria e Comércio, *Anuário estatístico do Brasil*, p.349.

54 Decreto Estadual n. 4.715, de 23 de abril de 1930, Título V, Capítulo 1, artigo 295, publicado no *Diário Oficial*, 7 maio 1930, p.4177, http://dobuscadireta.imprensaoficial.com.br/default.aspx?DataPublicacao=19300507&Caderno=Diario%20Oficial&NumeroPagina=4177. O número referente a 1930 foi estimado a partir das seguintes fontes: Repartição de Estatística e do Arquivo do Estado, *Anuário estatístico de São Paulo*, p.71-5; São Paulo, *Anuário estatístico do estado de São Paulo 1940*, p.91; Instituto Nacional de Estatística, *Anuário estatístico do Brasil, Ano II – 1936*, p.63.

Passou-se a distinguir a cidadania do local de nascimento, para deixar claro quem era um imigrante naturalizado. Também se passou a diferenciar tratamento de diagnóstico, embora às vezes essa informação fosse adicionada posteriormente. À medida que crescia o número de telefones públicos, os registros de ocorrência para remoções em ambulância começaram a incluir o nome do motorista e do enfermeiro presente, o número do carro e os horários em que o veículo saiu do posto médico e retornou a ele.

O crescimento da equipe da Polícia Médica e o volume de casos significavam orçamentos maiores e tentativas do Estado de reduzir despesas. A partir de 1930, muitos serviços da Polícia Médica tinham uma cobrança agregada a eles, embora incidentes em espaços públicos ou para os "comprovadamente pobres" fossem isentos.[55] O preço da assistência da Polícia Médica depois de 1930 não era barato, embora ela continuasse sendo uma organização estatal e não fosse privatizada. Injeções simples custavam entre 20 e 40 mil-réis; a título de comparação, em maio de 1930 era possível comprar um belo casaco por 65 mil-réis e depois assistir ao filme de Maurice Chevalier, *Alvorada do amor*, no Cine São Bento por 3 mil-réis na matinê e 4 mil-réis na sessão noturna.[56] Tratar uma fratura custava entre 100 e 300 mil-réis, e chamar uma ambulância saía por 30 mil-réis para a primeira hora e 15 mil-réis para cada 30 minutos adicionais.

Embora a legislação em si não explique por que a Polícia Médica começou a cobrar o tratamento de algumas pessoas, temos várias hipóteses, todas plausíveis. Uma delas é que a Polícia Médica estava se tornando uma espécie de pronto-socorro para uma grande parcela da população, incluindo aqueles com renda suficiente para pagar por assistência médica privada. Esse uso dos serviços públicos voltado aos pobres ocorre nos dias de hoje, quando cidadãos que têm plano de saúde privado usam o SUS apenas para obter medicamentos caros e no caso de hospitalizações complexas, algo

---

55 Decreto Estadual n. 4.715, de 23 de abril de 1930, Título V, Capítulo I, artigos 297, 298.

56 Ver divulgação de *Alvorada do amor* no Cine São Bento, *Correio Paulistano*, 7 maio 1930, p.16.

que também acontece no Reino Unido e em Israel.[57] Outra possibilidade é que as novas cobranças para serviços da Polícia Médica visavam encorajar os empregadores a melhorar a segurança dos locais de trabalho para reduzir o custo do Estado com assistência médica aos trabalhadores. Por fim, as novas tarifas podem ter sido uma tentativa de aumentar os custos dos pacientes a ponto de o Estado estar efetivamente negando tratamento para muitos enfermos.

A expansão da Polícia Médica em 1930 não conseguiu acompanhar a demanda por atendimento. Em 1933, o número de profissionais de saúde na unidade disparou, passando a incluir 30 médicos, um enfermeiro-chefe e 36 enfermeiros.[58] A maioria dos serviços continuou sendo paga, com as mesmas exceções de antes. Uma mudança nos regulamentos foi que a palavra "pobre" desapareceu, sendo substituída por "indigente", talvez para forçar os trabalhadores pobres a pagar. Embora não houvesse explicação de como uma pessoa poderia provar que era indigente, a Polícia Médica claramente tinha o poder de recusar tratamento.

Os registros de ocorrência da Assistência Policial de 1911 a 1940 são mantidos em 690 volumes de capa dura no Arquivo Público do Estado de São Paulo.[59] Os 444 mil casos são organizados por mês e data, e cada volume contém entre cem e mil relatórios, com um número de incidentes maior a cada ano. Eles permitem diferentes percepções da relação entre saúde, imigração e espaço, bem como de outros elementos, como gênero ou classe. Até o momento, os três estudos mais aprofundados desses registros mostram as ligações entre classe e "cor", uma vez que essa classificação aparece em documentos da Polícia Médica, porém em poucas fontes produzidas pelo governo, na primeira metade do século XX.

---

57 Oliveira, *Utilização de serviços do Sistema Único de Saúde por beneficiários de planos de saúde Rio de Janeiro*.

58 Decreto Estadual n. 5.892, de 25 de abril de 1933, "Dispõe sobre os serviços da Assistência Policial", Alesp, https://www.al.sp.gov.br/repositorio/legislacao/decreto/1933/decreto-5892-25.04.1933.html.

59 Arquivo Público do Estado de São Paulo, Secretaria da Segurança Pública do Estado de São Paulo, Grupo 12G3 – Assistência Policial, http://icaatom.arquivoestado.sp.gov.br/ica-atom/index.php/assistencia-policial;isad.

Cada um dos três estudos usou um método diferente para abordar a enorme quantidade de registros de ocorrência da Assistência Policial. Ramatis Jacino escolheu 20 volumes (dois por ano para o período entre 1911 e 1920) para estudar a relação entre profissão e cor. Dos mais de 55 mil documentos que ele examinou, cerca de 43.300 incluíam anotações claras para ambas as categorias, enquanto nos outros uma das categorias ou as duas haviam sido deixadas em branco ou listadas como "outros". Jacino descobriu que 87% dos registros de ocorrência se referiam a pessoas "brancas" e 23% a pessoas "negras" ou "pardas". Ao examinar como a cor estava relacionada à profissão, ele concluiu que "trabalhadores e trabalhadoras negros teriam sido excluídos das ocupações com maior relevância econômica e valorizadas socialmente".[60] Seu foco no mercado de trabalho também mostrou uma "invasão branca" na área da saúde, à medida que os profissionais negros foram rapidamente substituídos nas primeiras décadas do século XX por brancos (brasileiros e imigrantes) que tinham formação acadêmica, muitas vezes em instituições estrangeiras.[61]

Fábio Dantas Rocha usou uma abordagem diferente. Ele selecionou 20 volumes entre 1911 e 1930 e então escolheu aleatoriamente 2.395 registros de ocorrência para elaborar um argumento quantitativo com base em seus cálculos da população da cidade de São Paulo naqueles anos.[62] Ele analisou os documentos por data (1911-1915, 1916-1920, 1921-1925 e 1926-1930) e por nacionalidade, incluindo brasileira, italiana, portuguesa e espanhola. Agrupou estrangeiros fora dessas três categorias do sul da Europa como "outros". Rocha concluiu que a identidade da cidade nas primeiras décadas do século XX foi construída a partir da "formação de conceitos de cidadania que, pautados numa ideia de branquitude, excluiu as práticas e vivências de negros da legalidade urbana".[63] Katherine Ann Cosby adotou uma outra abordagem metodológica, examinando quase 3 mil registros de ocorrência de mulheres não brancas, a maioria das quais foi categorizada como

60 Jacino, *O negro no mercado de trabalho*, p.11-3.

61 Ibidem, p.135-6.

62 Rocha, *Saindo das sombras*, p.111.

63 Ibidem, p.259.

"negra", em volumes de 1912, 1916, 1924, 1928 e 1930. Para Cosby, os registros indicavam que a Polícia Médica estava mais interessada no encarceramento do que em saúde, mostrando "a imaginação branca de atraso cultural e econômico e criminalidade. [Fazer os registros era] indispensável para projetos de branqueamento e narrativas de progresso e modernidade em São Paulo".[64]

O Coletivo de Pesquisa Lesser adotou vários caminhos metodológicos na análise dos registros de ocorrência da Polícia Médica, chegando a conclusões diferentes das de Jacino, Rocha e Cosby. Nossa primeira escolha metodológica foi como delimitar o grande *corpus* de material. Inicialmente esperávamos procurar todos os casos do Bom Retiro nos 690 volumes, mas depois de Delphine LaCroix, Juliana Casagrande e eu examinarmos os 51 volumes de outubro de 1911 a janeiro de 1916 (volumes 13954 a 14005), percebemos que não tínhamos nem tempo nem verba para seguir adiante dessa forma. Assim, decidimos examinar um a cada cinco volumes de junho de 1916 a novembro de 1940. Acrescentamos esses 126 volumes à nossa amostra inicial de 51, o que significa que encontramos todos os registros de ocorrência do Bom Retiro (como local do acidente ou de residência do paciente) nesses 177 livros (25% do total de 690).

Uma de nossas primeiras análises se concentrou nas cinco ruas ao redor do Desinfectório Central para ver como aquele edifício e a presença de profissionais da saúde na vida cotidiana pode ter afetado os moradores (Figura 4.3). Os 256 incidentes de saúde entre 1911 e 1940 afetaram majoritariamente os moradores do Bom Retiro, mostrando que as pessoas geralmente viviam nos seus locais de trabalho ou próximo a eles. Em termos de idade, a maioria tinha entre 20 e 40 anos, com uma concentração maior de pessoas na faixa de 30 a 40 anos. Dos 256 casos, a maioria esmagadora (65%) eram homens. A maior parte dos registros envolveu brasileiros (63%), seguidos pelos imigrantes italianos (23%). O restante foram argentinos, portugueses, iugoslavos, russos, lituanos, alemães, sírios e poloneses, tendo a quantidade de casos envolvendo pessoas oriundas do sul da Europa sido mais alta antes da Primeira Guerra Mundial e o número de ocorrências incluindo

64 Cosby, *Flowers Grew*, p.3.

imigrantes do Leste Europeu aumentado depois que imigrantes judeus começaram a se estabelecer no Bom Retiro no entreguerras. Das cinco ruas analisadas, 94% dos incidentes ocorreram entre pessoas denominadas "brancas" na categoria de cor. Essa classificação reflete quantos moradores negros haviam sido expulsos do Bom Retiro até 1911. Ela também pode refletir como a população da classe trabalhadora insistiu em sua própria branquitude como parte das negociações por serviços com representantes estatais geralmente racistas. Cosby, por exemplo, conta sobre um registro de ocorrência em que um médico anotou "Branca, digo, preta" na categoria de cor.[65]

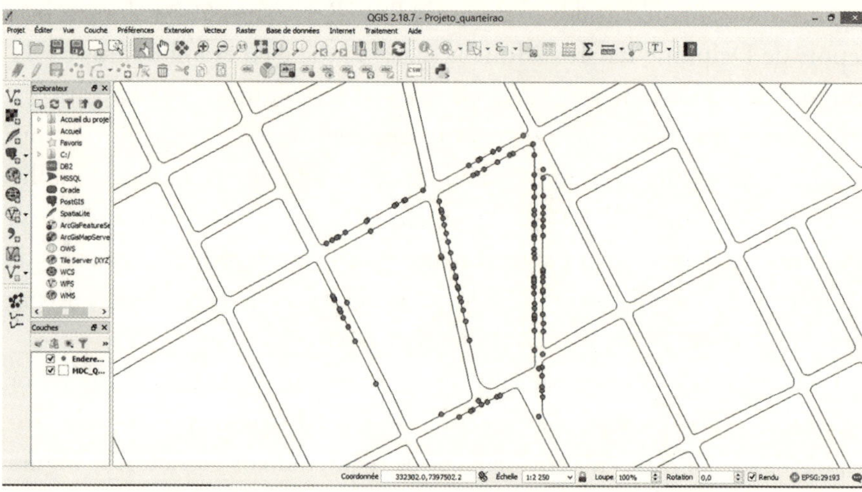

Figura 4.3. Registros de ocorrência da Polícia Médica plotados nas ruas ao redor do Desinfectório Central, 1911-1940 ($N = 256$). A rua com o maior número de registros de ocorrência é a rua do Areal. Fonte: Preparado por Delphine LaCroix e Juliana Casagrande, Coletivo de Pesquisa Lesser, 2017.

Os registros de ocorrência mostraram doenças causadas por saneamento precário, lixo não coletado, condições de vida densas, inundações, acidentes de trabalho e ferimentos não relacionados ao trabalho, geralmente por quedas, mas também por violência. Os ferimentos no local de trabalho

65 Ibidem, p.93.

ocorreram em grandes e pequenas fábricas, e alguns dos ferimentos tratados em casa podem na verdade ter ocorrido no trabalho. O número de incidentes de queda na rua mostra uma falta de cuidado do Estado com o ambiente construído. Essa negligência foi objeto de constantes reclamações de moradores aos jornais e aos políticos municipais que estavam dispostos a escutar; ruas e calçadas eram mal niveladas, tinham buracos e frequentemente apresentavam obstáculos, assim como acontece hoje.

Dos 256 registros de ocorrência, 40% aconteceram na rua do Areal, uma via cuja extensão não sofreu alterações e que hoje delimita o lado leste da UBS Bom Retiro. Essa rua pequena tinha altos números de incidentes porque o edifício do Desinfectório Central ocupou grandes porções das outras quatro ruas. Inclusive, os quatro únicos casos listados como tendo ocorrido em frente da edificação foram incidentes na rua, não domésticos. Ironicamente, as ruas em torno do Desinfectório apresentavam riscos de saúde ambiental para os moradores por conta de vazamentos de materiais tóxicos e fumigação regular com o que hoje são consideradas substâncias químicas perigosas. Ademais, dadas as visões geralmente negativas que os moradores do Bom Retiro tinham sobre ações de saúde pública, podemos supor que estar fora do campo de visão do Desinfectório Central era encarado como uma melhoria residencial.

Refletir sobre a rua do Areal associa o ambiente construído, saúde e imigração. Antes de 1880, ela era chamada de Areal de Sant'Ana, e a areia era utilizada na fabricação de cerâmicas e azulejos. A rua do Areal já aparece em mapas de 1894 da Repartição de Águas e Esgotos de São Paulo como um estranho prolongamento da rua dos Imigrantes (atual rua José Paulino).[66] A rua é curta, e sua extensão atual é a mesma de 1894.

Morar na rua do Areal pode ter parecido mais saudável do que viver imediatamente ao lado do Desinfectório Central, mas ainda era um lugar de saúde ruim. A via aparece frequentemente em reportagens antes de 1900 por suas pilhas de lixo, o que ainda pode ser observado hoje em dia.

---

66 "Bom Retiro. Cadastro de Prédios Servidos de esgotos pela Repartição Técnica de Águas e Esgotos de São Paulo em 1894", Memória Pública, Item número BR_APESP_IGC_IGG_CAR_I_S_0225_001_006. Apesp.

Tratava-se de um local privilegiado para protestos da classe trabalhadora, por conta do espaço aberto formado pelo cruzamento da rua do Areal, rua Tenente Pena e rua dos Imigrantes. Atualmente, é onde se encontra a UBS Bom Retiro. O não cumprimento de ordens de demolição da Intendência Municipal de Polícia e Higiene significou a permanência dos cortiços da rua do Areal por muito tempo.[67] Na década de 1920, surgiram prédios de apartamento de concreto de dois e três andares, muitos abrigando imigrantes recém-chegados do Leste Europeu. Contudo, à medida que essas famílias começaram a deixar o bairro, na década de 1970, os apartamentos unifamiliares eram frequentemente subdivididos para criar cortiços e oficinas-residências modernos.

Uma série de registros da Polícia Médica sobre um morador da rua do Areal mostra a relação entre saúde e raça. Vinicius Bueno Prado, de 15 anos, trabalhava como sapateiro e vivia em um cortiço na rua do Areal, 30. Ele foi visto pela Polícia Médica cinco vezes entre 1935 e 1937, cada uma delas depois de desmaiar na rua por ter asma. Bueno Prado foi tratado por um médico diferente em cada incidente. Três o descreveram como "pardo", enquanto os outros dois o classificaram como "branco".[68] Não sabemos exatamente por que Bueno Prado foi listado dessas maneiras diferentes. A cor foi sugerida pelo paciente ou por seu responsável? Será que cada médico pode ter feito um julgamento com base em onde Bueno Prado foi encontrado ou a cor que se atribuía ao pai do paciente? Nunca saberemos, mas o caso de Bueno Prado traz à tona o fato de que pessoas pardas e negras (dos 256 casos, sete foram listados como "pardos" e nove como "negros")

---

67 "Higiene", *Correio Paulistano*, 25 out. 1894, p.1; "Notas do repórter", *Correio Paulistano*, 17 fev. 1895, p.2; "Notas do repórter", *Correio Paulistano*, 14 mar. 1895, p.2; "Intendência de Obras Municipais, despachos", *Correio Paulistano*, 16 jun. 1897, p.3; "Intendência municipal de Polícia e Higiene", *Correio Paulistano*, 12 out. 1897, p.3; "Intendência municipal de Polícia e Higiene", *Correio Paulistano*, 22 dez. 1897, p.4.

68 Secretaria da Segurança Pública do Estado de São Paulo, Assistência Policial, Registro de ocorrências da Assistência Policial, 1911-1940, v.14440, doc. 213895, 6 nov. 1935 (do dr. Alves Martins); v.14457, doc. 228644, 27 abr. 1936 (do dr. Prisco); v.14490, doc. 253424, 21 fev. 1937 (do dr. Eurico); v.14497, doc. 258584, 22 abr. 1937 (do dr. Rodolpho de Freitas); v.14497, doc. 259146, 29 abr. 1937 (do dr. Teixeira Leite), Apesp.

estavam mais propensas a serem tratadas na rua do que as brancas, que frequentemente eram tratadas no Posto Médico da Assistência Policial, assim como no presente a burocracia do SUS parece tratar os negros brasileiros de forma diferente.[69]

Quando examinamos os 256 casos por gênero, descobrimos que os homens sofreram um pouco mais de ferimentos relacionados ao trabalho e à violência do que as mulheres. Eles também foram categorizados em uma ampla gama de profissões, principalmente como "operários", mas também em empregos relacionados à indústria têxtil, incluindo alfaiate, chapeleiro, sapateiro e tecelão.[70] Outros tinham profissões proletárias, como motorista de ônibus, marceneiro, carpinteiro, mecânico e padeiro, havendo inclusive alguns jogadores de futebol.[71] Muitos dos registros de ocorrência eram de comerciantes, um lembrete da variação ocupacional em bairros da classe trabalhadora.

As profissões femininas no espaço composto pelas cinco ruas foram categorizadas predominantemente como "domésticas", uma classificação que não tem um significado fixo quando associada ao trabalho. Uma mulher chamada de "doméstica" ou que se autodefine dessa forma pode ser empregada em domicílios que não o seu ou pode estar fazendo trabalho terceirizado, como costurar ou lavar roupas, em sua própria casa.[72] O termo também pode ser usado para descrever alguém que trabalha em sua própria casa, fazendo trabalhos de manutenção da vida como preparar comida e cuidar dos próprios filhos.[73] No Bom Retiro, onde muitas mulheres tra-

---

69 Reinehr, *Silêncios e confrontos*.

70 Secretaria da Segurança Pública do Estado de São Paulo, Registro de ocorrências da Assistência Policial, 1911-1940, v.13958, doc. 1020, 18 fev. 1912; v.14592, doc. 336931, 9 set. 1937; v.13960, doc. 1635, 1º abr. 1912; v.1397, doc. 11929, 9 nov. 1913; v.14062, doc. 73171, 30 nov. 1920; v.14347, doc. 149655, 13 mar. 1933; v. 14382, doc. 170706, 20 ago. 1933; v.14447, doc. 244071, 29 dez. 1935, Aesp.

71 Secretaria da Segurança Pública do Estado de São Paulo, Registro de ocorrências da Assistência Policial, 1911-1940, v.13969, doc. 7111, 24 jan. 1919; v.14012, doc. 34479, 2 nov. 1917; v.14027, doc. 45331, 8 nov. 1917; v.14252, doc. 92154, 18 ago. 1930; v.14547, doc. 294557, 10 maio 1938, Apesp.

72 Matos, *Cotidiano e cultura*.

73 T. Camargo, "Lavadeira paulistana".

balhavam em fábricas, por que "doméstica" era de longe a maior categoria feminina nos registros da Polícia Médica? Uma possibilidade é que as mulheres acreditavam que seriam mais bem tratadas caso se descrevessem aos médicos da Polícia Médica em uma linguagem que não sugerisse ativismo trabalhista, visto que o Estado registrou formalmente 80 mil trabalhadoras domésticas até 1941.[74] Outra possibilidade é a Polícia Médica ter categorizado as mulheres dessa forma como parte de seus próprios interesses no controle social baseado em gênero.

Luis Ferla afirmou que "os empregados domésticos transitavam na zona cinzenta que residia nas fronteiras da legalidade e ilegalidade", o que pode explicar por que as mulheres nesses registros frequentemente traziam um parente acompanhante, sempre o pai ou o marido.[75] De fato, durante a epidemia de H1N1 de 1918, quando a Polícia Médica registrou estatísticas particularmente precisas de doenças e mortes, o Estado não atribuiu profissões às mulheres, algo que será discutido mais detalhadamente no capítulo 6. Depois da abolição, a "zona cinzenta" se expandiu para incluir estrangeiros, associando mulheres negras e imigrantes à categoria de "domésticas". Essa relação foi brutalmente expressa em um ditado popular, mencionado pela primeira vez em um texto de 1711 analisado por Antonio Candido em seu famoso ensaio sobre cortiços: "Para português, negro e burro, três pês: pão para comer, pano para vestir e pau para trabalhar".[76] A associação sugere que o racismo que levou ao branqueamento da força de trabalho teve, ao mesmo tempo, um efeito sobre os imigrantes.

Após nossa análise das cinco ruas em torno do Desinfectório Central, a Equipe Lesser decidiu reexaminar nossos materiais. Cintia Rodrigues de Almeida, Monaliza Caetano dos Santos, Luanna Mendes do Nascimento, Vitória Martins e Bianca Almeida examinaram todos os volumes (dos 690) que terminavam em zero, um total de 69 livros que abrangiam todos os anos com exceção de 1911 (lembre-se que, quando a Polícia Médica foi fundada, um volume podia representar o equivalente a um ano de registros de ocorrência, mas na década de 1930 os registros de cada ano ocupavam 30 livros

---

74 Ferla, "Corpos estranhos na intimidade do lar", p.3.

75 Ibidem.

76 Candido, "De cortiço a cortiço", p.114; Antonil, *Cultura e opulência do Brasil*, p.34.

ou mais). Os 69 volumes continham um total de 49.956 registros de ocorrência, 1.619 dos quais ocorreram no Bom Retiro.

Em 2022, Fábio Dantas Rocha generosamente compartilhou seus materiais com o Coletivo de Pesquisa Lesser. Isso acrescentou mais de 400 casos do Bom Retiro, aumentando nosso banco de dados de 1.619 para 2.097 registros de ocorrência. Fizemos diversas comparações dos dois conjuntos de dados porque algumas de nossas análises foram realizadas utilizando o conjunto de 1.619 registros e outras, o de 2.097 registros. Felizmente, descobrimos que os dois conjuntos eram equivalentes em termos de nacionalidade, cor e gênero; portanto, estamos confiantes nas análises feitas com totais diferentes. Para usar a nacionalidade como exemplo, encontramos o seguinte para o conjunto de 1.619 registros de ocorrência: brasileiro (57%; 923), italiano (14,5%; 234), lituano (5,6%; 91), polonês (4,4%; 72), russo (2,7%; 44), português (2,4%; 40), espanhol (1,6%; 27) e alemão (1,3%; 20). Quando examinamos a nacionalidade usando o conjunto de 2.097 registros de ocorrência, houve pouca mudança, exceto por um aumento dos imigrantes portugueses e uma diminuição na porcentagem de pessoas para as quais não foi listada uma nacionalidade. Os principais grupos continuaram sendo brasileiros (60,6%; 1.271), italianos (17,5%; 366), lituanos (4,5%; 95), poloneses (3,8%; 79), russos (2,3%; 48), portugueses (5,4%; 114), espanhóis (1,6%; 34) e alemães (1,1%; 23).

Também comparamos as categorias "cor" e "sexo" nos dois conjuntos de dados. Para o primeiro, os 1.619 registros de ocorrência categorizaram 90,2% das pessoas (1.461) como "branca(o)", 5,4% (88) como "preta(o)" e 4,2% (68) como "parda(o)", tendo a categoria ficado em branco em dois registros. Quando refizemos os números para cor com base nos materiais adicionais fornecidos por Rocha, eles mostraram que que quase 87,9% das pessoas (1.844) foram listadas como brancas, 6,8% como pretas (142) e 5,1% como pardas (106), tendo a categoria ficado em branco ou pouco clara em cinco registros. Para gênero, os 1.619 registros de ocorrência listaram 65,9% das pessoas como homens (1.067) e 32,6% como mulheres (528), tendo a categoria ficado em branco em 24 registros. Para o conjunto de 2.097 documentos, os homens representaram 64,3% (1.348) e as mulheres, 35% (733) do total, tendo a categoria ficado sem preenchimento em 16 registros.

Usando o conjunto de dados maior, Surbhi Shrivastava, membro da Equipe Lesser, começou a organizar os registros de ocorrência por nacionalidade, por região global e por idade. Dos 2.097 registros, 820 (quase 40%) eram de imigrantes. Os maiores grupos foram italianos (17,4%), portugueses (5,4%), lituanos (4,5%) e poloneses (3,7%). Outras nacionalidades que também aparecem foram sírios, argentinos, romenos, austríacos, húngaros, letões, "israelitas" (judeus) e japoneses. Quando colocamos as nacionalidades em categorias regionais mais amplas, geramos os seguintes resultados: sul da Europa (62,6%), Europa oriental (29,7%), Europa ocidental (3,7%), Oriente Médio (2,6%) e Américas e Ásia (menos de 1% cada). Esse período abrangeu intensa mudança migratória em São Paulo, e a maioria dos europeus orientais eram judeus que emigraram após a Primeira Guerra Mundial, na esteira de cotas restritivas nos Estados Unidos em 1921 e 1924 e o estabelecimento do novo Estado da Polônia.[77] Na década de 1920, o iídiche e o português com traços do iídiche eram ouvidos com tanta frequência no Bom Retiro quanto o italiano e o português macarrônico do período antes da Primeira Guerra Mundial. Em termos de idade, a Figura 4.4 mostra que mais de 78% do bairro tinha menos de 40 anos e quase metade da população tinha entre 18 e 39 anos. Aqueles com menos de 18 anos representavam quase 30% dos casos.

Agora que expliquei os números e como os geramos, explorarei algumas de nossas análises. Por exemplo, levantamos a hipótese de que poderia haver padrões espaciais; os crimes violentos ocorreram com mais frequência em algumas ruas ou quarteirões do que em outros? Isso não se comprovou. Também levantamos a hipótese de que poderia haver padrões de residência com base na nacionalidade e/ou na cor, mas isso também não foi comprovado. O que de fato descobrimos foi que a saúde ruim estava distribuída por diferentes grupos etários, de gênero, de raça e de *status* de cidadania, com um grande número de registros de ocorrência variando de asma a mordidas de animais não humanos e doenças infecciosas e não infecciosas.

Nossos dados mostram que a Polícia Médica entrava regularmente em casas, locais de trabalho e espaços públicos, além de tratar aqueles que iam

---

77 Higham, *Strangers in the Land*, p.310.

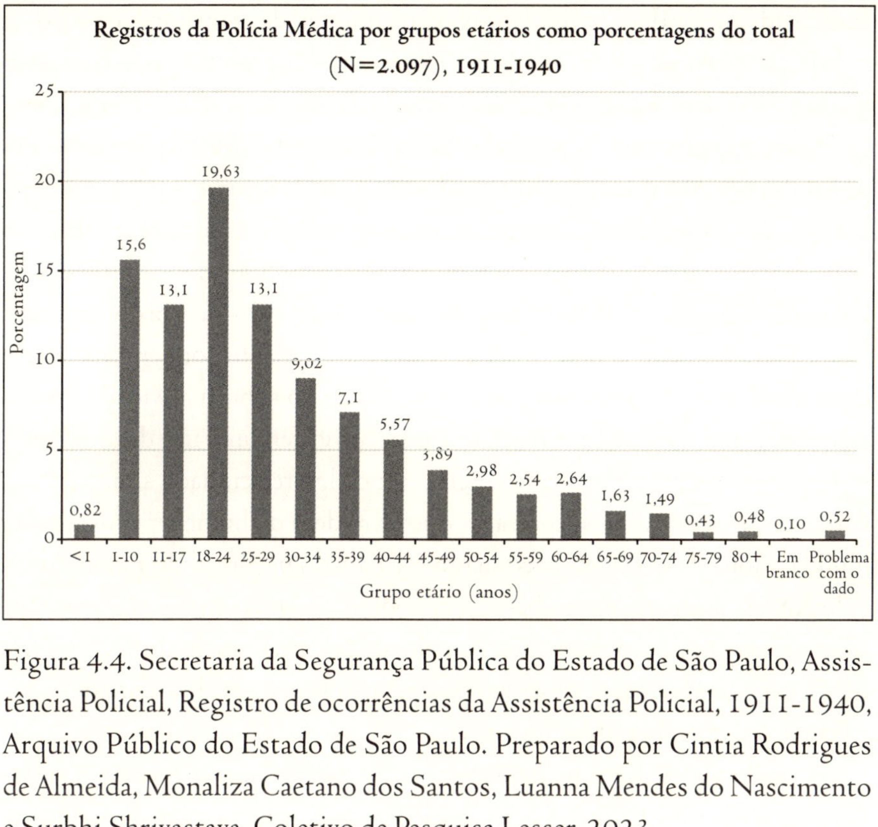

Figura 4.4. Secretaria da Segurança Pública do Estado de São Paulo, Assistência Policial, Registro de ocorrências da Assistência Policial, 1911-1940, Arquivo Público do Estado de São Paulo. Preparado por Cintia Rodrigues de Almeida, Monaliza Caetano dos Santos, Luanna Mendes do Nascimento e Surbhi Shrivastava, Coletivo de Pesquisa Lesser, 2023.

ao posto médico de forma independente. Mais de 10% dos incidentes resultaram de agressão entre humanos, incluindo brigas com socos, ataques (com objetos que variavam de facas a pedras e azulejos) e tiroteios. Acidentes não relacionados ao trabalho ocorreram nos domicílios e nas ruas. Muitos incidentes em espaços públicos estavam relacionados ao trânsito, e a imprensa geralmente relatava ferimentos graves causados por automóveis que atropelaram pessoas à espera do bonde, com manchetes como "O perigo dos automóveis" ou "Sempre os autos!".[78] Pesquisas futuras podem analisar como

78 "O perigo dos automóveis", *Correio Paulistano*, 19 jan. 1920, p.5; "Sempre os autos!", *A Gazeta*, 15 jan. 1923, p.1. Ver também "Crônica das ruas: os automóveis continuam implacáveis", *A Gazeta*, 14 jul. 1914, p.6; "Deram-se ontem quatro desastres ocasionados pela imprudência dos chauffeurs", *A Gazeta*, 4 set. 1915, p.6.

esses acidentes refletiam mudanças na tecnologia de transporte em uso na cidade, de carroças a bondes (tanto os puxados por animais não humanos quanto os motorizados) e veículos motorizados, como carros e caminhões.

Quando analisamos o gênero, nossas descobertas iniciais baseadas em dados das cinco ruas foram confirmadas. As mulheres quase sempre eram listadas como "domésticas", uma palavra carregada de falta de clareza. O termo pode indicar trabalho doméstico remunerado fornecido a uma família ou as atividades não remuneradas realizadas por mulheres em suas próprias casas. Dada a alta porcentagem de mulheres da classe trabalhadora em São Paulo que trabalhavam fora de casa, por que esse silêncio sobre a atividade profissional das mulheres? Não especificar o trabalho remunerado das mulheres indica como o Estado via a saúde delas como algo relacionado sobretudo ao parto, o que não é uma surpresa, já que o modelo de homem "provedor" e mulher "dona de casa" era encorajado e aclamado no Brasil do início do século XX. As mulheres entendiam esses códigos, assim como os homens, que se apresentavam como guardiões. Aqueles que precisavam de ajuda da Polícia Médica provavelmente se descreviam de maneiras que acreditavam que resultariam em um melhor atendimento.

As mulheres estavam mais propensas do que os homens a serem tratadas em casa ou a informar a Polícia Médica que os incidentes de saúde haviam ocorrido na esfera doméstica. Os registros de ocorrência geralmente mencionam cômodos específicos, como o quarto ou a cozinha, sugerindo que a saúde das mulheres estava focada na vida privada e no espaço íntimo. Quando os incidentes aconteciam na rua, a Polícia Médica normalmente categorizava o que as mulheres tinham como uma "crise histérica" ou "crise nervosa" em vez de apontar a causa. Uma maioria significativa dos suicídios ou tentativas de suicídio eram de mulheres, embora, como vimos no caso de Amelia Marini, esses rótulos possam ter ocultado outras questões.

Os registros de ocorrência da Assistência Policial para homens estavam ligados a fábricas e nos dizem algo sobre as visões do Estado no que concerne à vida cotidiana dos homens. Os acidentes de trabalho representaram 4,6% dos 2.097 casos entre 1912 e 1940, e muitos outros incidentes de saúde estavam relacionados ao trabalho, tendo ocorrido em residências ou locais públicos. Acidentes de trabalho aconteceram em pequenas oficinas e oficinas-residências, como quando José Bellotti perdeu um dedo em uma serra circular em uma pequena marcenaria que fazia as vezes de moradia.[79] Diversos casos do que parecem ser acidentes de trabalho não foram categorizados dessa forma pela Polícia Médica, embora nenhuma razão explícita seja dada. Muitos foram causados por corpos estranhos, que incluíam desde objetos pequenos, como um grão de arroz, alojados na garganta de uma criança até agulhas presas em dedos. Um exemplo típico de como a categoria "corpo estranho" ocultava acidentes de trabalho vem de fevereiro de 1928, quando Thereza Friate foi atendida no final da tarde no posto médico. A imigrante russa de 14 anos morava na rua Silva Pinto, 55, e provavelmente trabalhava na indústria têxtil da rua José Paulino, 49. Enquanto estava na fábrica, uma agulha entrou em seu polegar esquerdo; depois de retirá-la, a Polícia Médica enviou a jovem Thereza para casa, para que seus pais cuidassem dela. Definir a lesão como "corpo estranho", em vez de "acidente de trabalho", isentou o empregador de culpa.[80]

A Polícia Médica frequentemente cuidava de lesões ligadas a grandes fábricas e obras públicas no Bom Retiro. Funcionários (muitos deles imigrantes) de fabricantes de chocolate, torrefadores e distribuidores de café, fabricantes de bebidas e serviços públicos como a São Paulo Railway, a Light e a Repartição de Águas e Esgotos se acidentavam com frequência. Acidentes de trabalho eram tão comuns que a unidade policial local do Bom Retiro (2ª Delegacia – Bom Retiro) manteve, pelo menos entre 1934 e 1941, um arquivo separado. O formulário de registro de ocorrência deles era muito diferente daquele da Polícia Médica e incluía informações como nome das testemunhas, informações do beneficiário, salário, nome do empregador, se o acidente aconteceu em uma loja ou fábrica e a pergunta "Morreu?".[81] As perguntas me levam a crer que, quando a polícia se envol-

---

79 "Criminosos presos", *Correio Paulistano*, 4 dez. 1914, p.6.

80 Secretaria da Segurança Pública do Estado de São Paulo, Registro de ocorrências da Assistência Policial, 1911-1940, v.E14160, doc. 45240, 14 fev. 1928, Apesp.

81 Secretaria da Segurança Pública do Estado de São Paulo, Grupo 12G6 – Delegacias da Grande São Paulo, 8-Registros de acidente de trabalho da 2ª Delegacia – Bom Retiro (1934-1941), Acadepol 738, 2 dez. 1934, p.93, Apesp.

via, buscava eximir o Estado de ter de prestar assistência, tentando mostrar que o os empregadores eram responsáveis pelo tratamento ou que o empregado era culpado e que, por não ser indigente, podia pagar por assistência médica privada.

Um dos maiores empregadores no Bom Retiro era a Cervejaria Germânia, instalada em um "confortável e grandioso prédio" moderno de 6 mil metros quadrados que ocupava um quarteirão na rua dos Italianos (números 22 a 30).[82] Emilio Reichert, que chegara ao Brasil vindo de Württemberg, na Alemanha, aos 28 anos, em 1889, logo após a proclamação da República, fundou a cervejaria. Ele e seus irmãos eram membros típicos da burguesia imigrante discutida no capítulo 1. Enquanto Manfred Meyer e Elvira Isabel de Souza Queiroz compraram lotes de terra e os consolidaram para criar o bairro do Bom Retiro, os Reichert compraram pequenas fábricas de cerveja. Em 1907, os irmãos consolidaram suas compras e abriram a Cervejaria Germânia, produzindo sete tipos diferentes de cerveja, bebidas não alcoólicas, sabão, biscoitos e bombons.[83]

Em 1920, os irmãos Reichert venderam o negócio para a Companhia Antarctica Paulista, hoje parte da multinacional belga Anheuser-Busch InBev, sendo um dos donos um grupo de investidores brasileiros, incluindo Jorge Paulo Lemann, um dos cidadãos mais ricos do Brasil e filho de um imigrante suíço. Os novos proprietários mudaram o nome da empresa para Progresso Nacional e expandiram a presença da fábrica pela rua dos Italianos. Esse novo nome não agradou a todos, porque parecia uma rejeição do bairro em favor da nação, como lembrou Luiz Sérgio Thomás 60 anos mais tarde: "[Eu gostava de tomar] numa confeitaria do bairro uma cerveja feita ali mesmo, na Germânia – que num desses acessos patrióticos teve que mudar de nome... E a cerveja passou a se chamar... Ah... 'Ordem e Progresso'! Cerveja Ordem e Progresso... Puxa... Coisas do Bom Retiro...".[84]

---

82 "No Bom Retiro, Cervejaria Germânia", *Correio Paulistano*, 16 abr. 1911, p.4.

83 Arquivo Público do Estado de São Paulo, Reichert, Registro de Autoridade, Apesp, "História", http://icaatom.arquivoestado.sp.gov.br/ica-atom/index.php/irmaos-reichert;isaar. Ver o anúncio da Cervejaria Germânia, *Correio Paulistano*, 14 nov. 1911, p.7.

84 Apud Faerman, "Oh! Bom Retiro", p.306.

Conforme a presença da Antártica como parte do ambiente construído do Bom Retiro se expandia ao longo da década de 1920, crescia o número de acidentes relacionados à sua produção e distribuição.[85] O imigrante italiano Luiz Maldi, de 26 anos, foi transportado pela ambulância da Polícia Médica em 1911 para o Hospital Samaritano após cair de sua carroça de entrega de cerveja e fraturar a perna direita.[86] Outro imigrante italiano, Alexandre Domingues, de 23 anos, também entregava cervejas produzidas pela Germânia e morava a apenas algumas quadras da fábrica, na rua Guarany, 34. Em novembro de 1913, a perna direita de Domingues ficou presa entre uma parede e a roda do carro de entrega que ele dirigia. A Polícia Médica o atendeu na fábrica e depois o liberou, antes de enviar o caso à polícia, talvez para forçar a Germânia a arcar com os custos.[87] Em meados de 1916, trabalhadores da Germânia atacaram Ferrucio Conte, um italiano de 26 anos que morava na avenida Celso Garcia, 348. O motivo do ataque, que ocorreu na rua dos Aimorés? Conte, que atuara como condutor de carroça da Germânia, agora era um distribuidor local da cerveja Polônia, do Rio de Janeiro, e representava a concorrência.[88]

A fábrica da Germânia, como a maioria em São Paulo, empregava crianças; no final do século XIX, até 25% da força de trabalho pode ter sido composta por crianças. Somente em 1919 se determinou que a idade mínima legal para trabalhadores na cidade era de 14 anos.[89] Uma dessas crianças era Guilherme Crivelarea, cujo trabalho era engarrafar cerveja. Em 1916, o garoto, de 14 anos, ficou gravemente ferido quando uma das garrafas explodiu. O dr. Raul de Sá Pinto, da Polícia Médica, correu para a fábrica, enviando o garoto para a Santa Casa para tratamento, pois ele corria

85 "Pelo Progresso Nacional F. C.", *A Gazeta*, 23 set. 1929, p.12.

86 "Queda desastrosa", *Correio Paulistano*, 29 dez. 1911, p.6.

87 Secretaria da Segurança Pública do Estado de São Paulo, Registro de ocorrências da Assistência Policial, 1911-1940, v.E13879, doc. 13384, 16 nov. 1913, Apesp.

88 "Um distribuidor da cerveja 'Polônia' foi agredido por empregados da Cervejaria Germânia", *A Gazeta*, 28 set. 1916, p.6.

89 Justus e Kassouf, "History of Child Labor"; Moura, "Infância operária e acidente do trabalho".

risco de perder a visão. Um relatório inicial no jornal *A Gazeta* afirmou que a fábrica seria multada por usar mão de obra infantil e também teria que pagar uma indenização ao menor. No dia seguinte, o jornal se retratou da segunda afirmação, observando que, como todos os custos médicos estavam sendo pagos pela fábrica, "[n]ão há a respeito qualquer pedido de indenização".[90] Em outro caso, a fábrica da Germânia parece não ter assumido responsabilidade quando, em 1919, um de seus condutores de carroça inexplicavelmente jogou uma garrafa em Atenor de Oliveira, de 12 anos, mandando-o para o hospital.[91] Na década de 1920, a empresa, que mudara seu nome para Progresso Nacional, continuou sendo um local de saúde ruim. Adriano Francisco, um imigrante português, teve seu braço dilacerado por uma garrafa que quebrou durante uma entrega na vizinha rua José Paulino.[92] Menores também continuaram se ferindo regularmente no trabalho, levando à intervenção da Polícia Médica.[93]

A instituição julgou que mais de 10% dos incidentes no Bom Retiro estavam relacionados a crimes, enviando pacientes para a delegacia para investigação ou diretamente para o "xadrez", gíria usada oficialmente que até hoje descreve uma prisão ou cadeia. Alexandre Elias, imigrante sírio de 29 anos, foi transformado de mascate em criminoso enquanto era tratado pela Polícia Médica. Em 1913, ele caiu e machucou a cabeça, chegando a pé ao Posto Médico da Assistência Policial, dentro da Repartição Central de Polícia, para obter atendimento. De acordo com o relatório, Elias foi então preso, talvez por não ter um documento oficial de trabalho.[94] Lola Zulbert, imigrante alemã casada, teve um destino diferente. Quando adoeceu em

90 "Um menor operário está arriscado a ficar cego", *A Gazeta*, 12 mar. 1916, p.8; "Acidente no trabalho", A *Gazeta*, 11 mar. 1916, p.8.

91 "Carroceiro perverso", *Correio Paulistano*, 29 jan. 1919, p.4.

92 Fundo BR SPAPESP SSP – Secretaria da Segurança Pública do Estado de São Paulo, Grupo 12G6 – Delegacias da Grande São Paulo, 8-Registros de acidente de trabalho da 2ª Delegacia – Bom Retiro (1934-1941), incidente de 19 out. 1934, p.61.

93 *A Tribuna* (Santos), 30 jan. 1923, p.1; Santana, "A difícil transformação".

94 Secretaria da Segurança Pública do Estado de São Paulo, Registro de ocorrências da Assistência Policial, 1911-1940, v.E13979, doc. 13274, 12 nov. 1913, Apesp.

1913, foi mandada para casa, embora a Polícia Médica tenha definido sua profissão como "meretriz".[95]

A Polícia Médica era enviada com certa frequência para lidar com mortes por causas naturais, cadáveres encontrados em locais inesperados ou consequências de suicídios e tentativas de suicídio. O Estado considerava esta última categoria uma ofensa moral, e os registros de ocorrência recebiam um carimbo específico para suicídio ou tentativa de suicídio. Embora não tenhamos muitas informações sobre os 35 casos nos registros do Bom Retiro, podemos levantar a hipótese de que o estresse causado pela pobreza, pelo sexismo e pela xenofobia foram gatilhos parciais.[96] Alguns exemplos de suicídio enfatizam esses pontos. Em 10 de março de 1922, perto da meia-noite, a Polícia Médica foi contatada por meio de uma caixa de alarme para comparecer a uma residência na rua da Graça, 152, no Bom Retiro. Lá, encontraram a imigrante italiana Rosa Pereira, que tentara, sem sucesso, se matar bebendo álcool etílico.[97] Duas semanas depois, no amanhecer do dia 25 de março de 1922, alguém relatou um tiro perto do Rio Tamanduateí. Na margem do curso d'água, o oficial da Polícia Médica encontrou Phelomena Charrates, imigrante russa casada de 33 anos que morava na rua dos Aimorés e havia atirado em si mesma. Ferida, Charrates foi levada à clínica de ambulância, onde foi atendida e liberada para voltar para casa e para o marido, em vez de ser enviada a uma clínica de saúde mental.[98]

Uma década depois, em 1931, a costureira brasileira Nicolina de Lima, de 19 anos, também tentou o suicídio, ingerindo éter em sua casa, na rua

---

95 Secretaria da Segurança Pública do Estado de São Paulo, Assistência Policial, Registro de ocorrências da Assistência Policial, 1911-1940, v.E13980, doc. 13660, 1º dez. 1913, Apesp.

96 Para uma discussão sobre tentativas de suicídio entre brasileiras negras, ver Cosby, *Flowers Grew*, p.110-2, 145-6.

97 Secretaria da Segurança Pública do Estado de São Paulo, Registro de ocorrências da Assistência Policial, 1911-1940, ocorrência 88168, livro E14080, 10 mar. 1922, Apesp.

98 Secretaria da Segurança Pública do Estado de São Paulo, Registro de ocorrências da Assistência Policial, 1911-1940, ocorrência 88585, livro E14080, 25 mar. 1922, Apesp.

Matarrazo, uma via de três quarteirões a menos de dez minutos de caminhada do Desinfectório Central. Assim como no caso de Charrates, alguém contatou a Polícia Médica, que enviou um veículo. Entretanto, diferentemente do que ocorreu com Charrates, as ações de Nicolina de Lima foram consideradas criminosas, e ela foi detida após passar por uma lavagem estomacal.[99] Não sabemos o que motivou os julgamentos diferentes da Polícia Médica, mas vale mencionar algumas possibilidades: 1) cada médico tratava suicídios de forma distinta; 2) mulheres casadas eram tratadas de forma diferente das solteiras; 3) a maneira como o homem da família (pai ou marido) respondia à Polícia Médica modificava os resultados; e 4) entre 1921 e 1931, a visão do Estado sobre suicídio mudou, sendo o ato visto cada vez mais como criminoso.

O suicídio certamente continua sendo um desafio no Bom Retiro. No final de 2019, a Equipe Verde, a dra. Emily Sweetnam Pingel (que na época estava fazendo trabalho de campo na UBS Bom Retiro) e eu ficamos sabendo de uma adolescente que pulara na frente de um trem do metrô e perdera as duas pernas. Nas semanas seguintes, muito se discutiu na UBS se os profissionais de saúde deveriam ter visto sinais de alerta de suicídio ou mesmo se haviam sido treinados para isso. Outro caso, de um homem que pulou de um prédio mais ou menos na mesma hora, também levou a uma ampla discussão sobre como os profissionais de saúde deveriam pensar sobre o suicídio, novamente sem resolução. Como observa Pingel, o dilema de se encarar tentativas de suicídio como um problema de saúde ou uma falha moral/psicológica individual levou a um conflito em um grupo de promoção da saúde, que se questionou se discutir violência seria permitido em reuniões focadas em conversas positivas entre os participantes.[100]

* * *

---

99 Secretaria da Segurança Pública do Estado de São Paulo, Assistência Policial, Registro de ocorrências da Assistência Policial, 1911-1940, ocorrência 103481, livro E14270, 18 fev. 1931, Apesp.

100 Pingel, *Primary Care*, p.122.

Este capítulo se concentrou na Assistência Policial e tentou reconstruir como os desafios cotidianos de saúde no Bom Retiro estão relacionados com instituições estatais que fundiam saúde pública e policiamento. Nosso banco de dados mostra que doenças, suicídios, crimes violentos e acidentes de trabalho eram comuns, tornando viver e morrer parte de outras questões estruturais, como racismo e sexismo. Também propus que os moradores do Bom Retiro, como os de outras partes da cidade, criavam estratégias para se aproveitar da Polícia Médica e fazê-la funcionar como um sistema de saúde de pagador único. No entanto, catástrofes frequentemente quebravam sistemas, como ocorreu durante o surto de peste bubônica no final do século XIX e a epidemia de H1N1 em 1918-1919, que será o foco do capítulo 6.

Post scriptum

Vamos chamá-lo de Tae-Hyung. Ele vive com a esposa em um prédio cujos moradores são imigrantes coreanos, brasileiros coreanos e judeus brasileiros de ascendência europeia. Em sua juventude, Tae-Hyung adorava escalar montanhas, mas, após um AVC, perdeu mobilidade e passou a usar cadeira de rodas, e recebe visitas constantes de profissionais de saúde da UBS Bom Retiro. Muitos dos moradores em tempo integral do edifício de cinco andares, sejam eles proprietários ou inquilinos, têm empregados domésticos, que geralmente são de ascendência africana e praticam diversas formas de cristianismo e espiritismo. Ao lado da edificação se encontra um restaurante judaico do Leste Europeu aberto por um casal búlgaro que migrou para Israel e depois para o Brasil. Depois que se aposentaram, o espaço foi comprado por investidores, que o transformaram em um restaurante hipster *da diáspora judaica que fica ao lado de outros restaurantes* hipster *da diáspora coreana.*

Como a maioria dos imigrantes, Tae-Hyung enfrenta agressões diárias das mais variadas dimensões. Alguns moradores do Bom Retiro se referem, em tom de brincadeira, ao local onde ele mora, rua Correia de Melo, como "Coreia de Melo", devido ao país de origem de muitos de seus moradores. Outros creem que os imigrantes coreanos têm cheiros que não são naturais, são ávidos por dinheiro e são excepcionalmente violentos. Um estereótipo que geralmente se ouve é que os coreanos no Bom Retiro comem cachorros com frequência. Essas alegações ganharam força em 2009, quando a imprensa começou a noticiar um casal que foi preso por abater cachorros, supostamente para vendê-los para restaurantes coreanos no Bom Retiro.[101]

Repórteres foram aos restaurantes do bairro, procurando no cardápio por itens que incluíssem cães. Quatro imigrantes coreanos foram presos, e a carne foi levada aos laboratórios de saúde pública da cidade para análise.[102] *Pensei sobre a relação entre doenças de animais não humanos e imigrantes coreanos enquanto fazia trabalho de campo em 2016; artigos na mídia impressa e digital relatavam o caso de um imigrante coreano com transtornos de saúde mental que assassinara um carroceiro idoso na rua com uma flecha. Um artigo, de uma das empresas de comunicação com maior distribuição no Brasil, firmou que o assassino tinha "raiva", uma palavra que se refere tanto um sentimento quanto uma doença.*[103] *Assim como um século antes, o Bom Retiro era visto pela população como um lugar de alteridade e perigo, onde a saúde ruim poderia vir da comida servida em restaurantes e de simplesmente andar pela rua.*

Os estereótipos residuais surgiram mais uma vez durante a pandemia de Covid-19, quando as taxas de morbidade e mortalidade em bairros com grande número de imigrantes dispararam.[104] *Sidnei Pita é coordenador da Unificação das Lutas de Cortiços e Moradia,*

---

101 "Restaurantes do Bom Retiro compravam carne de abatedouro de cães, diz polícia", *G1* – Globo, 12 nov. 2009, https://g1.globo.com/Noticias/SaoPaulo/0,,MUL1376382-5605,00-RESTAURANTES+DO+BOM+RETIRO+COMPRAVAM+CARNE+DE+ABATEDOURO+DE+CAES+DIZ+POLICI.html; "Restaurante vende carne de cachorro e gato em São Paulo", *Guiame*, 29 mar. 2014, https://guiame.com.br/noticias/sociedade-brasil/restaurantes-do-bom-retiro-compravam-carne-de-abatedouro-de-caes-diz-policia.html; "Restaurante vende carne de cachorro e gato em São Paulo", *Jusbrasil*, [s.d.], https://www.jusbrasil.com.br/noticias/restaurante-vende-carne-de-cachorro-e-gato-em-sao-paulo/112356557, acesso em: 28 jun. 2024.

102 "Cardápio mostra prato com carne de cachorro", *Folha de S.Paulo*, 13 nov. 2009, https://www1.folha.uol.com.br/fsp/cotidian/ff1311200902.htm.

103 Kleber Tomaz, "Suspeito de matar catador com flecha em SP esfaqueou homem em 2013", *G1* – Globo, 17 set. 2016, https://g1.globo.com/sao-paulo/noticia/2016/09/suspeito-de-matar-catador-com-flecha-em-sp-esfaqueou-homem-em-2013.html; Sérgio Quintella, "Justiça marca julgamento de homem que matou carroceiro com flecha", *Veja São Paulo*, 19 mar. 2019, https://vejasp.abril.com.br/coluna/poder-sp/justica-marca-julgamento-de-homem-que-matou-carroceiro-com-flecha.

104 Benedito Roberto Barbosa, Juliana L. Avanci e Luiz T. Kohara, "Pandemia nos cortiços de São Paulo e as mortes (in)visíveis em uma cidade que ninguém quer ver",

ONG que representa os moradores de cortiços, que constituem uma parcela significativa da população do Bom Retiro. Seus comentários frustrados de 2020 criticando atitudes de saúde pública referentes a imigrantes e não imigrantes da classe trabalhadora poderiam ter sido feitos um século antes: "Tenho notado é que muitas pessoas estão conscientes da pandemia, mas que elas não têm o álcool gel, a máscara, o sabonete e o sabão para higienizar".[105] A falta de recursos tornou o impacto da doença sobre os moradores do Bom Retiro intenso. No entanto, representantes do Estado raramente reconheceram a saúde ruim como resultado de problemas estruturais, e as políticas de saúde quase nunca se concentravam nas causas da doença ou da violência. Em vez disso, muitas políticas pareciam punitivas para os imigrantes, culpando, na verdade, as vítimas – por exemplo, ao sugerir que o lixo nas ruas e as doenças associadas a ele eram frutos de culturas imigrantes antiquadas, em vez de consequências da falta de limpeza das ruas ou de locais convenientes para remoção de resíduos.

Labcidade, 22 jun. 2020, https://www.labcidade.fau.usp.br/pandemia-nos-corticos-de-sao-paulo-e-as-mortes-invisiveis-em-uma-cidade-que-ninguem-quer-ver/.

105 Guilherme Balza, "Oito dos dez bairros com mais mortes por Covid-19 estão no centro 'pobre' de São Paulo", *G1* – Globo, 27 maio 2020, https://g1.globo.com/sp/sao-paulo/noticia/2020/05/27/oito-dos-dez-bairros-com-mais-mortes-por-covid-19-estao-no-centro-pobre-de-sao-paulo.ghtml.

Capítulo 5
Um primeiro bloco de saúde

Há um ditado no Brasil que diz que o mosquito é democrático: pica tanto os ricos quanto os pobres. Embora insetos geralmente não tenham um senso muito desenvolvido de consciência de classe, as doenças transmitidas por mosquitos, de febre amarela a malária e dengue, de fato afetam de forma diferente pessoas de classes sociais distintas. Uma das consequências é que a execução de programas de saúde patrocinados pelo Estado e a comunicação referente a eles (Figura 5.1) podem criar interações conflituosas com a população, apesar do consenso já bem-estabelecido de que as doenças transmitidas por mosquitos são perigosas e que a erradicação, o controle e a cura são importantes. Discordava-se, no entanto, sobre se, quando e como o controle ou a erradicação deveriam ocorrer.[1] Enquanto as autoridades de saúde pública e as classes privilegiadas acreditavam que as estratégias eram objetivas, baseadas na ciência e justas para todos, as classes trabalhadoras frequentemente as consideravam preconceituosas. As ações de saúde pública geralmente marginalizavam o ambiente construído onde os imigrantes viviam, tratando-o como um local alienado, "lá", enquanto viam os bairros de classe mais alta, "aqui", como saudáveis.

O *Aedes aegypti*, chamado por um biólogo evolutivo de "candidato a animal mais letal", provavelmente foi introduzido nas Américas quando os escravizadores europeus vieram de navio da África Ocidental com sua carga humana.[2]

1 Stepan, *Eradication*.

2 Powell, "New Contender for Most Lethal Animal", p.525; Powell, Gloria-Soria e Kotsakiozi, "Recent History of *Aedes aegypti*", p.856.

Figura 5.1. Imagem caricatural de um mosquito *Aedes aegypti* gigante transmissor da dengue, distribuída pela Prefeitura de São Paulo, Comitê Civil Contra a Dengue. A legenda pede à população que elimine a água parada. Esse exemplo vem do Centro de Educação Infantil Vila Prado. Fonte: CEI Vila Prado, "Um mosquito não pode vencer esta guerra", 13 dez. 2015, http://ceivilaprado.blogspot.com/2015/12/um-mosquito-nao-pode-vencer-esta-guerra.html.

Ele encontrou terreno fértil nas cidades brasileiras em expansão no século XIX, especialmente em distritos de alta densidade e com frequentes inundações, como o Bom Retiro, onde possíveis criadouros incluíam recipientes para água potável, vasos de plantas e lixo acumulado nas ruas após as chuvas.

O mosquito é apenas um dos muitos fatores que criam disparidades de saúde onde espaços materialmente construídos (como residências e locais de trabalho) e lugares socialmente construídos (como bairros) se interligam. Ambientes construídos, portanto, conectam-se ao acesso a educação de qualidade, emprego, moradia acessível e áreas seguras para crianças, que, por sua vez, relacionam-se com a qualidade da saúde. Desigualdades de longo prazo surgiram de fatores como geografia, cidadania, etnia, gênero e raça, e estressores sociais variavam de violência estatal a acesso desigual a oportunidades culturais, sociais e laborais. Todos reforçaram preconceitos antigos entre os trabalhadores e formuladores de políticas públicas da área da saúde segundo os quais os moradores do Bom Retiro eram cultural e fisicamente doentes. Assim, pressuposições étnico-raciais e classistas permeavam as políticas e ações iniciadas no final do século XIX, usando ferramentas como o nacionalismo e o medo em programas educacionais que pretendiam modificar o comportamento de saúde dos membros de classes mais baixas e da classe trabalhadora.

Emílio Ribas começou a trabalhar na área da saúde pública no final do século XIX, realizando estudos pioneiros sobre febre amarela e se tornando diretor do Serviço Sanitário do Estado de São Paulo em 1896. Grande parte de sua pesquisa pressupunha que a saúde e a grandeza de um país estavam relacionadas, como fica claro em seu panfleto de 1901 sobre doenças transmitidas por mosquitos, que usava a frase "A saúde do povo é a melhor garantia para a prosperidade da nação".[3] A chegada de imigrantes que ou já estavam doentes ou adoeceram no Brasil era, portanto, um dos focos. Em 1902, por exemplo, Vicente Farcetta relatou uma morte estranha no cortiço onde morava no Bom Retiro, localizado na rua Mamoré, 21. Pedro Cassano, vendedor de peixe de 20 anos que havia chegado recentemente da Itália, foi encontrado morto em casa sem nenhum sinal aparente de violência. Farcetta, que trabalhava no Desinfectório Central e provavelmente era um imigrante italiano, suspeitou de febre amarela. Ribas, junto com Carlos Luiz Meyer, do Instituto Bacteriológico, visitou o cortiço várias vezes, mas não encontrou mosquitos *Aedes aegypti*. Eles concluíram que o

3 O panfleto foi reimpresso em Fioravanti, *O combate à febre amarela*, p.25.

cortiço era seguro e que Cassano havia sido picado em outro lugar. Posteriormente, ao investigar a morte de dois imigrantes sírios, Ribas novamente concluiu que o cortiço onde viviam não tinha mosquitos infectados com febre amarela.[4]

Em uma série de experimentos do início do século XX autorizados pessoalmente pelo presidente do estado de São Paulo, Ribas examinou larvas de *Aedes aegypti* (na época conhecido como *Stegomyia fasciata*) de áreas intocadas pela febre amarela que foram trazidas para São Paulo para amadurecer. Em um conjunto de testes, realizado em 1902 no Hospital de Isolamento, hoje conhecido como Instituto de Infectologia Emílio Ribas, ele e outros funcionários do Serviço Sanitário, juntamente com três imigrantes recém-chegados da Itália, voluntariaram-se para serem picados. Ribas não contraiu a doença, mas os imigrantes sim, tendo todos felizmente sobrevivido. Um segundo experimento, de 1903, incluiu três imigrantes italianos diferentes, em "condições de vida extremamente miseráveis" e que concordaram em "se voluntariar" apenas após serem remunerados.[5] Os três dormiam em um quarto fechado sem mosquitos, mas repleto de roupas de cama e vestimentas sujas de sangue e vômito de pessoas com febre amarela.

Os experimentos levaram Ribas a diversas conclusões. A primeira delas foi que a febre amarela não poderia ser transmitida por contato humano direto.[6] A segunda foi que aqueles que se recuperavam da doença infecciosa na infância desenvolviam imunidade. Embora ambas as alegações tenham sido confirmadas ao longo do tempo, os resultados rotulavam os imigrantes por sua falta de imunidade, fundindo problemas de saúde e xenofobia.[7] Por conseguinte, algumas autoridades de saúde pública passaram a acreditar que as classes trabalhadoras eram incapazes de entender sua própria saúde. Ensinar os imigrantes a serem saudáveis resultou em novas imagens no cenário visual brasileiro. Cartazes com ratos gigantes de aparência realista

---

4 Ribas, "Profilaxia da febre amarela", p.363-4.

5 Almeida, *República dos invisíveis*, p.190.

6 Transcrições das anotações originais dos experimentos podem ser encontradas em Benchimol e Sá (orgs.), *Adolpho Lutz – obra completa*, v.2, p.569-631.

7 Blount III, *Public Health Movement*, p.116.

se tornaram parte das ações de saúde pública durante surtos de peste bubônica, e o *Aedes aegypti*, embora seja difícil distingui-lo de outros mosquitos, começou a ser apresentado como um demônio aterrorizante, uma abordagem que perdura até hoje (figuras 5.2 e 5.3).[8]

Figura 5.2. Cartaz de 1876 alertando a população sobre a febre amarela. Fonte: Ricardo Westin, "No Brasil Império, chegada de vírus mortal provocou negacionismo e crítica a quarentenas", *Arquivo S* 68, Saúde, 1º jun. 2020, *Agência Senado*, https://www12.senado.leg.br/noticias/especiais/arquivo-s/no-brasil-imperio-chegada-de-virus-mortal-provocou-negacionismo-e-critica-a-quarentenas. Acesso em: 15 dez. 2024.

8 Deb Roy, *Malarial Subjects*. Na Guatemala do século XX, a gripe foi representada como um dragão soltando fogo. Folheto de campanha de saúde, "Gripe", Guatemala, 1956, Amsper/Instituto Butantan, São Paulo.

Figura 5.3. Cartaz da década de 1990 pedindo à população que eliminasse a água parada. Fonte: Cartaz do Ministério da Saúde usado durante o programa Brasil em Ação, 1996-1999, Biblioteca Virtual em Saúde – Ministério da Saúde, Informação e Conhecimento para a Saúde. "Água limpa e parada: é disso que o mosquito da dengue gosta", https://pesquisa.bvsalud.org/bvsms/resource/pt/mis-26796, acesso em: 28 jun. 2024. Imagem cedida pelo Centro de Documentação, Museu de Saúde Pública Emílio Ribas, São Paulo.

Estratégias de controle e erradicação de doenças transmitidas por mosquitos, no passado e no presente, têm correlação com políticas referentes à água. Distritos desfavorecidos em São Paulo, por exemplo, têm uma distribuição de água historicamente imprevisível. Antes do uso disseminado do plástico, recipientes de armazenamento de água geralmente eram enchidos com água da chuva ou por meio de bombas comunitárias operadas manualmente. A partir do século XVIII, muitas cidades brasileiras introduziram bebedouros e torneiras públicos, uma vez que os povos escravizados transportavam água para residências ricas enquanto a população em geral carregava a sua própria água. Em meados do século XIX, os municípios começaram a inaugurar sistemas residenciais de abastecimento de água encanada e esgotos, muitas vezes construídos à mão e geridos por empresas europeias.[9] Depois da Segunda Guerra Mundial, aumentou a regulamentação de poços individuais pelo Estado, forçando os moradores a usar recipientes cada vez maiores para coletar e armazenar água.

Bairros pobres e de classe trabalhadora foram os últimos a receber uma infraestrutura municipal de distribuição e, mesmo com ela, a água chegava (e ainda chega) de maneira irregular. No século XXI, bairros abastados recebem água regularmente por meio de grandes caixas-d'água de propriedade do prédio, mantidas por funcionários, e não por famílias individuais. Bairros menos ricos, especialmente aqueles distantes de estações centrais de bombeamento, recebem água apenas duas ou três vezes por semana, em um cronograma aleatório. Isso significa que as caixas-d'água se enchem quando há água e depois se esvaziam à medida que a água é utilizada. Historicamente, a chegada de água significava uma corrida dos moradores para encher recipientes de madeira ou cerâmica, que muitas vezes tinham tampas que não encaixavam perfeitamente. Mais recentemente, a água potável e para o banho passou a ser armazenada em recipientes de plástico que variam de cerca de um metro de diâmetro para uma única família a modelos muito maiores para edifícios. Atualmente, caixas-d'água em telhados dominam a paisagem de São Paulo, bem como a de todas as outras cidades da América Latina (Figura 5.4).

---

9 Murtha, Castro e Heller, "Perspectiva histórica das primeiras políticas de saneamento e de recurso hídricos no Brasil".

Figura 5.4. Caixas-d'água no telhado das casas no Capão Redondo, São Paulo, 26 ago. 2016. Fonte: Fotografia de Jeffrey Lesser.

Quando não são devidamente tampadas ou estão quebradas, as caixas-d'água são criadouros altamente produtivos para mosquitos, e caixas-d'água sujas podem espalhar diversas doenças, como aconteceu durante o surto de Zika em 2015 e 2016.[10] A Zika é um tipo de doença residual, um vírus contemporâneo transmitido pelos mosquitos *Aedes aegypti* e *Aedes albopictus* infectados, assim como a febre amarela e a dengue. A Zika atraiu a atenção do mundo todo para a maneira como a saúde ruim transmitida por mosquitos afeta de forma desproporcional aqueles que vivem em bairros não ricos. As pessoas, especialmente as grávidas, que não têm o privilégio de se mudar para locais menos propensos à presença de mosquitos ou de serem atendidas por médicos particulares, foram particularmente afetadas pelo vírus. Houve aumentos notáveis de casos tanto da síndrome de Guillain-Barré quanto de microcefalia entre recém-nascidos no Nordeste do Brasil, uma região especialmente pobre do país. A atenção global à Zika como uma grande ameaça à saúde pública veio depois de o Ministério da Saúde do Brasil e a Organização Mundial da Saúde (OMS) declararem se tratar de uma Emergência em Saúde Pública de Importância Nacional (Espin).[11]

Cientistas, médicos e políticos responderam ao vírus Zika com políticas e ações, muitas delas destinadas a eliminar focos de água parada. Eles se concentraram em bairros não de elite onde os serviços públicos tinham pouco alcance e onde, segundo acreditavam muitos sanitaristas, as casas tinham mais probabilidade de ter condições favoráveis à reprodução do mosquito. No entanto, essas abordagens bem-intencionadas às vezes pareciam paternalistas para as classes pobres e trabalhadoras, uma vez que as ações muitas vezes aconteciam sem aviso prévio: as autoridades de saúde pública chegavam aos bairros exigindo entrar nas residências. Os moradores às vezes viam a "ajuda" não solicitada como um insulto, pois acreditavam que poderiam cuidar da sua saúde em suas próprias casas. No nível mais

10 Silva Filho, Morais e Silva, "Doenças de veiculação hídrica".

11 Até o final de 2015, foram identificados casos em todas as cinco regiões do país, e o Ministério da Saúde do Brasil estimou que entre 500 mil e 1,5 milhão de pessoas foram infectadas. Do Brasil, o vírus migrou para outras partes das Américas, sendo registrados surtos em toda a região.

fundamental, a luta contra a Zika muitas vezes parecia fazer parte de sistemas mais amplos de controle social, resíduos de relacionamentos históricos em que a população desconfia do Estado e de seus agentes.

O verão de 2015-2016 no Brasil

Em 2015, trabalhei com Uriel Kitron, epidemiologista e então presidente do Departamento de Ciências Ambientais da Universidade Emory, para examinar a relação entre doenças transmitidas por mosquitos e migração doméstica e internacional.[12] Essa pesquisa nos colocou em contato com o dr. Eduardo de Masi, na época interlocutor de Vigilância em Saúde Ambiental da Coordenadoria Regional de Saúde Sul, da Secretaria Municipal da Saúde de São Paulo.[13] De Masi focava sua pesquisa no controle de zoonoses e generosamente convidou o dr. Kitron e eu para nos juntarmos às equipes municipais de vigilância sanitária, que eram enviadas para verificar denúncias de água parada recebidas por um escritório central, geralmente via ligações telefônicas anônimas. As denúncias, descobrimos, raramente vinham de moradores de bairros de classe média e de classe média alta. Esses espaços residenciais tinham casas unifamiliares com empregadas domésticas em tempo integral que identificavam e eliminavam a água parada, além de refrigeradores sofisticados sem bandejas coletoras de água que precisavam ser esvaziadas.

Nossas observações se deram inicialmente em áreas geograficamente periféricas da cidade, onde, como no Bom Retiro, as moradias precárias, a falta de água e de serviços sanitários, o efeito de ilha de calor urbana, exposição prévia a doenças transmitidas por mosquitos e outros fatores eram problemas observáveis. Descompassos entre o entendimento do Estado e o da população referente às ações de saúde eram evidentes quando nos juntamos a Eduardo de Masi e às equipes municipais de vigilância sanitária no Capão

12 Lesser e Kitron, "Social Geography of Zika".

13 Eduardo de Masi atualmente é coordenador do Programa Municipal de Vigilância e Controle de Arboviroses da Secretaria Municipal da Saúde de São Paulo e também meu colega no Instituto de Estudos Avançados da Universidade de São Paulo.

Redondo, cujos 270 mil habitantes o tornam um dos maiores distritos operários de São Paulo.[14] O Capão Redondo fica a quase 25 quilômetros do Bom Retiro e do centro de São Paulo. No entanto, assim como o Bom Retiro, apresenta moradias precárias, resultados de saúde insatisfatórios e índices de violência acima da média. O nome de qualquer um desses bairros evoca tanto um estigma quanto uma ideia de algo moderno e descolado: no Bom Retiro contemporâneo, esta última emerge da cultura K; no Capão Redondo, ela é oriunda do sucesso artístico do grupo de *hip hop* Racionais MC's e do escritor Ferréz, ambos conhecidos por denunciar a violência e o racismo.[15] Embora haja poucos imigrantes recentes no Capão Redondo, ele faz parte do distrito do Campo Limpo, estabelecido no início do século XIX por algumas famílias de imigrantes alemães e um importante centro dos Adventistas do Sétimo Dia. Após a Segunda Guerra Mundial, o distrito se tornou mais densamente povoado, à medida que os aluguéis aumentavam no centro de São Paulo e os brasileiros de regiões do Nordeste frequentemente atingidas pela seca migravam para a capital paulista. Em 2010, a renda domiciliar no Capão Redondo estava abaixo da média da cidade de São Paulo, e mais de 5% dos moradores não tinham nenhuma renda, um número que sobe para 10% no Bom Retiro.[16]

Durante nossa pesquisa observacional no Capão Redondo, as implicações da densidade populacional foram marcantes, assim como no Bom Retiro. A maioria das estruturas continha entre seis e oito famílias, cada uma vivendo em dois ou três cômodos. Em outras palavras, casas que em bairros ricos teriam quartos separados, uma sala de estar, uma sala de jantar e uma cozinha foram comprimidas aqui, como no Bom Retiro, em

14 Sposati, "Mapa exclusão/inclusão social do município de São Paulo – III (2010)".

15 Daniel Boa Nova, "O bairro de SP que era conhecido pela violência e hoje abriga um dos maiores eventos de literatura da cidade", *Hypeness*, 7 maio 2015, https://institutomariapreta.blogspot.com/2015/05/o-bairro-de-sp-que-era-conhecido-pela.html; Burdick, *Color of Sound*; Sugayama, *Ferréz*.

16 Município de São Paulo, Subprefeituras e Distritos Municipais, "Domicílios por faixa de rendimento, em salários-mínimos", 2010, https://www.prefeitura.sp.gov.br/cidade/secretarias/upload/urbanismo/infocidade/htmls/13_domicilios_por_faixa_de_rendimento_em_sa_2010_233.html.

espaços muito menores com múltiplas funções. Cada família tinha sua própria caixa-d'água de plástico, que ficava cheia nos dias imprevisíveis em que a pressão era alta o suficiente para transportar a água para o subúrbio da cidade. Estruturas de moradia estavam constantemente em construção, com "telhados" cheios de materiais para serem usados na construção de novos andares e, portanto, de quartos para mais famílias.

As equipes de vigilância sanitária trabalharam com políticos e clérigos locais no Capão Redondo para informar os moradores sobre nossa presença. As equipes uniformizadas tiveram facilidade em encontrar água parada e criadouros de *Aedes Aegypti* e elas tentaram resolver o problema eliminando a água parada e ensinando os moradores como evitar reincidências. Problemas típicos envolviam jardineiras com água acumulada na base, recipientes de água potável descobertos ou geladeiras antigas com bandejas coletoras de água. Mais desafiador para os profissionais de saúde pública eram as ruas cheias de lixo não coletado, que se tornariam criadouros após a chuva. Outro problema era que os materiais grandes e pesados nos telhados ficavam em grande parte descobertos e, quando enchiam de água, atraíam o *Aedes aegypti*.

Assim como no passado, as caixas-d'água eram a principal fonte de preocupação.[17] Muitas famílias tinham caixas-d'água feitas de plástico durável e de alto impacto, mas algumas tinham recipientes de cerâmica mais antigos, comuns antes da década de 1970. Sejam de plástico ou de cerâmica, caixas-d'água com tampas rachadas ou quebradas eram outra oportunidade para a reprodução do mosquito. Embora esteja longe de ser uma amostra científica, durante cada dia que passamos no Capão Redondo, geralmente visitando cerca de dez edifícios, encontramos ao menos uma caixa-d'água com a tampa quebrada e larvas de *Aedes aegypti*. Como os mosquitos geralmente permanecem a cerca de 45 metros de onde nasceram, um único criadouro pode colocar em risco todas as famílias em uma estrutura.[18]

---

17 H. Cunha et al., "Water Tank and Swimming Pool Detection"; Lowe et al., "Combined Effects of Hydrometeorological Hazards and Urbanisation on Dengue Risk in Brazil".

18 Aguiar et al., "Potential Risks of Zika and Chikungunya Outbreaks".

Os profissionais de saúde pública e a população em geral reconheceram a importância de minimizar os criadouros do mosquito. Ambos sabiam que o Estado dificilmente forneceria soluções materiais. Por exemplo, as autoridades de vigilância sanitária aconselharam os moradores a substituir as tampas rachadas ou a selar buracos e rachaduras com uma solução semelhante a epóxi, a qual não foi fornecida pelo município. Soluções criativas incluíam o uso de sacos plásticos velhos para tampar buracos; contudo, quando uma tampa estava muito rachada e precisava ser substituída, as famílias ficavam em apuros. Como me disseram repetidamente, os moradores não tinham dinheiro para comprar tampas novas nem carro para transportar as tampas da loja à sua casa. Quando encontrávamos larvas em caixas-d'água, os agentes de saúde aconselhavam os moradores a limpar a superfície interna com uma solução química que também precisava ser comprada. No entanto, o abastecimento irregular de água dificultava seguir as recomendações, pois esvaziar uma caixa-d'água para limpeza podia significar ficar dias sem água. Quando os moradores reclamavam que o município deixara de fornecer tampas de reposição, um tipo de lona que cobria a caixa-d'água e ficava sob a tampa quebrada, algumas das respostas dos agentes poderiam ter sido proferidas por autoridades de saúde pública do século XIX: se o Estado fornecesse ajuda, os indivíduos se tornariam preguiçosos e parariam de assumir responsabilidade por sua própria saúde.

Na introdução, defendi a importância da interdisciplinaridade. Todavia, convencer pesquisadores com foco quantitativo de que o trabalho qualitativo era útil e vice-versa era frequentemente uma experiência turbulenta. Após nossas visitas ao Capão Redondo, Kitron se perguntou se nossas observações nos permitiam fazer afirmações mais amplas sobre políticas e ações de saúde ou respostas públicas. Ele contestou minha abordagem comparativa, observando que o Capão Redondo contemporâneo era muito diferente do Bom Retiro histórico – espacial, residencial, demográfica e etnicamente, bem como em termos de transporte e água. Meu palpite é que muitos moradores do Capão Redondo e do Bom Retiro concordariam com Kitron. Mesmo assim, minha pesquisa indica que, em algumas áreas, os dois distritos têm semelhanças, mesmo que seja absurdo sugerir que eles são iguais.

As discordâncias de Kitron são importantes para acadêmicos das Humanidades e me levaram a expandir meus dados por meio do trabalho com equipes municipais de vigilância sanitária em locais além do Capão Redondo. Ao longo de 2015-2016, passei mais 18 dias fazendo observações na zona sul de São Paulo, sem a companhia de Eduardo de Masi. Em um bairro onde participei de uma ação de vigilância sanitária, disseram-me que as atividades só acontecem com a bênção dos traficantes de drogas.[19] Em outro bairro, as moradias eram tão precárias que o chão cedeu e caí enquanto procurava água parada. Durante esse período, os locais para as ações surgiam a partir de denúncias telefônicas de água parada. No entanto, ao chegarmos, muitas das ligações pareciam refletir conflitos entre vizinhos, desde controle de cães até disputas de propriedade. Os moradores aprenderam que fazer uma denúncia de água parada e mosquitos na casa do vizinho, pelo menos no verão de 2015/2016 no Brasil, levaria a uma resposta mais rápida do que ligações para a polícia sobre conflitos comunitários.

Um conto de duas equipes

Em 2010, o Bom Retiro teve a maior incidência de dengue na cidade de São Paulo, e em 2016 a doença voltou a ganhar força, bem no momento que a Zika estava crescendo.[20] O surto duplo dominou as atividades diárias das duas equipes de saúde que eu estava observando no Bom Retiro, uma focada em vigilância sanitária e a outra em saúde da família. O tempo que passei fora dos arquivos no Bom Retiro em 2016 me permitiu traçar

19 Durante a pandemia de Covid-19, alguns traficantes de drogas colocaram em vigor políticas de uso de máscara nos bairros que controlavam. Leslie Leitão e Marco Antônio Martins, "Tráfico impõe toque de recolher e uso obrigatório de máscaras em favelas do Rio durante a pandemia", *G1* – Globo, 8 maio 2020, https://g1.globo.com/rj/rio-de-janeiro/noticia/2020/05/08/trafico-impoe-toque-de-recolher-em-favelas-do-rio-durante-a-pandemia.ghtml.

20 R. Araújo et al., "São Paulo Urban Heat Islands", Tabela S2 (o Bom Retiro é o Distrito 9); Nataly Costa, "Saiba quais bairros têm maior incidência de dengue na capital", *Veja São Paulo*, 10 fev. 2016, https://vejasp.abril.com.br/cidades/bairros-sao-paulo-casos-dengue-zika/.

um panorama mais claro dos resíduos que contribuíram para a saúde ruim contemporânea: inundações, coleta de lixo precária e distribuição de água insatisfatória.[21] As duas Unidades Básicas de Saúde diferentes que observei atuavam próximas uma à outra em termos físicos, porém não tinham contato e interagiam de maneiras muito distintas com a população.

A equipe de vigilância sanitária à qual eu estava ligado fazia parte de uma unidade maior da subprefeitura, que incluía o Bom Retiro e outros bairros do centro da cidade. Assim como no caso das outras equipes com as quais eu trabalhara fora da região central, seus membros eram homens; nos meses que passei nessa parte da pesquisa, conheci apenas uma agente, encarregada de responder às denúncias. Embora não houvesse restrições oficiais de gênero, as pessoas que conheci responderam às minhas perguntas sobre participação feminina enfatizando o perigo da atuação em campo, incluindo a possibilidade de assédio. Eu me perguntei se alguns agentes de saúde acreditam que a natureza geralmente punitiva da vigilância sanitária poderia estar em desacordo com os empregos de "cuidado" da área da saúde que muitas vezes se espera das mulheres.

A equipe de vigilância sanitária usava uniforme e se locomovia em veículos oficiais. Cada membro havia passado em um concurso público que exigia a conclusão do ensino fundamental. Todos os que conheci vinham de bairros de classe trabalhadora fora do centro da cidade, tinham pouca experiência com imigrantes e não tinham um relacionamento direto com aqueles que viviam e trabalhavam no Bom Retiro ou em qualquer um dos bairros em que estava investigando questões de saúde relacionadas ao mosquito. Os membros da equipe se retratavam para mim como pessoas com *status* por serem funcionários públicos. Os agentes geralmente davam a entender que a população não era capaz de assumir responsabilidade por sua própria saúde, comentando sobre uma falta de inteligência ou vontade individual. Eles se apresentavam para mim e para os moradores como uma espécie de exército de ocupação travando uma guerra contra a doença.

---

21 Cidade de São Paulo, Subprefeitura Sé, "Contra dengue, Subprefeitura Sé notifica donos de 25 imóveis abandonados", 27 abr. 2015, https://www.prefeitura.sp.gov.br/cidade/secretarias/subprefeituras/se/noticias/?p=56950.

Alguns membros da equipe de vigilância sanitária deixaram claro que minha presença era um incômodo, algo que não acontecera com outras equipes quando Eduardo de Masi estava presente. Sua presença também pode explicar por que aquelas equipes tinham um foco educativo quando encontravam água parada. Em um caso, observei Eduardo de Masi intervir quando sentiu que um membro da equipe não estava dando uma explicação clara a um morador. No Bom Retiro, a falta de um "chefe" me dando cobertura significava que eu causava irritação, principalmente porque o veículo oficial agora estava lotado com uma pessoa a mais. No entanto, com o passar do tempo, a equipe pareceu passar a ficar confortável com a minha presença e começou a me ver como um possível aliado para mostrar seu trabalho aos superiores. Além disso, eles me viam como mão de obra gratuita, uma vez que eu estava familiarizado com o Bom Retiro e podia ajudar em tudo, desde dar instruções até sugestões de onde a equipe poderia almoçar.

Havia muitas semelhanças entre minhas experiências com vigilância sanitária no Bom Retiro e em outros bairros. Por exemplo, embora raramente se negasse a entrada das equipes em uma residência, as saudações estavam longe de ser entusiásticas, já que as intervenções não solicitadas em espaços privados significavam a interrupção do trabalho e do cuidado das crianças. Os moradores entendiam que as visitas domiciliares de agentes de saúde levariam a demandas para mudar ou consertar coisas que eles não podiam pagar. Por exemplo, muitas casas tinham geladeiras antigas e muito ineficientes com bandejas coletoras de água na parte inferior. Embora esvaziá-las diariamente fosse possível, a sugestão de compra de um novo modelo de geladeira sem a bandeja coletora sempre fazia o interlocutor revirar os olhos. Notei que os moradores pareciam mais confortáveis em fazer perguntas a mim do que aos agentes uniformizados sobre problemas de saúde. Eles com frequência me mostravam insetos e perguntavam se eram mosquitos, se a Zika era o mesmo que a dengue ou se eu poderia ajudar a substituir tampas quebradas de caixas-d'água. Acho que isso foi resultado de vários fatores: eu não estava uniformizado, expliquei por que estava com a equipe e que não era um agente de vigilância sanitária. E, talvez o fator mais importante, fiz algo que as equipes de vigilância sanitária quase nunca faziam: eu sempre me apresentava dizendo meu nome e meu *status* de cidadania. Dar nomes é uma parte importante das interações sociais brasileiras, e o fato de os membros da equipe não se apresentarem enfatizou suas atitudes sobre a população e reforçou seu *status* como parte do "corpo" estatal, em vez de indivíduos. Para minha surpresa, meu *status* de cidadão não brasileiro raramente era assunto de conversa, embora meus filhos gêmeos insistam que tenho sotaque.

Minhas observações da unidade de vigilância sanitária no Bom Retiro coincidiram com meu trabalho como membro da Equipe Verde na UBS Bom Retiro. Trabalhar simultaneamente com duas unidades muito diferentes no setor municipal de saúde pública significava compará-las constantemente. Um aspecto em que notei diferenças consideráveis foi o controle social. A equipe de vigilância sanitária retratou seu trabalho como de aplicação de regras, enquanto os membros da Equipe Verde e outros profissionais de saúde que observei em outras clínicas em São Paulo usavam um discurso de parceria, mesmo que suas ações às vezes não demonstrassem esse espírito de equipe.[22] As diferenças entre as equipes eram notáveis até mesmo nas roupas. Os agentes de vigilância sanitária usavam uniforme, enquanto os profissionais de saúde da UBS Bom Retiro usavam coletes azuis ou jalecos brancos sobre roupas cotidianas. O contato com a população também era radicalmente diferente. Após uma denúncia, os agentes de vigilância chegavam sem aviso prévio a um prédio ou casa, em veículos oficiais, geralmente sem qualquer conhecimento do local exceto pelo endereço a ser visitado. Já os profissionais da UBS Bom Retiro adotavam uma abordagem diferente, uma vez que muitos membros da equipe, sobretudo os agentes comunitários de saúde, moram no bairro onde trabalham. Quando a Equipe Verde ia a uma residência ou local de trabalho, a visita era feita com hora marcada, os profissionais chegavam a pé e iniciavam as interações se apresentando caso já não conhecessem os pacientes.

Estados de saúde

As diferenças em como esses dois braços do Estado de saúde se envolviam com a população ganharam destaque após uma denúncia em um

22 Pingel, *Primary Care*.

endereço do Bom Retiro que eu conhecia bem. Ocupando quase um quarteirão inteiro da rua Tenente Pena, o prédio de sete andares fica na mesma rua que a UBS Bom Retiro e o antigo Desinfectório Central. O lote teve cortiços e pequenas fábricas durante grande parte dos séculos XIX e XX; contudo, depois da Segunda Guerra Mundial, os incorporadores construíram estruturas residenciais mais formais. O prédio atual tem cinco entradas e comércios no nível da rua; originalmente, tinha 24 apartamentos com vários cômodos, destinados a famílias de classe média. Quando comecei a passar um tempo no prédio, em 2016, a maioria dos apartamentos havia sido transformada em oficinas-residências, onde trabalhadores têxteis viviam e trabalhavam no mesmo espaço. As paredes haviam sido derrubadas para criar grandes áreas abertas cheias de máquinas de costura e pilhas de tecido, cercadas por pequenas salas de madeira compensada onde as famílias viviam. A maioria dos moradores/trabalhadores no edifício eram imigrantes bolivianos em grupos familiares ampliados que entraram no Brasil legalmente, mas permaneceram no país mesmo depois de seus vistos terem vencido.

Comecei a visitar o prédio como parte de um projeto da Equipe Verde para "levar saúde" aos trabalhadores têxteis imigrantes criando clínicas itinerantes dentro das oficinas-residências. Durante essas visitas de cerca de duas horas, uma longa mesa era montada com diferentes estações – para verificar se cada pessoa estava registrada no Sistema Único de Saúde ou para registrar os recém-chegados, verificar peso, altura e pressão arterial e para conferir se as receitas médicas estavam atualizadas. No final da mesa ficava o médico, e cada morador tinha a oportunidade de discutir sua saúde com ele, embora em um ambiente aberto, não confidencial. A saúde pré-natal e materna era uma prioridade, e as gestantes e puérperas recebiam atenção especial, incluindo lembretes sobre consultas futuras.

As visitas da Equipe Verde terminavam com exercícios em grupo para tratar lesões por esforço repetitivo. Uma das minhas principais funções, visto que eu geralmente era a pessoa mais alta da sala, era colar folhas de sulfite com informações em espanhol sobre exercícios no alto das paredes. Sempre me perguntei se essa abordagem de saúde preventiva acontecia quando a equipe médica não estava presente. Fazer pausas curtas regulares da costura para fazer alongamento, embora fosse uma excelente ideia, não me parecia realista, já que os trabalhadores eram pagos por peça, e até cinco minutos de autocuidado representavam uma perda de renda.

Os leitores norte-americanos podem achar surpreendente (e até inspirador) o fato de uma equipe médica levar saúde a pacientes com *status* de visto incerto. Entretanto, as clínicas de saúde *pop-up* tinham suas complicações. Por exemplo, alguns profissionais de saúde acreditavam que a língua portuguesa e a espanhola eram próximas o suficiente linguisticamente para serem mutuamente inteligíveis. Contudo, pacientes do sexo feminino vindas dos Andes frequentemente procuravam mulheres hispanófonas na Equipe Lesser para discutir problemas de saúde que acreditavam que os profissionais médicos falantes de português tinham entendido errado. No geral, as clínicas *pop-up* pareciam ser valorizadas, e o acesso a cuidados de saúde gratuitos era um tópico frequente durante as histórias orais com imigrantes bolivianos, paraguaios e coreanos no Bom Retiro.

Dada minha experiência com a Equipe Verde no grande prédio da rua Tenente Pena, fiquei curioso quando a equipe de vigilância sanitária foi enviada àquele mesmo endereço em uma manhã de 2016. Supus que seríamos recepcionados de braços abertos, porém eu estava, como sempre, equivocado. Chegamos em um veículo oficial cheio de agentes de vigilância sanitária do sexo masculino uniformizados. Mesmo depois de o líder da equipe tocar a campainha do prédio por dez minutos, nenhum porteiro apareceu. Os membros da equipe começaram a bater na porta e, em determinado momento, alguém se debruçou de uma janela no 3º andar. Um membro da equipe gritou que eles tinham ido ao prédio por conta de uma denúncia, deu seu número de identificação e pediu ao morador que ligasse para a Secretaria Municipal da Saúde para confirmar a legitimidade dessas informações. Tal abordagem não foi eficaz. Uma combinação de desconfiança em relação às autoridades e a estranhos, a possibilidade de haver barreiras linguísticas (visto que o morador falava espanhol) e o preço de uma ligação telefônica fizeram com que ninguém estivesse disposto a confirmar a identidade da equipe ou fosse capaz de fazê-lo.

Havia um impasse. O líder da equipe ficou cada vez mais frustrado, insistindo em seu direito de entrar no local por causa da emergência em saúde pública causada pelo vírus Zika. Outros agentes de vigilância me explicaram que uma investigação fracassada tinha de ser reportada, o que prejudicaria a reputação da equipe. Em determinado momento, chamou-se a polícia, o que pode ter acentuado temores de que os agentes sanitários eram na verdade agentes da lei, uma vez que o Bom Retiro apresenta o terceiro maior índice de agressão policial reportada na cidade de São Paulo.[23] Os policiais que chegaram ao prédio foram alocados no Bom Retiro, portanto estavam familiarizados com o espaço e o lugar, mesmo que não fossem amados por todos os moradores. Para minha surpresa, os policiais ficaram do lado destes últimos, explicando à equipe que a entrada poderia ser perigosa tanto para os profissionais de saúde quanto para a polícia. Assim, os agentes da lei se recusaram a acompanhar a entrada dos agentes no prédio, e a visita não ocorreu. Em minhas várias idas ao mesmo prédio com a Equipe Verde – incluindo uma na qual diretores da Emory chamaram atenção por vestir terno e gravata –, nunca houve dificuldade para entrar, e nunca senti nada semelhante a perigo ou hostilidade.

Minhas observações ressaltaram as diferentes maneiras como os representantes do Estado de saúde "veem" a população imigrante e criam significado a partir do espaço para fazer julgamentos, muitas vezes baseados na desconfiança, sobre o local. Historicamente, assim como no presente, os cidadãos não aceitavam passivamente atitudes que vinculavam políticas de saúde a perturbações e expulsões de residências.[24] Um dos exemplos mais vívidos foi encontrado na Revolta da Vacina de 1904 no Rio de Janeiro, tendo algumas versões do movimento ocorrido em outros lugares e momentos.[25] A história começou em 1900, quando o epidemiologista

---

23 Rede Nossa São Paulo, "Agressões por intervenção policial", *Mapa da desigualdade 2022*, p.70, https://www.nossasaopaulo.org.br/wp-content/uploads/2022/11/Mapa-da-Desigualdade-2022_Tabelas.pdf, acesso em: 28 jun. 2024.

24 Rezende e Heller, *O saneamento no Brasil*, p.129.

25 Pande, *Medicine, Race and Liberalism*, p.187; Hussain et al., "Anti-vaccination Movement".

Oswaldo Cruz fundou o Instituto Oswaldo Cruz como uma organização nacional de saúde pública. O objetivo da instituição era enfrentar os desafios de saúde em um período em que muitos brasileiros acreditavam que os pobres, imigrantes e descendentes de africanos eram "naturalmente" mais doentes do que os outros.[26] Usando métodos "científicos" amplamente aceitos na época, como frenologia e eugenia, acadêmicos, médicos e outros profissionais concluíram que grande parte da população brasileira era "degenerada", uma palavra encontrada sistematicamente em estudos médicos e de saúde antes de 1945 e que continua sendo usada na linguagem popular para se referir aos pobres, inclusive pelos próprios pobres e membros das classes trabalhadoras.[27]

Em 1904, a Câmara dos Deputados aprovou a proposta de Oswaldo Cruz de fazer melhorias sanitárias abrangentes, incluindo uma lei de vacinação obrigatória. Como em muitos países, até mesmo os ricos e altamente industrializados, foi dado aos profissionais de saúde o direito de entrar nas casas para vacinar as pessoas contra varíola, se necessário à força. Cruz também criou as brigadas de mata-mosquitos, inspiradas nas brigadas de extermínio de ratos discutidas no capítulo 6. A designação militar – uma brigada é uma unidade de combate de um exército – fazia parte de uma abordagem estatal mais ampla que forçava a população a construir defesas sanitárias para se proteger de ser bombardeada por doenças.[28]

A reação popular às novas políticas sanitárias variou, embora muitos brasileiros estivessem ansiosos por medidas de erradicação e controle conduzidas pelo Estado. A cobertura vacinal na segunda metade do século XX era de fato muito alta no Brasil. Membros das classes dominantes geral-

26 A Fundação Oswaldo Cruz (Fiocruz) se tornou parceira do que é hoje o Ministério da Saúde do Brasil. Atualmente, a Fiocruz tem responsabilidades de nível ministerial, incluindo o que nos Estados Unidos ficaria sob responsabilidade dos Institutos Nacionais de Saúde, dos Centros de Controle de Doenças e de um programa de treinamento de escolas de saúde pública em universidades. Cantisano, "Refuge from Science".

27 Stepan, "Biology and Degeneration"; D. Borges, "Puffy, Ugly, Slothful, and Inert".

28 Sant'anna, "Guerra e paz".

mente acolhiam projetos sanitários que acreditavam que melhorariam os "problemas" nacionais de raça, cultura, trabalho e pobreza entre os imigrantes e os cidadãos de ascendência africana. A população desfavorecida geralmente via as coisas de outra forma, principalmente quando profissionais de saúde entravam em suas casas com escoltas policiais armadas. Sua frustração e a insegurança sobre a possibilidade de se confiar no Estado para desenvolver uma vacina segura levaram à Revolta da Vacina, uma rebelião civil de 1904 cujo foco principal ocorreu no Rio de Janeiro e que, mesmo tendo durado apenas uma semana, deixou 30 mortos e centenas de feridos ou detidos.[29]

Resquícios dos tipos de conflito que levaram à Revolta da Vacina ficaram evidentes quando a equipe de vigilância sanitária não conseguiu entrar naquele prédio grande do Bom Retiro em 2016. Outro exemplo de relações tensas entre Estado e saúde pública ocorreu naquele mesmo ano, quando o Exército brasileiros, cujo lema é "Braço forte, mão amiga", foi encarregado, em fevereiro de 2016, de conduzir campanhas de erradicação do mosquito da Zika. Por conta disso, médicos militares uniformizados foram enviados em alguns casos a Unidades Básicas de Saúde nos mesmos bairros onde civis haviam morrido durante ações de "pacificação" contra o tráfico de drogas (Figura 5.5). O uso das Forças Armadas para combater doenças parece ter sido amplamente aceito pela população-alvo, não havendo casos reportados de violência contra os médicos. Relatos de que o alto-comando não autorizou a entrada em bairros que acreditavam ser controlados por organizações criminosas, uma das formas mais notáveis de estigmatização de áreas geográficas no Brasil, também podem ter minimizado a violência contra profissionais de saúde.[30]

---

29 Meade, "'Civilizing Rio de Janeiro'"; Needell, "Revolta contra vacina"; Chalhoub, "Politics of Disease Control"; Sevcenko, *Revolta da Vacina*.

30 María Martín, "Brasil destina 60% das suas Forças Armadas na luta contra um mosquito", *El País* (Brasil), 13 fev. 2016, https://brasil.elpais.com/brasil/2016/02/13/politica/1455383958196275.html.

Figura 5.5. Soldados das Forças Armadas brasileiras se preparando para entrar em um bairro em busca do mosquito *Aedes aegypti* durante o surto de Zika em 2016. Fonte: Ministério da Defesa do Brasil, fotografia de Tereza Sobreira. "Exército brasileiro no combate ao mosquito *Aedes*", Brasília (DF), 15 jan. 2016, *Wikimedia Commons*, https://commons.wikimedia.org/wiki/File:Ex%C3%A9rcito_Brasileiro_no_combate_ao_mosquito_Aedes_(24653041645).jpg.

Espaços sagrados de saúde

Todas as ações discutidas até aqui começaram em prédios de saúde, variando desde a relativamente pequena UBS Bom Retiro até sedes maiores de instituições sanitárias municipais. As estruturas de saúde surgiram no século XIX, à medida que o Estado reformulava o ambiente construído para dar legitimidade às decisões de saúde pública. Novos bairros tinham nomes como "Saúde", "Higienópolis" e o já mencionado "Campo Limpo".[31] Essa

31 Almeida e Dantes, "O serviço sanitário de São Paulo, a saúde pública e a microbiologia".

marcação não se limitou às primeiras décadas da República brasileira. Em 2022, a estação Saúde do metrô passou a se chamar "Saúde-Ultrafarma", um aceno aos lucros gerados por uma das maiores redes de farmácias do Brasil.[32] Novos edifícios de saúde permitiram testes laboratoriais e o desenvolvimento de medicamentos. Hospitais e programas de treinamento universitário se sobrepuseram e dialogaram com (e depois lentamente substituíram) instituições sanitárias religiosas e escolas médicas da época colonial, assim como aconteceu em toda a América Latina.[33] Os argumentos da arquiteta Donatella Calabi sobre como o urbanismo surgiu na Europa do início do século XIX junto com engenheiros sanitários e médicos higienistas se aplicam totalmente ao Brasil, onde profissões modernas criaram novas estruturas de saúde.[34]

Bernardino José de Campos Júnior, duas vezes governador do estado de São Paulo (agosto de 1892 a abril de 1896 e julho de 1902 a maio de 1904), estava na linha de frente da modificação do ambiente construído para atingir metas de saúde pública. Uma homenagem bajuladora em uma revista focada em ciência e literatura lida por muitos líderes de Estado expôs suas abordagens:

> organizou os corpos da força policial, encampou a Companhia Cantareira e Esgotos e desenvolveu os serviços de higiene e de saneamento [...]; criou os serviços de assistência pública, de isolamento e desinfecção dos contagiados; fundou os laboratórios bacteriológico, farmacêutico e de análises químicas; [...] mandou construir hospitais de isolamento na capital e no interior e criou o Instituto Vacinogênico, iniciando as obras do Desinfectório Central.[35]

---

32 Metrô de São Paulo, "Ultrafarma terá seu nome na Estação Saúde de metrô de São Paulo", Associação Nacional dos Transportadores de Passageiros sobre Trilhos – *ANPTrilhos*, 15 mar. 2022, https://anptrilhos.org.br/ultrafarma-tera-seu-nome-na-estacao-saude-do-metro-de-sao-paulo/.

33 O'Brien, "If They Are Useful"; Bertolli Filho, *História da saúde pública no Brasil*, p.5-15; Mott e Sanglard (orgs.), *História da saúde em São Paulo*.

34 Calabi, *História do urbanismo europeu*.

35 *O Arquivo Ilustrado: Enciclopédia Noticiosa, Cientifica e Literária*, jun. 1920, p.122. Ver também Bruno Brasil, "O Arquivo Ilustrado: Enciclopédia Noticiosa, Cientifica

Este último estava localizado no Bom Retiro, epicentro geográfico da saúde ruim em São Paulo, onde os imigrantes eram temidos como vetores de doenças. O quarteirão onde ficava o Desinfectório Central, a principal instituição de saúde do município, foi um dos primeiros a receber um sistema de esgoto, em 1893, embora o Bom Retiro de forma mais ampla não o tenha recebido.[36] Uma década depois, foi inaugurada no bairro a Escola de Farmácia, Odontologia e Obstetrícia, enfatizando ainda mais a relação do local com o âmbito da saúde.

Rafael Martins de Oliveira Laguardia usou uma análise cartográfica para definir as "geografias sagradas" de São Paulo, começando em 1850 com uma análise espacial focada na elevação de igrejas cristãs. Ele mostra que as igrejas eram espaços privilegiados e, portanto, a geografia mostrava que eles eram de uma ordem superior tanto religiosa quanto financeiramente. Essa ligação entre elevação e *status* de elite também se dava entre o pequeno grupo de cidadãos ricos que, no final do século XIX e início do século XX, tinham capital suficiente para construir casas unifamiliares. Como mostra Laguardia, os ricos frequentemente construíam suas casas em uma geografia sagrada "localizada em áreas mais elevadas, acima de 750 metros, em São Paulo, as assim chamadas de terras altas por Caio Prado Jr. (1989), que, entre outras vantagens estratégicas, pareciam mais seguras contra enchentes e inundações".[37] Ao fazer isso, os moradores abastados usavam a geografia e a elevação para reforçar o gradiente social em que aqueles com vantagens socioeconômicas tinham melhor saúde e vidas mais longas.[38] Assim, pode parecer estranho eu afirmar que o "espaço sagrado da saúde" de São Paulo

---

e Literária", 17 ago. 2015, *BNDigital Brasil*, Artigos, http://bndigital.bn.gov.br/artigos/o-archivo-illustrado-encyclopedia-noticiosa-scientifica-e-litteraria/.

36 "Planta do terreno anexo à Enfermaria do Bom Retiro", 18 nov. 1892, Núcleo de Acervo Cartográfico, item número BR_APESP_IGC_IGG_CAR_I_S_09.02.34, Apesp; "Galerias de águas pluviais e drenagem do solo construídas em 1893 e 1894 nos bairros do Bom Retiro e Sta. Ifigênia", acesso número 1-06035-0000-0000, Coleção João Baptista de Campos Aguirra, Museu Paulista.

37 Laguardia, "A geografia sagrada na expansão urbana de São Paulo até finais do XIX", p.1.

38 Landmann-Szwarcwald e Macinko, "Panorama of Health Inequalities".

está no Bom Retiro, com sua população majoritariamente pobre e de classe trabalhadora, sua baixa elevação e suas constantes inundações. No entanto, a mesma riqueza que criou áreas residenciais sagradas de boa saúde também criou espaços de saúde ruim que tentaram controlar com um fervor quase religioso.

Para entender por que um quarteirão no Bom Retiro continua sendo um centro de atividades sanitárias para toda a cidade mesmo com o passar do tempo, sigo estudiosos de religiões europeias e vejo os resíduos de instituições de saúde brasileiras como parte de "espaços sagrados de saúde". Na Península Ibérica, sinagogas, igrejas e mesquitas geralmente eram construídas umas sobre as outras, em vez de em novos locais geográficos. Em São Paulo, o espaço sagrado religioso também inclui colocar igrejas ostensivamente católicas em lugares de memória africana. A Igreja Santa Cruz das Almas dos Enforcados fica no local do pelourinho no bairro da Liberdade.[39] O Templo de Salomão da Igreja Universal do Reino de Deus foi construído em um quarteirão do Brás repleto de igrejas de seitas protestantes e católicas concorrentes. Um resíduo da natureza religiosa das instituições sanitárias do período colonial do Brasil pode ser encontrado em hospitais e clínicas seculares modernas, onde os pacientes depositam sua fé em soluções biomédicas.

O espaço sagrado de saúde do Bom Retiro é delimitado espacialmente pelas ruas Tenente Pena (onde ocorreram as ações de saúde que deram início a este capítulo), General Flores, Sólon e dos Italianos. Os resíduos da fé que políticos e sanitaristas imbuíram nessa geografia da saúde são encontrados no Museu de Saúde Pública Emílio Ribas, tombado em 1985 e onde se encontra o acervo da Secretaria de Estado da Saúde de São Paulo. O museu está localizado no antigo prédio do Desinfectório Central, construído no terreno em que antes havia a Hospedaria de Imigrantes e depois o Hospital Militar de São Paulo.[40] A atual UBS Bom Retiro, inaugurada

39 Amoruso, "Spaces of Suffering".

40 Processo n. 23.881/85; Resolução n. 50, de 26 de agosto de 1985; inscrição n. 239, p.65, 21 jan. 1987, http://condephaat.sp.gov.br/benstombados/desinfectorio-central/; *ipatrimônio*, patrimônio cultural brasileiro (beta), "São Paulo – Desinfectório

em 1990 como parte de um novo plano nacional de saúde que surgiu após o fim da ditadura militar, também é um resíduo da fé original depositada naquele pequeno espaço como uma cura para os males da cidade.[41] Na década de 1970, o município designou o local, que antes abrigava um posto de vacinação e um centro de tratamento de hanseníase, como ponto central do distrito sanitário da Santa Cecília, muito mais amplo.[42]

Na virada do século XX, nenhuma estrutura em São Paulo era mais importante para a política e as ações de saúde do que o Desinfectório Central. A instituição ganhou destaque a partir de uma teoria de saúde pública do século XVII, ainda hegemônica, segundo a qual as doenças tinham sua origem em miasmas, odores fétidos que vinham de materiais orgânicos em putrefação encontrados no lixo no chão ou em roupas de cama e outros materiais residenciais que eram contaminados e transmitiam doenças.[43] As autoridades de saúde pública acreditavam que, se o ambiente urbano pudesse ser controlado, a população seria curada por meio da eliminação de itens materiais que causavam problemas de saúde. Como demonstrou Janes Jorge, esse objetivo não foi alcançado, e o Bom Retiro continuou sendo associado a doenças.[44]

O Desinfectório Central, como diversos prédios de saúde nesse período nas Américas, era a manifestação física da luta contra os miasmas por meio da higiene pública e seu resíduo mais contemporâneo, a medicina ambiental.[45] Desinfectórios podiam ser encontrados por todas as Américas e a Europa e faziam parte de um arsenal operacional de saúde pública, uma vez que seus líderes raramente criavam políticas. G. W. McCaskey,

---

Central", https://www.ipatrimonio.org/sao-paulo-desinfectorio-central/#!/map=38329&loc=- 23.514747887206905,-46.666080951690674,14, acessos em: 28 jun. 2024.

41 LaCroix, Casagrande e Lesser, "Sacred Space of Health".

42 *Diário Oficial do Estado* (São Paulo), 19 out. 1979, p.103.

43 Howard-Jones, "Robert Koch"; Neto, *O poder e a peste*.

44 Jorge, *Tietê, o rio que a cidade perdeu*.

45 Segawa, "Arquitetura de hospedarias de imigrantes"; Murphy, *Sick Building Syndrome*; Mott e Sanglard (orgs.), *História da saúde em São Paulo*; Lopez, *Building American Public Health*; Kisacky, *Rise of the Modern Hospital*.

especialista em ouvido, nariz e garganta e professor da Escola de Medicina de Fort Wayne em Indiana, um estado na região central dos Estados Unidos, promoveu o uso da palavra "desinfectório" em 1890 para evidenciar o trabalho dissociado de políticas: "Em vista de sua grande importância e da conveniência de ter um termo único para substituir 'aparato de quarentena', 'estação de desinfecção', 'aparato de desinfecção' etc., arriscarei sugerir a palavra 'desinfectório' como um termo que se aplica às várias instituições criadas para a desinfecção prática".[46] O artigo de McCaskey foi republicado em vários periódicos médicos nos Estados Unidos, e os desinfetórios começaram a surgir. O primeiro edifício de desinfecção do Rio de Janeiro foi inaugurado em 1890, na Praça XV de Novembro, próximo às docas, voltado para Niterói, e outro foi aberto em 1904.[47] San Remo, na Itália, começou a construir um "espaçoso desinfectório público" em 1892; após surtos de doenças, "tenham eles ocorrido em hotéis, pensões ou vilas, todo o vestuário, roupa de cama, mesa e banho etc. [será] submetido à ação de vapor superaquecido, aplicado segundo a maneira eficiente da ciência moderna".[48] No Reino Unido, salas de desinfecção começaram a ser adicionadas a hospitais na década de 1890; em 1912, os representantes oficiais do Brasil na Exposição Internacional de Borracha em Nova York promoveram a necessidade de salas de desinfecção em hospitais brasileiros.[49]

O Desinfectório Central de São Paulo mudou o significado de "desinfecção", passando de um processo científico aplicado a itens materiais para uma abordagem social e cultural para controlar pessoas. A planta baixa incluía grandes áreas reservadas para veículos, usadas para expandir o alcance do Desinfectório para muito além dos muros da instituição, tornando-o mais do que um local para receber e desinfectar objetos.[50] Inicialmente,

---

46 McCaskey, "Disinfection", p.246.

47 Benchimol, *Dos micróbios aos mosquitos*, p.291-2.

48 Special Commissioner, "Health Resorts of the Riviera", p.203.

49 *Public Health* (Londres), 7 out. 1894, p.182. Ver também Brasil, Comissão, Exposição Internacional de Borracha de Nova York, *Brazil, the Land of Rubber*, p.81.

50 Instituto Butantan/Museu Emílio Ribas, *História, imigração e saúde no bairro do Bom Retiro*.

esses veículos eram puxados por cavalos, até o poder público municipal pavimentar as ruas em torno do edifício, de modo que carros motorizados de fiscalização sanitária pudessem difundir o sagrado poder da saúde. Tais veículos não apenas coletavam materiais a serem desinfectados (Figura 5.6), mas também levavam pacientes a hospitais de isolamento, transportavam cadáveres a cemitérios (Figura 5.7) e transportavam os desinfectores até a casa dos moradores que haviam sido denunciados.[51]

Figura 5.6. Veículo usado pelo Desinfectório Central para remover vestimentas e roupas de cama infectadas de residências. Fonte: *Álbum Serviço Sanitário do Estado de São Paulo: algumas instalações do Serviço Sanitário de São Paulo* (São Paulo: Impresso gráfico, 1905), Fundo Serviço Sanitário de São Paulo, Acervo Instituto Butantan/Museu de Saúde Pública Emílio Ribas.

---

51 R. Williams, "The Global Spread of Street Pavement Materials and Technology", p.211.

Desinfectorio Central — Carro para conducção de cadaveres

Figura 5.7. Veículo usado pelo Desinfectório Central para remoção de cadáveres de casas e espaços públicos. Fonte: *Álbum Serviço Sanitário do Estado de São Paulo: algumas instalações do Serviço Sanitário de São Paulo* (São Paulo: Impresso gráfico, 1905), Fundo Serviço Sanitário de São Paulo, Acervo Instituto Butantan/Museu de Saúde Pública Emílio Ribas.

O "vasto" Desinfectório Central foi inaugurado em 1º de novembro de 1893, tendo destaque no Serviço Geral de Desinfecção do estado.[52] O diretor da nova instituição, o médico Diogo Teixeira de Faria (1867-1927), era um típico sanitarista de sua época. Nascido no Rio de Janeiro, Teixeira de Faria visitou São Paulo como estudante de medicina para participar de ações sanitárias que visavam eliminar a febre amarela nas cidades do

52 Alfredo Pinto, *A cidade de São Paulo em 1900*, p.102. Em 1925, o Desinfectório Central, o Hospital de Isolamento, os serviços de transporte e o Serviço de Controle de Insetos Voadores foram colocados administrativamente sob o secretário do Interior, onde permaneceram durante a Segunda Guerra Mundial.

interior do estado.[53] Após se formar, ele se tornou chefe da Comissão Sanitária de Campinas, município a menos de 100 quilômetros de São Paulo que tinha sido uma escravocracia até meados do século XIX. Após a abolição em 1888, Campinas continuou tendo uma pequena classe de proprietários de terras, uma grande população de ascendência africana e um número crescente de imigrantes europeus. A cidade cresceu, passando de cerca de 17 mil habitantes em 1888 para quase o dobro em 1896 e mais de 115 mil em 1920, e, com a densidade populacional, vieram as doenças infecciosas.[54] Em 1896, a febre amarela matou mais de 700 dos cerca de 30 mil moradores da cidade, e em 1918-1919 outros 400 morreram de gripe.[55]

Foi nesse cenário que Teixeira de Faria assumiu a liderança do quarteirão que continha o Desinfectório Central.[56] Em sua análise de fotografias de instituições sanitárias em São Paulo, James Roberto Silva observa que, "[s]endo o Desinfectório a corporificação da polícia sanitária, as fotografias enfatizavam sua montagem como quartel militar, exibindo os equipamentos, os funcionários, os veículos e os animais, todos em posição de prontidão, com os portões abertos e o caminho desimpedido".[57] De fato, quando levo colegas e alunos para passear a pé pelo Bom Retiro, eles sempre pensam que o antigo prédio do Desinfectório está ligado às Forças Armadas, porque parece uma guarnição militar (Figura 5.8).

A atuação do Desinfectório foi definida por um decreto político. Os 21 artigos descreviam tudo, desde quando enviar pacientes doentes para hospitais especiais até como os cadáveres seriam recolhidos, a quantidade de potássio a ser usada para desinfetar roupas e lençóis manchados de sangue e onde veículos oficiais deveriam estacionar.[58] Os agentes tinham o direito de entrar em espaços privados e edifícios públicos mesmo quando apenas

---

53 Begliomini, "Cadeira n. 58 – Patrono Diogo Teixeira de Faria, 1867-1927".

54 Bassanezi, *São Paulo do passado*, p.29.

55 Bassanezi e Cunha. "Um espaço, dois momentos epidêmicos".

56 R. Costa, "Apontamentos para a arquitetura hospitalar no Brasil".

57 J. Silva, *Fotogenia do caos*, p.90.

58 Decreto Estadual n. 219, de 30 de novembro de 1893, "Regulamento para o serviço geral de desinfecções", São Paulo, Governo do Estado, *Diário Oficial*, http://dobuscadireta.imprensaoficial.com.br/default.aspx?DataPublicacao=18931208&Caderno=Diario%20Oficial&NumeroPagina=8801.

Figura 5.8. Frente do Desinfectório Central, com sua fachada de estilo militar, 1905. Fonte: *Álbum Serviço Sanitário do Estado de São Paulo: algumas instalações do Serviço Sanitário de São Paulo* (São Paulo: Impresso gráfico, 1905), Fundo Serviço Sanitário de São Paulo, Acervo Instituto Butantan/Museu de Saúde Pública Emílio Ribas.

suspeitavam de alguma doença (Figura 5.9).[59] O decreto criou dois tipos diferentes de equipes de vigilância sanitária. Uma delas entrava nas casas e fazia a remoção de pessoas doentes, itens suspeitos de estarem infectados e cadáveres. Outra equipe era responsável por devolver itens desinfetados, como roupas de cama, toalhas e vestimentas, para a população. Ambas estavam disponíveis 24 horas por dia, embora se esperasse que as ações ocorressem durante o horário comercial. Decretos posteriores ampliaram o alcance do Desinfectório; durante a epidemia de gripe de 1918, autoridades

59 Mastromauro, "Alguns aspectos da saúde pública e do urbanismo higienista em São Paulo no final do século XIX", p.56; E. Campos, "Hospitais paulistanos".

sanitárias decretaram que agentes entrariam em qualquer residência com mais de duas mortes e ela seria desinfetada.[60]

Desinfectorio Central — Desinfectador em serviço no interior das casas infeccionadas.

Figura 5.9. Desinfetador atuando em uma casa infectada, 1905. Fonte: *Álbum Serviço Sanitário do Estado de São Paulo: algumas instalações do Serviço Sanitário de São Paulo* (São Paulo: Impresso gráfico, 1905), Fundo Serviço Sanitário de São Paulo, Acervo Instituto Butantan/Museu de Saúde Pública Emílio Ribas.

60 Bertolli Filho, *História da saúde pública no Brasil*, p.164.

Ações sanitárias relacionadas ao Desinfectório geralmente causavam tensões com a população. Jacob Penteado se mudou para o Bom Retiro aos sete anos de idade, em 1907, e morava a menos de dois quarteirões do prédio, em um cortiço formado por três casas que pertenciam a um imigrante português. Ele se lembrava de como os agentes de saúde pública acompanhados pela polícia entravam nas residências em que havia suspeita de casos de varíola e as desinfetavam, executando "a tarefa com tamanho zelo e perfeição".[61] Penteado se perguntou se uma gíria do início do século XX, "desinfete", que significa que alguém desaparecera repentinamente, poderia ter surgido da remoção forçada de pessoas doentes de suas casas.[62] No entanto, tais remoções não refletiam a remoção de resíduos da rua, uma das principais causas de problemas de saúde no centro de São Paulo. Uma petição de 1910 feita por moradores imigrantes do Bom Retiro (e do distrito adjacente da Luz) reclamou que o Serviço Sanitário não estava aplicando as leis locais referentes a coleta de lixo, e, por conseguinte, os moradores estavam "ameaçados de alguma moléstia grave e quiçá de alguma epidemia".[63]

Publicações e reportagens mensais em jornais destacavam a quantidade de desinfecções domiciliares e cadáveres removidos em veículos puxados por cavalos que lembravam furgões de polícia, com entrada pela parte traseira e bancos na parte interna.[64] Os veículos enfatizavam o controle social, na medida em que as autoridades sanitárias levavam lençóis, colchões, cortinas, tapetes e outros produtos têxteis para desinfecção por calor em grandes fornos. Itens de couro, borracha, papel e madeira eram desinfetados quimicamente, enquanto roupas ensanguentadas eram postas de molho em

---

61 Penteado, *Belenzinho, 1910*, p.8.

62 Ibidem, p.38.

63 Câmara Municipal de São Paulo, Projeto de Lei n. 3, de 15 de janeiro de 1910, Joaquim Morra, "Dispõe que a prefeitura mandará transferir para lugar mais conveniente e afastado da cidade, os atuais estabelecimentos da empresa da limpeza pública e particular e, nesse lugar, construirá um forno de incineração de lixo", doc. PL0003-1910, https://www.saopaulo.sp.leg.br/iah/fulltext/documentoshistoricos/PL0003-1910.pdf.

64 "Saúde Pública", *A Gazeta*, 21 abr. 1914, p.3.

uma mistura de água e permanganato de potássio para "impedir as manchas indeléveis".[65]

Para as classes trabalhadoras, as ações do Desinfectório eram invasivas e militaristas. Já as classes mais altas viam a situação de maneira diferente e acreditavam que o edifício e seus funcionários reforçavam seus interesses. Os visitantes convidados ficavam impressionados com a tecnologia moderna em amplas salas, com os grandes espaços para veículos puxados por cavalos e motorizados e com a atenção à limpeza que, em sua opinião, ajudava a separar as classes altas da ralé. Como afirma Daniel Reichman em discussão sobre o quadro *Praia de S. Vicente*, de Benedito Calixto, as tecnologias "modernas" eram reverenciadas de forma quase religiosa pelas classes altas brasileiras, e até mesmo um cano de esgoto poderia se tornar "uma coisa bela".[66] O jornalista Alfredo Moreira Pinto expressou espanto semelhante após visitar o Desinfectório em 1900, tornando-se poético ao observar os "dois portões de ferro" abrindo e fechando para deixar entrarem e saírem carros para condução de cadáveres e transportes de pacientes.[67]

O entusiasmo dos abastados com o Desinfectório ia além dos aspectos visuais ou discursivos. As ações sanitárias que emanavam do edifício eram diferentes para as classes baixas e altas. "Doentes de classe" eram transportados para o Hospital de Isolamento em uma berlinda, uma carruagem espaçosa com assentos individuais e um sistema de suspensão que a tornava particularmente confortável (Figura 5.10). Todos os outros usavam um veículo apertado e desconfortável (Figura 5.11).[68] O próprio Hospital de Isolamento tinha um pavilhão elegante separado onde famílias ricas podiam ser acomodadas, e um átrio central permitia banhos de sol sem sair do edifício.[69] O Desinfectório, portanto, refletia e reforçava desigualdades

65 Decreto Estadual n. 219, de 30 de novembro de 1893, Capítulo 2, artigos 10-17.

66 Reichman, *Progress in the Balance*, p.110.

67 Alfredo Pinto, *A cidade de São Paulo em 1900*, p.102.

68 Americano, "Veículos", p.175-8.

69 Cytrynowicz, Cytrynowicz e Stücker, *Do Lazareto dos Variolosos ao Instituto de Infectologia Emílio Ribas*.

residenciais e de transporte mais amplas. Enquanto as classes dominantes viviam em casas unifamiliares de sua propriedade, a classe trabalhadora residia em cortiços e moradias informais. As elites usavam carruagens privadas com monogramas conduzidas por funcionários trajando fraques, cartolas e luvas. Carros que circulavam pelas ruas, por outro lado, eram frequentemente conduzidos por imigrantes italianos que fumavam charutos e usavam chapéus feitos com folhas de coqueiro.[70] A maioria das pessoas, é claro, só tinha dinheiro para se locomover a pé.

Figura 5.10. Veículo usado pelo Desinfectório Central para transportar as elites a estabelecimentos de saúde. Fonte: *Álbum Serviço Sanitário do Estado de São Paulo: algumas instalações do Serviço Sanitário de São Paulo* (São Paulo: Impresso gráfico, 1905), Fundo Serviço Sanitário de São Paulo, Acervo Instituto Butantan/Museu de Saúde Pública Emílio Ribas.

70 Penteado, *Belenzinho, 1910*, p.276.

Desinfectorio Central — Carro de remoção de doentes

Figura 5.11. Veículo usado pelo Desinfectório Central para transportar quem não pertencia às elites a hospitais. Fonte: *Álbum Serviço Sanitário do Estado de São Paulo: algumas instalações do Serviço Sanitário de São Paulo* (São Paulo: Impresso gráfico, 1905), Fundo Serviço Sanitário de São Paulo, Acervo Instituto Butantan/Museu de Saúde Pública Emílio Ribas.

O uso do espaço pelo Desinfectório Central para controlar a saúde pública não se limitava ao quarteirão em que a instituição estava localizada. A geografia sagrada do edifício significava que as linhas de visão do prédio alto criavam uma "Paisagem da Saúde", parafraseando Thomas Rogers, cujo coeficiente inovador será apresentado no capítulo 6.[71] O Desinfectório também tinha uma relação intensamente recíproca com a Estação da Luz, a pouco mais de um quilômetro de distância.[72] Originalmente apenas uma

71 T. Rogers, "Laboring Landscapes".

72 R. Machado e Kako, "A cartografia da expansão da cidade de São Paulo no período de 1881 a 2001".

plataforma, a estação se expandiu em 1888, quando o Desinfectório estava sendo construído. Em 1893, a estação e o Desinfectório, edifícios com algumas das maiores pegadas de São Paulo, trabalhavam juntos para controlar a saúde de dezenas de milhares de imigrantes vindos da Europa, do Oriente Médio e da Ásia (que em 1895 somavam cerca de 140 mil pessoas) que chegavam à Estação da Luz a caminho de plantações ou para trabalhar na economia urbana.[73]

A dinâmica interdependente entre o ambiente construído, a saúde e a imigração surgiu porque as autoridades consideravam os recém-chegados vetores humanos de doenças, vendo suas roupas e bagagens como vetores materiais. O Bom Retiro, quer como local temporário de passagem quer como residência mais permanente, era um lugar perigoso, de acordo com especialistas em saúde pública, uma vez que os estrangeiros traziam doenças novas e antigas para a cidade. As políticas e os equipamentos do Desinfectório foram vinculados à Estação da Luz em um decreto de 1896 que determinava que a bagagem dos imigrantes fosse removida dos trens que chegavam e passasse por uma "limpeza" em unidades móveis de desinfecção que aguardavam na estação (Figura 5.12).[74] Veículos de saúde pública surgiram em 1887 na França para controlar surtos de febre amarela e outras doenças e para transportar pessoas doentes de suas casas para locais segregados sem que tivessem contato com a população em geral.[75] As câmaras redondas de desinfecção do Desinfectório Central foram montadas primeiramente em carruagens puxadas por cavalos, mas em 1911 veículos motorizados, expostos até hoje, reduziram o tempo necessário para se deslocar entre o Desinfectório e a estação de trem (Figura 5.13).

Autoridades de saúde pública em São Paulo tinham orgulho do complexo do Desinfectório Central e do que ele representava. Em 1905, uma

---

73 Instituto Butantan/Museu Emílio Ribas, *História, imigração e saúde no bairro do Bom Retiro*.

74 Lei Estadual n. 432, de 3 de agosto de 1896, Sobre o Serviço Sanitário do Estado Assembleia Legislativa do Estado de São Paulo, Legislação, Normas, https://www.al.sp.gov.br/repositorio/legislacao/lei/1896/lei-432-03.08.1896.html, acesso em: 28 jun. 2024.

75 Rochard, "L'Hygiène en 1889".

publicação do Serviço Sanitário tinha mais fotos da estrutura do que de qualquer outra instituição de saúde na cidade.[76] Muitas imagens destacavam a prontidão das autoridades para desinfetar e remover pessoas vivas e mortas de suas casas. Tudo no edifício, incluindo fornos, laboratórios,

Figura 5.12. Veículo de desinfecção, 1905. Atrás do assento do motorista há um tanque com produtos químicos que são aquecidos por uma caldeira, direcionando o gás produzido para um tanque de madeira na parte traseira. A caldeira tem controles de pressão, que, por sua vez, regulam a intensidade da descarga química. Do tanque de madeira saem canos que pulverizam produtos químicos pela rua conforme o veículo passa. Fonte: *Álbum Serviço Sanitário do Estado de São Paulo: algumas instalações do Serviço Sanitário de São Paulo* (São Paulo: Impresso gráfico, 1905), Fundo Serviço Sanitário de São Paulo, Acervo Instituto Butantan/Museu de Saúde Pública Emílio Ribas.

---

76 "Álbum do Desinfectório Central", *c.* 1911, reimpresso em J. Silva, *Fotogenia do caos*, figuras 23-29.

Figura 5.13. Veículo de desinfecção em exposição no Museu de Saúde Pública Emílio Ribas, localizado no prédio onde ficava o Desinfectório Central. Fonte: Fotografia de Jeffrey Lesser, maio de 2016.

veículos, cientistas e formuladores de políticas públicas, era moderno e refletia uma educação e uma tecnologia que não estavam disponíveis para a maior parte da população. Muitos dos veículos motorizados foram comprados da Alma Manufacturing Company, em Michigan, Estados Unidos, a maior fabricante mundial de caminhões no início do século XX.[77] Mecânicos em São Paulo converteram os caminhões Hércules (mais tarde conhecidos como caminhões Republic), originalmente usados para trabalho agrícola, em unidades móveis de desinfecção.[78]

77 David McMacken, "Republic Trucks Put Alma on the Map", *Morning Sun Lifestyle*, 13 jun. 1913.

78 Sergio de Simone, "Carros antigos do Museu de Saúde Pública Emílio Ribas", relatório de pesquisa não publicado, Amsper, fev. 2016.

Os veículos atuavam como tentáculos do poder sanitário ao percorrerem as ruas no entorno do Desinfectório Central e da Estação da Luz e então alcançar todas as regiões de São Paulo. A presença desses veículos, sobretudo durante epidemias, tornava-os parte do ambiente construído, mesmo que fossem móveis. Isso ficou claro em fotos oficiais do final do século XIX até meados do século XX que mostravam veículos em frente ao prédio, prontos para entrar em ação (figuras 5.14 a 5.16). O Desinfectório, portanto, reterritorializou a cidade e seus moradores em espaços "doentes" e "saudáveis", indo do bairro até as residências.[79] Conforme os veículos de saúde transitavam pelos espaços urbanos, eles lembravam a população que o controle estatal do órgão nacional era invasivo e que isso aumentaria à medida que as tecnologias de transporte e comunicação evoluíssem. Os moradores do Bom Retiro estavam particularmente cientes da presença do Estado porque o bairro era um dos principais alvos de ações sanitárias. O desfile de veículos indo e vindo do Desinfectório era um lembrete de que o ambiente construído poderia ser ocupado a qualquer momento.

A população frequentemente resistia às ações agressivas provenientes do Desinfectório. Recusar a entrada dos agentes, como vimos no início do capítulo, era comum no Bom Retiro e em outros bairros da classe trabalhadora. Os agentes sanitários que tentavam entrar nas casas algumas vezes eram atacados, e os moradores também se utilizavam do aparato político, chamando a polícia e fazendo petições a vereadores. Em 1919, por exemplo, os moradores se recusaram a aceitar uma ação do Estado, quando funcionários do Desinfectório propuseram novos estábulos para carruagens puxadas por cavalos em um cruzamento do outro lado da rua de onde ficava a instituição, em frente à atual UBS Bom Retiro. Uma vez que as unidades motorizadas de desinfecção e veículos de cadáveres precisavam de frequentes reparos, as autoridades sanitárias afirmaram que ter veículos reserva garantiria a continuidade da remoção de doentes e falecidos de espaços públicos e residências privadas. Os moradores do Bom Retiro lutaram contra os estábulos, pois eles eram "foco de moléstias pestilenciais".[80] Por que não

79 Wolfe, *Autos and Progress*.

80 "Ministério de Agricultura", *Correio Paulistano*, 4 fev. 1890, p.1.

Figura 5.14. Fachada do Desinfectório Central com veículos de serviço sanitário puxados por cavalos de prontidão, por volta de 1893. Os veículos são conduzidos por motoristas cujos trajes brancos de desinfecção se destacam visualmente. Eles estão alinhados na seguinte ordem: uma carruagem de passageiros de elite, um veículo de transporte com diversos desinfectores, uma carruagem de passageiros popular e um veículo de cadáveres. Fonte: Museu de Saúde Pública Emílio Ribas, fachada do prédio do Desinfectório Central, rua Tenente Pena, ampliação fotográfica, PB. [1893], Fundo Serviço Sanitário de São Paulo, Grupo: Desinfectório Central, Acervo Instituto Butantan/Museu de Saúde Pública Emílio Ribas.

construir, eles argumentaram, uma área de recreação para crianças, já que muitos brasileiros concordavam que jovens passando tempo nas ruas eram um problema?[81]

Os moradores fizeram uma petição ao vereador Armando Prado, membro da Comissão de Justiça e Polícia e defensor de longa data da eliminação

81 "Câmara Municipal", *Correio Paulistano*, 15 jun. 1919, p.2; "Câmara Municipal", *Correio Paulistano*, 25 abr. 1920, p.5.

Figura 5.15. Fachada do Desinfectório Central com veículos motorizados de serviço sanitário de prontidão, 1900-1920. Fonte: Museu de Saúde Pública Emílio Ribas, fachada do prédio do Desinfectório Central, rua Tenente Pena, ampliação fotográfica, PB. [1900-1920], Fundo Serviço Sanitário de São Paulo, Grupo: Desinfectório Central, Acervo Instituto Butantan/Museu de Saúde Pública Emílio Ribas.

dos cortiços por vê-los como uma ameaça à saúde pública. Ele afirmou aos seus colegas que a construção desses estábulos levaria a doenças fatais naquele "bairro populoso", que na época tinha quase 27 mil habitantes e uma média de nove pessoas morando em cada casa.[82] Em 1919, o Bom Retiro foi um dos seis bairros ao longo do Rio Tietê onde as autoridades fecharam 345 estábulos e ordenaram a reforma de outros 149 (de um

82 *Álbum Serviço Sanitário do Estado de São Paulo: algumas instalações do Serviço Sanitário de São Paulo* (São Paulo: Impresso gráfico, 1905); Fundo Serviço Sanitário de São Paulo, Acervo Instituto Butantan/Amsper; Câmara Municipal de São Paulo, Requerimento n. 83 de 1920, 15 out. 1920; *Anais da Câmara Municipal de São Paulo, 1920* (São Paulo: Tipografia Piratininga, 1920), p.272, https://www.saopaulo.sp.leg.br/static/atas_anais_cmsp/anadig/Volumes/an1920.pdf.

Figura 5.16. Fachada do Desinfectório Central com ambulâncias e veículos motorizados do Serviço Sanitário de prontidão, provavelmente da década de 1950. Os quatro veículos maiores têm uma porta na parte traseira para transporte de materiais ou cadáveres. Fonte: Museu de Saúde Pública Emílio Ribas, fachada do Desinfectório Central com ambulâncias e carros de vigilância, ampliação fotográfica, PB. [1938-1975], Fundo Serviço Sanitário de São Paulo, Acervo Instituto Butantan/Museu de Saúde Pública Emílio Ribas.

total de 1.418) para controlar criadouros de mosquitos e doenças correlatas.[83] Embora as autoridades sanitárias municipais tenham aclamado a eliminação das "nuvens de insetos" perto dos rios em 1919, os moradores do

83 "Mensagem apresentada ao Congresso Legislativo, em 14 de julho de 1919, pelo dr. Altino Arantes, Presidente do Estado de São Paulo", em *Relatório dos Presidentes dos Estados Brasileiros, Mensagem apresentada ao congresso legislativo em 14 de julho 1919 pelo Dr. Altino Arantes, Presidente do Estado de São Paulo*, p.40, https://memoria.bn.gov.br/DocReader/docreader.aspx?bib=720526&pesq=.&pagfis=1900.

bairro sabiam que essa alegação era falsa e devem ter se perguntado por que o Desinfectório queria construir mais um estábulo grande.

No fim, os moradores venceram, e os estábulos não foram construídos. Mesmo assim, a localização geográfica da construção proposta continuou fazendo parte da geografia sagrada da saúde de São Paulo. Em 1925, foi criada no local uma clínica de saúde modelo (havia apenas uma outra na cidade na época), com grande alarde, por conta de suas vacinações gratuitas.[84] A partir de 1940, profissionais do sexo legais iam a um prédio no terreno para fazer exames semanais de doenças venéreas, e, na década de 1950, a clínica se tornou um centro de tratamento de hanseníase.[85]

* * *

Este capítulo demonstrou que edifícios e veículos eram tão essenciais quanto pessoas para criar e expandir o Estado de saúde em suas múltiplas facetas. Edifícios de saúde imponentes eram cercados por guardas armados e dominavam o ambiente construído (o que ainda ocorre atualmente). Todavia, como mostrei, os profissionais de saúde se sentiam tão intimidados pelos cortiços ocupados por imigrantes e pelas microfábricas não registradas quanto os moradores do Bom Retiro se sentiam em relação aos prédios e veículos de saúde. O capítulo transitou entre o passado e o presente, focando nas tensões entre Estado e população concernentes ao controle de doenças e à erradicação dos mosquitos para mostrar como os resíduos das atitudes dos profissionais de saúde pública em relação aos imigrantes persistem no presente.

Post scriptum

É fácil encontrar os resíduos do Desinfectório no Bom Retiro. O prédio hoje abriga o Museu de Saúde Pública Emílio Ribas, inaugurado em 1979, mesmo ano em que quatro

84 "O primeiro 'Centro de Saúde' fundado no Brasil", *Diário da Noite*, 25 jan. 1927, p.5.
85 São Paulo, Seção de Propaganda e Educação Sanitária, Departamento de Saúde, *Combate à lepra*, p.3.

grandes instituições municipais de saúde pública passaram a funcionar lá.[86] *O edifício continua sendo um local para a disseminação do poder da saúde pela cidade como o centro de transporte da Secretaria da Saúde. Em um dos lados da edificação há um pátio onde ficam expostas unidades móveis de desinfecção do início do século XX.*[87]

Em 1979, o Bom Retiro se tornou o local central para o novo distrito de saúde da Santa Cecília, tornando-se o distrito de saúde "Dr. Octavio Augusto Rodovalho" em 1983, em homenagem ao médico e professor da Faculdade de Saúde Pública da Universidade de São Paulo.[88] *Atualmente, os serviços sanitários são prestados pela UBS Bom Retiro, localizada no mesmo terreno que levou à controvérsia sobre os estábulos em 1919. Embora os moradores contemporâneos do bairro não tenham a mesma relação conflituosa com a UBS Bom Retiro que outros tinham com o Desinfectório, é difícil não notar que o prédio do antigo Desinfectório tem uma planta baixa que poderia facilmente ser confundida com a de um hospital militar do século XIX.*[89] *O muro do lado oeste da UBS fica na rua do Areal, que hoje tem prédios de três andares que antes abrigavam imigrantes do Leste Europeu, principalmente judeus, na época da Segunda Guerra Mundial. Hoje, a maioria desses prédios contém oficinas-residências. Uma exceção é uma pequena moradia precária feita de papelão que usa um lado da UBS como uma parede fixa. Naquele pequeno abrigo vive um homem que às vezes usa o banheiro da UBS, mas cujo atendimento médico ocorre em uma clínica ambulatorial operada pelo SUS, já que as UBS são oficialmente para moradores com endereços formais.*

A atual UBS Bom Retiro está cheia de pacientes que são imigrantes. Embora os profissionais de saúde do presente, como os do passado, sejam predominantemente monolíngues (falando apenas português), os idiomas de seus pacientes mudaram, de italiano, grego e

---

86 As quatro unidades eram a Central de Regulação de Urgência e Emergência do Estado de São Paulo, a Coordenadoria de Gestão de Contratos e Serviços de Saúde, o Almoxarifado da Unidade Dispensadora Tenente Pena e o Grupo de Coordenação das Demandas Estratégicas do SUS.

87 Senne e Urzua, "A constituição do acervo do Museu de Saúde Pública Emílio Ribas", p.17.

88 Lei Estadual n. 3.852, de 5 de outubro de 1983, "Dá a denominação de 'Dr Octávio Augusto Rodovalho' ao Centro de Saúde II – Bela Vista, Distrito de Santa Cecília, na Capital", Alesp, https://www.al.sp.gov.br/norma/?id=37775.

89 E. Campos, "Hospitais paulistanos".

iídiche para chinês, guarani, híndi, coreano e espanhol. A ocupação do espaço por profissionais de saúde também continua, embora a modernidade agressiva de veículos transportando trabalhadores de desinfecção acompanhados por policiais armados tenha dado lugar a equipes de saúde que circulam pelo bairro a pé, vestindo coletes azuis sobre roupas comuns. Seja em 1890 ou em 2020, o Estado de saúde está sempre presente.

Capítulo 6
Ratos mortos e imigrantes mortos-vivos

A morte e a morte de Quincas Berro D'Água

Até hoje permanece certa confusão em torno da morte de Quincas Berro D'Água. Dúvidas por explicar, detalhes absurdos, contradições no depoimento das testemunhas, lacunas diversas. Não há clareza sobre hora, local e frase derradeira.[1]

PM desaparecido é achado morto, nu e amarrado dentro de carroça no Centro de SP [...]

Um policial militar que estava desaparecido desde sexta-feira (16) [16 de novembro de 2020] foi encontrado morto, nu e amarrado dentro de uma carroça na região da Cracolândia, Centro de São Paulo, neste sábado (17). [...]

O caso foi registrado como homicídio qualificado no 2o Distrito Policial (DP), Bom Retiro. [...]

Daniel Lima trabalhava na 1a Companhia do 18o Batalhão da Polícia Militar, em Presidente Prudente, interior do estado, cidade onde nasceu. [...]

De acordo com a ocorrência, policiais militares estavam patrulhando a região no sábado e decidiram abordar os quatro homens que empurravam a carroça [...].

Inicialmente, os suspeitos disseram estar levando entulho. Mas, quando os PMs encontraram um corpo sem roupas na carroça, os homens alegaram que não sabiam que havia um cadáver lá dentro.

Algumas partes do cadáver estavam esmagadas, segundo policiais. O corpo estava escondido debaixo de cobertores, dentro da carroça.

---

1 Amado, *A morte e a morte de Quincas Berro D'Água*, p.1.

> *Após a identificação do corpo, a Polícia Civil quer entender, entre outras coisas, o que o soldado Daniel, que trabalhava na PM em Presidente Prudente, fazia na região da Cracolândia. Inicialmente a informação é de que ele foi para lá na intenção de evangelizar as dependentes e pessoas que moram por lá.*[2]

A violência física e discursiva aumenta durante crises sanitárias mundiais.[3] Quando doenças infecciosas são nomeadas de acordo com as supostas localizações geográficas onde se originaram, indivíduos ligados a esses locais, como imigrantes ou grupos étnicos, são geralmente estigmatizados e visados. Só no século XX, a gripe espanhola, a febre do Nilo Ocidental e a Síndrome Respiratória do Oriente Médio se tornaram nomes muito conhecidos. O aumento da violência contra asiáticos no Brasil e nos Estados Unidos teve origem diretamente em comentários associando a Covid-19 à China, quando por exemplo, ela foi chamada de vírus Wuhan por Jair Bolsonaro e Donald Trump, presidentes racistas (e sexistas e homofóbicos e...) que não conseguiram a reeleição depois de seus primeiros mandatos.[4]

Este capítulo analisa por que o Bom Retiro e seus moradores foram alvos de autoridades de saúde pública durante a peste bubônica da virada do século e os surtos de gripe de 1918. Mostro como as duas epidemias levaram

---

2 Tomaz e Oliveira, "PM desaparecido é achado morto, nu e amarrado dentro de carroça no Centro de SP; 4 foram presos por suspeita de homicídio", *G1* – Globo, 19 nov. 2020, https://g1.globo.com/sp/sao-paulo/noticia/2020/10/19/pm-desaparecido-e-achado-morto-nu-e-amarrado-dentro-de-carroca-no-centrode-sp-4-foram-presos-por-suspeita-de-homicidio.ghtml.

3 Bertolozzi, "Hacking the Debate"; Reny e Barreto, "Xenophobia"; Xun e Gilman, "*I Know Who Caused Covid-19*".

4 Rodrigo Tammaro, "População de origem asiática é vítima de violência e preconceito na pandemia", *Jornal da USP*, 27 maio 2021, https://jornal.usp.br/?p=419827; Werner, "Ódio e preconceito contra asiáticos crescem no Brasil e nos EUA: casos vão da agressão física ao assédio verbal pela internet; mulheres são as mais atingidas", *#Colabora*, 25 maio 2020, https://projetocolabora.com.br/ods3/cresce-o-odio-contra-asiaticos/; Katie Rogers, Lara Jakes e Ana Swanson, "Trump Defends Using 'Chinese Virus' Label, Ignoring Growing Criticism", *New York Times*, 18 mar. 2020, https://www.nytimes.com/2020/03/18/us/politics/china-virus.html.

a discursos semelhantes de sanitaristas, muitas vezes tendo como alvo imigrantes.[5] As classes trabalhadoras imigrantes responderam aos dois eventos de maneiras semelhantes também, desde o uso de práticas medicinais populares para o cuidado e a cura até a ressurreição dos mortos para perambular pelo Bom Retiro.[6]

Conhecemos João Antônio Jorge, morador sírio do Bom Retiro, no capítulo 4, depois de sua briga em 1916 com um imigrante italiano sobre um empréstimo. Dois anos depois, Jorge ainda vivia no Bom Retiro, em um quartinho minúsculo chamado de "pocilga" por *A Capital*, nos fundos de um cortiço na rua Barra de Tibagi, 70, a cerca de dez minutos de caminhada do Desinfectório Central, perto do Rio Tietê.[7] O que ele viveu em 1918, acometido pelo vírus H1N1, popularmente conhecido como a doença de Dakar ou gripe espanhola, ilustra o racismo discursivo e físico que vem à tona durante pandemias.[8]

Jorge era geralmente chamado na imprensa de João Turco, apenas um dos muitos Joões Turcos em São Paulo, onde chamar os brasileiros por adjetivos gentílicos como "alemão", "japonês", "italiano" ou "português" faz parte do discurso cotidiano racializado.[9] Em 1913, a polícia parece ter suspeitado de um João Turco, junto com outro imigrante sírio, em um caso violento e surpreendente de estrangulamento, embora ao final eles tenham sido inocentados.[10] "Lorde João Turco" apareceu como o "folião" principal de um

5 Terreros, "Saberes y prácticas médicos durante la revolución"; Birn, "Perspectivizing Pandemics".

6 Schwarcz e Starling, *A bailarina da morte*. Uma análise cuidadosa da ligação entre as duas doenças é Beiner (org.), *Pandemic Re-Awakenings*. Ver também Kind e Cordeiro, "Narrativas sobre a morte"; Karine Rodrigues, "Da peste bubônica à Covid-19: por que o Brasil parece marcar passo no combate a epidemias", *Notícias Casa de Oswaldo Cruz*, 12 ago. 2021, https://www.coc.fiocruz.br/todas-as-noticias/da-peste-bubonica-a-covid-19-por-que-o-brasil-parece-marcar-passo-no-combate-a-epidemias/.

7 "Defuntos a muque! Um fugiu do Araçá", *A Capital*, 30 nov. 1918, p.1.

8 "Vacina contra a 'espanhola'", *Gazeta do Povo*, 1º out. 1918, p.1.

9 Lesser, "Reflexões sobre (codi)nomes e etnicidade em São Paulo".

10 "Uma mulher estrangulada", *Correio Paulistano*, 4 out. 1913, p.3.

clube carnavalesco de São Paulo durante o Carnaval de 1919.[11] Em 1921, outro João Turco, um conhecido falsificador, envolveu-se em um tiroteio no Clube Ideal, onde comandava uma operação ilegal de jogos.[12] Em 1927, *O Estado de S. Paulo* denominou uma gangue de imigrantes espanhóis que comandava uma operação de apostas em corridas de cavalo de "os João-Turco paulistas".[13] Todos esses Joões Turcos tinham algo em comum: eram tachados de gananciosos, não confiáveis e violentos, acusações essas feitas contra o "dentista sírio" no caso de Amelia Marini, discutido no capítulo 1.

O João Turco do Bom Retiro contraiu a gripe no final de outubro de 1918. Ele foi internado por parentes no hospital improvisado no Colégio Diocesano do bairro, na época localizado na avenida Tiradentes, a poucos minutos de caminhada da Penitenciária Tiradentes. De acordo com o jornal anarquista *O Combate*, João Antônio Jorge ficou internado apenas alguns dias, "não suportando a dieta no hospital provisório". Essa explicação é improvável. O que é mais provável é que Jorge, como muitos proletários de São Paulo, temesse hospitais, já que as infecções se espalhavam pelos espaços apertados e havia inúmeros rumores de mortes não naturais. A angústia de estar em um hospital era tão comum durante a gripe que muitos leitos ficaram desocupados, apesar da grande quantidade de pessoas doentes.[14]

Poucos dias depois de deixar o hospital, em 9 de novembro de 1918, Jorge teve uma recaída. Sua família o levou novamente às instalações improvisadas, onde ele foi diagnosticado com pneumonia, além da gripe. Os relatos dos jornais divergem. Segundo *A Capital*, o estado de Jorge era tão ruim que o médico de plantão, que "não acreditava em milagres" e tinha certeza de que ele morreria, enviou-o para a sala onde os corpos eram vistos antes

---

11 "Carnaval", *O Combate*, 13 fev. 1919, p.3; "Denúncia contra introdutores de moeda falsa na circulação", *Correio Paulistano*, 16 jan. 1921, p.4.

12 "Os amigos do Rolinha", *O Combate*, 9 nov. 1921, p.4; "Desacato a um agente fiscal da união", *O Combate*, 18 jan. 1922, p.3. João Turco (o gângster) continuou sendo uma figura na mídia até pelo menos 1926; ver "Seção futurista", *O Sacy*, 15 jan. 1926, p.18.

13 *O Estado de S. Paulo*, 15 fev. 1927, p.4.

14 "O caso do João Turco", *O Combate*, 30 nov. 1918, p.1; *O Estado de S. Paulo*, 8 nov. 1918, p.4.

do enterro.[15] Já *O Combate* contou a história de forma diferente, vinculando o caso de Jorge diretamente às ações de líderes da saúde pública. Nessa versão, o morador do Bom Retiro foi examinado pelo ex-diretor do Serviço Sanitário de São Paulo e o médico mais famoso do estado, Emílio Ribas, e seu filho, que tinha o mesmo nome e a mesma profissão que o pai. Juntos, eles declararam Jorge morto. Enquanto aguardava o transporte para o cemitério, no entanto, o cadáver voltou à vida, falando e pedindo água.[16]

A volta de Jorge dos mortos refletiu e reforçou uma crença da classe trabalhadora de que os serviços públicos de saúde eram, na melhor das hipóteses, incompetentes e, na pior delas, malévolos. Sua história pode ser interpretada de várias maneiras. Por um lado, o diagnóstico incorreto e mortal sugere que a vida de Jorge não tinha importância, que ele foi vítima de um perfilamento étnico e de classe por parte dos médicos. Uma interpretação diferente pode ser que ele voltou à vida por causa do poder espiritual "árabe". Os dois doutores Ribas viam as coisas de maneira diferente, dizendo a *O Combate* que, por causa de sua pneumonia, João havia sido enviado para um quarto de isolamento, onde ficou confuso após acordar em um espaço destinado a prevenir a transmissão de doenças.[17]

Não é por acaso que a volta de Jorge dos mortos ocorreu no Bom Retiro. A história dele, e outras anteriores resultantes da peste bubônica de 1899, concretizaram os imaginários de saúde ruim que haviam começado com as doenças generalizadas que acometiam as pessoas na Hospedaria de Imigrantes. Como observa Ricardo Augusto dos Santos em seu estudo comparativo de doenças e símbolos populares no Brasil, "em várias ocorrências de peste, gripe ou cólera, a associação entre doença e castigo divino está presente. De forma análoga, indivíduos de comportamento 'suspeito' foram e são apontados como propagadores do mal, sejam pobres, judeus, irlandeses ou negros. Mas existe um elemento sempre constante: o medo".[18] Profissionais de saúde, formuladores de políticas públicas e parcelas da população

---

15 "Defuntos a muque! Um fugiu do Araçá", *A Capital*, 30 nov. 1918, p.1.
16 "O caso do João Turco", *O Combate*, 30 nov. 1918, p.1.
17 Ibidem.
18 R. Santos, "O Carnaval, a peste e a 'espanhola'".

mostravam seus preconceitos durante emergências sanitárias, geralmente questionando as mudanças de identidade nacional que surgiram à medida que a cidadania se tornava mais diversa. Os imigrantes demonstraram suas preocupações com as políticas estatais por meio da rejeição e da manipulação da ciência, buscando curas alternativas e ressuscitando. A história de João Antônio Jorge, e outras que associam os imigrantes às epidemias que explorarei neste capítulo, surge do racismo, das más condições de trabalho e de vida e dos fatores de estresse associados a eles. Tudo isso mostra como as questões mundiais e locais – greves de trabalhadores, alterações climáticas e suas consequências para a produção agrícola e guerras e revoltas – reforçaram a xenofobia.

Ratos!

À medida que o século XX se aproximava, a peste bubônica parecia ter desaparecido na Europa e nas Américas, tendo o último surto sido relatado em 1720 em Marselha, na França. Os cientistas celebraram a descoberta, em 1894, de que o *Pasteurella pestis* (atualmente conhecido como *Yersinia pestis*) era transmitido aos humanos por pulgas que viviam em ratos, e em 1898 começaram os testes de vacinas em humanos. Talvez, então, a pequena nota de 13 de agosto de 1899 no *Jornal do Commercio* do Rio de Janeiro informando que o consulado argentino estava investigando relatos da peste na cidade portuguesa do Porto passou despercebida pelos líderes de saúde pública do Brasil.[19] Isso durou menos de 24 horas. Assim que Nuno Ferreira de Andrade, médico e inspetor geral de saúde dos portos do Brasil, recebeu a informação, ordenou que os navios que chegassem ao Rio de Janeiro vindos de portos portugueses e espanhóis entrassem em uma quarentena de 20 dias e passassem por um processo de limpeza profunda.[20] Andrade sabia o que estava fazendo. Ele fizera parte de uma equipe que havia contido um surto de cólera em 1866 construindo um centro de quarentena na Ilha das Flores,

19 "Telegramas", *Jornal do Comércio*, 13 ago. 1899, p.1.
20 "Peste bubônica no Porto", *Jornal do Comércio*, 15 ago. 1899, p.3.

onde ficava a Hospedaria de Imigrantes do Rio de Janeiro.[21] Contudo, em meados de agosto de 1899, a decisão cientificamente sólida passou a ser controversa, e muitos comerciantes do Rio de Janeiro questionaram a política de quarentena, mesmo enquanto a epidemia se espalhava rapidamente para outras partes do Brasil.[22]

O surgimento da peste em Santos, porto no estado de São Paulo ao qual chegava a maioria dos imigrantes que vinham ao Brasil, é frequentemente atribuído ao navio *O Rei de Portugal*, que chegou do Porto em outubro de 1899. Quase imediatamente depois de o navio ancorar, autoridades de saúde pública registraram um aumento vertiginoso de mortes de ratos. No entanto, assim como ocorrera no Rio de Janeiro, empresários que classificaram o medo da peste de "propaganda" colocaram entraves às tentativas de se declarar uma emergência médica.[23] Não demorou muito, todavia, para que a doença se espalhasse. Fernando Prestes de Albuquerque, presidente da província de São Paulo, aumentou a quantidade de funcionários sanitários no porto, ordenando-lhes que usassem "todas as medidas de policiamento sanitário aconselhadas pela ciência".[24]

As medidas preventivas adotadas pelos líderes do estado de São Paulo chegaram tarde demais, uma vez que a peste já estava em Santos. Quatro meses antes de *O Rei de Portugal* atracar, foram observados grandes e inexplicáveis aumentos nas mortes de ratos em armazéns ao longo das docas após a chegada, em junho, de navios vindos de Myanmar e Moçambique.[25] Em setembro de 1899, as mortes de ratos aumentaram novamente, dessa vez em residências perto das docas, e grandes bubões foram descobertos durante

21 Dicionário Histórico-Biográfico das Ciências da Saúde no Brasil (1832-1930), [s.v.], "Andrade, Nuno Ferreira de", https://dichistoriasaude.coc.fiocruz.br/wiki_dicionario/index.php/ANDRADE,_NUNO_FERREIRA_DE.

22 Dilene Nascimento e Silva, "'Não é meu intuito estabelecer polêmica'".

23 "Arsenal da morte", *A Tribuna do Povo* (Santos), 21 out. 1899, p.1.

24 São Paulo, *Mensagem enviada ao Congresso do Estado, a 7 de abril de 1900*, p.144, https://bibliotecadigital.seade.gov.br/view/singlepage/index.php?pubcod=10012822&parte=1.

25 Wyman, *Bubonic Plague*, p.8-9.

a autópsia de um paciente com febre amarela que estava em quarentena.[26] A peste se espalhou rapidamente de Santos para outros lugares. Um dos destino foi Nova York, por meio do navio a vapor britânico *J. W. Taylor*, que, na chegada, foi colocado em quarentena, contendo a doença.[27] Outro destino foi São Paulo, à medida que a doença viajava pelos trilhos dos trens que ligavam o porto à cidade.

No início de novembro de 1899, a cidade de São Paulo registrou oficialmente o primeiro caso de peste bubônica, embora a doença já estivesse se espalhando. Dois dos principais sanitaristas de São Paulo, Emílio Ribas e Adolpho Lutz, começaram programas abrangentes de pesquisa e controle em Santos, e em 1902 o Instituto Butantan, de São Paulo, desenvolveu uma vacina.[28] Enquanto Ribas e Lutz focavam em ratos e pulgas, outras autoridades de saúde pública miravam nos vetores humanos, colocando inclusive imigrantes em quarentena. Proprietários de terras e donos de fábricas rejeitaram as políticas de prevenção, pois acreditavam que a entrada de imigrantes era necessária para a produção de bens agrícolas e manufaturados. Essas posições conflitantes colocaram o Bom Retiro na mira dos políticos e especialistas em saúde pública, assim como aconteceu com outros bairros de imigrantes nas Américas. Imigrantes chineses foram visados em Sinaloa, no México, e em Lima, no Peru, durante um surto de peste bubônica, o que levou a uma série de novas restrições à imigração, incluindo, no caso peruano, exigências de passaporte de saúde para a chegadas dos imigrantes da Ásia.[29] Um boato de que um imigrante chinês havia morrido de peste bubônica em São Francisco, nos

---

26 Lemos, "Notícias sobre a epidemia de peste em Santos (1899)", p.90-1.

27 Geddings, "Plague on the Steamship"; Havelburg, "Brazil. Report from Rio de Janeiro – Status of Plague in Santos", p.79-81.

28 Embora uma vacina existisse desde 1897, era difícil importá-la para o Brasil. Ribas, Lutz, Oswaldo Cruz, Vital Brazil Mineiro da Campanha e outros começaram a trabalhar intensamente em uma vacina produzida no Brasil que foi introduzida em 1902. Instituto Butantan, *Portal do Butantan*, "Início do século XX: o Butantan e o combate à epidemia de peste bubônica", 5 fev. 2021, https://butantan.gov.br/noticias/inicio-do-seculo-xx-o-butantan-e-o-combate-a-epidemia-de-peste-bubonica#:~:text=Em%201901%2C%20a%20peste%20bub%C3%B4nica,para%20vencer%20a%20peste%20bub%C3%B4nica.

29 Cueto, *Return of Epidemics*, p.21; A. Carrillo, "¿Estado de peste o estado de sitio?".

Estados Unidos, fez as autoridades de saúde pública colocarem em quarentena o bairro de Chinatown na cidade em 1900, enquanto alguns moradores exigiam que o distrito fosse completamente queimado. O Conselho de Saúde da cidade até mesmo autorizou médicos a imunizar à força asiáticos com uma vacina, cuja eficácia ainda estava sendo testada na época.[30]

As abordagens violentas nos Estados Unidos assumiram formas diferentes em São Paulo, onde o Desinfectório Central se tornou o quartel-general da erradicação da peste. Usando a linguagem da guerra, em 1899 as autoridades de saúde pública aumentaram a vigilância de imigrantes em espaços públicos. Esses profissionais passaram a entrar de maneira forçada com mais frequência em espaços íntimos procurando ratos, ampliando o espaço físico e simbólico do Desinfectório para além de seus limites materiais. Autoridades municipais remodelaram a geografia do subsolo por meio do sistema de esgoto, concentrando-se no Bom Retiro por conta de sua estrangeirice, sua infraestrutura de saneamento precária, sua alta densidade populacional e suas moradias informais.[31]

O foco na transmissão da doença levou o Serviço Sanitário a usar uma tática replicada em outras cidades globais: pagar a população para encontrar ratos mortos e levá-los a autoridades de saúde pública para estudo e incineração.[32] Para promover a iniciativa, o órgão colocou diversos anúncios de "Precisamos de ratos" nos jornais e lançou uma publicação de saúde multilíngue, uma das poucas no Brasil produzida em um idioma estrangeiro até o século XXI. Intitulada *Peste*, ela trazia "Matança dos ratos" estampado na capa em vermelho, estando o conteúdo em português, italiano, alemão, francês e inglês.[33] *Peste* e outras comunicações públicas usavam uma linguagem militarista para motivar a população a "mover uma guerra de morte aos ratos e às pulgas". No entanto, a abordagem belicosa também era direcionada aos muitos estrangeiros que viviam em bairros da classe trabalhadora, tornando os imigrantes um alvo tanto quanto os ratos.

---

30 Kraut, "Immigration, Ethnicity, and the Pandemic", p.125; Spaulding, "Haffkine Prophylactic and Antipest Serum".

31 Mangili, *Bom Retiro, bairro central de São Paulo*, p.43-55.

32 Soppelsa, "Losing France's Imperial War on Rats".

33 Serviço Sanitário do Estado de São Paulo, *Peste*, p.3-11.

Embora não saibamos se *Peste* teve um número significativo de leitores, sabemos que a população estava ciente da ligação entre ratos, pulgas e a peste. Circulavam piadas sobre comer um "pastel bubônico", um trocadilho com "peste bubônica" baseado na semelhança entre as palavras "pastéis" e "pestes".[34] João do Rio (pseudônimo do jornalista e cronista da vida cotidiana João Paulo Emílio Cristóvão dos Santos Coelho Barreto, 1881-1921) escreveu sobre uma cantiga popular da virada do século:

> Os ratos fazem qui, qui, qui,
> Qui, qui, qui, qui, qui
> As pulgas pulam daqui
> Pra ali, dali praqui, daqui prali
> Os gatos fazem miau
> Miau, miau, miau
> Quem inventou a peste bubônica
> Merece muito pau.[35]

Guerras precisavam de armas, e o Desinfectório Central se tornou um arsenal. Agentes de saúde distribuíam desinfetantes com cheiro forte para tratar o lixo e os tecidos e um veneno pastoso que podia ser colocado em pedaços de pão ou carne e distribuído pela casa toda. Os sanitaristas desenvolveram três abordagens para informar a população sobre o uso desses produtos. A primeira consistiu em utilizar panfletos como o *Peste*, embora eu tenha encontrado poucos indícios de que sua distribuição tenha sido significativa. A segunda foi pedir à imprensa que publicasse tudo, desde fórmulas para fazer veneno de rato com queijo ralado até dados de mortalidade pelo mundo.[36] Informações em jornais exigiam acesso, tempo e conhecimento de leitura em português, e é difícil avaliar o impacto desse material sobre a classe trabalhadora, principalmente os imigrantes. A terceira abordagem foi uma "educação" mais direta, que ocorria quando os agentes de

---

34 "Pastéis bubônicos", *A Tribuna do Povo* (Santos), 21 out. 1899, p.2.

35 Rio, "A musa das ruas", p.182.

36 "Peste bubônica", *O Comércio de São Paulo*, 28 out. 1899, p.1.

saúde forçavam a entrada em casas, onde a confusão linguística criava tensão e resultava em um impacto limitado, assim como acontece hoje quando profissionais de saúde pública que falam português trabalham com pacientes imigrantes.

Como muitos programas de saúde pública, a desratização frequentemente tinha consequências indesejadas, levando a resultados de saúde negativos. A recomendação era de reportar os ratos mortos em residências e não tocar neles, mas os agentes não os removiam rapidamente. Para a população, não era tão fácil obter veneno quanto os agentes achavam que era; estes se gabavam de que uma farmácia no centro da cidade, localizada na rua Florêncio de Abreu, 21, distribuiria a pasta gratuitamente todos os dias, das 13h às 15h. No entanto, chegar à farmácia no meio de um dia de trabalho não era fácil. Para os moradores do Bom Retiro, a farmácia ficava a cerca de 30 minutos de caminhada, e o processo provavelmente significaria perder meio dia de trabalho e renda ou correr o risco de ser demitido. Uma carroça puxada por cavalos poderia ser mais rápida, mas os custos (mais altos do que os do transporte público de Berlim e Buenos Aires na época) eram proibitivos.[37] Aqueles que receberam o veneno gratuito rapidamente perceberam que ele também poderia deixar humanos doentes, e houve casos de pessoas que o empregaram em tentativas de suicídio ou para envenenar cônjuges.[38] Os produtos químicos também causaram envenenamentos acidentais, sobretudo em crianças.[39] Quase um século depois, a relação entre ratos, produtos químicos e crianças permanecia, até mesmo aparecendo associada ao Bom Retiro na música popular.[40]

Novas indústrias surgiram para se aproveitar da campanha antirratos, muitas vezes tirando proveito da falta de confiança da população nos

37 Fonseca et al., "Cartografia digital geo-histórica".

38 "D. Anna Lisboa", *O Comércio de São Paulo*, 6 jul. 1900, p.1.

39 A Polícia Médica ainda não existia, mas depois de 1911 nossa análise desse material mostrou casos frequentes de crianças sendo acidentalmente envenenadas no Bom Retiro.

40 Para uma canção que estabelece essa relação, ver Premeditando o Breque (Premê), "São Paulo, São Paulo", 1983, *Letras*, https://www.letras.mus.br/premeditando-breque-preme/381602/.

pronunciamentos do governo. Um artigo na primeira página de *O Commercio de São Paulo* criticou pessoas que "zombam da polícia e das leis" e sugeriu que o veneno químico resultaria em poluição ambiental e prejudicaria os moradores.[41] Não é de surpreender que as soluções "verdes" para matar os ratos tenham se tornado moda. Uma delas era a "Formicidina Paranaense", feita de plantas florestais do estado do Paraná e que recebeu uma patente do governo em 1899. No período de um ano, seu inventor abrira lojas em São Paulo.[42] O extermínio de ratos também estimulava fraudes, especialmente a venda de veneno falso. José Álvares de Souza Soares, fundador de um laboratório homeopático em Pelotas, no Rio Grande do Sul, promoveu seu veneno para matar ratos como um "triunfo esplêndido" em um panfleto gratuito de 1889, intitulado "O novo médico ou a medicina simplificada ao alcance de toda a gente". Contudo, ele foi chamado de charlatão pelo governo.[43]

Oferecer recompensas por ratos mortos era uma das principais iniciativas de saúde pública municipal. Os roedores, reconhecidos pelas autoridades como vetores da peste, eram então incinerados no Desinfectório Central. O programa e os preços eram amplamente divulgados na imprensa escrita, muitas vezes com notas ao lado dos anúncios da loteria.[44] A população respondeu com entusiasmo, embora coletar ratos por recompensas contradissesse a instrução de saúde pública de nunca tocar em roedores mortos. Transações de roedores por dinheiro, muitas vezes feitas por crianças, cresceram vertiginosamente, bem como as incinerações no Desinfectório Central (figuras 6.1 e 6.2). Em novembro de 1899, 40 mil ratos foram vendidos, cada um avaliado em 400 réis, uma quantia sobre a qual um cronista disse: "era dinheiro, naquela época".[45] Dado o custo e o tempo de

---

41 "Ratos", *O Comércio de São Paulo*, 20 out. 1899, p.1.

42 *Diário Oficial da União (DOU)*, 8 nov. 1899, seção 1, p.16, https://www.jusbrasil.com.br/diarios/1687131/pg-16-secao-1-diario-oficial-da-uniao-dou-de-08-11-1899; anúncio da Formicidina Paranaense, *O Comércio de São Paulo*, 29 jul. 1900, p.4.

43 Weber, "Como convencer e curar"; Armus e Gómez, *Gray Zones of Medicine*.

44 "Editais," *O Comércio de São Paulo*, 24 dez. 1900, p.3; "Editais," *O Comércio de São Paulo*, 28 dez. 1900, p.3; "Serviço Sanitário", *O Comércio de São Paulo*, 16 set. 1901, p.3.

45 Penteado, *Belenzinho, 1910*, p.38.

viagem, mesmo dentro do centro da cidade, eu me pergunto se havia corretores de ratos em outros bairros da classe trabalhadora em São Paulo que os transportavam ao Bom Retiro.

Figura 6.1. "A peste em S. Paulo". Fonte: *O Commercio de São Paulo*, 28 out. 1899, https://memoria.bn.gov.br/DocReader/DocReader.aspx?bib=227900&pesq=veneno%20ratos&pasta=ano%20190&hf=memoria.bn.br&pagfis=7943.

Figura 6.2. Gravura representando a venda de ratos por crianças ao Desinfectório Central, 1900. Fonte: *Revista Médica de S. Paulo*. Ano III (São Paulo: Escola Typ. Salesiana, 1900).

Mais de 17 mil ratos foram incinerados tanto em dezembro de 1899 quanto em janeiro de 1900.[46] Nos anos seguintes, a quantidade de ratos comprados e queimados foi cuidadosamente registrada por autoridades, que publicavam as informações diariamente. O valor monetário dos

46 A. Lutz, "Algumas observações feitas em dois casos de peste pneumônica pelo dr. Adolpho Lutz".

roedores diminuiu ao longo da guerra antirratos, passando dos originais 400 réis para 300 réis no início de 1903 e depois para 200 réis no final daquele ano.[47] Esse número final alinhou os preços praticados em São Paulo àqueles do Rio de Janeiro. Lá, Oswaldo Cruz liderou uma campanha de erradicação usando a população e caçadores de ratos profissionais vacinados à medida que os casos de peste caíam de 48,74 para cada 100 mil habitantes em 1903 para 1,73 para cada 100 mil habitantes em 1909.[48]

Eu queria ter uma noção melhor da desvalorização dos ratos de São Paulo a partir da perspectiva da população. Assim, usei o Coeficiente Rogers, que compara os custos ao preço de uma garrafa de cerveja em um engradado de 48 unidades produzido pela Companhia Antarctica Paulista.[49] Usando essa abordagem, descobri que o número de ratos que uma pessoa precisaria para comprar uma garrafa de cerveja aumentou rapidamente, de dois a três ratos por garrafa em 1899 para cinco a seis ratos por garrafa em 1903.

As diferentes maneiras como a população e as autoridades de saúde pública entendiam a saúde retardaram a erradicação da peste bubônica. Essas múltiplas visões ficaram notáveis com o fim da desratização em 1903. Os sanitaristas ficaram desapontados porque, como aconteceu em outras cidades ao redor do mundo, a captura e venda de ratos se tornou uma fonte de renda para parcelas da classe trabalhadora: "é para muita gente o pão de cada dia".[50] Outra preocupação era que alguns brasileiros empreende-

---

47 "Serviço Sanitário", *Correio Paulistano*, 20 mar. 1903, p.5; "Serviço Sanitário", *Correio Paulistano*, 26 ago. 1903, p.3.

48 Oswaldo Cruz, entrevista em "Notas", *O Comércio de São Paulo*, 17 set. 1903, p.1; O. Cruz, *Peste pelo Dr. Oswaldo Gonçalves Cruz*, p.32-3.

49 Desenvolvido em 2022 por Thomas Rogers, o coeficiente de Rogers é baseado em sua visão de mundo monetária: "Sempre uso uma garrafa de cerveja como minha medida padrão para avaliar o custo das... coisas". Thomas D. Rogers, e-mail a Jeffrey Lesser, 22 mar. 2022. Usei anúncios em jornais para determinar o preço da cerveja: *Correio Paulistano*, 1º jan. 1900, p.2; *Correio Paulistano*, 1º jan. 1900, p.6; *Correio Paulistano*, 26 jan. 1903, p.2. Jacob Penteado afirma que uma garrafa de cerveja no Bom Retiro custava 300 réis. Penteado, *Belenzinho, 1910*, p.35.

50 "Rabiscos", *O Comércio de São Paulo*, 16 dez. 1899, p.1. Ver também Carlos Fioravanti, "Guerra à peste", *Pesquisa Fapesp*, v.294, ago. 2020, https://revistapesquisa.fapesp.br/guerra-a-peste/.

dores estavam criando ratos ou capturando-os fora da cidade de São Paulo e importando-os. Uma auditoria do pagamento de uma alta quantia por ratos no Rio de Janeiro descobriu que uma pessoa com grandes habilidades comerciais estava criando e comprando ratos para vender.[51] Também houve acusações de que a população estava conseguindo vender ratos falsos feitos de papel e cera.[52] Isso não ocorria apenas no Brasil. Em Hanói, no Vietnã, algumas pessoas começaram a criar ratos, ou a libertar ratos após cortarem seus rabos, para receber uma recompensa oferecida pelo regime colonial francês em 1902.[53]

Autoridades de saúde pública reclamaram que as populações da classe trabalhadora estavam vendendo ratos pelo motivo errado – para ganhar dinheiro –, sugerindo que os imigrantes estavam trazendo a peste ao Brasil visando ao lucro. A população também desconfiava das autoridades, e havia diversos rumores de que os profissionais de saúde estavam lucrando ilegalmente com a matança e compra de ratos. Alguns farmacêuticos foram acusados de pegar para si a porção de queijo ralado da fórmula do veneno, criando uma escassez de ambos na cidade.[54] Também houve alegações de que existia uma máfia de captura de ratos, embora não haja registros de prisões. O jornal *Lavoura e Commercio* afirmou que o programa de desratização visava enriquecer aqueles que tinham dinheiro, não promover a saúde pública.[55] O jornal postulou que as recompensas por ratos haviam se tornado uma forma de redistribuição ascendente de renda para os ricos e poderosos. Um editorial de primeira página de 1900 esbanjava sarcasmo:

> Entre as notícias que nos dá esta folha da saúde pública, diariamente, li uma que é deveras interessante: os ratos incinerados pela higiene oficial, dia por dia, são na maior parte trazidos do interior por um dedicado amigo da nossa saúde – e dos cobres do Desinfectório.

---

51 Alencar, *O carnaval carioca através da música*.

52 Matheus Silva, "Estratégias públicas no combate à peste bubônica no Rio de Janeiro (1900-1906)", p.8.

53 Vann, "Of Rats, Rice, and Race".

54 "Rabiscos", *O Comércio de São Paulo*, 16 dez. 1899, p.1.

55 "Glosas", *Lavoura e Comércio*, 24 jan. 1900, p.1.

O homenzinho quer monopolizar a caçada: está resolvido a limpar o Estado dos tais roedores. A higiene vê na rataria um perigo; o insigne ratófobo, cheio de zelo pela saúde pública, também vê nela um perigo – e uma mina, e, tenacíssimo, vai arrebanhando tranquilamente os nocivos animaizinhos – e os níqueis da higiene.

Traz todo o [*sic*] santo dia uma penca enorme, com uma pontualidade inglesa e uma encantadora modéstia, sem se rodear das trompas da reclame, muito metido consigo e com os seus ratos. Edificante exemplo de civismo!

Os médicos sanitários, ciosos talvez da abnegação do ínclito rateiro, vão queimando os bichos, e os cobres, também muito calados, sem se lembrarem de dizer ao povo que grande amigo tem ele ali naquele inimigo das ratazanas.

Não. É preciso que o nome do herói apareça. Tais exemplos de amor à causa pública são raros, e dignos por isso de rasgada homenagem. Como há de o homem recebê-la se não sabemos a quem dirigir as expressões da nossa gratidão? É bem possível que ele, sempre modesto, prefira receber, ao invés de homenagem, apenas os níqueis do Desinfectório, como até aqui. É provável que prefira a gratidão do povo pela gratificação do governo, conforme tem, humildemente, procedido até hoje. Mas isso não é motivo que o deixemos na penumbra em que se obstina a permanecer.

É necessário, pois, que o nome do devotado cidadão seja oferecido às expansões do nosso reconhecimento. É necessário: pertence-lhe de direito um lugar no nosso coração – e outro na polícia.[56]

O Desinfectório parou de pagar pelos ratos em 1903, à medida que a peste bubônica estava cada vez mais contida graças às vacinas. Os roedores, no entanto, permaneceram. Em 1902, Casemiro Rocha, trompetista da Banda do Corpo de Bombeiros do Rio de Janeiro, compôs a polca instrumental "Rato, rato", cujo som pretendia imitar o chamado para a ação das equipes de captura de ratos de Oswaldo Cruz.[57] Dois anos depois, Claudino

56 Ibidem.

57 Secretaria de Cultura e Juventude de São Bernardo do Campo, *Biblioteca Pública – lugar de conhecimentos, uma história das pandemias*; Moreira e Massarani, "(En)canto científico", p.303.

Manuel da Costa, de São Paulo, compôs a letra de "Rato, rato", e a canção se tornou um sucesso no Carnaval de 1904, levando a dupla a lançar outra canção relacionada à saúde, "Febre amarela", três anos depois.[58] "Rato, rato" foi uma homenagem às campanhas antirratos e fez referência até mesmo a esquemas de venda dos animais. Para nossos propósitos, no entanto, a letra crítica relacionava a peste bubônica aos imigrantes vindos do Leste Europeu:

> Quem te inventou?
> Foi o diabo, não foi outro, podes crer.
> Quem te gerou?
> Foi uma sogra pouco antes de morrer!
> Quem te criou?
> Foi a vingança, penso eu
> Rato, rato, rato
> Emissário do judeu.[59]

Gripe!

Não há consenso sobre a origem geográfica da epidemia mundial de H1N1 de 1918-1919, amplamente rotulada como a gripe espanhola. Entretanto, inúmeros sanitaristas, e grande parte da população brasileira, associavam doenças aos recém-chegados e aos países de onde emigraram, um padrão que perdurou ao longo do século XX (Figura 6.3). Essa associação não era apenas discursiva: médicos no Hospital de Isolamento de São Paulo inseriram "gripe espanhola" depois de riscar a linha que antes era destinada à peste bubônica em atestados de óbito.[60]

---

58 L. Nascimento e Silva, "De protestos e levantes".

59 Góes, "O Rio de Janeiro aos olhos do cronista popular". Uma versão da canção pode ser ouvida em Biblioteca Virtual Oswaldo Cruz, https://oswaldocruz.fiocruz.br/musicas/, acesso em: 28 jun. 2024.

60 "Movimento de doentes do Hospital de Isolamento, 1918. Primeiro caso de caso de gripe espanhola registrado no hospital aparece no dia 15/10/1918", IMG_7047, Amsper/Instituto Butantan; "A 'razzia' da peste", *O Combate*, 27 nov. 1918, p.1.

Figura 6.3. Capa de um panfleto de 1958 publicado pela Seção de Propaganda e Educação Sanitária que usa estereótipos de chineses e japoneses e o espectro de um monstro chinês como ferramentas educativas sobre a chamada gripe asiática. Fonte: Folhetos de campanha de saúde, "Gripe", Ministério da Saúde, Seção de Propaganda e Educação Sanitária (do Estado de São Paulo), Secretaria dos Negócios de Educação/Serviço de Saúde Escolar, Serviço Nacional de Educação Sanitária, Serviço de Educação Sanitária, Laboratório Sanitas, Acervo Museu de Saúde Pública Emílio Ribas/Instituto Butantan. **Nota:** O arquivo mostra o material sem data; a datação vem de Ademir Medici, "Asseio corporal. Combate à raiva. Noções sobre nutrição. Estamos em 1958...", *Diário do Grande ABC*, 10 fev. 2022, https://www.dgabc.com.br/Noticia/3829719/asseio-corporal-combate-a-raiva-nocoes-sobre-nutricao-estamos-em-1958; e Gilberto Hochman, "A gripe asiática vem aí! Crônica de uma pandemia antes de sua chegada (Brasil, 1957)", *Revista Ciencias de la Salud*, v.19, jul. 2021, p.1-22, https://revistas.urosario.edu.co/index.php/revsalud/article/view/10599.

A gripe matou entre 20 milhões e 100 milhões de pessoas no mundo todo e infectou centenas de milhões em poucos meses.[61] O impacto global de longo prazo da doença infecciosa se estendeu muito além da morbidade e da mortalidade, porém a memória coletiva da gripe de 1918 é surpreendentemente escassa, talvez porque a falta de controle a tenha apagado da mente.[62] Esse não parece ser o caso em São Paulo. Uma das telenovelas mais populares do Brasil, com 495 episódios, *Os imigrantes*, de 1981, frequentemente fazia referência à gripe, mencionando tanto seu impacto sobre os indivíduos quanto a criação de uma opinião pública negativa sobre os imigrantes.[63] No século XXI, uma explosão de livros e artigos buscou vincular a "gripe espanhola" de H1N1 à "gripe chinesa" de Covid-19, embora quase não se fizesse menção à continuidade da terminologia geográfica/étnica racializada.

Séculos de conexões generalizadas entre pessoas de fora e saúde ruim nas Américas pareciam profetizar que os imigrantes trariam uma doença semelhante à gripe espanhola.[64] Nos Estados Unidos, havia casos pontuais de violência contra os recém-chegados, já que, "quando muitos americanos refletiam sobre ameaças à saúde vindas do exterior, não era *la grippe* que vinha à mente, mas os milhões de imigrantes que estavam entrando pelos portos do país e por suas fronteiras".[65] Se os imigrantes *eram* a gripe, então a chegada da "espanhola" no Brasil era aterrorizante, já que a entrada de estrangeiros aumentou consideravelmente após a Primeira Guerra Mundial.

---

61 Beiner, "Introduction: The Great Flu".

62 Winter, "History, Memory, and the Flu", p.xxvi. Ver também Alonso et al., "1918 Influenza Pandemic", p.B16; Massad, Burattini, Coutinho e Lopez, "The 1918 Influenza Epidemic in the City of São Paulo".

63 *Os imigrantes*, Rede Bandeirantes, 27 abr. 1981-1º nov. 1982. A novela é reprisada com frequência no Brasil, inclusive em 2022, e foi selecionada como um dos programas noturnos mais clássicos da Rede Bandeirantes. A gripe espanhola apareceu pela primeira vez no episódio 97 e depois se tornou uma referência para os 350 episódios restantes.

64 Bavel et al., "Using Social and Behavioural Science", p.462.

65 Kraut, "Immigration, Ethnicity, and the Pandemic"; E. Jones, "'Co-operation in all Human Endeavour'".

A doença transformou os imigrantes e seus descendentes em São Paulo – e os espanhóis constituíam uma parcela significativa desse grupo – alvos renovados de políticas estatais e preconceito popular. A charge na Figura 6.4 faz referência às relações entre negros e brancos, às relações entre imigrantes e nativos e às relações de classe com seu "trocadilho" com a palavra "espanhola", usada para se referir tanto a uma mulher imigrante vinda da Espanha quanto à gripe.

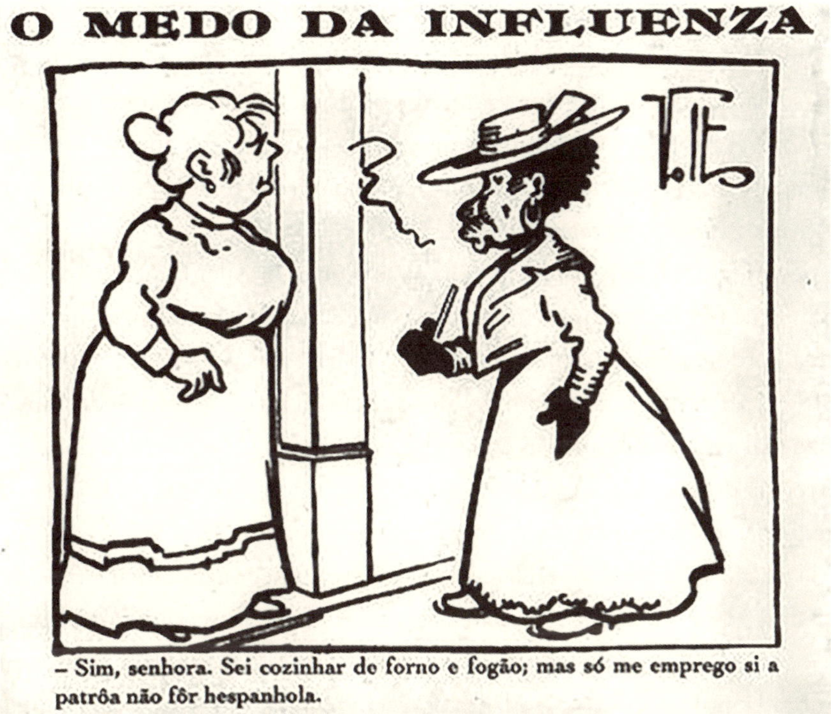

Figura 6.4. Charge intitulada "O medo da influenza", associando a gripe de 1918, popularmente conhecida como gripe espanhola, a raça, etnia e imigração. Uma mulher negra é desenhada como uma caricatura racista, com nariz e lábios protuberantes, fumando um cachimbo. Brincando com o nome popular da gripe ("a espanhola"), ela diz à potencial empregadora que só trabalhará para ela se ela não for da Espanha. Fonte: *A Gazeta*, 19 out. 1918, p.1, https://memoria.bn.gov.br/DocReader/docreader.aspx?bib=763900&pasta=ano%20191&pesq=hespanhola&pagfis=10217.

Em São Paulo, a epidemia de "gripe espanhola" durou oficialmente 66 dias, de 14 de outubro a 19 de dezembro de 1918, embora ela provavelmente tenha começado em março e se estendido até 1920. Embora as estatísticas e as práticas subjacentes subestimem o impacto demográfico, elas ainda são impressionantes: dois terços da população de São Paulo, de 528.295 habitantes, adoeceu em 1918, e 1% da população (5.331 pessoas) faleceu.[66] No ápice, de 1º a 23 de novembro, quase 4.200 pessoas morreram na cidade, em alguns casos famílias inteiras.[67] No ano seguinte à gripe, houve um aumento significativo da mortalidade infantil e do número de natimortos. A redução da alfabetização entre as mulheres, que ficaram fora da escola por conta da gripe enquanto os homens continuaram a estudar, foi notável até 1940. O choque demográfico também teve um impacto econômico, e "a produtividade agrícola de curto prazo, medida pelo volume de café, arroz e milho *per capita*, caiu em 1920".[68]

Segundo um relato oficial, as primeiras mortes brasileiras pela gripe ocorreram entre os membros de uma missão médica que deixou Dakar, no Senegal, a bordo do *La Plata* em setembro de 1918. Apesar de haver *80 médicos* a bordo, 156 pessoas morreram do que o chefe da missão chamou de "misterioso mal".[69] Um relatório às autoridades no Brasil foi censurado por conta de regras do período da guerra, mas ainda chegou à Academia Paulista de Medicina, que não opinou sobre a natureza da doença.[70]

Já de acordo com outro relato oficial, a gripe chegou ao Brasil em setembro de 1918 a bordo do *Demerara*, de propriedade do serviço postal britânico e batizado em homenagem a uma colônia da Guiana Inglesa geralmente lembrada por sua revolta de povos escravizados em 1823.[71] A embarcação navegou ao longo da rota Liverpool-Buenos Aires e transportava

---

66 Meyer e Teixeira, *A gripe epidêmica no Brasil e especialmente em São Paulo*; Lin, *Statistics*.

67 Barata, "Cem anos de endemias e epidemias"; Penteado, *Belenzinho, 1910*, p.260.

68 Guimbeau, Menon e Musacchio, "Brazilian Bombshell?", p.2. Ver também Almond, "Is the 1918 Influenza Pandemic Over?".

69 Goulart, "Revisitando a espanhola", p.105.

70 Bertucci, "Pesquisa e debates sobre a gripe durante a epidemia de 1918".

71 E. Costa, *Crowns of Glory*.

correspondência, passageiros e bens como açúcar, retornando à Europa sobretudo com carne e café. Registros digitalizados de imigrantes, principalmente do sul da Europa, que se inscreveram na Hospedaria de Imigrantes de São Paulo antes de serem enviados às plantações sugerem que a primeira viagem do *Demerara* ao Brasil ocorreu em 1912, e o navio continuou fazendo essa rota até 1930.[72] Embora as viagens antes de 1918 pareçam ter sido tranquilas, os 562 passageiros e 170 tripulantes que saíram de Liverpool em agosto de 1918 não tiveram a mesma sorte. Logo após deixar a Europa, o *Demerara* foi atacado por submarinos alemães e só se salvou graças a um contra-ataque da Força Aérea Real. O "navio da morte", como uma reportagem de 2020 da BBC Brasil o chamou, seguiu sua viagem apesar da "maldição".[73]

A viagem de 25 dias de Liverpool a Buenos Aires incluiu quatro paradas em território brasileiro, primeiro em Recife em 9 de setembro, depois em Salvador e Rio de Janeiro e finalmente em Santos. Multidões aguardavam em cada porto, esperando receber notícias sobre a Primeira Guerra Mundial. Junto com as informações, o *Demerara* trouxe a gripe. Ao chegar ao Rio de Janeiro em 15 de setembro, o capitão seguiu os protocolos médicos, hasteando uma bandeira amarela, que indicava que havia doença a bordo. Mesmo assim, mais de 350 passageiros desembarcaram, e "o Rio é um vasto hospital!", sem dúvida uma referência ao comentário do médico Miguel Pereira em 1916 de que as doenças desenfreadas no Brasil rural o tornavam "um imenso hospital".[74] A revista ilustrada *Careta* associou a partida

---

72 Museu da Imigração de São Paulo, Acervo Digital do Museu da Imigração de São Paulo, https://acervodigital.museudaimigracao.org.br/pesquisageral.php?id=nomes&busca=DEMERARA, acesso em: 28 jun. 2024.

73 André Bernardo, "Gripe espanhola: a viagem em que o 'navio da morte' *Demerara* venceu bombardeios alemães e trouxe a doença ao Brasil", *BBC News Brasil*, 22 nov. 2020, https://www.bbc.com/portuguese/internacional-54907997; Barreira, *Demerara*.

74 M. Pereira, "O Brasil é ainda um imenso hospital", discurso proferido pelo prof. Miguel Pereira, por ocasião do regresso do prof. Aloysio de Castro, da Rep. Argentina, em outubro de 1916. Ver também "O Rio é um vasto hospital!", *Gazeta de Notícias* (Rio de Janeiro), 15 out. 1918, p.1; Sá, "A voz do Brasil".

do *Demerara* da Europa e sua chegada ao Brasil com uma caricatura de meia página de um "bacilomarino" (um submarino de doenças) que combinava modernas armas alemãs e H1N1.[75] Até o recém-eleito presidente Francisco de Paula Rodrigues Alves adoeceu, morrendo antes de assumir o cargo. Sua morte reforçou tanto o medo generalizado da gripe quanto a falsa ideia de que a doença se espalhava de forma equitativa por toda a sociedade, independentemente de classe, condições de vida ou acesso a cuidados de saúde.[76]

Após a chegada do *Demerara* a Santos, foram necessários apenas alguns dias para o vírus se espalhar para a cidade de São Paulo. No entanto, funcionários do Serviço Sanitário contaram outra história oficial em seu relatório de 1920, focando na chegada da gripe no Rio de Janeiro e alegando que um time de futebol e um estudante daquela cidade trouxeram a doença para o centro de São Paulo.[77] Independentemente de quem foi o paciente zero, a gripe rapidamente sobrecarregou o precário sistema de saúde do Brasil, à medida que os hospitais lotavam e valas comuns eram cavadas. A subnotificada mortalidade nacional absoluta oficial foi de 35.240 mortes (cerca de 0,1% da população total), sendo essas taxas de 1,6% no Rio de Janeiro e 1% em São Paulo.[78] Na cidade de São Paulo, 4.790 das 5.331 pessoas que morreram viviam em distritos da classe trabalhadora com grande presença de imigrantes ou de residentes descendentes de imigrantes. Os registros da Polícia Médica mostram o impressionante avanço e declínio da gripe (Figura 6.5), que eles chamaram apenas de "doença" por várias razões possíveis, desde economia de tempo em um momento de crise até falta de confiança naquilo de que estavam tratando precisamente ou uma tentativa de esconder a falta de controle do Estado sobre a gripe.

---

75 *Careta*, 5 out. 1918.

76 Andrea C. T. Wanderley, "E o ex e futuro presidente do Brasil morreu de gripe… a Gripe Espanhola de 1918", *Brasiliana Fotográfica*, 23 mar. 2020, https://brasilianafotografica.bn.gov.br/?p=18866.

77 Meyer e Teixeira, *A gripe epidêmica no Brasil e especialmente em São Paulo*, p.4.

78 Alonso et al., "1918 Influenza Pandemic", p.B17

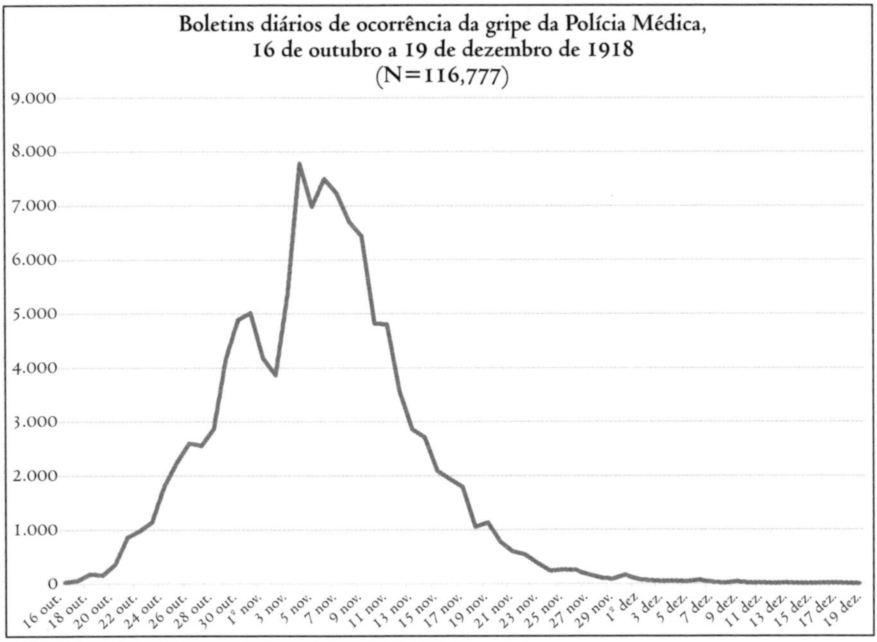

Figura 6.5. Fonte: Secretaria da Segurança Pública do Estado de São Paulo, Assistência Policial, Registro de ocorrências da Assistência Policial, 1911-1940, Arquivo do Estado de São Paulo. Preparado por Monaliza Caetano dos Santos e Surbhi Shrivastava, Coletivo de Pesquisa Lesser, 2023.

Os registros de ocorrência de pessoas que reportaram a gripe à Polícia Médica entre 23 e 25 de outubro compõem um volume inteiro nos arquivos, e outro volume foi necessário apenas para os sete dias seguintes. Em outubro, a Polícia Médica fez mais de 2.400 registros, cerca de três vezes o número mensal usual. Muitos dos relatórios mencionam retornos médicos, e os sobrenomes geralmente eram registrados simplesmente como "de Tal", uma formulação atípica para esses documentos.[79] Famílias inteiras adoeceram, assim como grupos de moradores de um mesmo cortiço de diferentes

79 Secretaria da Segurança Pública do Estado de São Paulo, Registro de ocorrências da Assistência Policial, 1911-1940, docs. 53939, 53941 e 53964, v.E14038, todos datados de 21 out. 1918, Apesp.

status de cidadania, raças e idades.[80] Como não havia tratamento, muitas pessoas relataram a doença à Polícia Médica, mas não foram atendidas por médicos. No centro de São Paulo, o número de mortes disparou rapidamente, de 301 (319 na cidade toda) em outubro de 1918 para 4.113 (4.580 no geral) em novembro, caindo depois para 376 (432 no geral) em dezembro.

O diretor do Serviço Sanitário do Estado de São Paulo, Artur Neiva, um microbiologista que também contrairia a doença, instituiu medidas para conter a gripe em 15 de outubro de 1918. Muitas de suas políticas foram baseadas em um novo código sanitário estadual implementado no início de abril de 1918 e incluíam o fechamento de escolas, teatros, cinemas e outros locais públicos de aglomeração.[81] Os boletins de saúde diários de Neiva e sua coluna "Conselhos ao povo" foram publicados nos principais jornais e incluíam informações sobre lavagem das mãos, uso de máscaras e distanciamento social. Aspectos tradicionais da cultura social brasileira – por exemplo, cumprimentos com beijos e abraços, andar de mãos dadas em espaços públicos ou mesmo falar em público – tornaram-se "quase um ato de traição".[82]

Outros médicos com frequência contradiziam Neiva, divulgando suas próprias ideias sobre prevenção de contágio e tratamento da gripe na imprensa. As informações divergentes geravam uma atmosfera de confusão. A população geralmente ignorava as regulamentações à medida que se difundiam mitos sobre prevenção e cura, reforçando questões étnicas e de classe. Contatos entre imigrantes e pessoas em seus países de origem resultavam em diferentes fontes de informação, científicas ou não tanto. Como hoje, aqueles pouco ou não alfabetizados, não falantes de português e sem acesso à mídia (seja a mídia impressa em 1918 ou a internet um século depois)

---

80 Secretaria da Segurança Pública do Estado de São Paulo, Registro de ocorrências da Assistência Policial, 1911-1940, v.E14040, docs. 55567-55573, 55593, todos datados de 26 out. 1918, Apesp.

81 Duarte, "O Código Sanitário Estadual de 1918 e a epidemia de gripe espanhola".

82 Bertucci, *Influenza, a medicina enferma*, p.113. Ver também Penteado, *Belenzinho, 1910*, p.39.

ouviam sobre informações oficiais pelo boca a boca. Como *O Combate* gritou em uma manchete de primeira página, "[a] verdade é que não temos Serviço Sanitário".[83]

A falta de confiança cresceu à medida que tentativas oficiais de minimizar a crise iam de encontro ao "espetáculo macabro de cadáveres jogados às ruas por falta de caixões e sepulturas, suscitando indignação e medo".[84] Bons conselhos, como o distanciamento social, normalmente eram ignorados, e maus conselhos, bem-intencionados ou não, tinham o mesmo peso. Um fator que contribuía para a falta de confiança era a repulsa que muitos moradores do Bom Retiro e de outras partes da cidade sentiam ao descobrir que o governador de São Paulo, o prefeito e a maior parte dos líderes políticos haviam fugido da cidade para suas propriedades rurais, muitas vezes alegando que tinham que cuidar de familiares doentes.[85] Grandes jornais denunciaram essa situação:

> [f]armacêuticos, religiosos, padeiros, verdureiros, carvoeiros, coveiros e até mesmo policiais e médicos que fugiam aos seus compromissos passaram a ser denunciados publicamente, aconselhando-se à população evitar todos aqueles que buscavam auferir lucros impróprios durante a epidemia.[86]

Dada a natureza midiática e viral da epidemia, não é de se espantar que Neiva, que na década de 1930 apoiaria diversas políticas racistas contra imigrantes e seus descendentes, tenha expressado memórias horrorizadas em um relatório de 1920 elaborado pelo Serviço Sanitário:

> O historiador que, no futuro, procurar descrever as principais epidemias que assolaram o Brasil, com muita dificuldade poderá fazer ideia da formidável calamidade que foi a gripe epidêmica. Já se sabe hoje que a "gripe espanhola"

---

83 "A 'espanhola': a verdade é que não temos Serviço Sanitário", *O Combate*, 8 nov. 1918, p.1.

84 Brito, "'La dansarina'". Ver também Penteado, *Belenzinho, 1910*, p.15.

85 *O Estado de S. Paulo*, 28 out. 1918, p.3.

86 Bertolli Filho, "Estratégias jornalísticas no noticiamento de uma epidemia", p.18.

> constituiu a maior epidemia conhecida na História. Fez a volta ao planeta; flagelou desde os centros mais povoados aos escassos grupos de homens ocupados na faina de pescarias polar. Nosso país foi por ela percorrido do litoral aos sertões; propagou-se pelas mais remotas plagas, indo alcançar as tribos dos carajás às margens do Araguaia, não poupando os homens encontrados em regiões inda as mais remotas, como as palmilhadas pela comitiva do grande Rondon.[87]

Os intelectuais também ficaram chocados com a devastação coletiva. Como observa Susanne Klengel, Mário de Andrade, crítico de música do jornal *A Gazeta*, em julho de 1918 "testemunhou como a gripe paralisou a temporada internacional de ópera no Teatro Municipal: cantores, músicos e público adoeceram ou se afastaram por medo, de modo que o teatro foi por fim fechado".[88] Outro participante do movimento modernista brasileiro, Oswald de Andrade (que não era parente de Mário) escreveu em suas memórias de 1954:

> O episódio trágico da gripe amortalha a cidade. Chamam a doença de *espanhola*. Tomou conta do mundo. Caiu também sobre São Paulo enlutando tudo. Seis semanas lívidas, intérminas. Sinto que a peste é pior do que a guerra, pois chega quieta e tira o sentido de orientação para qualquer defesa. A gente não sabe de onde vem o obus silencioso. A cidade mobilizou médicos, hospitais, enfermeiras. Os enterros povoam as ruas. Grandes coches fúnebres atravancam o Centro. Inúmeros caixões desfilam pelos bairros.[89]

Os primeiros relatos da mídia sobre a gripe em São Paulo apareceram em jornais como *O Combate*, cujos leitores da classe trabalhadora estavam concentrados no Bom Retiro e em distritos semelhantes, onde o trabalho

---

87 Meyer e Teixeira, *A gripe epidêmica no Brasil e especialmente em São Paulo*, p.111; Lesser, *A invenção da brasilidade*, p.214.

88 Klengel, "Pandemic Avant-Garde", p.5.

89 O. Andrade, *Obras completas IX: um homem sem profissão*, p.106-7.

continuava mesmo se as ruas parecessem vazias em bairros abastados.[90] Lola Mareira, uma chapeleira espanhola de 17 anos, foi atropelada por uma carroça quando voltava do seu local de trabalho no Bom Retiro para casa em 28 de outubro de 1918, um dia em que cerca de um quarto dos registros de ocorrência da Assistência Policial eram referentes a ferimentos, e não à gripe.[91] Algumas semanas depois, *O Combate* observou que a "espanhola" estava se espalhando sob vários nomes, incluindo "gripe", "puxa-puxa" e "urucubaca", esta última uma palavra indígena associada a magia e azar. A gripe também era conhecida como "dengue", o nome de uma doença de alto impacto no Bom Retiro, talvez um resíduo discursivo de um surto da doença transmitida por mosquitos com sintomas semelhantes aos da gripe que atingiu São Paulo em 1916.[92]

O Combate reconheceu que, embora a gripe pudesse potencialmente infectar qualquer pessoa, a doença não se espalhava de forma equitativa.[93] Ao contrário do que ocorria nos bairros de luxo, os cadáveres no Bom Retiro geralmente eram transportados sem caixões e enterrados em valas comuns em cemitérios que "funcionavam dia e noite".[94] Fábricas e cortiços tornavam as classes trabalhadoras particularmente vulneráveis, embora o "Serviço Sanitário – é coisa sabida – não está aparelhado para a

---

90 "A 'espanhola' em S. Paulo: confirma-se a notícia que demos da sua existência", *O Combate*, 16 out. 1918, p.1.

91 Secretaria da Segurança Pública do Estado de São Paulo, Registro de ocorrências da Assistência Policial, 1911-1940, docs. 55357, 55786, 55788, 55793 e 55799, v.E14040, todos datados de 26 out. 1918, Apesp. Ver também C. Silva, *Estudo epidemiológico da dengue no município de São Paulo*, p.37; Cristiane Bomfim, "Bom Retiro tem maior incidência de dengue", *Jornal da Tarde/O Estado de S. Paulo*, 5 maio 2011, https://www.estadao.com.br/saude/bom-retiro-tem-maior-incidencia-de-dengue/; Guilherme Balza, "Oito dos dez bairros com mais mortes por Covid-19 estão no centro 'pobre' de São Paulo", *G1* – Globo, 27 maio 2020, https://g1.globo.com/sp/sao-paulo/noticia/2020/05/27/oito-dos-dez-bairros-com-mais-mortes-por-covid-19-estao-no-centro-pobre-de-sao-paulo.ghtml.

92 Serufo et al., "Dengue".

93 "A 'espanhola' em S. Paulo, numerosos casos suspeitos", *O Combate*, 10 nov. 1918, p.1. Ver também Schwarcz e Starling, *A bailarina da morte*, p.25.

94 Penteado, *Belenzinho, 1910*, p.261.

defesa da cidade contra a invasão".[95] De fato, os líderes da saúde pública minimizaram o impacto da gripe ao frequentemente classificar a morbidade em termos gerais, normalmente apenas apontando que "o paciente estava doente". O Serviço Sanitário também manipulou informações referentes à mortalidade ao se recusar a fornecer atestados de óbito. Cláudio Bertolli Filho afirma que a "geografia da gripe" mostra uma "ilusão democrática" entre as autoridades, que a trataram "como uma enfermidade que se propaga independentemente das condições de vida específicas das classes sociais, pois é entendida como uma espécie de 'acidente' ligado mais à sorte ou ao azar individual do que a qualquer outro elemento determinante".[96]

A gripe teve um impacto maior que a média nos bairros de alta densidade da classe trabalhadora, onde também havia um grande número de imigrantes. Tal como aconteceu com a peste bubônica, o Desinfectório Central assumiu o controle da crise, e o Bom Retiro se tornou um foco central de vigilância sanitária. Funcionários da instituição foram instruídos a trabalhar duas horas a mais por dia para lidar com o fluxo de pacientes. Uma vez que o Desinfectório não tinha veículos suficientes para o volume de doentes e mortos, os automóveis do vice-presidente e dos ministros do estado de São Paulo foram realocados. Táxis, que tinham começado a aparecer na cidade por volta de 1906, também foram contratados para apoiar os esforços.[97]

A gripe fez que o espaço se tornasse importante de maneiras inesperadas, muitas vezes relacionadas aos imigrantes. A grande quantidade de mortes levou a cidade a expandir o cemitério público do Araçá, fundado em 1887. Uma das razões consistia no fato de que os estrangeiros eram proibidos de serem enterrados no Cemitério da Consolação, das classes mais altas, levando um brincalhão a afirmar: "Quando entra no Araçá, até pensa que está numa cidade italiana".[98] Também havia uma necessidade crescente de

---

95 "A 'hespanhola' em S. Paulo," *O Combate*, 10 out. 1918, p.1.

96 Bertolli Filho, *História da saúde pública no Brasil*, p.89-95.

97 Meyer e Teixeira, *A gripe epidêmica no Brasil e especialmente em São Paulo*, p.59-161.

98 Marcos Faerman, "Lembrando os bons tempos," *Jornal da Tarde*, 23 nov. 1981, p.14-5. Ver também Ato Municipal n. 1.278, de 18 de novembro de 1918, "Declara de

leitos em enfermarias temporárias. Um dos maiores hospitais de emergência estava localizado na Hospedaria de Imigrantes, com mil leitos. Tantas pessoas morreram na hospedaria que o distrito da Mooca registrou o maior número de fatalidades na cidade por uma ampla margem.[99]

O impacto da gripe também foi notável na taxa de mortalidade por profissão, com os maiores índices entre os "operários". No entanto, as categorias usadas pelo Serviço Sanitário me fizeram pensar. Por exemplo, "desconhecido" era a principal categoria profissional especificada, sugerindo que as autoridades de saúde pública não estavam interessadas em traçar um panorama completo da vida da classe trabalhadora durante a epidemia. As mulheres que faleciam, ao contrário do que ocorria com os homens, eram agrupadas independentemente da idade, mostrando o mesmo paternalismo discutido em capítulos anteriores. As mulheres adultas não eram categorizadas por profissão, embora compusessem uma parcela significativa da força de trabalho assalariada como operárias e trabalhadoras domésticas.[100] O Serviço Sanitário separou os meninos com menos de 15 anos de idade da categoria dos homens, listando-os como sem profissão, embora também atuassem ativamente na força de trabalho. Seguindo a lógica indubitavelmente sexista e etarista das estatísticas, 1.601 das

---

utilidade pública, para desapropriação judicial, uma área de terreno necessária ao aumento do cemitério do Araçá", Prefeitura de São Paulo, Legislação Municipal, http://legislacao.prefeitura.sp.gov.br/leis/ato-gabinete-do-prefeito-1278-de-18-de-novembro-de-1918; Museu de Futebol – Centro de Referência do Futebol Brasileiro, "Cemitério do Araçá: histórias sobre a cidade, o futebol e a morte", *Medium*, 6 jun. 2017, https://medium.com/museu-do-futebol/cemit%C3%A9rio-do-ara%C3%A7%C3%A1-hist%C3%B3rias-sobre-a-cidade-o-futebol-e-a-morte-c4208c67cdf3.

99 Meyer e Teixeira, *A gripe epidêmica no Brasil e especialmente em São Paulo*, p.64. Ver também Dall'Ava e Mota, "A gripe espanhola em Sorocaba".

100 Rago, *Do cabaré ao lar*; Cano, *Raízes da concentração industrial em São Paulo*, p.234; Wolfe, *Working Women, Working Men*; B. Campos, "Companheiras em greve"; Venancio, "Lugar de mulher é... na fábrica"; M. Ribeiro, *Condições de trabalho na indústria têxtil paulista (1870-1930)*.

5.331 mortes (30%) foram de homens adultos, 14% das quais foram de "operários".[101]

Cerca de 29% dos que faleceram por conta da gripe não eram brasileiros, tendo as maiores taxas de mortalidade sido registradas entre italianos (632), portugueses (509) e espanhóis (225). "Turco-árabes" foram amalgamados a "asiáticos" (52) em uma única categoria, e outros europeus responderam por um quinto das mortes. Altas taxas gerais de mortalidade em distritos centrais sugerem que muitos dos brasileiros que faleceram eram filhos ou netos de imigrantes. Enquanto pouco mais de 52% do total de mortos eram homens, esse não foi o caso no Bom Retiro, onde quase 58% dos 330 óbitos foram de mulheres, uma porcentagem encontrada apenas em um dos outros dez distritos da cidade (Bela Vista). Essa alta taxa de mortalidade entre mulheres muito provavelmente está associada à presença significativa delas na força de trabalho industrial. O grande número de cortiços, e, portanto, a densidade populacional, no Bom Retiro, também era uma causa.

Mais de 90% das mortes registradas pela Polícia Médica foram de pessoas categorizadas como brancas, algo surpreendente, já que os brasileiros pretos e pardos também tinham uma presença considerável nos distritos centrais e estavam superestimados nas estatísticas médicas estatais antes e depois da gripe. Durante a epidemia de H1N1, a Polícia Médica pode ter passado a usar menos a saúde pública para criminalizar a população negra e focado em atividades relacionadas à gripe. Ou talvez os cidadãos pretos e pardos acometidos pela gripe estavam menos propensos a ir à Polícia Médica por medo e porque recorriam a outros tipos de prevenção e cura.

A ligação cultural entre estrangeiros e a gripe levou muitas instituições étnico-imigrantes – incluindo a Colônia Síria (fundada por imigrantes do Oriente Médio), a Cruz Vermelha Espanhola (fundada por espanhóis), o Hospital Israelita (fundado por imigrantes judeus da Europa) e o Clube Germânia (fundado por alemães) – a se tornarem hospitais temporários ou se envolverem no tratamento. Ao fazer isso, membros da elite imigrante

101 Meyer e Teixeira, *A gripe epidêmica no Brasil e especialmente em São Paulo*, p.64-7, 110.

buscavam mostrar que os estrangeiros estavam ajudando a resolver uma crise nacional. O uso de espaços de imigrantes como locais de cura também pôs em xeque uma postura racista segundo a qual os estrangeiros haviam causado a epidemia, um jogo de identidade que Carlos Dimas também encontrou entre imigrantes italianos do século XIX em resposta à cólera em Tucúman, na Argentina.[102]

Interpretações não biomédicas da gripe eram abundantes em distritos como o Bom Retiro, com sua falta de infraestrutura de assistência médica; nele, a maioria dos moradores não podia pagar por serviços médicos privados. Quando o Serviço Sanitário recomendou ácido cítrico como um possível remédio, de repente acabaram os limões.[103] Medicamentos oficialmente sancionados, porém ineficazes, como quinino, água iodada e vaselina mentolada, registraram um aumento de preço significativo e fizeram as farmácias "aumentar seus preços na mesma proporção do número de doentes".[104] Em resposta a esse cenário, o Serviço Sanitário começou a emitir receitas carimbadas e numeradas, aceitas apenas em farmácias aprovadas pelo Estado que ficavam abertas 24 horas por dia, para que os pobres e as classes trabalhadoras tivessem a garantia de obter medicamentos subsidiados, como pílulas de quinino.

As autoridades sanitárias se perguntaram se a vacina contra a varíola podia ajudar a curar ou prevenir a gripe.[105] Quando ficou claro que esse não era o caso, o uso de curas não biomédicas já difundidas disparou, com imigrantes e seus descendentes frequentemente combinando elementos pré- e pós-migratórios.[106] Remédios caseiros populares, como alho, folhas de eucalipto, canela e limão, a maioria dos quais podia ser misturada com pinga, eram comuns. Muitos continuam a ser amplamente usados no Brasil, inclusive por mim (junto com *bourbon*, canja de galinha e extrato de ginseng vermelho coreano). Objetos rituais também se tornaram remédios

102 Dimas, *Poisoned Eden*, p.15.

103 Sr. Amadeu, apud Bosi, *Memória e sociedade*, p.130.

104 Bertucci, *Influenza, a medicina enferma*, p.178.

105 Ibidem, p.181.

106 Palma, "From Asia to the Americas".

para a gripe. Um estudo de 1920 sobre as curas à base de plantas vendidas por curandeiros populares no centro de São Paulo, realizado por um botânico do Instituto Butantan, revelou que muitas pessoas usavam amuletos cheios de pedaços de madeira e casca como cura, assim como fariam no caso de resfriados simples.[107] Medicamentos falsos também se espalharam pela cidade, e alguns se consolidaram entre as classes mais altas. O sr. Antônio, cujos pais emigraram para o Brasil em 1900, foi entrevistado por Ecléa Bosi e lembrou: "Tratavam a gripe com ácido benzoico, remédio que um farmacêutico muito em voga inventou, tirando do estômago de animais".[108]

O Serviço Sanitário não conseguiu convencer a população a não usar curas populares para doenças, e até hoje há anúncios delas na mídia.[109] Essa falta de confiança nas autoridades de saúde pública resultou de vários fatores. Controvérsias entre médicos criaram uma sensação de que ninguém sabia do que estava falando. As autoridades de saúde pública geralmente estavam muito distantes da vida da classe trabalhadora, cujos sistemas de saúde locais incluíam pessoas que essa parcela da população conhecia e em quem confiava. Um artigo autorreflexivo no jornal *O Estado de S. Paulo* associou curas falsas, imigrantes e medo da seguinte forma:

> A gripe, que está invadindo a cidade, tomou este ano outro nome: já não é mais a "urucubaca", mas a "espanhola". Ou seja pelo seu novo nome, ou porque, realmente, a sua feição agora tenha assumido maior gravidade, o fato é que a nossa velha e muito conhecida influenza tem causado um verdadeiro pavor, como se se tratasse de uma epidemia de doença mortal.
>
> Mas não é da epidemia da influenza que eu pretendo tratar hoje: é da outra epidemia, a dos preservativos contra a influenza. Em três ou quatro dias quantos "preservativos infalíveis da gripe espanhola" pensa o leitor que já apareceram em anúncios, nos jornais?
>
> — Meia dúzia...

107 Hoehn, *O que vendem os ervanários da cidade de S. Paulo*, p.153.

108 Sr. Antônio, apud Bosi, *Memória e sociedade*, p.234.

109 Kenzo, *Não há cura sem anúncio*.

— Meia dúzia, só?... Bem se vê que o amigo não lê as últimas páginas dos jornais. Pois fique sabendo que, só no "Estado" de hoje eu contei cerca de trinta! E todos eles "infalíveis"...[110]

A falta de confiança geral e a devastação que a população observava a cada dia levaram a vários rumores relacionados à saúde.[111] Segundo um deles, Ermelino Matarazzo, diretor das Indústrias Reunidas Fábricas Matarazzo, fundada por imigrantes italianos, estava adicionando água à banha, tornando-o "a única pessoa que enriqueceu" durante a epidemia.[112] Outro boato difundido era que os sanitaristas estavam usando a gripe para ganhos pessoais. A revista ilustrada *A Rolha* denunciou um hospital da Cruz Vermelha por distribuir receitas médicas sem realizar exames e afirmou que os médicos estavam tendo relações "depravadas" com enfermeiras e se embriagando em todas as refeições.[113] Talvez as acusações fossem verdade, porque o hospital demitiu diversos funcionários depois que a história foi publicada.

As instituições médicas também se tornaram espaços aterrorizantes, uma inversão da ideia tradicional de que eram lugares de cura. Houve alegações generalizadas de escassez de leitos na Santa Casa de Misericórdia, onde os moradores do Bom Retiro normalmente eram atendidos. Todas as noites, afirmavam os rumores, os enfermeiros davam um letal "Chá da Meia-Noite" aos pacientes moribundos para liberar espaço. Essa crença era tão difundida que, em 1919, uma escola de samba desfilou com um carro alegórico em forma de xícara de chá no Carnaval enquanto cantava sobre o tratamento de pacientes pobres em uma canção intitulada "O Chá da Meia-Noite".[114]

---

110 *O Estado de S. Paulo*, 18 out. 1918, p.6.

111 Para uma análise da disseminação de rumores entre negros norte-americanos, ver Turner, *I Heard it*.

112 Dona Brites, apud Bosi, *Memória e sociedade*, p.314.

113 "Ecos da 'espanhola', os escândalos da Crus Vermelha no Braz", *A Rolha*, 3 dez. 1918, p.13; Bertucci, "A onipresença do medo na influenza de 1918", p.464.

114 A. Nascimento, "Tourist Topicality".

De acordo com outro boato, relatado pelo conhecido escritor de ficção e jornalista Monteiro Lobato (1882-1948), ser enviado à enfermaria na Hospedaria de Imigrantes era uma sentença de morte. Lobato estava preocupado com o péssimo histórico de saúde pública do Brasil e escreveu uma série sobre o assunto, organizada em várias partes, para *O Estado de S. Paulo* no início de 1918, antes do surto de gripe. Dois anos depois, sua coletânea de contos foi publicada, e os imigrantes apareciam em vários deles. "Fatia de vida" se passa durante uma epidemia, quando circulavam boatos de que no hospital temporário da Hospedaria de Imigrantes "só se recebiam os pobres bem pobres, e o tratamento era o que devia ser, porque pobre bem pobre não é bem gente. De modo que nada apavorava tanto o povinho miúdo como ir para a Imigração".[115]

Rumores relativos à saúde levaram ao humor sobre a saúde. Jacob Penteado escreve que seu tio, também chamado Jacob, repetia frequentemente uma história sobre doenças nas "cidades italianas" de Nápoles e São Paulo:

> — Amanhã cedo, podem mandar os doentes de números tais e tais para a valeta. Ao clarear o dia, os enfermeiros cumpriam a ordem. Aconteceu, entretanto, que um dos "mortos" protestou:
>
> — Ei, aonde vai me levar? Eu estou vivo!
>
> — Você quer saber mais do que médico, paisano? Se ele disse que você está morto, está morto mesmo.[116]

Relatos de mortes e doenças graves causaram o que alguns chamaram de "delírio da gripe espanhola", que em certos casos assumiu a forma de visões. Um filho de imigrantes italianos disse a Ecléa Bosi: "Lembro como se fosse hoje que na gripe espanhola vi no céu o carro com os cavalos brancos na frente e o meu caixão. Vi mesmo, não que foi um milagre, mas vi e lembro como se fosse hoje".[117] Relatos do que parecia ser um comportamento desorientado circularam amplamente na primeira página de jornais

---

115 Lobato, "Fatia de vida".

116 Penteado, *Belenzinho, 1910*, p.261.

117 Bosi, "Sr. Amadeu", *Memória e sociedade*, p.150.

baratos que muitas vezes eram passados de pessoa para pessoa, em jornais mais tradicionais com ampla circulação e em publicações fora de São Paulo. Em Curitiba, no estado do Paraná, Manuel de Campos adoeceu com a gripe e, "num terrível acesso de loucura", matou quatro pessoas e feriu outras.[118]

De acordo com Liane Maria Bertucci, muitos moradores de São Paulo estavam apavorados que a gripe trouxesse "[...] tiros, facadas, pauladas, afogamentos, saltos para a morte. Pessoas gripadas tentavam o suicídio ou matavam quem estava mais próximo". Muitas das histórias eram sobre imigrantes que pularam para a morte da janela de hospitais ou casas, atiraram em si mesmos ou se afogaram.[119] João Gomari, um argentino de 48 anos que tinha quatro filhos, catava lixo, mas seu salário era tão baixo que ele também recebia ajuda de uma igreja local. Segundo *O Estado de S. Paulo*, ele tinha tuberculose, havia perdido um filho recentemente para a gripe e seus outros filhos estavam doentes. Acreditando que havia contraído a gripe, ele cometeu suicídio com uma facada no coração.[120] Alguns estudiosos que analisam a cobertura dessas mortes "enlouquecidas" mencionam o sensacionalismo da mídia e a histeria em massa.[121] Outras abordagens analíticas sugerem que as respostas à gripe variaram de maior coesão e bem-estar social até o suicídio.[122]

Gente como a gente

As fortes pressões exercidas sobre aqueles de descendência imigrante (tanto moradores estrangeiros quanto os nascidos no Brasil) pela maioria da população frequentemente levam ao crescimento de sistemas de crenças

118 "Loucura trágica: a gripe enlouqueceu uma família inteira", *O Combate*, 3 dez. 1918, p.1.

119 Bertucci, *Influenza, a medicina enferma*, p.120.

120 *O Estado de S. Paulo*, 12 nov. 1918, p.4. Ver também "A 'influenza espanhola' em São Paulo", *O Combate*, 11 nov. 1918, p.3.

121 Bertolli Filho, *História da saúde pública no Brasil*; Bertucci, *Influenza, a medicina enferma*, p.119-25.

122 Honigsbaum, *A History of the Great Influenza Pandemics*; Bastiampillai et al., "Pandemics and Social Cohesion", p.20; Bastiampillai et al., "Spanish Flu Pandemic".

alternativos entre grupos minoritários.[123] Essas crenças geralmente estão relacionadas à saúde e em alguns casos parecem "loucas" para os membros das classes dominantes, mesmo quando estão amplamente presentes entre setores menos poderosos da população. Um exemplo brasileiro de meados do século XIX surge dos *muckers*, uma religião de base cristã praticada por alguns imigrantes alemães e seus descendentes no Rio Grande do Sul. O grupo vivia separado de imigrantes mais conformistas e acreditava que sua líder Jacobina Mentz, que cuidava dos doentes com leituras da Bíblia e remédios caseiros, era a reencarnação de Jesus Cristo. Após acusações, em 1874, de que Mentz havia mandado matar aqueles que haviam abandonado a religião, um batalhão policial matou a própria Mentz e muitos de seus seguidores em um ataque à sua propriedade rural.[124] Outro sistema de crenças alternativo em resposta à discriminação no Brasil surgiu entre a maior população mundial de descentes de japoneses fora do Japão. A repressão aos imigrantes japoneses da época da Segunda Guerra Mundial, incluindo realocação e confisco de propriedades, levou cerca de 100 mil imigrantes do país a se juntarem a um movimento que propunha que o Japão havia vencido a guerra.[125]

Para pensar como a gripe criou desafios identitários, examinarei agora alguns casos que podem parecer extraordinários porém representam reações a pressões que sociedades majoritárias costumam colocar sobre imigrantes e seus descendentes. Essas "mortes estranhas" foram um efeito relacionado à epidemia criado por estereótipos e sua relação com a identidade nacional. Em 23 de novembro de 1918, no auge da gripe, o geralmente sensacionalista *O Combate* relatou: "Um casal japonês, vitimado pela gripe, morre sem assistência médica".[126] De acordo com o artigo, um médico da Polícia Médica, que estava ele próprio se recuperando da doença, recebeu um chamado urgente para ir a uma casa em Santana, um distrito periurbano

---

123 N. Williams, Thornton e Young-DeMarco, "Migrant Values and Beliefs"; Khoudja, "Religious Trajectories of Immigrants".

124 Lesser, *A invenção da brasilidade*, p.88-91; Biehl, Mugge e Goldani, "Books of the Dead Revisited"; Dreher, *A religião de Jacobina*.

125 Lesser, *A negociação da identidade nacional*, p.240-52.

126 "A 'espanhola,' cena comovente", *O Combate*, 23 nov. 1918, p.5; Bertolli Filho, "Estratégias jornalísticas no noticiamento de uma epidemia".

cerca de 5 quilômetros ao norte do Bom Retiro. Quando chegou ao local, um grupo de vizinhos assustados lhe disse que havia "razão para que a vizinhança suspeitasse de alguma anormalidade" porque o simpático e amável casal de imigrantes e seu bebê tinham sido acometidos pela gripe e não saíam de casa há 24 horas.

O médico bateu na porta da frente, mas não obteve resposta. Ele e a multidão que se formara então arrombaram a porta e revistaram a casa. Seguindo por um longo corredor, chegaram ao quarto do casal, onde encontraram o "espetáculo tétrico" dos imigrantes "em completa rigidez cadavérica sob as coberturas de um humilde leito". Mais chocante foi o fato de a bebê faminta de oito meses estar deitada em cima do corpo da mãe, "sugando ambos os seios e a choramingar", a qual, ao ver os socorristas, "voltou-se para os mesmos, soluçando comoventemente".[127]

A imagem de imigrantes que trabalhavam duro morrendo com um bebê vivo se recusando a desistir da vida visava, sem dúvida, invocar a fanática abordagem de isolamento frequentemente atribuída aos imigrantes japoneses e seus descendentes no Brasil, tanto no passado quanto no presente.[128] A descrição do médico caminhando pelo corredor escuro até um quarto nos fundos da casa lembrou aos leitores um cortiço em forma de colmeia. A história apresentava muitos dos tropos que surgiriam menos de duas semanas depois em outro caso amplamente divulgado. Ele envolvia uma família de imigrantes de Württemberg, na Alemanha, que imigrara para o Brasil nas primeiras décadas do século XX.

Assim como a família japonesa, a família Schonardt vivia em um distrito rural que estava se transformando em um espaço urbano. O pai, Ernst, era pedreiro, e ele e sua esposa, Elise, tinham dois filhos: Ernesto, de 19 anos, que trabalhava em um hotel, e Rosa, de 16 anos, empregada doméstica que morava na casa de Rodolpho Weil, a cerca de 10 quilômetros de distância. *O Estado de S. Paulo* relatou o passado dos Schonardt como uma história de sucesso individual que tornou o Brasil melhor: "Ernst conseguiu fazer algumas economias, com as quais comprou terreno [...] no bairro

127 "A 'espanhola,' cena comovente", *O Combate*, 23 nov. 1918, p.5.

128 Lesser, *Uma diáspora descontente*.

de Indianópolis. E lá ele próprio edificou um chalezinho, assobradado, no meio de uma chácara que estava sendo cuidadosamente trabalhada, procedendo as plantações e ajardinamentos. A família Schonardt vivia feliz".[129]

Em 1918, Ernst e Rosa contraíram a gripe. O empregador de Rosa os internou no hospital temporário de 50 leitos do Clube Germânia, um exemplo de como as redes de descendência de imigrantes operam e como algumas minorias étnicas constroem instituições de saúde para promover seu lugar na nação.[130] De acordo com reportagens de jornal (incluindo o proletário *O Combate*, jornais ligados a industriais, proprietários de terras e membros das classes médias ascendentes como *A Gazeta* e *O Estado de S. Paulo* e até mesmo jornais e revistas de crimes reais no Rio de Janeiro), os dois se recuperaram da gripe. Logo depois, Ernst passou a apresentar sinais de instabilidade mental; segundo mídia, ele começou a "manifestar sintomas de loucura".[131] Os sintomas incluíam insistir que era católico – embora, segundo todos os relatos, ele tivesse afirmado ser protestante antes da doença – e que "à sua [família] coubera a missão de lutar contra o Diabo"; para isso, era preciso que "rezassem continuamente".

Ernst estava certo sobre a presença do diabo. Depois de passar um dia pregando nas ruas, ele voltou para casa na noite de 30 de novembro de 1918, possuído. Ao longo da noite, cantou, gritou e destruiu tudo o que via. Queimou Elise com um lampião de querosene antes de se esconder no porão da casa. Mais tarde, foi ao andar de cima e atacou novamente a esposa, levando Elise e Ernesto, de acordo com o relato de *O Combate* sobre o registro de ocorrência, a acreditar que Ernst precisava de um exorcismo imediatamente. Para libertar o diabo, eles forçaram Ernst a abrir a boca, enchendo-a com uma pedra de amolar, o que o sufocou. Após sua morte por

---

129 *O Estado de S. Paulo*, 2 dez. 1918, p.3-4.

130 "Enterrado vivo! Cena fantástica ocorrida com um pedreiro", *O Combate*, 2 dez. 1918, p.1; Bryce, "Los caballeros de beneficencia y las damas organizadoras"; Lesser, *O Brasil e a questão judaica*.

131 "Um pedreiro alemão decapitado pela própria mulher e um filho", *A Gazeta*, 2 dez. 1918, p.3; *O Estado de S. Paulo*, 2 dez. 1918, p.3-4; "Enterrado vivo! Cena fantástica ocorrida com um pedreiro", *O Combate*, 2 dez. 1918, p.1; *A Época* (Rio de Janeiro), 4 dez. 1918, p.6; *Arquivo Vermelho: Revista Policial Ilustrada*, v.1, n.12, dez. 1918, p.15-6.

asfixia, Ernesto e Elise cortaram seu pescoço. Quando a polícia chegou, os dois confessaram o crime. Eles alegaram que a gripe havia colocado "o diabo no corpo" de Ernst, o que levou o detetive a encaminhá-los ao Hospital Psiquiátrico do Juqueri, que determinou que o crime foi "o resultado de um lamentável ato de loucura" e que os dois não deveriam ser processados.[132]

Há muito em comum no relato das duas mortes por gripe "espanhola", embora as duas famílias, uma japonesa e uma alemã, pareçam diferentes. Em ambos os casos, a polícia e a mídia insinuaram que a doença desencadeou um fanatismo pré-migratório adormecido entre o que pareciam ser imigrantes trabalhadores e amigáveis. Ademais, grande parte da ação ocorreu em locais fora da vista e da luz, o quarto no fundo da casa e o porão. Tudo isso, proponho, deu a entender aos leitores que não se tratava de casos momentaneamente excepcionais. A insanidade, pelo contrário, era um prenúncio do que a gripe espanhola causaria em uma cidade cheia de estrangeiros. Os dois incidentes se aproveitavam do terror que a população sentia, resultado das revoltas sociais causadas pela gripe, da Primeira Guerra Mundial e da agitação trabalhista generalizada na cidade.

O Bom Retiro também foi o local de estranhos mortos-vivos, situações em que as pessoas declaradas mortas voltavam à vida. O fascínio pelos mortos-vivos ou zumbis tem uma longa história no Brasil, nas Américas e no mundo. O líder do Quilombo dos Palmares, comunidade de escravizados que haviam fugido no estado de Alagoas no século XVII, era conhecido como Zumbi, palavra que alguns estudiosos associam a termos da África Ocidental que significam fantasma ou espírito que ressuscitou dos mortos.[133] No século XX, os zumbis geraram um fascínio mundial, com livros, histórias em quadrinhos, filmes e séries de televisão sobre o assunto sendo produzidos na Ásia e nas Américas, incluindo uma série brasileira baseada em interações históricas entre negros e imigrantes.[134]

---

132 "Um homem decapitado", *Correio Paulistano*, 12 abr. 1919, p.5.

133 Reis Filho e Suppia, "Dos cânones sagrados às alegorias profanas", p.275; Hertzman, *After Palmares*.

134 *Spectros*, dirigida por Douglas Petrie (São Paulo: Moonshot Picture, 2020); Netflix, 20 fev. 2020.

O medo disseminado de ser enterrado vivo surgiu à medida que as epidemias de cólera se espalharam pelo mundo no século XIX.[135] A tafofobia levou não apenas a histórias de mortos-vivos, mas à invenção de "caixões de segurança" que permitiam àqueles que acidentalmente fossem enterrados vivos tocar sinos para alertar os vivos. No Brasil urbano e em outros lugares, os mortos-vivos também eram uma forma de entretenimento. Em 1912, o Teatro Bijou apresentou a comédia em dois atos *O morto-vivo*, e, uma década depois, "um número extraordinário de pessoas" foi ao Teatro Colombo, com quase 2 mil lugares, no prédio que abrigara o Mercado Municipal do Brás até 1908, para ver Manuel Urbano, um artista conhecido como "o enterrado vivo" em um caixão de vidro.[136] Também houve piadas, como uma publicada no jornal *A Tribuna* (Santos) alguns meses antes de a gripe de 1918 consumir São Paulo: "A indústria do enterrado vivo prolifera. Aparecem por toda a parte. Daqui a pouco tempo, quando o enterro chegar à porta do cemitério, o coveiro perguntará, confuso: 'Este, é morto ou vivo?'".[137] Mortos-vivos também fazem parte do discurso contemporâneo sobre a "Cracolândia" do Bom Retiro, suscitando tanto fascínio quanto repulsa. Essa geografia do uso de drogas patrulhado pela polícia em frente à Estação Júlio Prestes surgiu na década de 1990; a área foi despovoada e então repovoada com dependentes, vendedores e suas famílias, amplamente chamados de "mortos-vivos", termo que um estudioso descreveu como um exemplo de "necropolítica".[138]

Durante a gripe de 1918, histórias de mortos-vivos foram inspiradas no fato de que muitas vítimas foram enterradas em valas comuns com outras pessoas que não eram parentes. Muitos funerais foram realizados sem a presença de nenhum membro da família, rompendo a separação formal dos vivos e dos mortos que ocorre nos enterros. Histórias "andavam por milhares de bocas" em bairros de imigrantes da classe trabalhadora. Essa foi uma

---

135 Bondeson, *Buried Alive*; Casoy, *Ópera em São Paulo*, p.23.

136 *O Estado de S. Paulo*, 11 maio 1912, p.12; *O Combate*, 18 jan. 1922, p.1.

137 "Balas d'estalo...", *A Tribuna* (Santos), 10 mar 1918, p.2.

138 Alves e Pereira, "Necropolítica, drogas e ações governamentais na Cracolândia"; Silva Júnior e Monteiro, "Os significados da morte e do morrer".

das consequências da "desorganização dos Serviços Sanitários", que não conseguiam remover rapidamente os cadáveres das ruas e muitas vezes enterravam vítimas da gripe sem informar os familiares. Segundo a sabedoria popular, "[o] número de óbitos diários era elevado a seis vezes mais do que o confessado oficialmente. Falou-se muito em enterros de pessoas vivas, sem caixões, sem certidão do registro civil etc. Dos hospitais provisórios, então, diziam-se coisas incríveis".[139]

Os mortos-vivos do Bom Retiro refletiam narrativas de sobrevivência dos imigrantes e incompetência do Estado e foram lembrados até o final do século XX.[140] Eram também histórias de xenofobia, racismo e incerteza social. A história de João Antônio Jorge, cujo retorno aos vivos abriu este capítulo, foi uma delas. Não há dúvida de que sua ressurreição foi celebrada, sobretudo porque ela impediu que ele fosse enterrado vivo. Outro morador do Bom Retiro, um pedreiro imigrante vindo da Itália, não teve a mesma sorte. O jornal *O Combate* começou sua cobertura do caso cinematograficamente em 29 de novembro de 1918, anunciando "Desta vez, não é 'blague'". A instigante história contava como um telefonema para a redação do periódico sobre um "morto-vivo", algo que aparentemente acontecia com alguma frequência, foi tão convincente que um repórter foi enviado para investigar o caso.

O endereço residencial do morto-vivo que o jornal recebeu estava errado. Contudo, o esforçado repórter foi de porta em porta na chuva torrencial tentando identificar a pessoa talvez viva. Todos que ele encontrava haviam ouvido a história, convencendo-o de que era verdade. Quando o repórter entrou em uma loja onde os clientes estavam se abrigando da tempestade, o proprietário lhe mostrou como chegar a um canteiro de obras onde o morto-vivo trabalhava (na avenida Luiz Antônio, 187). A conversa do jornalista com o morto-vivo foi tão surpreendente que *O Combate* só pôde revelar o seguinte: "Amanhã, publicaremos as declarações feitas à nossa reportagem pelo homem que [...] esteve algumas horas num caixão de

139 "Enterrado vivo! Caso fantástico ocorrido com um pedreiro", *O Combate*, 29 nov. 1918, p.1.

140 Bosi, *Memória e sociedade*; Bertolli Filho, *História da saúde pública no Brasil*, 282*n*44.

defunto, só escapando ao honroso suplício de ser enterrado vivo por um verdadeiro auxílio... da Providência".[141]

O amanhã chegou, assim como a história. *O Combate* a publicou no mesmo dia em que começou a reportar o caso de João Antônio Jorge, enquanto *A Capital* focava no morto-vivo. Embora algumas informações divergissem nos dois jornais, a história era basicamente a mesma. Eugênio Benzana (ou Bezzana) era um pedreiro de meia-idade (que tinha 52 ou 55 anos) da Itália que morava nos fundos de um cortiço na rua Anhaia, 162, no Bom Retiro. Benzana era casado com Luiza "de tal", sua segunda esposa, tendo adotado dois dos filhos dela e tido com ela mais dois filhos. Luiza "de tal" morrera de gripe pouco mais de duas semanas antes da ressurreição de Benzana; de acordo com os relatos, isso levou o imigrante a começar a beber muito.

Em 23 de novembro de 1918, um sábado, Benzana e outros trabalhadores deixaram o canteiro de obras na avenida Luiz Antônio, 187, após horas de chuvas intensas. Ele foi a um bar para beber "um 'trago' como preservativo da umidade e da 'espanhola'. Possivelmente tomou um segundo"[142] antes de descer a rua Major Diogo em direção à Praça da República. Essa era a última coisa de que Benzana se lembrava, pois a bebida lhe causava ataques epiléticos que o deixaram "pálido e gelado como um defunto".[143]

Benzana acordou naquela noite dentro de um caixão no Cemitério do Araçá, "provavelmente conduzido no carro de cadáveres da Polícia, chamado pelo soldado de ronda nas imediações". Abrindo a tampa forçosamente, Benzana descobriu que estava ao lado de uma cova, cercado por outros cadáveres aguardando o sepultamento. "Aterrorizado", o pedreiro pulou o muro do cemitério e começou a correr pela rua Rio de Janeiro por cinco quilômetros, até sua casa, no Bom Retiro. O morto-vivo não contou à família o

141 "Enterrado vivo! Caso fantástico ocorrido com um pedreiro", *O Combate*, 29 nov. 1918, p.1.

142 "Um quase enterrado vivo, quem são os responsáveis?", *A Rolha*, 3 dez. 1918, p 4. Agradeço Paulo Castagnet, das *Revistas Paulistanas Antigas*, por compartilhar cópias digitais de *A Rolha* comigo.

143 "Enterrado vivo! Caso fantástico ocorrido com um pedreiro. O que disse Eugênio Benzana a 'O Combate'", *O Combate*, 30 nov. 1918, p.1; *A Capital*, 30 nov. 1918, p.1.

que aconteceu. Quando alguém relatou que tinha visto o corpo de Benzana sendo transportado para o cemitério em um veículo como o da Figura 6.6, sua nora ficou de fato incrédula, porque ele já estava em casa.

Figura 6.6. Veículo de remoção de cadáveres do Desinfectório Central, provavelmente da primeira década do século XX. Fonte: *Álbum Desinfectório Central de São Paulo*, [1893-1913], Fundo Serviço Sanitário de São Paulo, Grupo: Desinfectório Central. Ampliação fotográfica sobre papel cartão, PB, Laboratório fotográfico Fotografia Alemã, Acervo Museu de Saúde Pública Emílio Ribas/Instituto Butantan.

O Combate não deixou a história passar. Em 2 de dezembro, relatou uma tentativa frustrada de encontrar o arquivo de Benzana no Gabinete Médico--Legal (uma versão preliminar do Serviço Médico-Legal). O jornal concluiu que ele fora levado ao cemitério a pedido de um soldado de ronda, sem ter sido examinado por um médico. O repórter então entrevistou os coveiros, que admitiram que haviam seguido com o enterro sem verificar se Benzana estava morto.[144]

A história do retorno de Benzana aos vivos começou a circular em bairros de imigrantes. Por um lado, ela enfatizava a negligência que muitos membros da classe trabalhadora sentiram durante a epidemia. Por outro lado, representava um fio de esperança entre tantas mortes. Um repórter da revista ilustrada *A Rolha* alegou ter ouvido a história do filho de Benzana enquanto estava no mercado de peixes no bairro 25 de Março, associado a imigrantes árabes. Nas ruas do Bom Retiro "só se falava do sr. Eugenio, no felizardo operário que milagrosamente escapara de ocupar os sete palmos de terra a 'muque'". Um trabalhador que compareceu a um funeral no Cemitério do Araçá alegou ter ouvido o soldado de ronda e os coveiros discutindo o caso, dizendo que Benzana "corria como uma lebre" para fora do caixão.[145]

Reclamações sobre a remoção e o sepultamento dos mortos sem identificar os cadáveres ou informar os familiares eram frequentes e amplamente ignoradas pelo município durante a gripe. O clamor popular sobre o retorno de Benzana dos mortos, no entanto, também levou a uma resposta diferente. Alarico Silveira havia sido nomeado diretor do Departamento de Limpeza Pública da cidade em 1914, em parte devido à necessidade de uma ligação diplomática entre as necessidades sanitárias do município e o Serviço Sanitário estadual, liderado na época por Emílio Ribas.[146] Com o surto de gripe, o prefeito Washington Luiz pediu a Silveira que supervisionasse os serviços municipais para os doentes e o sepultamento dos mortos.[147] Após ser questionado por *O Combate*, exatamente quando a his-

---

144 "Enterrado vivo! Cena fantástica ocorrida com um pedreiro", *O Combate*, 2 dez. 1918, p.1.

145 "Um quase enterrado vivo, quem são os responsáveis?", *A Rolha*, 3 dez. 1918, p.3. Agradeço Paulo Castagnet, das Revistas Paulistanas Antigas, por compartilhar cópias digitais de *A Rolha* comigo.

146 R. Pereira, *O prefeito do progresso*, p.217.

147 Taunay, *História da cidade de São Paulo*, p.372.

tória de Schonardt estava aparecendo nas manchetes, Silveira iniciou uma investigação.[148]

De acordo com *O Combate*, Silveira visitou pessoalmente o Cemitério do Araçá e a Polícia Médica para ouvir o lado deles da história. Ele confirmou que não havia nenhum atestado de óbito para Benzana. Não encontrou nenhum registro escrito de corpos que foram recolhidos pelo veículo municipal de transporte de cadáveres no dia da primeira morte de Benzana. O diretor do Departamento de Limpeza Pública chegou a ir ao Bom Retiro para falar com a família de Benzana, mas não descobriu quem relatara que o imigrante fora transportado com outros corpos ao cemitério. Sem querer, Silveira confirmou rumores e notícias de jornais difundidos sobre mortes não registradas e enterros em massa, e a história acabou por aí, exceto enquanto memória.[149]

***

Este capítulo explorou duas crises mundiais de saúde, a peste bubônica da virada do século e o surto de gripe de 1918, a partir das perspectivas do Estado e da população. Mostrei que os sanitaristas acreditavam que os imigrantes traziam doenças para o Brasil e que os bairros da classe trabalhadora onde morava um grande número de estrangeiros facilitavam a disseminação de doenças. Afirmei que os resíduos das políticas de erradicação da doença bubônica no século XIX podiam ser vistos tanto materialmente, em registros médicos e no uso de edifícios, quanto discursivamente, com o surto de gripe em 1918. Dissecar como imigrantes e representantes do Estado negociaram a vida e a morte mostra os limites das abordagens biomédicas para a cura e resíduos de preconceito e xenofobia, fatores cruciais para compreender políticas e ações de saúde pública.

148 "Enterrado vivo! Cena fantástica ocorrido com um pedreiro. O que nos disse o dr. Alarico Silveira", *O Combate*, 3 dez. 1918, p.1.

149 "Um quase enterrado vivo, quem são os responsáveis?", *A Rolha*, 3 dez. 1918, p.4; "Enterrado vivo! Cena fantástica ocorrido com um pedreiro. O que nos disse o dr. Alarico Silveira", *O Combate*, 3 dez. 1918, p.1.

Em ambos os casos, as autoridades de saúde pública visaram imigrantes. Eles entraram à força nas casas como parte de programas de erradicação que surgiram a partir de preconceitos sobre a sujeira dos imigrantes, em vez de solucionar fatores de infraestrutura, como sistemas de esgoto precários, falta de coleta de lixo e inundações. Imigrantes e outros membros das classes trabalhadoras responderam de diversas maneiras ao aumento das incursões. Curas populares foram uma das reações à falta de confiança nos pronunciamentos médicos oficiais. Alguns programas de erradicação, como capturar e vender ratos, tornaram-se fonte de renda em vez de ações de saúde pública. A incapacidade do Estado de lidar com crises médicas até mesmo levou imigrantes a retornarem à vida após serem declarados mortos por representantes estatais.

Post scriptum

O retorno de Eugênio Benzana à vida não acabou com os milagres do Bom Retiro relacionados à gripe. Antoninho da Rocha Marmo nasceu no distrito em 19 de outubro de 1918, apenas um mês antes de Benzana se tornar um morto-vivo. O pai de Antoninho era policial e sua mãe trabalhava em casa. Eles não eram imigrantes nem moradores de cortiço, vivendo em uma pequena casa na rua dos Bandeirantes, 24 (atualmente número 188). Dizem que Antoninho nasceu prematuro quando a gripe estava se alastrando. Viver em uma parte do Bom Retiro onde parece que os moradores tinham dinheiro para médicos particulares levou a um milagre, porque, segundo conta a história, "[n]a confusão produzida pela crise sanitária, um médico bateu por engano na porta da residência da família Marmo, salvando a vida da parturiente e de seu fruto, assim como socorreu alguns vizinhos que tinham sido assaltados pela 'gripe espanhola'".

Os médicos não costumavam circular pelo Bom Retiro porque o bairro era pobre e infestado pela gripe. O que apareceu inesperadamente no instante do nascimento de Antoninho é tido entre os fiéis como o primeiro milagre de uma vida que surgiu da certeza da morte. Assim como os casos de João Antônio Jorge e Eugênio Benzana, a trajetória de Antoninho é uma história de sobrevivência em meio à morte generalizada. Ainda criança, Antoninho teria começado a construir altares e a brincar de rezar a missa em seu quintal. Muitos acreditavam que ele poderia prever o futuro e induzir milagres. Aos cinco anos, pegou tuberculose e saiu do Bom Retiro em busca de tratamento em outras partes do estado. Afirma-se que ele previu a própria morte, que ocorreu em 1930, aos 12 anos de idade.

Antoninho está enterrado no Cemitério da Consolação, a mais antiga necrópole de São Paulo, inaugurado como um cemitério municipal em 1858, após um surto de varíola e uma proibição de enterros em terrenos de instituições religiosas. Ao longo das décadas, Antoninho se tornou um santo popular, principalmente para os recém-nascidos e para as mães com problemas na gravidez. Atualmente, seu túmulo é um dos mais visitados no cemitério (Quadra 80/Terreno 6). Sua história também foi usada por alguns profissionais de saúde, "porque Antoninho servia de paradigma do 'bom paciente', sabendo perdoar as lacunas médicas e, mais do que isto, seguindo com rigorosa obediência os ensinamentos sanitários que evitavam a disseminação do bacilo de Koch".[150]

A vida de Antoninho foi investigada pela TV Globo em 1982, como parte da série Casos verdades, que incluía reconstituições da história feitas por atores brasileiros conhecidos. O estudo de Marília Schneider sobre como Antoninho é lembrado mostra que o local é fundamental para a história, da casa dos Rocha Marmo, no Bom Retiro, até a Santa Casa, onde tantos moradores do bairro foram atendidos.[151] Assim, embora não fosse um imigrante, sua história segue uma trajetória semelhante à de outros neste capítulo, uma vez que doenças, cidadania e espaço marcavam o cotidiano de viver e morrer no Bom Retiro.

150 Bertolli Filho, *História social da tuberculose e do tuberculoso*, p.183.

151 Schneider, *Memória e história (Antoninho da Rocha Marmo)*, p.152-74.

Uma conclusão
Luz e escuridão em uma cidade santa

São Paulo foi nomeada em homenagem a Saulo de Tarso, conhecido como apóstolo Paulo, um santo geralmente associado ao livro e à espada. Essas duas abordagens diferentes para o evangelismo destacam as tensões na cidade de São Paulo, onde ricos e pobres, sadios e doentes, estrangeiros e brasileiros muitas vezes vivem e trabalham de maneira próxima. O Bom Retiro é um microcosmo tanto da cidade quanto de espaços urbanos pelo mundo, e uma visita noturna ao bairro evidencia as distinções. Os nomes positivos que os formuladores de políticas públicas e as autoridades de saúde atrelaram ao ambiente construído ("Bom Retiro", "Estação da Luz") se chocam com as recorrentes imagens do bairro e de seus moradores como insalubres, perigosos, escuros e sujos.

Depois que o sol se põe, o Bom Retiro é tudo menos um retiro de luz – as ruas ficam escuras e majoritariamente vazias quando os trabalhadores do varejo voltam para casa, em locais muitas vezes distantes. A maioria dos moradores fica atrás de portas fechadas, em parte por conta do medo, em parte porque geralmente não tem a renda necessária para aproveitar os maravilhosos restaurantes cujos preços não combinam com a renda da maioria da população. As descrições simultâneas de luz e escuridão e as experiências vivenciadas são típicas de bairros de imigrantes da classe trabalhadora e nos lembram que, embora o Bom Retiro possa não ser "o mundo", ele explica muito deste último. Como uma geografia de saúde boa e ruim, de raça e racismo, de etnia e preconceito e de trabalho e opressão, o Bom Retiro nos ensina sobre a vida urbana em muitos lugares. Embora grande parte deste livro seja sobre resíduos, ficarei desapontado se os leitores pensarem no bairro e em outros como ele pelo mundo como únicos ou imutáveis.

Afirmei que pensar sobre pessoas, ações e espaços ao longo do tempo é mais do que um projeto acadêmico que nos ajuda a entender o passado. Envolver-se com o passado melhora o presente, por exemplo, ao ajudar os profissionais de saúde atuais a entender os efeitos de longo prazo de más condições de moradia, ruas inundadas e longas jornadas de trabalho. Ao fazer perguntas sobre continuidades, sobre os resíduos que permanecem com o passar do tempo, propus que o ambiente, tanto o construído quanto o natural, é uma força para a construção social e cultural na mesma medida que as políticas ou estruturas sociais de longo prazo, como o racismo ou a migração, o são. No Bom Retiro, os resíduos são impressionantes. Muitos produtos ainda são entregues usando transporte não motorizado, geralmente carrinhos de mão. Máquinas de costura, embora elétricas, seriam instantaneamente reconhecidas por alguém do século XIX, ao passo que alguém que só conheceu toca-discos não conseguiria reconhecer arquivos digitais de música. Policiais e profissionais de saúde estão constantemente presentes nas ruas, onde ouvem português, espanhol, coreano, chinês e iídiche, entre muitas outras línguas. Os nomes das ruas do Bom Retiro são resíduos de povos e estruturas do passado e do presente: rua dos Italianos, rua dos Imigrantes, rua Aimorés e rua Prates-Coreia são apenas alguns deles.

Enquanto escrevia este livro, os materiais e minha experiência ao coletá-los me levaram a ponderar cada vez mais meu papel na história. Esse processo se intensificou em 2020 e 2021, quando a Universidade Emory (e muitas outras) desestimularam viagens de pesquisa, mesmo quando a taxa de disseminação da Covid-19 em São Paulo estava muito mais baixa do que a registrada em Atlanta. Quando finalmente retornei a São Paulo, em setembro de 2021, durante o que parecia ser o fim da pandemia, escrevi o rascunho inicial de *Viver e morrer em São Paulo*. Os dezoito meses que eu havia passado longe de uma das minhas casas – eu estivera em São Paulo pelo menos uma vez a cada quatro meses nos últimos 35 anos – fizeram-me enxergar de outra forma as relações entre passado e presente que este livro destaca. Uma das mais importantes era o poder e a independência do Sistema Único de Saúde (SUS) na distribuição de vacinas e no incentivo ao uso de máscaras, apesar das alegações do presidente de direita de que a Covid-19 não passava de uma "gripezinha".[1] A experiência de escrever na cidade de São Paulo, onde muitos pareciam extremamente comprometidos tanto com a saúde individual e quanto com a comunitária, contrastou fortemente com minha experiência na Geórgia, no sul dos Estados Unidos, onde uma falta de preocupação com os outros significou que grande parte da população se recusou a usar máscaras e a se vacinar. De fato, no início de outubro de 2021, o estado de São Paulo, com mais de 44 milhões de habitantes, tinha quase 40% menos casos novos de Covid-19 do que o estado da Geórgia, com um quarto dessa população.[2]

Retornar a São Paulo depois de um ano e meio também me lembrou que ter várias moradias é algo que se reflete em minha pesquisa. Embora os historiadores nem sempre enfoquem a comparação, realizar os processos de escrita e revisão em lugares diferentes evitou que eu tratasse especificidades de países, regiões, municípios e bairros como únicas. Busquei dados que contassem histórias de migração e permanência, de entidades estatais e da população que re-formaram o ambiente construído e as comunidades, e de saúde ruim e demandas por bem-estar persistentes. Vi como as estruturas globais afetavam espaços de "saúde" do tamanho de um quarto ou uma calçada. Conheci o universo das oficinas e oficinas-residências onde a Equipe Verde criou clínicas de saúde itinerantes para trabalhadores têxteis que talvez não tivessem tanta facilidade para ir à Unidade Básica de Saúde (UBS) do Bom Retiro para fazer exames de rotina.

A pandemia com frequência me levou a refletir sobre meu próprio passado. Uma lembrança recorrente foi a de um curso universitário sobre estudos afro-brasileiros com o grande professor Anani Dzidzienyo, já falecido.

1 Pingel et al., "Comprometendo-se com a continuidade".

2 De acordo com o *The New York Times*, em 5 de outubro de 2021 o estado da Geórgia (com uma população de 10,62 milhões de pessoas) reportou 2.694 novos casos de Covid-19. "Tracking Coronavirus in Georgia: Latest Map and Case Count", 23 mar. 2023, https://www.nytimes.com/interactive/2021/us/georgia-covid-cases.html. Já o estado de São Paulo (44,04 milhões de habitantes) reportou 1.679 novos casos em 6 de outubro. São Paulo, Governo do Estado, "Seade Coronavírus", 18 nov. 2023, https://coronavirus.seade.gov.br/.

As aulas geralmente aconteciam em seu apartamento, e, em determinada semana, ele iniciou uma discussão sobre racismo e resistência perguntando à turma "O que é um *mikvê*?". Apenas um aluno (eu) sabia a resposta, que um *mikvê* é um banho ritual judaico. Todos os alunos tiveram dificuldade para entender a relação entre esse pequeno elemento do ambiente construído e a diáspora africana na América Latina. A intenção do prof. Dzidzienyo era aventar que muitas experiências de formação de comunidade e migração, incluindo algumas surpreendentes, estavam local e mundialmente interligadas, ao longo do tempo e do espaço, como parcerias, competições, opressões e resistências. Para ele, análises comparativas dentro de relações mais amplas de raça, classe e gênero, tanto nacionais quanto transnacionais, precisavam ser incorporadas ao foco de estudos sobre imigração, etnia e diáspora, geralmente centrado em um único grupo, nação, cidade ou ponto. Este livro, portanto, é uma homenagem a Anani Dzidzienyo e às caóticas complexidades de tempo, espaço e identidades humanas.

Post scriptum

O mapeamento referente a etnicidade, trabalho e classe da geografia do Bom Retiro abarca todos os aspectos de saúde e trabalho. Em uma visita domiciliar, conheci um neto de imigrantes europeus – vamos chamá-lo de Moisés – que mora perto de ruas com nomes como Lubavitch (rua Correa dos Santos até 1991) e Talmud Thorá (rua Tocantins até 1993), que refletem uma presença judaica histórica e étnica – e mais recentemente religiosa.

Moisés, que tem uma deficiência física, mora com sua família estendida em um pequeno apartamento simples no segundo (e último) andar de um prédio sem elevador. Isso torna a ida a sua pequena loja, que se estende até a calçada, um desafio diário. O prédio fica em um quarteirão cujas residências variam de cortiços a prédios de apartamento de classe média, a poucos passos de uma ieshiva *e de uma ONG religiosa que fornece alimentação para idosos. Do outro lado da rua, encontra-se uma geografia de diferenças culturais cuja divisão é tão ampla quanto a do êxodo bíblico pelo Mar Vermelho; há autodenominados supermercados coreanos, igrejas cristãs e lanchonetes brasileiras. Embora Moisés seja profundamente fiel a apenas uma religião, ele poderia escolher entre muitas outras se quisesse: testemunhas de Jeová, budistas, judeus messiânicos e não messiânicos, espíritas e cristãos em um espectro de crenças e práticas.*

Parte do sustento de Moisés e de seu pai vem do conserto de pequenos itens mecânicos. Eles empregam outro morador multigeracional do Bom Retiro, de descendência africana. Seu trabalho consiste em coletar itens quebrados dos clientes da loja e devolvê-los em um carrinho puxado por uma bicicleta, um método de entrega há muito usado para bens e serviços que vão desde amolar facas até vender frutas e água potável.

Conheci Moisés após relatos de um agente comunitário de saúde da Equipe Verde de que ele estava cada vez mais deprimido por causa de sua deficiência física. A ocasião em que fomos apresentados mostrou como os resíduos atuam in loco. *Embora Moisés não seja um imigrante, ele era tratado como tal pelos profissionais de saúde. De fato, tanto Moisés quanto esses profissionais acreditavam que entre os judeus a religião era mais relevante do que a nacionalidade, o que teria sido verdade um século atrás. A equipe também presumiu que minha etnia os ajudaria a se conectar com Moisés, embora ele e eu nos relacionemos com rituais e crenças de maneiras diferentes.*

Quando entramos no apartamento, fui apresentado como pesquisador de uma universidade nos Estados Unidos, e minha "judeidade", minha estrangeirice e minha ascendência europeia foram imediatamente informadas à família pelos profissionais de saúde. É complexo analisar esse tipo de apresentação, pois as visitas domiciliares têm como objetivo reduzir parte da distância entre profissionais de saúde e pacientes. Assim, conexões – seja por meio de etnia, torcida para um time de futebol ou o fato de conhecerem pessoas em comum – são frequentemente mobilizadas.

Após a visita domiciliar com Moisés, que incluiu a renovação de receitas, sugestões para melhoria da cadeira de rodas e incentivo para buscar acompanhamento psicológico, a equipe voltou caminhando até a UBS Bom Retiro, a cerca de quinze minutos de distância. Durante a caminhada, surgiram diferentes tipos de perguntas relacionadas a migração: uma tinha a ver com símbolos rituais judaicos na casa, como o mezuzá, candelabros ou livros em uma escrita estranha que na verdade era hebraico. Os profissionais de saúde do Bom Retiro veem esses símbolos com frequência, mas, segundo eles, nunca tinham a quem perguntar sobre eles. Um segundo grupo de perguntas pode ser classificado como etnossanitário e surgiu de ideias europeias sobre saúde e estrangeirice do século XIX. Perguntaram-me sobre a limpeza e os odores na casa de Moisés e se os judeus europeus eram como os imigrantes da Coreia e da Bolívia. Os judeus comem cachorros como os coreanos ou se recusam a tomar banho como os bolivianos? Outro conjunto de perguntas era relacionado a classe, com base em estereótipos seculares que associam os judeus ao dinheiro que migrou da

Europa para as Américas.[3] *De certa forma, a visita e seus desdobramentos contam a história deste livro, sobre como as relações entre profissionais de saúde e pacientes influenciam e são influenciadas pelo espaço que habitamos, por quem pensamos que somos e pela maneira como os outros nos veem.*

3 Graff Zivin, *Wandering Signifier*, p.106-31.

Referências

Arquivos

Acervo do Museu do Ipiranga, São Paulo
Arquivo do Museu de Saúde Pública Emílio Ribas (Amsper), São Paulo
Arquivo Histórico Municipal Washington Luís (AHM), São Paulo
Arquivo Público do Estado de São Paulo (Apesp), São Paulo
Assembleia Legislativa do Estado de São Paulo (Alesp), São Paulo
Clinton Presidential Library and Museum, *Clinton Digital Library*, Little Rock, Arkansas
Fundação Sistema Estadual de Análise de Dados (Seade), *Biblioteca Digital Seade*, São Paulo
Instituto Butantan, Centro de Memória, São Paulo

Jornais, periódicos, revistas, boletins e *sites*

A Capital (Rio de Janeiro). 1892-1893. Disponível em: http://bndigital.bn.gov.br/acervo-digital/capital/570907. Acesso em: 15 maio 2025.

A Época (Rio de Janeiro). 1912-1919. Disponível em: http://bndigital.bn.gov.br/acervo-digital/epoca/720100. Acesso em: 15 maio 2025.

A Gazeta (São Paulo). 1914-1933. Disponível em: http://bndigital.bn.gov.br/acervo-digital/gazeta/763900. Acesso em: 15 maio 2025.

A Immigração: Órgão da Sociedade Central de Imigração (Rio de Janeiro). 1884-1891. Disponível em: http://bndigital.bn.gov.br/acervo-digital/immigracao/239984. Acesso em: 15 maio 2025.

A Lanterna: Folha Anticlerical e de Combate (São Paulo). 1909-1916. Disponível em: http://bndigital.bn.gov.br/acervo-digital/lanterna/366153. Acesso em: 15 maio 2025.

A Plebe (São Paulo). 1917-1949. Disponível em: https://www.ufrgs.br/nphdigital/subcolecao/a-plebe/?perpage=12&view_mode=masonry&paged=1&order=A

SC&orderby=date&fetch_only=thumbnail%2Ccreation_date%2Ctitle%2Cdescription&fetch_only_meta=. Acesso em: 15 maio 2025.

A Província de São Paulo. Disponível em: https://www.estadao.com.br/acervo/. Acesso em: 15 maio 2025.

A Rolha (São Paulo). 1918. Disponível em: https://memoria.bn.gov.br/DocReader/docreader.aspx?bib=212695&pesq=&pagfis=1. Acesso em: 15 maio 2025.

A Tribuna (Santos). 1907-2022. Disponível em: https://memoria.bn.gov.br/DocReader/docmulti.aspx?bib=153931. Acesso em: 15 maio 2025.

A Tribuna do Povo: Folha Republicana Parlamentarista (São Paulo). 1895-1899. Disponível em: http://bndigital.bn.gov.br/acervo-digital/tribuna-do-povo/818437. Acesso em: 15 maio 2025.

Almanaque Folha (São Paulo). Disponível em: http://almanaque.folha.uol.com.br/. Acesso em: 15 maio 2025.

Almanaque Paulista (São Paulo). 1881. Disponível em: http://bndigital.bn.gov.br/acervo-digital/almanach-paulista/830089. Acesso em: 15 maio 2025.

Archivo Vermelho: Revista Policial Ilustrada (Rio de Janeiro). 1918-1921. Disponível em: http://bndigital.bn.gov.br/acervo-digital/archivo/347841. Acesso em: 15 maio 2025.

Careta (Rio de Janeiro). 1908-1960. Disponível em: https://objdigital.bn.gov.br/acervo_digital/div_periodicos/careta/careta_anos.htm. Acesso em: 15 maio 2025.

Correio Braziliense (Distrito Federal). 1960-2014. Disponível em: https://memoria.bn.gov.br/DocReader/docmulti.aspx?bib=028274&pesq=. Acesso em: 15 maio 2025.

Correio Paulistano (São Paulo). 1854-1859. Disponível em: http://bndigital.bn.gov.br/acervo-digital/correio-paulistano/090972. Acesso em: 15 maio 2025.

Diário da Noite (Rio de Janeiro). 1930-1939. Disponível em: http://bndigital.bn.gov.br/acervo-digital/diario-noite/221961. Acesso em: 15 maio 2025.

Diario do Commercio (Rio de Janeiro). 1888-1892. Disponível em: https://memoria.bn.gov.br/DocReader/docreader.aspx?bib=248070&pesq=&pagfis=1. Acesso em: 15 maio 2025.

Diário do Transporte (São Paulo). Disponível em: https://diariodotransporte.com.br/. Acesso em: 15 maio 2025.

Diário Oficial da União (Brasil). Disponível em: https://www.in.gov.br/servicos/diario-oficial-da-uniao. Acesso em: 15 maio 2025.

Diário Oficial do Estado de São Paulo (São Paulo). Disponível em: https://www.imprensaoficial.com.br/DO/HomeDO_2_0.aspx#25/06/2024. Acesso em: 15 maio 2025.

Diário Oficial do Município (São Paulo). Disponível em: https://diariooficial.prefeitura.sp.gov.br/md_epubli_controlador.php?acao=inicio. Acesso em: 15 maio 2025.

Diário Popular (São Paulo). Disponível em: https://atom.arquivoestado.sp.gov.br/br-spapesp-hemapesp-s001-b000427-d024011. Acesso em: 15 maio 2025.

El País (notícias Brasil). Disponível em: https://elpais.com/noticias/brasil/. Acesso em: 15 maio 2025.

Folha da Manhã (São Paulo). Disponível em: https://acervo.folha.com.br/index.do. Acesso em: 15 maio 2025.

Folha de S.Paulo (São Paulo). Disponível em: https://acervo.folha.com.br/index.do. Acesso em: 15 maio 2025.

Folha do Braz (São Paulo).

G1 – Globo. Disponível em: https://g1.globo.com/. Acesso em: 15 maio 2025.

Gazeta de Notícias (Rio de Janeiro). 1875-1956. Disponível em: https://memoria.bn.gov.br/DocReader/docmulti.aspx?bib=103730&pesq=. Acesso em: 15 maio 2025.

Gazeta do Povo (Curitiba). 1896-1900. Disponível em: http://bndigital.bn.gov.br/acervo-digital/gazeta-do-povo/814253. Acesso em: 15 maio 2025.

GL'Italiani in San Paulo. 1888-1889. Disponível em: https://memoria.bn.gov.br/DocReader/docreader.aspx?bib=304395&pesq=&pagfis=1. Acesso em: 15 maio 2025.

Il Pasquino: Coloniale (São Paulo). 1915-1939. Disponível em: http://bndigital.bn.gov.br/acervo-digital/il-pasquino/359670. Acesso em: 15 maio 2025.

Jornal da Tarde (São Paulo). 1870-1880. Disponível em: http://bndigital.bn.gov.br/acervo-digital/jornal-tarde/713120. Acesso em: 15 maio 2025.

Jornal da USP (São Paulo). Disponível em: https://jornal.usp.br/. Acesso em: 15 maio 2025.

Jornal do Comércio (São Paulo). 1883. Disponível em: http://bndigital.bn.gov.br/acervo-digital/Jornal-do-commercio/713074. Acesso em: 15 maio 2025.

JP News (São Paulo). Disponível em: https://jovempan.com.br/jpnews. Acesso em: 15 maio 2025.

Jusbrasil (São Paulo). Disponível em: https://www.jusbrasil.com.br/. Acesso em: 15 maio 2025.

Labcidade (São Paulo). Disponível em: https://www.labcidade.fau.usp.br/. Acesso em: 15 maio 2025.

Lavoura e Commercio (São Paulo). 1898-1900. Disponível em: http://bndigital.bn.gov.br/acervo-digital/lavoura-e-commercio/817333. Acesso em: 15 maio 2025.

Morning Sun – Lifestyle (Pittsburgo). Disponível em: https://www.morningsun.net/lifestyle/. Acesso em: 15 maio 2025.

New York Times. Disponível em: https://www.nytimes.com/. Acesso em: 15 maio 2025.

Not Even Past (Austin, Texas). Disponível em: https://notevenpast.org/. Acesso em: 15 maio 2025.

O Arquivo Ilustrado: Enciclopédia Noticiosa, Científica e Literária (São Paulo). 1899-1906. Disponível em: https://bndigital.bn.gov.br/acervo-digital/archivo/719102. Acesso em: 15 maio 2025.

O Combate: Independência, Verdade, Justiça (São Paulo). 1917-1927. Disponível em: http://bndigital.bn.gov.br/acervo-digital/combate/830453. Acesso em: 15 maio 2025.

O Commercio de São Paulo (São Paulo). 1893-1909. Disponível em: http://bndigital.bn.gov.br/acervo-digital/commercio-de-sao-paulo/227900. Acesso em: 15 maio 2025.

O Estado de S. Paulo. Disponível em: https://www.estadao.com.br/acervo/. Acesso em: 15 maio 2025.

O Menelick: Órgão mensal, noticioso, literário e crítico dedicado aos homens de cor (São Paulo). 1915-1917. Disponível em: https://memoria.bn.gov.br/DocReader/docreader.aspx?bib=844829&pesq=&pagfis=1. Acesso em: 15 maio 2025.

O Pirralho (São Paulo). 1911-1918. Disponível em: http://bndigital.bn.gov.br/acervo-digital/pirralho/213101. Acesso em: 15 maio 2025.

O Sacy (São Paulo). 1918-1927. Disponível em: http://bndigital.bn.gov.br/acervo-digital/sacy/213233. Acesso em: 15 maio 2025.

Public Health (Londres). Disponível em: https://www.gov.uk/government/organisations/public-health-england. Acesso em: 15 maio 2025.

Revista do Arquivo Municipal (São Paulo). Disponível em: https://capital.sp.gov.br/web/cultura/w/arquivo_historico/publicacoes/8312. Acesso em: 15 maio 2025.

Sentinella da Monarchia: Órgão Conservador (São Paulo). 1899. Disponível em: http://bndigital.bn.gov.br/acervo-digital/Sentinella-da-Monarchia/305049. Acesso em: 15 maio 2025.

The Guardian (Londres). Disponível em: https://www.theguardian.com/international. Acesso em: 15 maio 2025.

Veja São Paulo (São Paulo). Disponível em: https://vejasp.abril.com.br/. Acesso em: 15 maio 2025.

Vida Paulista: Humorismo, Literatura, e Esporte (São Paulo). 1908-1924. Disponível em: https://memoria.bn.gov.br/DocReader/docreader.aspx?bib=216372&pasta=ano%20192&pesq=&pagfis=0. Acesso em: 15 maio 2025.

Produção acadêmica do Coletivo de Pesquisa Lesser

ALMEIDA, Cintia Rodrigues de; NASCIMENTO, Luanna Mendes do; SANTOS, Monaliza Caetano dos; FONTES, Vitória Martins. As lacunas enquanto escolha:

uma abordagem panorâmica sobre as fichas da Assistência Médica Policial de São Paulo e as mulheres do Bom Retiro presentes nessa documentação. São Paulo, 2020. (manusc. não publ.)

CIKOPANA, Doris. *A Case Study of a São Paulo Health Clinic*: Accessibility to Health Services by Patients Who do not Speak Portuguese as a First Language. Atlanta, 2018. Trabalho (Conclusão de Curso) – Emory University. Disponível em: https://etd.library.emory.edu/concern/etds/k643b1186. Acesso em: 16 maio 2025.

FERLA, Luis et al. Pauliceia 2.0: mapeamento colaborativo da história de São Paulo, 1870-1940. *História, Ciências, Saúde – Manguinhos*, v.27, n.4, p.1207-23, out.-dez. 2020. Disponível em: https://www.scielo.br/j/hcsm/a/LsTg5nrNLZXdd8mfdGSNr7C/abstract/?lang=pt. Acesso em: 15 maio 2025.

FERREIRA, Karine R. et al. A Platform for Collaborative Historical Research Based on Volunteered Geographical Information. *Journal of Information and Data Management*, v.9, n.3, p.291-304, dez. 2018. Disponível em: https://periodicos.ufmg.br/index.php/jidm/article/view/426. Acesso em: 15 maio 2025.

FOOK, Karla Donato et al. Collaborative Historical Platform for Historians: Extended Functionalities in Pauliceia 2.0. In: INTERNATIONAL CONFERENCE ON WEB INFORMATION SYSTEMS AND TECHNOLOGIES, 17. *Proceedings of the...* Setúbal, Portugal: Science and Technology Publications (Scitepress), 2021. Disponível em: https://www.scitepress.org/Papers/2021/107134/107134.pdf. Acesso em: 16 maio 2025.

GONZALEZ, Daniella. *Defining Family Planning in a São Paulo Clinic*: Healthcare Providers and Patients' Varied Conceptualizations of "Planned" and "Unplanned" Pregnancies. Atlanta, 2019. Trabalho (Conclusão de Curso) – Emory University. Disponível em: https://etd.library.emory.edu/concern/etds/g158bj24s?locale=en. Acesso em: 16 maio 2025.

JIN, Sabrina. *New Perspectives on Race and Racism among Brazilians of Asian Descent*. Atlanta, 2022. Trabalho (Conclusão de Curso de Antropologia) – Emory University. Disponível em: https://etd.library.emory.edu/concern/etds/ft848r85q?locale=en++PublishedPublished. Acesso em: 16 maio 2025.

KAUKO, Sara. *Criollo Entrepreneurialism*: Transforming Racial and Class Identities and Social Mobility among Mixed-Race Argentines. Atlanta, 2020. Tese (Doutorado em Antropologia) – Emory University. Disponível em: https://etd.library.emory.edu/concern/etds/44558f56j?locale=pt-BR. Acesso em: 16 maio 2025.

LACROIX, Delphine; CASAGRANDE, Juliana; LESSER, Jeffrey. A Sacred Space of Health. In: CONGRESSO INTERNACIONAL DE HISTÓRIA DA CIÊNCIA E DA TECNOLOGIA, 25. Rio de Janeiro, 2017. *Anais...* Rio de Janeiro: DHST; IUPST; SBHC, 2017.

LLOVET, Alexandra. *Stigma Continuity of Leprosy in Brazil, 1924-2018*. Atlanta, 2019. Trabalho (Conclusão de Curso) – Emory University. Disponível em: https://etd.library.emory.edu/concern/etds/8c97kr39m?locale=en. Acesso em: 16 maio 2025.

MILLER, Savannah. *A Qualitative Assessment of Water, Sanitation, and Hygiene in an Urban Working-Class Neighborhood of São Paulo, Brazil*. Atlanta, 2022. Dissertação (Mestrado em Saúde Ambiental) – Emory University. Disponível em: https://etd.library.emory.edu/concern/etds/d217qq865?locale=pt-BR. Acesso em: 16 maio 2025.

PINGEL, Emily Sweetnam. Seeing Inside: How Stigma and Recognition Shape Community Health Worker Home Visits in São Paulo, Brazil. *Community Health Equity Research and Policy*, v.44, n.3, p.303-13, 2024. Disponível em: https://journals.sagepub.com/doi/10.1177/2752535X221137384. Acesso em: 16 maio 2025.

______. Immigrants, Migrants, and Paulistanos: Racialized Geographies of Labor and Health in São Paulo, Brazil. *SSM – Qualitative Research in Health*, v.2, p.1-10, dez. 2022. Disponível em: https://doi.org/10.1016/j.ssmqr.2022.100074. Acesso em: 16 maio 2025.

______. *Primary Care and the Reproduction of Health Inequity in a Central São Paulo Neighborhood*. Atlanta, 2021. Tese (Doutorado em Sociologia) – Emory University. Disponível em: https://etd.library.emory.edu/concern/etds/pk02cb86p?locale=en. Acesso em: 16 maio 2025.

______ et al. Comprometendo-se com a continuidade: práticas de atenção primária durante a Covid-19 em um bairro urbano brasileiro. *Plural*, v.29, n.2, p.87-98, jul.-dez. 2022. Disponível em: https://www.revistas.usp.br/plural/issue/view/12258/2446. Acesso em: 16 maio 2025.

SANTOS, Fabio Alexandre dos et al. A enchente de 1929 na cidade de São Paulo: memória, história e novas abordagens de pesquisa. *Revista do Arquivo Geral da Cidade do Rio de Janeiro*, n.8, p.149-66, 2014. Disponível em: http://www.rio.rj.gov.br/dlstatic/10112/4204432/4133801/revista_agcrj_oito.pdf. Acesso em: 16 maio 2025.

SHRIVASTAVA, Surbhi. Stratified Surgical Births: Disparities in Cesarean Section Births in São Paulo, Brazil. In: POPULATION ASSOCIATION OF AMERICA (PAA) ANNUAL MEETING, Atlanta, 2022.

______; SOHN, Heeju. Extricating Individual and Contextual Sources of Racial/Ethnic Disparities in C-Sections in Brazil: A Decomposition Analysis of Live Births from 2019. In: ACADEMY HEALTH. Annual Research Meeting. Seattle, WA, 26 jun. 2023. *Pôster...*

Outras fontes

AGUIAR, Breno S. et al. Potential Risks of Zika and Chikungunya Outbreaks in Brazil: A Modelling Study. *International Journal of Infectious Diseases*, v.70, n.1, p.20-9, 2018. Disponível em: https://www.ijidonline.com/article/S1201-9712(18)30043-2/fulltext. Acesso em: 16 maio 2025.

AGUIAR, Marcia Ernani de. *Tecnologias e cuidado em saúde*: a Estratégia Saúde da Família (ESF) e o caso do imigrante boliviano e coreano no bairro do Bom Retiro-SP. São Paulo, 2013. Dissertação (Mestrado em Medicina Preventiva) – Universidade de São Paulo (USP).

ALBERTO, Paulina L. *Terms of Inclusion*: Black Intellectuals in Twentieth-Century Brazil. Chapel Hill: University of North Carolina Press, 2011.

______; HOFFNUNG-GARSKOF, Jesse. "Racial Democracy" and Racial Inclusion: Hemispheric Histories. In: LA FUENTE, Alejandro de; ANDREWS, George Reid (orgs.). *Afro-Latin American Studies*: An Introduction. Nova York: Cambridge University Press, 2018.

ALENCAR, Edigar. *O carnaval carioca através da música*. v.1. Rio de Janeiro: Francisco Alves, 1979.

ALIANO, David. Brazil through Italian Eyes: the Debate over Emigration to São Paulo during the 1920s. *Altreitalie*, v.31, p.87-107, jul.-dez. 2005.

ALMEIDA, Guilherme de. *Cosmópolis*. São Paulo 1929: oito reportagens de Guilherme de Almeida. São Paulo: Companhia Editora Nacional, 1962.

ALMEIDA, Marta de. *República dos invisíveis*: Emílio Ribas, microbiologia e saúde pública em São Paulo (1898-1917). São Paulo, 1998. Dissertação (Mestrado em História Social) – Faculdade de Filosofia, Letras e Ciências Humanas, Universidade de São Paulo (FFLCH-USP). Disponível em: https://www.teses.usp.br/teses/disponiveis/8/8138/tde-08092022-083408/publico/1998_MartaDeAlmeida.pdf. Acesso em: 16 maio 2025.

______; DANTES, Maria Amélia M. O serviço sanitário de São Paulo, a saúde pública e a microbiologia. In: DANTES, Maria Amélia M. (org.). *Espaços da ciência no Brasil*: 1800-1930. Rio de Janeiro: Fiocruz, 2001. Disponível em: https://doi.org/10.7476/9786557081570.0007. Acesso em: 16 maio 2025.

ALMOND, Douglas. Is the 1918 Influenza Pandemic Over? Long-Term Effects of in Utero Influenza Exposure in the Post-1940 U. S. Population. *Journal of Political Economy*, v.114, n.4, p.672-712, ago. 2006.

ALONSO, Wladimir J. et al. The 1918 Influenza Pandemic in Florianopolis: A Subtropical City in Brazil. *Vaccine*, v.29, supl.2, p.B16-B20, jul. 2011.

ALVAREZ, Marcos César. A criminologia no Brasil ou como tratar desigualmente os desiguais. *Dados – Revista de Ciências Sociais*, v.45, n.4, p.677-704, 2002. Disponível em: https://nev.prp.usp.br/wp-content/uploads/2014/08/down068.pdf. Acesso em: 16 maio 2025.

ALVES, Ygor Delgado; PEREIRA, Pedro Paulo Gomes. Necropolítica, drogas e ações governamentais na Cracolândia. *Barbarói*, Santa Cruz do Sul, v.1, n.60, p.204-31, dez. 2021. Disponível em: https://online.unisc.br/seer/index.php/barbaroi/issue/view/714. Acesso em: 16 maio 2025.

AMADIO, Decio. *Desenho urbano e bairros centrais de São Paulo*: um estudo sobre a formação e transformação do Brás, Bom Retiro e Pari. São Paulo, 2005. Tese (Doutorado em Estruturas Ambientais Urbanas) – Faculdade de Arquitetura e Urbanismo, Universidade de São Paulo (FAU-USP).

AMADO, Jorge. *A morte e a morte de Quincas Berro D'Água*. São Paulo: Companhia das Letras, 2008 [1961].

AMERICANO, Jorge. *São Paulo naquele tempo (1895-1915)*. São Paulo: Carrenho Editorial; Narrativa Um; Carbono, 2004.

______. O realejo e os macacos. In: *São Paulo naquele tempo (1895-1915)*. São Paulo: Carrenho Editorial; Narrativa Um; Carbono, 2004.

______. Veículos. In: *São Paulo naquele tempo (1895-1915)*. São Paulo: Carrenho Editorial; Narrativa Um; Carbono, 2004.

AMORUSO, Michael. Spaces of Suffering: Religious Transit in São Paulo's Devotion to Souls. *Journal of the American Academy of Religion*, v.86, n.4, p.989-1013, dez. 2018. Disponível em: https://doi.org/10.1093/jaarel/lfy016. Acesso em: 16 maio 2025.

ANDRADE, Carlos Drummond de. Resíduo. In: *A rosa do povo*. Rio de Janeiro: Record, 2000.

ANDRADE, Mário de. Colloque sentimental (1922). In: MANFIO, Diléa Zanotto (org.). *Poesias completas*. São Paulo: Edusp, 1987.

ANDRADE, Monica Viegas et al. Brazil's Family Health Strategy: Factors Associated with Programme Uptake and Coverage Expansion over 15 Years (1998-2012). *Health Policy and Planning*, v.33, n.3, p.368-80, 2018. Disponível em: https://doi.org/10.1093/heapol/czx189. Acesso em: 19 maio 2025.

ANDRADE, Oswald de. *Estética e política*. Org. Maria Eugênia Boaventura. São Paulo: Globo, 1992.

______. *Obras completas 9*: Um homem sem profissão. Memórias e confissões: sob as ordens de mamãe. v.1. 3.ed. Rio de Janeiro: Civilização Brasileira, 1976.

ANDREWS, George Reid. *Blackness in the White Nation*: A History of Afro-Uruguay. Chapel Hill: University of North Carolina Press, 2010.

ANDREWS, George Reid. *Blacks and Whites in São Paulo, Brazil, 1888-1988*. Madison: University of Wisconsin Press, 1991. [Ed. bras.: *Negros e brancos em São Paulo (1888-1988)*. Trad. Magda Lopes. São Paulo: Edusc, 2009.]

ANTONIL, André João. *Cultura e opulência do Brasil, por suas drogas e minas*. Rio de Janeiro: Casa de Souza e Comp., 1837 [1711]. Disponível em: https://www.gutenberg.org/cache/epub/70662/pg70662-images.html. Acesso em: 19 maio 2025.

ANTUNES, Paulo C. de Azevedo. *Eugenia e imigração*. São Paulo, 1926. Tese (Doutorado) – Faculdade de Medicina e Cirurgia, Universidade de São Paulo (FMC-USP).

______. *Eugenia e imigração*. São Paulo: Helios, 1926.

ANZALDÚA, Gloria. *Borderlands/La Frontera*: The New Mestiza. 4.ed. São Francisco: Aunt Lute, 2012.

ARAÚJO, Marcia Luiza Pires de. *A escolarização de crianças negras paulistas (1920-1940)*. São Paulo, 2013. Tese (Doutorado em Educação) – Faculdade de Educação, Universidade de São Paulo (FE-USP). Disponível em: https://www.teses.usp.br/teses/disponiveis/48/48134/tde-27062013-124505/pt-br.php. Acesso em: 19 maio 2025.

ARAÚJO, Oscar Egídio de. Enquistamentos étnicos. *Revista do Arquivo Municipal*, v.6, n.65, p.227-46, 1940.

ARAÚJO, Ricardo Vieira et al. São Paulo Urban Heat Islands Have a Higher Incidence of Dengue than other Urban Areas. *Brazilian Journal of Infectious Diseases*, v.19, n.2, p.146-55, mar.-abr. 2015. Disponível em: https://doi.org/10.1016/j.bjid.2014.10.004. Acesso em: 19 maio 2025.

ARMUS, Diego (org.). *Disease in the History of Modern Latin America*: From Malaria to Aids. Durham, NC: Duke University Press, 2013.

______; GÓMEZ, Pablo F. *The Gray Zones of Medicine*: Healers and History in Latin America. Pittsburgh: University of Pittsburgh Press, 2021.

ASSUNÇÃO, Moacir. Mistura cultural marca Bom Retiro. *Diário Popular*, 15 fev. 1997.

ASSUNÇÃO FILHO, Francisco Moacir. *1924 – Delenda São Paulo*: a cidade e a população vítimas das armas de guerra e das disputas políticas. São Paulo, 2014. Dissertação (Mestrado em História) – Programa de Estudos Pós-Graduados em História, Pontifícia Universidade Católica de São Paulo (PUC-SP).

AZEVEDO, Aluísio. *O cortiço*. Rio de Janeiro: Garnier, 1890. [Ed. ing.: *A Brazilian Tenement*. Trad. Harry W. Brown. Nova York: Robert M. McBride and Company, 1926.]

AZEVEDO, Aroldo de. *A cidade de São Paulo*: estudos de geografia urbana. São Paulo: Companhia Editora Nacional, 1958.

BAENINGER, Rosana; DEMÉTRIO, Natália Belmonte; DOMENICONI, Jóice de Oliveira Santos. Espaços das migrações transnacionais: perfil sociodemográfico de imigrantes da África para o Brasil no século XXI. *Rembu: Revista Interdisciplinar da Mobilidade Humana*, v.27, n.56, p.35-60, ago. 2019. Disponível em: https://www.scielo.br/j/remhu/a/NTVNKhcQScbJpqHRSn96RQj/?format=pdf&lang=pt. Acesso em: 19 maio 2025.

______; FERNANDES, Duval. *Atlas temático*: observatório das migrações em São Paulo – migrações internacionais. Campinas: Núcleo de Estudos de População "Elza Berquó", 2017.

BALL, Molly. *Navigating Life and Work in Old Republic São Paulo*. Gainesville: University of Florida Press, 2020.

BALZA, Guilherme. Oito dos dez bairros com mais mortes por Covid-19 estão no centro "pobre" de São Paulo. *G1* – Globo, 27 maio 2020. Disponível em: https://g1.globo.com/sp/sao-paulo/noticia/2020/05/27/oito-dos-dez-bairros-com-mais-mortes-por-covid-19-estao-no-centro-pobre-de-sao-paulo.ghtml. Acesso em: 15 maio 2025.

BANANÉRE, Juó. *La divina increnca*. 7.ed. São Paulo: Livraria do Globo, 1924. Disponível em: https://digital.bbm.usp.br/bitstream/bbm/5343/1/010724_COMPLETO.pdf. Acesso em: 19 maio 2025.

______. A invençó do Brasile. *O Pirralho*, v.89, p.19, 3 maio 1913. Disponível em: https://hemeroteca-pdf.bn.gov.br/213101/per213101_1913_00089.pdf. Acesso em: 9 maio 2025.

BANDEIRA JÚNIOR, Antônio Francisco. *Indústria no estado de São Paulo em 1901*. São Paulo: Typ. do *Diario Official*, 1901.

BARATA, Rita Barradas. Cem anos de endemias e epidemias. *Ciência e Saúde Coletiva*, v.5, n.2, p.333-45, 2000.

BARBOSA, Benedito Roberto; AVANCI, Juliana L.; KOHARA, Luiz T. Pandemia nos cortiços de São Paulo e as mortes (in)visíveis em uma cidade que ninguém quer ver. *Labcidade*, 22 jun. 2020. Disponível em: https://www.labcidade.fau.usp.br/pandemia-nos-corticos-de-sao-paulo-e-as-mortes-invisiveis-em-uma-cidade-que-ninguem-quer-ver/. Acesso em: 15 maio 2025.

BARBOSA, Rosana. *Soccer and Racism*: The Beginnings of Futebol in São Paulo and Rio de Janeiro, 1895-1933. Londres: Anthem, 2022.

BARNETT, Elizabeth D.; WALKER, Patricia F. Role of Immigrants and Migrants in Emerging Infectious Diseases. *Medical Clinics of North America*, v.92, n.6, p.1447-58, 2008. Disponível em: https://www.sciencedirect.com/science/article/pii/S0025712508000941?via%3Dihub. Acesso em: 19 maio 2025.

BARREIRA, Wagner G. *Demerara*. São Paulo: Instante, 2020.

BARROS JR., Antônio Souza. A habitação e os transportes. *Revista do Arquivo Municipal*, v.82, p.83-6, 1942.

BASSANEZI, Maria Silvia C. Beozzo. Imigração e mortalidade na terra da garoa: São Paulo, final do século XIX e primeiras décadas do século XX. In: ENCONTRO NACIONAL DE ESTUDOS POPULACIONAIS, 19. São Pedro-SP, 24-28 nov. 2014. *Anais*... São Paulo: Abep, 2014. Disponível em: http://www.abep.org.br/publicacoes/index.php/anais/article/download/2101/2057. Acesso em: 19 maio 2025.

______. São Paulo do passado: dados demográficos (1836-2020). *Revista Brasileira de Estudos de População – Rebep*, v.16, n.1-2, p.139-41, 1999. Disponível em: https://www.rebep.org.br/revista/article/view/399. Acesso em: 19 maio 2025.

______. *São Paulo do passado*: dados demográficos, 1890. Campinas: Núcleo de Estudos em População (Nepo); Editora da Universidade de Campinas (Unicamp), 1998.

______; CUNHA, Maisa Faleiros. Um espaço, dois momentos epidêmicos: surtos de febre amarela (1896-1897) e de gripe (1918-1919) em Campinas, estado de São Paulo. *Revista Brasileira de Estudos de População – Rebep*, v.36, p.1-29, 2019. Disponível em: https://doi.org/10.20947/S0102-3098a0088. Acesso em: 19 maio 2025.

BASTIAMPILLAI, Tarun et al. The Spanish Flu Pandemic and Stable New Zealand Suicide Rates: Historical Lessons for Covid-19. *New Zealand Medical Journal*, v.134, n.1541, p.134-7, 3 set. 2021. Disponível em: https://nzmj.org.nz/media/pages/journal/vol-134-no-1541/the-spanish-flu-pandemic-and-stable-new-zealand-suicide-rates-historical-lessons-for-covid-19/d3623e3fc3-1696475642/the-spanish-flu-pandemic-and-stable-new-zealand-suicide-rates-historical-lessons-for-covid-19-open-access.pdf. Acesso em: 19 maio 2025.

______. Pandemics and Social Cohesion: 1918-1920 Influenza Pandemic and the Reduction in US Suicide Rates. *Primary Care Companion for CNS Disorders*, v.23, n.3, abr. 2021. Disponível em: https://www.psychiatrist.com/pcc/depression/suicide/pandemics-social-cohesion-1918-1920-influenza-pandemic-reduction-us-suicide-rates/. Acesso em: 19 maio 2025.

BASTIDE, Roger. A imprensa negra no estado de São Paulo. In: *Estudos afro-brasileiros*. São Paulo: Perspectiva, 1973.

BASTOS, Sênia. A territorialidade portuguesa na cidade de São Paulo nos anos 1930. In: SARGES, Maria de Nazaré et al. (orgs.). *Entre mares*: o Brasil dos portugueses. Belém: Paka-Tatu, 2010.

BAVEL, Jay J. Van et al. Using Social and Behavioural Science to Support Covid-19 Pandemic Response. *Nature Human Behavior*, v.4, p.460-71, maio 2020. Disponível em: https://www.nature.com/articles/s41562-020-0884-z.pdf. Acesso em: 19 maio 2025.

BEGLIOMINI, Helio. Diogo Teixeira de Faria, 1867-1927. *Academia de Medicina de São Paulo*. Disponível em: https://www.academiamedicinasaopaulo.org.br/membros-academicos/diogo-teixeira-de-faria/. Acesso em: 28 jun. 2024.

______. Ignácio Emílio Achiles Betholdi, 1810-1886. *Academia de Medicina de São Paulo*. Disponível em: https://www.academiamedicinasaopaulo.org.br/membros-academicos/ignacio-emilio-achiles-betholdi/. Acesso em: 28 jun. 2024.

BEIGUELMAN, Paula. *Os companheiros de São Paulo*. São Paulo: Símbolo, 1977.

BEINER, Guy (org.). *Pandemic Re-Awakenings*: The Forgotten and Unforgotten "Spanish" Flu of 1918-1919. Nova York: Oxford University Press, 2022.

______. Introduction: The Great Flu between Remembering and Forgetting. In: *Pandemic Re-Awakenings*: The Forgotten and Unforgotten "Spanish" Flu of 1918-1919. Nova York: Oxford University Press, 2022.

BENCHIMOL, Jayme Larry. *Dos micróbios aos mosquitos*: febre amarela e revolução pasteuriana no Brasil. Rio de Janeiro: Fiocruz; Editora da UFRJ, 1999.

______; SÁ, Magali Romero (orgs.). *Adolpho Lutz*: obra completa. v.2: Febre amarela, malária e protozoologia. Rio de Janeiro: Fiocruz, 2005. Disponível em: https://www.arca.fiocruz.br/bitstream/handle/icict/15124/benchimol-Adolpho%20Lutz_Febre%20Amarela.pdf. Acesso em: 19 maio 2025.

BERNARDO, André. Gripe espanhola: a viagem em que o "navio da morte" *Demerara* venceu bombardeios alemães e trouxe a doença ao Brasil. *BBC News Brasil*, 22 nov. 2020. Disponível em: https://www.bbc.com/portuguese/internacional-54907997. Acesso em: 15 maio 2025.

BERNARDO, Teresinha. *Memória em branco e negro*: olhares sobre São Paulo. São Paulo: Editora Unesp; Educ; Fapesp, 1998.

BERTOLLI FILHO, Cláudio. Estratégias jornalísticas no noticiamento de uma epidemia: a gripe espanhola em São Paulo. In: MONTEIRO, Yara Nogueira (org.). *História da saúde*: olhares e veredas. São Paulo: Instituto de Saúde, 2010.

______. *A gripe espanhola em São Paulo, 1918*: epidemia e sociedade. São Paulo: Paz e Terra, 2003.

______. *História da saúde pública no Brasil*. São Paulo: Ática, 2002.

______. *História social da tuberculose e do tuberculoso, 1900-1950*. Rio de Janeiro: Fiocruz, 2001.

BERTOLOZZI, Thayla Bicalho. Hacking the Debate: Analyzing Cases in Brazil of Invasion and Racist, Sexist and LGBTQIA+ Phobic Attacks on Participants in Virtual Events during the Covid-19 Pandemic. *Internet and Society*, v.2, n.1, p.27-53, jun. 2021. Disponível em: https://revista.internetlab.org.br/wp-content/

uploads/2021/07/Hacking-the-debate-analyzing-cases-in-Brazil-of-invasion-and-racist-sexist-and-lgbtqia-phobic-attacks-on-participants-in-virtual-events-during-the-COVID-19-pandemic.pdf. Acesso em: 19 maio 2025.

BERTUCCI, Liane Maria. A onipresença do medo na influenza de 1918. *Varia História*, v.25, n.42, p.457-75, jul.-dez. 2009.

______. Pesquisa e debates sobre a gripe durante a epidemia de 1918. In: SIMPÓSIO NACIONAL DE HISTÓRIA, 25. Fortaleza, 2009. *Anais*... Fortaleza: Anpuh, 2009. Disponível em: https://anpuh.org.br/index.php/documentos/anais/category-items/1-anais-simposios-anpuh/30-snh25. Acesso em: 19 maio 2025.

______. *Influenza, a medicina enferma*. Campinas: Editora da Unicamp, 2004.

BETOLDI, Luiz Bianchi. *Relatório sobre o movimento das águas observadas no vale do Tietê e Tamanduateby durante a enchente de janeiro de 1887*. São Paulo: Arquivo Histórico do Instituto Geológico, 1887.

BIEHL, João; MUGGE, Miqueias; GOLDANI, Ana Maria. The Books of the Dead Revisited: Mortality and Morbidity in the German Colonies of Southern Brazil, 1850-1880. *História, Ciências, Saúde – Manguinhos*, v.25, n.4, p.1197-217, out.-dez. 2018. Disponível em: https://www.scielo.br/j/hcsm/a/mShV3xh838MzCRkJQwvyNRf/?format=pdf&lang=en. Acesso em: 19 maio 2025.

______; PETRYNA, Adriana. Peopling Global Health. *Saúde e Sociedade*, v.23, n.2, p.376-89, abr.-jun. 2014. Disponível em: https://www.scielo.br/j/sausoc/a/ZRTXh8p5X3QgTy5SQspn8Ft/. Acesso em: 19 maio 2025.

BIRN, Anne-Emanuelle. Perspectivizing Pandemics: (How) do Epidemic Histories Criss-Cross Contexts? *Journal of Global History*, v.15, n.3, p.336-49, 2020. Disponível em: https://doi.org/10.1017/S1740022820000327. Acesso em: 19 maio 2025.

______; LÓPEZ, Raúl Necochea (orgs.). *Peripheral Nerve*: Health and Medicine in Cold War Latin America. Durham: Duke University Press, 2020.

BITTER, Daniel. Narrativas de memória e performances musicais dos judeus cariocas da "Pequena África". *Antropolítica: Revista Contemporânea de Antropologia*, n.39, p.121-49, 2015.

BLAY, Eva Alterman. *Eu não tenho onde morar*: vilas operárias na cidade de São Paulo. São Paulo: Nobel, 1985.

BLOUNT III, John Allen. *The Public Health Movement in São Paulo, Brazil*: A History of the Sanitary Service, 1892-1918. Estados Unidos, 1971. Tese (Doutorado em História) – Tulane University.

BOA NOVA, Daniel. O bairro de SP que era conhecido pela violência e hoje abriga um dos maiores eventos de literatura da cidade. *Hypeness*, 7 maio 2015. Disponível em: https://institutomariapreta.blogspot.com/2015/05/o-bairro-de-sp-que-era-conhecido-pela.html. Acesso em: 15 maio 2025.

BOMFIM, Cristiane. Bom Retiro tem maior incidência de dengue. *Jornal da Tarde/O Estado de S. Paulo*, 5 maio 2011. Disponível em: https://www.estadao.com.br/saude/bom-retiro-tem-maior-incidencia-dedengue/. Acesso em: 15 maio 2025.

BOMTEMPO, Denise Cristina; SENA, Kananda Beatriz Pinto. Migração internacional de africanos para o Brasil e suas territorialidades no estado do Ceará. *Geografares: Revista do Programa de Pós-Graduação e do Departamento de Geografia da Ufes*, v.1, n.33, p.205-28, jul.-dez. 2021. Disponível em: https://doi.org/10.47456/geo.v1i33.37140. Acesso em: 20 maio 2025.

BONDESON, Jan. *Buried Alive*: The Terrifying History of our Most Primal Fear. Nova York: W. W. Norton & Co. Ltd., 2002.

BONDUKI, Nabil Georges. *Origens da habitação social no Brasil*: arquitetura moderna, Lei do Inquilinato e difusão da casa própria. São Paulo: Estação Liberdade; Fapesp, 1998.

______. Origens da habitação social no Brasil. *Análise Social*, v.29, n.127, p.711-32, 1994. Disponível em: https://www.jstor.org/stable/41011028. Acesso em: 20 maio 2025.

BORGES, Dain. Puffy, Ugly, Slothful, and Inert: Degeneration in Brazilian Social Thought, 1880-1940. *Journal of Latin American Studies*, v.25, n.2, p.235-56, maio 1993.

BORGES, Julie Kellen de Campos. O estrangeiro nos dicionários de língua portuguesa: sujeito, língua e espaço. *Polifonia*, v.22, n.31, p.200-21, jan.-jun. 2015.

BOSI, Ecléa. *Memória e sociedade*: lembranças de velhos. São Paulo: Companhia das Letras, 1994.

BOUDIA, Soraya et al. Residues: Rethinking Chemical Environments. *Engaging Science, Technology, and Society*, v.4, p.165-78, 2018. Disponível em: https://estsjournal.org/index.php/ests/article/view/245/136. Acesso em: 20 maio 2025.

BRASIL, Bruno. O *Archivo Illustrado: encyclopédia noticiosa, scientifica e litteraria*. *BNDigital Brasil*, 17 ago. 2015. Disponível em: http://bndigital.bn.gov.br/artigos/o-archivo-illustrado-encyclopedia-noticiosa-scientifica-e-litteraria/. Acesso em: 15 maio 2025.

BRASIL. Câmara dos Deputados. Discurso de Acylino de Leão em 18 de setembro de 1935. In: *Anais da Câmara dos Deputados*: sessões de 16 a 24 de setembro de 1935. Rio de Janeiro: *A Noite*, 1935.

______. Comissão da Exposição Internacional de Borracha de Nova York. *Brazil, the Land of Rubber, at the Third International Rubber and Allied Trades Exhibition*. Nova York: Associação Comercial do Amazonas; International Rubber and Allied Trades

Exhibition, 1912. Disponível em: https://www.biodiversitylibrary.org/bibliography/57128. Acesso em: 20 maio 2025.

BRASIL. Directoria Geral de Estatística. Coefficiente de natalidade e mortalidade, anno 1907. In: *Boletim Commemorativo da Exposição Nacional de 1908*. Rio de Janeiro: Typographia da Estatística, 1909. Disponível em: https://biblioteca.ibge.gov.br/visualizacao/livros/liv25380.pdf. Acesso em: 20 maio 2025.

______. Directoria Geral de Estatística do Ministério da Agricultura, Indústria e Commércio. *Annuario Estatistico do Brazil (1908-1912)*. v.1: Territorio e população. Rio de Janeiro: Typ. da Estatistica, 1916. Disponível em: https://biblioteca.ibge.gov.br/visualizacao/periodicos/20/aeb_1908_1912_v1.pdf. Acesso em: 20 maio 2025.

______. Império do Brasil. *Recenseamento do Brazil em 1872*. Rio de Janeiro: Typ. G. Leuzinger, 1874. Disponível em: https://biblioteca.ibge.gov.br/visualizacao/monografias/GEBIS%20-%20RJ/Recenseamento_do_Brazil_1872/Imperio%20do%20Brazil%201872.pdf. Acesso em: 20 maio 2025.

______. Instituto Brasileiro de Geografia e Estatística (IBGE); Centro de Documentação e Disseminação de Informações. *Brasil*: 500 anos de povoamento. Rio de Janeiro: IBGE, 2007.

______. Instituto Nacional de Estatística. *Anuário Estatístico do Brasil*. Ano II, 1936. Rio de Janeiro: Tip. do Departamento de Estatística e Publicidade, 1936. Disponível em: https://bibliotecadigital.seade.gov.br/view/singlepage/index.php?pubcod=10020581&parte=1. Acesso em: 22 maio 2025.

______. Ministério da Agricultura, Indústria e Commercio; Directoria Geral de Estatística. *Recenseamento do Brazil*: realizado em 1º de setembro de 1920. v.4. Rio de Janeiro: Typ. da Estatística, 1922.

BRITO, Nara Azevedo. La dansarina: a gripe espanhola e o cotidiano na cidade do Rio de Janeiro. *História, Ciências, Saúde – Manguinhos*, v.4, n.1, p.11-30, jun. 1997. Disponível em: https://www.scielo.br/j/hcsm/a/xsvqJXhWnJRwKBJxsxLfH6v/. Acesso em: 20 maio 2025.

BRITT, Andrew. Spatial Projects of Forgetting: Razing the Remedies Church and Museum to the Enslaved in São Paulo's "Black Zone", 1930s-1940s. *Journal of Latin American Studies*, v.54, n.4, p.561-92, ago. 2022. Disponível em: https://www.cambridge.org/core/journals/journal-of-latin-american-studies/article/abs/spatial-projects-of-forgetting-razing-the-remedies-church-and-museum-to-the-enslaved-in-sao-paulos-black-zone-1930s1940s/56BBAA11CCD7717AC98DC231391F415B. Acesso em: 20 maio 2025.

______. Re/Mapping São Paulo's Geographies of African Descent. *Items: Insights from the Social Sciences*, 25 fev. 2020. Disponível em: https://items.ssrc.org/

layered-metropolis/re-mapping-sao-paulos-geographies-of-african-descent/. Acesso em: 20 maio 2025.

BRITT, Andrew. *"I'll Samba Someplace Else"*: Constructing Identity and Neighborhood in São Paulo, 1930s-1980s. Atlanta, 2018. Tese (Doutorado em História) – Emory University.

BROWNING, Matthew H. E. M.; RIGOLON, Alessandro. Do Income, Race and Ethnicity, and Sprawl Influence the Greenspace-Human Health Link in City-Level Analyses? Findings from 496 Cities in the United States. *International Journal of Environmental Research and Public Health*, v.15, n.7, p.1-22, maio 2018. Disponível em: https://www.mdpi.com/1660-4601/15/7/1541. Acesso em: 20 maio 2025.

BRUNGER, Fern. Problematizing the Notion of "Community" in Research Ethics. In: KNOPPERS, Bartha Maria (org.). *Populations and Genetics*: Legal and Socio--Ethical Perspectives. Boston: Martinus Nijhoff, 2003.

BRYCE, Benjamin. Los caballeros de beneficencia y las damas organizadoras: el Hospital Alemán y la idea de comunidad en Buenos Aires, 1880-1930. *Estudios Migratorios Latinoamericanos*, ano 25, n.70, p.79-107, jun. 2011. Disponível em: https://www.academia.edu/1845750/Bryce_-_Hospital_Aleman São Paulo. Acesso em: 20 maio 2025.

BUECHLER, Simone. Sweating it in the Brazilian Garment Industry: Korean and Bolivian Immigrants and Global Economic Forces in São Paulo. *Latin American Perspectives*, v.31, n.3, p.99-119, maio 2004.

BURDICK, John. *The Color of Sound*: Race, Religion, and Music in Brazil. Nova York: New York University Press, 2013.

BUTLER, Kim D. *Freedoms Given, Freedoms Won*: Afro-Brazilians in Post-Abolition São Paulo and Salvador. New Brunswick: Rutgers University Press, 1998.

CAGGIANO, Sergio. Inmigrantes en la ciudad Buenos Aires: demarcaciones y recorridos. *Desarrollo Económico*, v.54, n.212, p.105-29, maio-ago. 2014.

CALABI, Donatella. *História do urbanismo europeu*: questões, instrumentos, casos exemplares. São Paulo: Perspectiva, 2012.

CALDEIRA, Teresa. *City of Walls*: Crime, Segregation, and Citizenship in São Paulo. Berkeley: University of California Press, 2001. [Ed. bras.: *Cidade de muros*: crime, segregação e cidadania em São Paulo. São Paulo: Editora 34; Edusp, 2006.]

______. *A política dos outros*: o cotidiano dos moradores da periferia e o que pensam do poder e dos poderosos. São Paulo: Brasiliense, 1984.

CALIXTO, Leandro; SOARES, Leonardo. Estação da Luz vira ponto para dezenas de prostitutas. *O Estado de S. Paulo*, 27 fev. 2010. Disponível em: https://www.estadao.com.br/brasil/estacao-da-luz-vira-ponto-para-dezenas-de-prostitutas/. Acesso em: 15 maio 2025.

CAMARGO, Luís Soares de. Habitações populares em São Paulo: precedentes. *Informativo Arquivo Histórico Municipal*, ano 4, n.19, jul.-ago. 2008. Disponível em: http://www.arquiamigos.org.br/info/info19/i-manu.htm. Acesso em: 20 maio 2025.

______. *Viver e morrer em São Paulo*: a vida, a morte e as doenças na cidade de São Paulo no século XIX. São Paulo, 2007. Dissertação (Mestrado em História) – Pontifícia Universidade Católica de São Paulo (PUC-SP). Disponível em: https://repositorio.pucsp.br/jspui/handle/handle/13020. Acesso em: 20 maio 2025.

CAMARGO, Tamires Pereira. Lavadeira paulistana: uma personagem da história do cotidiano de São Paulo (1890–1910). *Projeto de Pesquisa*. Universidade Federal do Estado de São Paulo, Escola de Filosofia, Letras e Ciências Humanas, 2023.

CAMPBELL, Margaret. What Tuberculosis did for Modernism: The Influence of a Curative Environment on Modernist Design and Architecture. *Medical History*, v.49, n.4, p.463-88, out. 2005. Disponível em: https://doi.org/10.1017/s0025727300009169. Acesso em: 20 maio 2025.

CAMPOS, Beatriz Luedemann. Companheiras em greve: o movimento paredista da União das Costureiras em junho de 1919. *Revista Angelus Novus*, v.12, n.17, p.1-19, 2021. Disponível em: https://doi.org/10.11606/issn.2179-5487.v12i17p189595. Acesso em: 20 maio 2025.

CAMPOS, Eudes. Hospitais paulistanos: do século XVI ao XIX. *Informativo Arquivo Histórico de São Paulo*, ano 6, n.29, abr.-jun. 2011. Disponível em: http://www.arquiamigos.org.br/info/info29/i-estudos3.htm. Acesso em: 20 maio 2025.

______. São Paulo antigo: plantas da cidade. *Informativo Arquivo Histórico Municipal*, ano 4, n.20, set.-out. 2008. Disponível em: http://www.arquiamigos.org.br/info/info20/i-intro.htm. Acesso em: 20 maio 2025.

______. Nos caminhos da Luz, antigos palacetes da elite paulistana. *Anais do Museu Paulista*, v.13, n.1, p.11-57, jun. 2005. Disponível em: https://doi.org/10.1590/S0101-47142005000100002. Acesso em: 20 maio 2025.

CANDELARIA, Jayme. Acção do posto de hygiene em policiamento sanitario. In: CONGRESSO BRASILEIRO DE HYGIENE (org.). *Terceiro Congresso Brasileiro de Hygiene, São Paulo, 1926*. São Paulo: São Paulo, 1929.

CANDIDO, Antonio. De cortiço a cortiço. In: *O discurso e a cidade*. São Paulo: Duas Cidades, 1993.

CANO, Jefferson. A cidade dos cortiços: os trabalhadores e o poder público em São Paulo no final do século XIX. In: AZEVEDO, Elciene et al. (orgs.). *Trabalhadores na cidade*: cotidiano e cultura no Rio de Janeiro e em São Paulo, séculos XIX e XX. Campinas: Editora da Unicamp, 2009.

CANO, Wilson. *Raízes da concentração industrial em São Paulo*. 5.ed. Campinas: Universidade Estadual de Campinas (Unicamp); Instituto de Economia, 2007 [1977].

CANTISANO, Pedro Jimenez. A Refuge from Science: The Practice and Politics of Rights in Brazil's Vaccine Revolt. *Hispanic American Historical Review*, v.102, n.4, p.611-42, nov. 2022. Disponível em: https://doi.org/10.1215/00182168-10025421. Acesso em: 20 maio 2025.

CARBONE, Antonio. *Park, Tenement, Slaughterhouse*: Elite Imaginaries of Buenos Aires, 1852-1880. Chicago: University of Chicago Press, 2022.

CARITAS ARQUIDIOCESANA DE SÃO PAULO; UNITED NATIONS HIGH COMMISSION ON REFUGEES [Alto Comissariado das Nações Unidas para Refugiados]. Mapa de georreferenciamento de pessoas em situação de refúgio atendidas pela Caritas Arquidiocesana de São Paulo. *UNHCR-Acnur*, 2020. Disponível em: https://www.acnur.org/br/media/mapa-de-georreferenciamento-de-pessoas-em-situacao-de-refugio-atendidas-pela-caritas. Acesso em: 20 maio 2025.

CARREGA, Arthur Daltin. As propagandas imigrantistas do Brasil no século XIX: o caso da Sociedade Central de Imigração. *Patrimônio e Memória (Assis)*, v.15, n.2, p.154-74, jul.-dez. 2019. Disponível em: https://pem.assis.unesp.br/index.php/pem/article/download/1065/1103. Acesso em: 20 maio 2025.

CARRILLO, Ana María. ¿Estado de peste o estado de sitio? Sinaloa y Baja California, 1902-1903. *Historia Mexicana*, v.54, n.4, p.1049-103, abr.-jun. 2005.

CARRILLO, Ramón. Balance epidemiológico argentino. Discurso na Segunda Conferência de Epidemiologia e Doenças Endêmicas, 6 out. 1947. In: *Política sanitaria argentina*. 1.ed. Remedios de Escalada: Universidad Nacional de Lanús (UNLa), 2018. Disponível em: http://isco.unla.edu.ar/edunla/cuadernos/catalog/view/2/15/19-2. Acesso em: 20 maio 2025.

CARROLL, Patrick E. Medical Police and the History of Public Health. *Medical History*, v.46, n.4, p.461-94, out. 2002.

CARVALHO, Arnaldo Vieira de. Novidades clínicas na cirurgia paulista. *Revista Médica de São Paulo*, ano 4, n.20, p.355-61, 30 out. 1901. Disponível em: https://memoria.bn.gov.br/DocReader/docreader.aspx?bib=229334&pasta=ano%20191&pesq=&pagfis=2084. Acesso em: 20 maio 2025.

CASA DO POVO. Mobilização e festejo pela diversidade cultural e social do Bom Retiro. *Facebook*, 7 out. 2021. Disponível em: https://www.facebook.com/casadopovoxxi/videos/1257473124698316. Acesso em: 15 maio 2025.

CASOY, Sergio. *Ópera em São Paulo 1952-2005*. São Paulo: Edusp, 2007.

CASTRO, Marcia C. et al. Brazil's Unified Health System: The First 30 Years and Prospects for the Future. *Lancet*, v.394, n.10.195, p.345-56, jul. 2019. Disponível em: https://doi.org/10.1016/S0140-6736(19)31243-7. Acesso em: 20 maio 2025.

CAVAGLION, Gabriel. Was Cesare Lombroso Antisemitic? *Journal for the Study of Antisemitism*, v.3, n.2, p.647-55, dez. 2011.

CÉSARO, Filipe Seefeldt de. *Uma etnografia da mobilidade internacional de senegaleses em Porto Alegre (RS, Brasil) e Atlanta (GA, Estados Unidos)*. Rio Grande do Sul, 2023. Tese (Doutorado em Antropologia Social) – Universidade Federal do Rio Grande do Sul.

CHALHOUB, Sidney. *Cidade febril*: cortiços e epidemias na Corte imperial. São Paulo: Companhia das Letras, 1996.

______. The Politics of Disease Control: Yellow Fever and Race in Nineteenth Century Rio de Janeiro. *Journal of Latin American Studies*, v.25, n.3, p.441-63, out. 1993. Disponível em: https://doi.org/10.1017/S0022216X00006623. Acesso em: 20 maio 2025.

CHI, Jung Yun. *O Bom Retiro dos coreanos*: descrição de um enclave étnico. São Paulo, 2016. Dissertação (Mestrado em Paisagem e Ambiente) – Faculdade de Arquitetura e Urbanismo, Universidade de São Paulo (FAU-USP).

CICINDERELLA, Miniguccio. Cartas do Bô Ritiro. *Vida Paulista: Humorismo, Literatura, e Esporte*, v.2, n.21, 1º ago. 1921.

______. Cartas do Bô Ritiro. *Vida Paulista: Humorismo, Literatura, e Esporte*, v.2, n.18, p.8, 16 jun. 1921.

CIDADE DE SÃO PAULO. Imigrantes na cidade de São Paulo: cinco anos de atendimento do Centro de Referência de Atendimento para Imigrantes – Crai. *Informes Urbanos*, n.41, dez. 2019. Disponível em: https://www.prefeitura.sp.gov.br/cidade/secretarias/upload/Informes_Urbanos/41_IU_IMIGRANTES_final.pdf. Acesso em: 20 maio 2025.

COCOCI, Alexandre Mariano; COSTA, L. Fructuoso. *Planta guia da cidade de São Paulo*. São Paulo: Companhia Lithographica Hartmann Reichenbach, 1913. Disponível em: https://www.loc.gov/item/2001620477/. Acesso em: 20 maio 2025.

COHEN, Ilka Stern. *Bombas sobre São Paulo*: a revolução de 1924. São Paulo: Editora Unesp, 2006.

COLGROVE, James. *Epidemic City*: The Politics of Public Health in New York. Nova York: Russell Sage Foundation, 2011.

COMPANHIA DE DESENVOLVIMENTO HABITACIONAL E URBANO DO ESTADO DE SÃO PAULO (CDHU). *Relatório geral do programa de atuação em cortiços*. São Paulo: Governo do Estado de São Paulo, 2010. Disponível em: https://www.cdhu.sp.gov.br/documents/20143/37069/RelatorioGeralProgramaCorticos.pdf/cef12342-5419-23a0-bf8c-95360484fe86. Acesso em: 20 maio 2025.

CONSTANTINO, Núncia Santoro de. *Italiano na cidade*: a imigração itálica nas cidades brasileiras. Passo Fundo: Editora da UPF, 2000.

CORDEIRO, Simone (org.). *Os cortiços de Santa Ifigênia*: sanitarismo e urbanização, 1893. São Paulo: Arquivo Público do Estado de São Paulo; Imprensa Oficial, 2010.

______. Moradia popular na cidade de São Paulo (1930-1940): projetos e ambições. *Histórica*, v.1, p.2-14, abr. 2005.

CORRÊA, Ana Cláudia Pinto. *Imigrantes judeus em São Paulo*: a reinvenção do cotidiano no Bom Retiro (1930-2000). São Paulo, 2007. Tese (Doutorado em História) – Pontifícia Universidade Católica de São Paulo (PUC-SP). Disponível em: https://tede2.pucsp.br/bitstream/handle/13023/1/ANA%20CLAUDIA%20PINTO%20CORREA.pdf. Acesso em: 20 maio 2025.

CORRÊA, Anna Maria Martinez. *A rebelião de 1924 em São Paulo*. São Paulo: Hucitec, 1976.

CÔRTES, Giovana Xavier da Conceição. "Leitoras": gênero, raça, imagem e discurso em *O Menelik* (São Paulo, 1915-1916). *Afro-Ásia*, v.46, p.163-91, 2012. Disponível em: https://www.scielo.br/j/afro/a/6GqQxDYMNPffmzY38ZV8fTy/?format=pdf&lang=pt. Acesso em: 20 maio 2025.

CORTINOIS, Andrea A.; BIRN, Anne-Emanuelle. What's Technology Got to Do with It? Power, Politics, and Health Equity beyond Technological Triumphalism. *Global Policy*, v.12, n.56, p.75-9, jul. 2021. Disponível em: https://doi.org/10.1111/1758-5899.12982. Acesso em: 20 maio 2025.

COSBY, Katherine Ann. *Flowers Grew out of the Asphalt*: Black Women's Territories in São Paulo, 1871-1930. Califórnia, 2021. Tese (Doutorado em Filosofia em História) – University of California, 2021. Disponível em: https://escholarship.org/content/qt10n452m7/qt10n452m7_noSplash_e13b7519cfca22b471cc747f772cfe39.pdf. Acesso em: 20 maio 2025.

COSTA, Emília Viotti da. *Crowns of Glory, Tears of Blood*: The Demerara Slave Rebellion of 1823. Nova York: Oxford University Press, 1994. [Ed. bras.: *Coroas de glória, lágrimas de sangue*: a rebelião dos escravos de Demerara em 1823. São Paulo: Companhia das Letras, 1998.]

COSTA, Nataly. Saiba quais bairros têm maior incidência de dengue na capital. *Veja São Paulo*, 10 fev. 2016. Disponível em: https://vejasp.abril.com.br/cidades/bairros-sao-paulo-casos-dengue-zika/. Acesso em: 15 maio 2025.

COSTA, Renato Gama-Rosa. Apontamentos para a arquitetura hospitalar no Brasil: entre o tradicional e o moderno. *História, Ciências, Saúde – Manguinhos*, v.18, n.1, p.53-66, dez. 2011.

CRUZ, Andrea Uzal et al. *Estudo de análise*: UBS Bom Retiro. São Paulo, 2022. Projeto final (Curso de Especialização em Administração Hospitalar e de Sistemas de Saúde) – Fundação Getúlio Vargas.

CRUZ, Oswaldo. *Peste, pelo dr. Oswaldo Gonçalves Cruz*. Rio de Janeiro: Typ. Bernard Freres, 1906. Disponível em: https://www.obrasraras.fiocruz.br/media.details.php?mediaID=217. Acesso em: 20 maio 2025.

CRUZ, Tânia Mara. Gênero e culturas infantis: os clubinhos da escola e as trocinhas do Bom Retiro. *Educação e Pesquisa*, v.38, n.1, p.63-78, 2012.

CRUZ PAIVA, Odair da; MOURA, Soraya. *Hospedaria de Imigrantes de São Paulo*. São Paulo: Paz e Terra, 2008.

CUETO, Marcos. *The Return of Epidemics*: Health and Society in Peru during the Twentieth Century. Aldershot, UK: Ashgate, 2001.

______; PALMER, Steven. *Medicine and Public Health*: A History. Nova York: Cambridge University Press, 2014.

CUKIERMAN, Henrique. Who Invented Brazil? In: MEDINA, Eden; MARQUES, Ivan da Costa; HOLMES, Christina (orgs.). *Beyond Imported Magic*: Essays on Science, Technology, and Society in Latin America. Cambridge, MA: MIT Press, 2014.

CUNHA, Claudia dos Reis. *O patrimônio cultural da cidade de Sorocaba*: análise de uma trajetória. São Paulo, 2005. Dissertação (Mestrado em Patrimônio Cultural) – Faculdade de Arquitetura e Urbanismo, Universidade de São Paulo (FAU-USP).

CUNHA, Higor Souza et al. Water Tank and Swimming Pool Detection Based on Remote Sensing and Deep Learning: Relationship with Socioeconomic Level and Applications in Dengue Control. *PLoS One*, v.16, n.12, p.e0258681, dez. 2021. Disponível em: https://journals.plos.org/plosone/article?id=10.1371/journal.pone.0258681. Acesso em: 20 maio 2025.

CUNNINGHAM, Erin; BLACK, Joel E. Healing the Sick City: Local Guides, Visiting Nurses, and Vernaculars of Pain on New York's Lower East Side. *Journal of Urban History*, v.48, n.2, p.285-301, 2022. Disponível em: https://doi.org/10.1177/00961442209463 18. Acesso em: 20 maio 2025.

CUSANO, Alfredo. *Italia d'oltre mare*: impresioni e ricordi de mei cinque anni di Brasile. Milão: Stablimento Tipográfico E. Reggiani, 1911.

CUTI, [Luiz Silva]. *E disse o velho militante José Correia Leite*. 19.ed. rev. São Paulo: Noovha América, 2007.

CWERNER, Saulo. Helipads, Heliports and Urban Air Space: Governing the Contested Infrastructure of Helicopter Travel. In: CWERNER, Saulo; KESSELRING, Sven; URRY, John (orgs.). *Aeromobilities*. Londres: Routledge, 2008.

CYMBALISTA, Renato; NAKANO, Kazuo. São Paulo, Brazil: A Need for Stronger Policy Advocacy. In: BALBO, Marcelo (org.). *International Migrants and the City*. Veneza: UN-Habitat; Universita Iuav di Venezia, 2005.

CYTRYNOWICZ, Monica Musatti; CYTRYNOWICZ, Roney; STÜCKER, Ananda. *Do lazareto dos variolosos ao Instituto de Infectologia Emílio Ribas*: 130 anos de história da saúde pública no Brasil. São Paulo: Narrativa Um, 2010.

D'ANGELO, Bruno; GIASSETTI, Ricardo. *O catador de batatas e o filho da costureira*. São Paulo: Editora JBC, 2008.

DALL'AVA, João Paulo; MOTA, André. A gripe espanhola em Sorocaba e o caso da fábrica Santa Rosália, 1918: contribuições da história local ao estudo das epidemias no Brasil. *História, Ciências, Saúde – Manguinhos*, v.24, n.2, p.429-46, abr.-jun. 2017. Disponível em: https://doi.org/10.1590/s0104-59702017000200007. Acesso em: 20 maio 2025.

DANS, Peter; WASSERMAN, Suzanne. *Life on the Lower East Side*: Photographs by Rebecca Lepkoff, 1937-1950. Princeton, NJ: Princeton Architectural Press, 2010.

DÁVILA, Jerry. *Diploma of Whiteness*: Race and Social Policy in Brazil, 1917-1945. Durham, NC: Duke University Press, 2003. [Ed. bras.: *Diploma de brancura*: política social e racial no Brasil, 1917-1945. São Paulo: Editora Unesp, 2006.]

DEAN, Warren. Visit to the Hospedaria (manusc. não publ., 13 maio 1963). In: LA CAVA, Gloria. *Italians in Brazil*: The Post-World War II Experience. Nova York: Peter Lang, 1999.

______. A fábrica São Luiz de Itu: um estudo de arqueologia industrial. *Anais de História – Assis*, v.8, p.9-25, 1976.

______. *The Industrialization of São Paulo, 1800-1945*. Austin: University of Texas Press, 1969. [Ed. bras.: *A industrialização de São Paulo (1880-1945)*. Rio de Janeiro: Bertrand Brasil, 1991.]

DEB ROY, Rohan. *Malarial Subjects*: Empire, Medicine and Nonhumans in British India, 1820-1909. Cambridge: Cambridge University Press, 2017.

DEL PICCHIA, Menotti. *Poesias, 1907-1946*. São Paulo: Martins, 1958.

DERTÔNIO, Hilário. *O bairro do Bom Retiro*. São Paulo: Prefeitura Municipal, Secretaria de Educação e Cultura, Departamento de Cultura São Paulo, 1971.

DE SIMONE, Sergio. Carros antigos do Museu de Saúde Pública Emílio Ribas. Museu de Saúde Pública Emílio Ribas, fev. 2016. [Relat. de pesquisa não publ.]

DIMAS, Carlos S. *Poisoned Eden*: Cholera Epidemics, State-Building, and the Problem of Public Health in Tucumán, Argentina, 1865-1908. Lincoln: University of Nebraska Press, 2022.

DINER, Hasia R.; SHANDLER, Jeffrey; WENGER, Beth S. *Remembering the Lower East Side*: American Jewish Reflections. Bloomington: Indiana University Press, 2000.

DREHER, Martin N. *A religião de Jacobina*. São Leopoldo: Oikos, 2012.

DUARTE, Ivomar Gomes. O Código Sanitário Estadual de 1918 e a epidemia de gripe espanhola. *Cadernos de História da Ciência – Instituto Butantan*, v.5, n.1, p.55-73, jan.-jul. 2009.

DWORK, Deborah. Health Conditions of Immigrant Jews on the Lower East Side of New York: 1880-1914. *Medical History*, v.25, p.1-40, 1981. Disponível em: https://www.ncbi.nlm.nih.gov/pmc/articles/PMC1138984/pdf/medhist00092-0005.pdf. Acesso em: 20 maio 2025.

EIBENSCHUTZ, Catalina (org.). *Política de saúde*: o público e o privado. Rio de Janeiro: Fiocruz, 1996.

EL-DINE, Lorenna Ribeiro Zem. Eugenia e seleção imigratória: notas sobre o debate entre Alfredo Ellis Junior, Oliveira Vianna e Menotti Del Picchia, 1926. *História, Ciências, Saúde – Manguinhos*, v.23, supl.1, p.243-52, dez. 2016.

FAERMAN, Marcos. Oh! Bom Retiro. In: FUSER, Igor (org.). *A arte da reportagem*. v.1. São Paulo: Scritta, 1996.

______. Lembrando os bons tempos. *Jornal da Tarde*, 23 nov. 1981, p.14-5.

______. O bairro de Szmul, de Isaac, de Jacob, do *beigale*, do arenque, das dez sinagogas: ontem, na primeira parte da reportagem, mostramos o Bom Retiro dos italianos. Nesta página e na seguinte está outro Bom Retiro – o bairro dos judeus. *Jornal da Tarde*, 24 nov. 1981, p.14-5.

FANTIN, Jader Tadeu. Do interior para os porões, dos porões para as fachadas: os japoneses no bairro da Liberdade em São Paulo. *Acta Geográfica*, v.9, n.20, p.72-95, maio-ago. 2015. Disponível em: https://doi.org/10.18227/2177-4307.acta.v9i20.2240. Acesso em: 20 maio 2025.

FARIAS, Cynthia Moura Louzada et al. Tempo de espera e absenteísmo na atenção especializada: um desafio para os sistemas universais de saúde. *Saúde em Debate*, v.43, n.5, p.190-204, dez. 2019. Disponível em: https://doi.org/10.1590/0103-11042019S516. Acesso em: 20 maio 2025.

FARMER, Paul. *Pathologies of Power*: Health, Human Rights, and the New War on the Poor. Berkeley: University of California Press, 2004.

FAUSTO, Boris. Imigração e participação política na Primeira República. In: ENCONTRO ANUAL DA ANPOCS, 17. Seminário Temático: Os imigrantes e a política no Brasil Caxambu-MG, 22-25 out. 1993. *Anais*... São Paulo: Anpocs, 1993. Disponível em: https://biblioteca.sophia.com.br/terminal/9666/VisualizadorPdf?codigoArquivo=10828&tipoMidia=0. Acesso em: 20 maio 2025.

______. *Crime e cotidiano*: a criminalidade em São Paulo, 1880-1924. São Paulo: Brasiliense, 1984.

FEE, Elizabeth; BU, Liping. Origins of Public Health Nursing: The Henry Street Visiting Nurse Service. *American Journal of Public Health*, v.100, n.7, p.1206-7, jul. 2010.

FELDMAN, Sarah. Bom Retiro: bairro múltiplo, identidade étnica mutante. *Anais do XV Enanpur*, v.15, n.1, 2013. Disponível em: https://anais.anpur.org.br/index.php/anaisenanpur/article/view/370. Acesso em: 20 maio 2025.

FENDLER, Lynn. Others and the Problem of Community. *Curriculum Inquiry*, v.36, n.3, p.303-26, 2006.

FERLA, Luis Antonio Coelho. Corpos estranhos na intimidade do lar: as empregadas domésticas no Brasil da primeira metade do século XX. In: FERREIRA, Marieta de Moraes (org.). *Anais do XXVI Simpósio Nacional de História*. São Paulo: Associação Nacional de História (Anpuh), 2011. Disponível em: https://anpuh.org.br/uploads/anais-simposios/pdf/2019-01/1548856588_120e611a09d80d8033e77fa00608509e.pdf. Acesso em: 20 maio 2025.

FERNANDES, Florestan. As "trocinhas" do Bom Retiro. *Pro-Posições*, v.15, n.1, p.229-50, 2016. Disponível em: https://periodicos.sbu.unicamp.br/ojs/index.php/proposic/article/view/8643855. Acesso em: 19 jun. 2024.

______. *A integração do negro na sociedade de classes*. São Paulo: Dominus, 1965.

FERNANDEZ, Raffaella. *A poética de resíduos de Carolina Maria de Jesus*. São Paulo: Aetia, 2019.

FERRARI, Rosa Hassan de et al. Migration and Urban Development in São Paulo. *Ethnic and Racial Studies*, v.46, n.11, p.2446-66, 2023. Disponível em: https://doi.org/10.1080/01419870.2023.2174809. Acesso em: 20 maio 2025.

FERRAZ, Luiz Marcelo Robalinho; GOMES, Isaltina Maria de Azevedo Mello. A construção discursiva sobre a dengue na mídia. *Revista Brasileira de Epidemiologia*, v.15, n.1, p.63-74, mar. 2012. Disponível em: https://doi.org/10.1590/S1415-790X2012000100006. Acesso em: 20 maio 2025.

FERREIRA, Irma Teresinha Rodrigues Neves; VERAS, Maria Amélia de Sousa Mascena; SILVA, Rubens Antonio. Participação da população no controle da dengue: uma análise da sensibilidade dos planos de saúde de municípios do estado de São Paulo, Brasil. *Cadernos de Saúde Pública*, v.25, n.12, p.2683-94, dez. 2009. Disponível em: https://doi.org/10.1590/S0102-311X2009001200015. Acesso em: 20 maio 2025.

FERRERO, Gina Lombroso. *Nell'America meridionale (Brasile-Uruguay-Argentina)*. Milão: Fratelli Treves, 1908.

FIGUEIREDO, Luiz Tadeu Moraes. Dengue in Brazil. *Revista da Sociedade Brasileira de Medicina Tropical*, v.45, n.3, p.285, mar. 2012. Disponível em: https://doi.org/10.1590/S0037-86822012000300001. Acesso em: 20 maio 2025.

FINKELMAN, Jacobo (org.). *Caminhos da saúde pública no Brasil*. Rio de Janeiro: Fiocruz, 2002.

FIORAVANTI, Carlos Henrique. Guerra à peste. *Pesquisa Fapesp*, v.294, ago. 2020. Disponível em: https://revistapesquisa.fapesp.br/guerra-a-peste/. Acesso em: 15 maio 2025.

______. *O combate à febre amarela no estado de São Paulo*: história, desafios e inovações. São Paulo: Secretaria da Saúde, Coordenadoria de Controle de Doenças, Centro de Vigilância Epidemiológica, 2018.

FITZGERALD, David Scott; COOK-MARTÍN, David. *Culling the Masses*: The Democratic Origins of Racist Immigration Policy in the Americas. Cambridge, MA: Harvard University Press, 2014.

FONSECA, Fernanda Padovesi et al. Cartografia digital geo-histórica: mobilidade urbana de São Paulo de 1877 a 1930. *Revista do Instituto de Estudos Brasileiros*, n.64, p.131-66, 2016. Disponível em: https://www.scielo.br/j/rieb/a/jCNrtWR4TPJbWyNfSmtjpYN/abstract/?lang=pt. Acesso em: 20 maio 2025.

FONSECA, Guido. *História da prostituição em São Paulo*. São Paulo: Resenha Universitária, 1982.

FONTES, Maria Aparecida. Paisagens impermanentes... Espaço urbano nas narrativas brasileiras de imigração. In: HASSAN, Wail S.; LIMA, Rogerio (orgs.). *Literatura e (i)migração no Brasil / Literature and (Im)migration in Brazil*. Rio de Janeiro: Makunaima, 2020.

FONTES, Paulo. *Migration and the Making of Industrial São Paulo*. Durham, NC: Duke University Press, 2016.

______. *Um Nordeste em São Paulo*: trabalhadores migrantes em São Miguel Paulista (1945-1966). Rio de Janeiro: Ed. FGV, 2008.

FORMIGA, Dayana de Oliveira; MELO, Charles Aparecido Silva; PAULA, Ana Beatriz Rodrigues de. O pensamento eugênico e a imigração no Brasil (1929-1930). *Intelligere*, v.7, n.22, p.75-96, set. 2019. Disponível em: https://www.revistas.usp.br/revistaintelligere/article/view/142881. Acesso em: 20 maio 2025.

FOUCAULT, Michel. The Birth of Social Medicine. In: FAUBION, J. D. (org.). *Power*. Nova York: New Press, 2000. [Ed. bras.: O nascimento da medicina social. In: *Microfísica do poder*. 25.ed. São Paulo: Graal, 2012.]

FRANCISCO, Renata Ribeiro. *A maçonaria e o processo da abolição em São Paulo*. São Paulo, 2018. Tese (Doutorado em História Social) – Faculdade de Filosofia, Letras e Ciências Humanas, Universidade de São Paulo (FFLCH-USP).

FREHSE, Fraya. *O tempo das ruas na São Paulo de fins do Império*. São Paulo: Edusp, 2017.

FREIRE, Alipio; ALMADA, Izaias; PONCE, J. A. de Granville (orgs.). *Tiradentes, um presídio da ditadura*: memórias de presos políticos. São Paulo: Scipione, 1997.

FRENCH, John D. *Drowning in Laws*: Labor Law and Brazilian Political Culture. Chapel Hill: University of North Carolina Press, 2004. [Ed. bras.: *Afogados em leis*: a CLT e a cultura política dos trabalhadores brasileiros. Trad. Paulo Fontes. São Paulo: Fundação Perseu Abramo, 2001.]

FRÚGOLI JR., Heitor; SPAGGIARI, Enrico. Networks and Territorialities: An Ethnographic Approach to the So-Called Cracolândia ["Crackland"] in São Paulo. *Vibrant: Virtual Brazilian Anthropology*, v.8, n.2, p.550-79, dez. 2011.

FURLAN, Elvira Aguiar Borges. *Alguns aspectos da regulamentação da prostituição em São Paulo*. São Paulo, 1955. Monografia (Conclusão de Curso) – Escola de Serviço Social, Pontifícia Universidade Católica.

GALLOIS, Dominique Tilkin; ROSALEN, Juliana. Direitos indígenas "diferenciados" e seus efeitos entre os Wajãpi no Amapá. *REA*, v.4, n.2, p.33-41, jun. 2016. Disponível em: https://www.academia.edu/34860224/DIREITOS_IND%C3%8DGENAS_DIFERENCIADOS_E_SEUS_EFEITOS_ENTRE_OS_WAJ%C3%83PI_NO_AMAP%C3%81. Acesso em: 20 maio 2025.

GALVÃO, Patrícia. *Parque industrial*. Rio de Janeiro: José Olympio, 2006 [1933].

GANDHI, Ajay. Catch Me if You Can: Monkey Capture in Delhi. *Ethnography*, v.13, n.1, p.43-56, 2012.

GARB, Margaret. Health, Morality, and Housing: The "Tenement Problem" in Chicago. *American Journal of Public Health*, v.93, n.9, p.1420-30, set. 2003. Disponível em: https://doi.org/10.2105/ajph.93.9.1420. Acesso em: 20 maio 2025.

GEDDINGS, H. D. Plague on the Steamship J. W. Taylor at New York Quarantine. *Public Health Reports*, v.14, n.49, p.2165-7, dez. 1899.

GEORGES, Isabel P. H.; SANTOS, Yumi Garcia dos. Olhares cruzados: relações de cuidado, classe e gênero. *Tempo Social*, v.26, n.1, p.47-60, jun. 2014. Disponível em: https://www.scielo.br/j/ts/a/6NYvKT9jGMvk3yYfcxX3phg/abstract/?lang=pt. Acesso em: 20 maio 2025.

GILMAN, Sander. *Difference and Pathology*: Stereotypes of Sexuality, Race and Madness. Ithaca, NY: Cornell University Press, 1985.

GÓES, Fred. O Rio de Janeiro aos olhos do cronista popular. *Revista Z Cultural*, ano 3, n.2, 2015. Disponível em: http://revistazcultural.pacc.ufrj.br/o-rio-de-janeiro-aos-olhos-do-cronista-popular-de-fred-goes-2/. Acesso em: 20 maio 2025.

GONÇALVES, Guilherme Leite; COSTA, Sérgio. *Um porto no capitalismo global*. São Paulo: Boitempo, 2020.

GORDILLO, Gastón R. *Rubble*: The Afterlife of Destruction. Durham, NC: Duke University Press, 2014.

GOULART, Adriana da Costa. Revisitando a espanhola: a gripe pandêmica de 1918 no Rio de Janeiro. *História, Ciências, Saúde – Manguinhos*, v.12, n.1, p.101-42, jan.-abr. 2005.

GRAFF ZIVIN, Erin. *The Wandering Signifier*: Rhetoric of Jewishness in the Latin American Imaginary. Durham, NC: Duke University Press, 2008.

GRAHAM, Stephen; MCFARLANE, Colin (orgs.). *Infrastructural Lives*: Urban Infrastructure in Context. Londres: Routledge, 2015.

GRANADA, Daniel et al. A pandemia de Covid-19 e a mobilidade internacional no Brasil: desafios para a saúde e proteção social de migrantes internacionais em tempos de incertezas. *História, Ciências, Saúde – Manguinhos*, v.30, supl.1, p.1-18, 2023. Disponível em: https://doi.org/10.1590/S0104-59702023000100033. Acesso em: 20 maio 2025.

GREEN, Nancy. *Ready-to-Wear and Ready-to-Work*: A Century of Industry and Immigrants in Paris and New York. Durham, NC: Duke University Press, 1997.

GREENFIELD, Gerald Michael. The Development of the Underdeveloped City: Public Sanitation in São Paulo, Brazil, 1885-1913. *Luso-Brazilian Review*, v.17, n.1, p.107-18, verão 1980.

GREGG, Jessica L. *Virtually Virgins*: Sexual Strategies and Cervical Cancer in Recife, Brazil. Stanford, CA: Stanford University Press, 2003.

GUDMUNDSON, Lowell; WOLFE, Justin. *Blacks and Blackness in Central America*: Between Race and Place. Durham, NC: Duke University Press, 2010.

GUIMARÃES, Antonio Sérgio. Preconceito de cor e racismo no Brasil. *Revista de Antropologia*, v.47, n.1, p.9-43, 2004. Disponível em: https://doi.org/10.1590/S0034-77012004000100001. Acesso em: 20 maio 2025.

GUIMARÃES, Nadya Araujo; HIRATA, Helena (orgs.). *Care and Care Workers*: A Latin American Perspective. Nova York: Springer, 2021.

GUIMARÃES, Valéria. Os dramas da cidade nos jornais de São Paulo na passagem para o século XX. *Revista Brasileira de História*, v.27, n.53, p.323-49, jan. 2007. Disponível em: https://doi.org/10.1590/S0102-01882007000100014. Acesso em: 20 maio 2025.

GUIMBEAU, Amanda; MENON, Nidhiya; MUSACCHIO, Aldo. The Brazilian Bombshell? The Long-Term Impact of the 1918 Influenza Pandemic the South American Way. *National Bureau of Economic Research*, abr. 2020. Working Paper 26929. Disponível em: http://www.nber.org/papers/w26929. Acesso em: 20 maio 2025.

GUTIERREZ, Diego Monteiro. *O Rugby, identidade e processos econômicos no Brasil*. São Paulo, 2016. Dissertação (Mestrado em Mudança Social e Participação Política) – Escola de Artes, Ciências e Humanidades, Universidade de São Paulo.

GUZZO, Maria Auxiliadora Dias. A habitação popular em São Paulo, 1890-1940. *Revista do Arquivo Municipal*, v.205, p.59-79, jan. 2014.

HACON, Sandra (coord.). *Geo Saúde*: cidade de São Paulo. Rio de Janeiro: Ensp; Fiocruz, 2008. Disponível em: https://www.prefeitura.sp.gov.br/cidade/secretarias/upload/arquivos/secretarias/meio_ambiente/publicacoes/0010/geo_Saude_SP.pdf. Acesso em: 20 maio 2025.

HAMBURGER, Cao (dir.). *O ano em que meus pais saíram de férias*. Lereby Produções; Gullane Filmes; Globo Filmes; Miravista Pictures, 2006.

HANLEY, Anne G. *The Public Good and the Brazilian State*: Municipal Finance and Public Services in São Paulo, 1822-1930. Chicago: University of Chicago Press, 2018.

HARVEY, David. Labor, Capital, and Class Struggle around the Built Environment in Advanced Capitalist Societies. *Politics and Society*, v.6, n.3, p.265-95, set. 1976. Disponível em: https://doi.org/10.1177/003232927600600301. Acesso em: 20 maio 2025.

HAVELBURG, W. Brazil. Report from Rio de Janeiro-Status of Plague in Santos. *Public Health Reports*, v.15, n.2, p.79-81, 12 jan. 1900. Disponível em: http://www.jstor.org/stable/41452398. Acesso em: 20 maio 2025.

HAYWARD, Richard. Gamarra, Lima, Peru: An International Workshop. *Urban Design International*, v.3, p.43-52, mar. 1998.

HEATHCOTT, Joseph. Infrastructure Designs: Dreaming and Building Worlds. In: HEATHCOTT, Joseph (org.). *The Routledge Handbook of Infrastructure Design*: Global Perspectives from Architectural History. Nova York: Routledge, 2022.

HERRERA, Henrique Martines. *Manchester paulista?* Formação de classe e lutas de trabalhadores e trabalhadoras têxteis em Sorocaba, 1890-1930. São Paulo, 2018. Dissertação (Mestrado em História) – Universidade Federal de São Paulo (Unifesp). Disponível em: https://repositorio.unifesp.br/items/24c51277-a92d-400a-8c26-a8f063ad0f66. Acesso em: 20 maio 2025.

HERTZMAN, Marc A. *After Palmares*: Diaspora, Inheritance, and the Afterlives of Zumbi. Durham, NC: Duke University Press, 2024.

HESSE-WARTEGG, Ernst. *Zwischen Anden und Amazonas*: Reisen in Brasilien, Argentinien, Paraguay, Uruguay. Berlim: Union Deutsche Verlagsgesellschaft, 1915.

HIGHAM, John. *Strangers in the Land*: Patterns of American Nativism, 1860-1925. New Brunswick, NJ: Rutgers University Press, 1955.

HOCHMAN, Gilberto. "A gripe asiática vem aí!": crônica de uma pandemia antes de sua chegada (Brasil, 1957). *Revista Ciencias de la Salud*, v.19, p.1-22, jul. 2021. Disponível em: https://revistas.urosario.edu.co/index.php/revsalud/article/view/10599. Acesso em: 20 maio 2025.

______. *The Sanitation of Brazil*: Nation, State, and Public Health, 1889-1930. Champaign: University of Illinois Press, 2016.

______; BIRN, Anne-Emanuelle. Pandemias e epidemias em perspectiva histórica: uma introdução. *Topoi*, Rio de Janeiro, v.22, n.48, p.577-87, set.-dez. 2021. Disponível em: https://doi.org/10.1590/2237-101X02204801. Acesso em: 20 maio 2025.

HOEHN, F. C. *O que vendem os hervanários da cidade de S. Paulo*. São Paulo: Casa Duprat, 1920.

HOLLOWAY, Thomas H. *Immigrants on the Land*: Coffee and Society in São Paulo, 1886-1934. Chapel Hill: University of North Carolina Press, 1980. [Ed. bras.: *Imigrantes para o café*: café e sociedade em São Paulo, 1886-1934. Rio de Janeiro: Paz e Terra, 1984.]

HONIGSBAUM, Mark. *A History of the Great Influenza Pandemics*: Death, Panic, and Hysteria, 1830-1920. Londres: I. B. Taurus, 2014.

HOU, Feng. Spatial Assimilation of Racial Minorities in Canada's Immigrant Gateway Cities. *Urban Studies*, v.43, n.7, p.1191-213, jun. 2006. Disponível em: http://www.jstor.org/stable/43201630. Acesso em: 20 maio 2025.

HOWARD-JONES, Norman. Robert Koch and the Cholera Vibrio: A Centenary. *British Medical Journal*, v.288, n.6414, p.379-81, 4 fev. 1984. Disponível em: https://www.ncbi.nlm.nih.gov/pmc/articles/PMC1444283/pdf/bmjcred00486-0049.pdf. Acesso em: 20 maio 2025.

HUSSAIN, Azhar et al. The Anti-Vaccination Movement: A Regression in Modern Medicine. *Cureus*, v.10, n.7, p.2-8, jul. 2018. Disponível em: https://www.ncbi.nlm.nih.gov/pmc/articles/PMC6122668/. Acesso em: 20 maio 2025.

HUTTER, Lucy Maffei. *Imigração italiana em São Paulo (1880-1889)*: os primeiros contatos do imigrante com o Brasil. São Paulo: Universidade de São Paulo (USP); Instituto de Estudos Brasileiros (IEB), 1972.

INSTITUTO BUTANTAN. Início do século XX: o Butantan e o combate à epidemia de peste bubônica. *Portal do Butantan*, 5 fev. 2021. Disponível em: https://butantan.gov.br/noticias/inicio-do-seculo-xx-o-butantan-e-o-combate-a-epidemia-de-peste bubonica#:~:text=Em%201901%2C%20a%20peste%20bub%C3%B4nica,para%20vencer%20a%20peste%20bub%C3%B4nica. Acesso em: 20 maio 2025.

______. Museu Emílio Ribas. *História, imigração e saúde no bairro do Bom Retiro*. São Paulo: Instituto Butantan, 2016. Disponível em: https://repositorio.butantan.gov.br/bitstream/butantan/3399/1/livreto_museu_emilio_ribas_02.pdf. Acesso em: 20 maio 2025.

INSTITUTO DO PATRIMÔNIO HISTÓRICO E ARTÍSTICO NACIONAL (Iphan). *Multiculturalismo em situação urbana, inventário de referências culturais do Bom Retiro*. São Paulo: 9ª Superintendência Regional do Instituto do Patrimônio Histórico e Artístico Nacional em São Paulo; Departamento de Patrimônio Histórico da Secretaria da Cultura da Prefeitura do Município de São Paulo, 2005.

JACINO, Ramatis. *O negro no mercado de trabalho em São Paulo pós-abolição*: 1912-1920. São Paulo, 2012. Tese (Doutorado em História Econômica) – Faculdade de Filosofia, Letras e Ciências Humanas, Universidade de São Paulo (FFLCH-USP).

JAMES, Wesley; JIA, Chunrong; KEDIA, Satish. Uneven Magnitude of Disparities in Cancer Risks from Air Toxics. *International Journal of Environmental Research and Public Health*, v.9, n.12, p.4365-85, dez. 2012. Disponível em: https://doi.org/10.3390/ijerph9124365. Acesso em: 20 maio 2025.

JANOVITCH, Paula. Prostituição e confinamento em São Paulo: um percurso pela antiga zona do meretrício do Bom Retiro. *Instagram*, 12 ago. 2022. Disponível em: https://www.instagram.com/p/ChKPZp1lb1C/. Acesso em: 15 maio 2025.

JENSEN, Katherine. *The Color of Asylum*: The Racial Politics of Safe Haven in Brazil. Chicago: University of Chicago Press, 2023.

JESUS, Carolina Maria de. *Quarto de despejo*: diário de uma favelada. São Paulo: Francisco Alves, 1960.

JONES, Esyllt W. "Co-Operation in all Human Endeavour": Quarantine and Immigrant Disease Vectors in the 1918-1919 Influenza Pandemic in Winnipeg. *Canadian Bulletin of Medical History*, v.22, n.1, p.57-82, primavera 2005. Disponível em: https://www.utpjournals.press/doi/pdf/10.3138/cbmh.22.1.577. Acesso em: 20 maio 2025.

JONES, Margaret. Tuberculosis, Housing and the Colonial State: Hong Kong, 1900-1950. *Modern Asian Studies*, v.37, n.3, p.653-82, jun. 2003.

JONES, Stephen G. *Sport, Politics and the Working Class*: Organised Labour and Sport in Inter-War Britain. Manchester: Manchester University Press, 1992.

JORGE, Janes. Rios e saúde na cidade de São Paulo, 1890-1940. *História e Perspectivas*, Uberlândia, v.25, n.47, p.103-24, jul.-dez. 2012.

______. São Paulo das enchentes, 1890-1940. *Histórica: Revista Eletrônica do Arquivo Público do Estado de São Paulo*, n.47, p.1-7, abr. 2011. Disponível em: https://www.arquivoestado.sp.gov.br/uploads/publicacoes/revistas/historica47.pdf. Acesso em: 20 maio 2025.

______. *Tietê, o rio que a cidade perdeu*: São Paulo, 1890-1940. São Paulo: Alameda, 2006.

JOYNER, Henry Batson. Planta da cidade de São Paulo levantada pela Companhia Cantareira e Esgotos, 1881. In: São Paulo antigo: plantas da cidade. *Informativo Arquivo Histórico Municipal*, ano 4, n.20, Planta n.9, set.-out. 2008. Disponível em: http://www.arquiamigos.org.br/info/info20/i-1881.htm. Acesso em: 15 maio 2025.

JUSTUS, Marcelo; KASSOUF, Ana Lucia. The History of Child Labor in Brazil. In: HINDMAN, Hugh D. (org.). *The World of Child Labor*: An Historical and Regional Survey. Nova York: M. E. Sharpe, 2009.

KANG, Sam et al. The Mental Health of Korean Immigrants in São Paulo, Brazil. *Cadernos de Saúde Pública*, v.4, n.25, p.819-26, abr. 2009.

KARAM, John Tofik. *Another Arabesque*: Syrian-Lebanese Ethnicity in Neoliberal Brazil. Filadélfia: Temple University Press, 2007. [Ed. bras.: *Um outro arabesco*: etnicidade sírio-libanesa no Brasil neoliberal. São Paulo: Martins Fontes, 2009.]

KEEFER, Phil; SCARTASCINI, Carlos; VLAICU, Razvan. Shortchanging the Future: The Short-Term Bias of Politics. In: IZQUIERDO, Alejandro; PESSINO, Carola; VULETIN, Guillermo (orgs.). *Better Spending for Better Lives*: How Latin America and the Caribbean Can Do More with Less. Ciudad de México: Banco Interamericano de Desenvolvimento (BID), 2018. [Ed. bras.: *Melhores gastos para melhores vidas*: como a América Latina e o Caribe podem fazer mais com menos. Ciudad de México: BID, 2018.] Disponível em: https://publications.iadb.org/pt/melhores-gastos-para-melhores-vidas-como-america-latina-e-o-caribe-podem-fazer-mais-com-menos. Acesso em: 20 maio 2025.

KELSEY, Allison Elizabeth. *How the other Nine-Tenths Lived*: Interpreting the Working Class Experience in Philadelphia, 1870-1900. Pensilvânia, 1997. Dissertação (Mestrado em Preservação Histórica) – University of Pennsylvania, 1997. Disponível em: https://www.researchgate.net/profile/Allison-Kelsey-2/publication/303970800_How_the_Other_Nine-Tenths_Lived_Interpreting_the_Working_Class_Experience_in_Philadelphia_1870-1900/links/5e5fd0869285 1cefa1dea8a2/How-the-Other-Nine-Tenths-Lived-Interpreting-the-Working-Class-Experience-in-Philadelphia-1870-1900.pdf. Acesso em: 20 maio 2025.

KENZO, Gabriel. *Não há cura sem anúncio*: ciência, medicina e propaganda. São Paulo, 1930-1939. São Paulo: Annablume, 2021.

KHOUDJA, Yassine. Religious Trajectories of Immigrants in the First Years after Migration. *Journal for the Scientific Study of Religion*, v.61, n.2, p.507-29, jun. 2022.

KIDAMBI, Prashant. "An Infection of Locality": Plague, Pythogenesis, and the Poor in Bombay, *c.*1896-1905. *Urban History*, v.31, n.2, p.249-67, 2004.

KIM, Marcos Seil. Nas curvas do rio ídiche. In: MEDINA, Cremilda (org.). *Pauliceia prometida*. São Paulo: CJE; USP; ECA, 1990.

KIND, Luciana; CORDEIRO, Rosineide. Narrativas sobre a morte: a gripe espanhola e a Covid-19 no Brasil. *Psicologia e Sociedade*, v.32, p.1-19, set. 2020. Disponível em: https://www.scielo.br/j/psoc/a/LdMLvxpDHBYgLqt8fC5SZRp/?lang=pt. Acesso em: 20 maio 2025.

KISACKY, Jeanne. *Rise of the Modern Hospital*: An Architectural History of Health and Healing, 1870-1940. Pittsburgh, PA: University of Pittsburgh Press, 2016.

KLENGEL, Susanne. Pandemic Avant-Garde: Urban Coexistence in Mário de Andrade's *Pauliceia desvairada* (1922) after the Spanish Flu. In: *Mecila Working Paper Series*, São Paulo: Centro Maria Sibylla Merian Convivialidade-Desigualdade na América Latina, n.30, 2020. Disponível em: https://doi.org/10.46877/klengel.2020.30. Acesso em: 21 maio 2025.

KLOTZEL, André (dir.). O Bom Retiro é o mundo. *YouTube*, 27 abr. 2013. Disponível em: https://www.youtube.com/watch?v=7i7Dlu3vGCY. Acesso em: 15 maio 2025.

KOSELLECK, Reinhart. *Sediments of Time*: On Possible Histories. Org. e trad. Sean B. Franzel e Stefan-Ludwig Hoffmann. Stanford, CA: Stanford University Press, 2018. [Ed. bras.: *Estratos do tempo*: estudos sobre história. Rio de Janeiro: Contraponto, 2014.]

KOSERITZ, Karl von. *Imagens do Brasil*. São Paulo: Martins, 1972.

KOULIOUMBA, Stamatia. Construtores estrangeiros e a produção arquitetônica moderna no Bom Retiro (1950-1970). In: LANNA, Ana Lúcia et al. (orgs.). *São Paulo, os estrangeiros e a construção das cidades*. São Paulo: Alameda, 2011.

KOWARICK, Lúcio. Cortiços: a humilhação e a subalternidade. *Tempo Social*, v.25, n.2, p.49-77, nov. 2013.

______; ANT, Clara. One Hundred Years of Overcrowding: Slum Tenements in the City. In: KOWARICK, Lúcio (org.). *Social Struggles and the City*: The Case of São Paulo. Nova York: Monthly Review Press, 1994. [Ed. bras.: *As lutas sociais e a cidade*. São Paulo: Paz e Terra, 2007.]

KRAUT, Alan M. Immigration, Ethnicity, and the Pandemic. *Public Health Reports*, v.125, supl.3, p.123-33, abr. 2010. Disponível em: https://www.ncbi.nlm.nih.gov/pmc/articles/PMC2862341/. Acesso em: 21 maio 2025.

______. *Silent Travelers*: Germs, Genes, and the "Immigrant Menace". Baltimore: Johns Hopkins University Press, 1994.

KROPF, Simone Petraglia; HOCHMAN, Gilberto. From the Beginnings: Debates on the History of Science in Brazil. *Hispanic American Historical Review*, v.91, n.3, p.391-408, ago. 2011.

______; ______. Science, Health, and Development: Chagas Disease in Brazil, 1943-1962. *Parasitologia*, v.47, n.3, p.379-86, dez. 2005.

KUSHNIR, Beatriz. Hospedaria Central, o expurgo na Ilha das Flores. In: MONTEIRO, Yara Nogueira; CARNEIRO, Maria Luiza Tucci (orgs.). *As doenças e os medos sociais*. São Paulo: FAP; Unifesp, 2013.

LABCIDADE. A verticalização de mercado em São Paulo é branca. *LABCidade*, 6 dez. 2021. Disponível em: http://www.labcidade.fau.usp.br/a-verticalizacao-de-mercado-em-sao-paulo-e-branca/. Acesso em: 21 maio 2025.

LACERDA, Léia Teixeira; FIGUEIRA, Kátia Cristina Nascimento; PINTO, Maria Leda. Conhecimentos tradicionais dos povos indígenas da região pantaneira sul-mato-grossense sobre a prevenção das infecções sexualmente transmissíveis. *Geofronter*, v.3, n.4, p.150-8, nov. 2018. Disponível em: https://periodicosonline.uems.br/index.php/GEOF/article/view/3040. Acesso em: 21 maio 2025.

LAGENEST, Baruel H. D. Os cortiços de São Paulo. *Revista Anhembi*, v.48, n.139, p.5-17, 1962.

LAGUARDIA, Rafael Martins de Oliveira. A geografia sagrada na expansão urbana de São Paulo até finais do XIX: uma leitura em SIG Histórico. In: SIMPÓSIO NACIONAL DE HISTÓRIA, 31. Rio de Janeiro, 20 jul. 2021. *Anais do*... Rio de Janeiro: Anpuh, 2021. Disponível em: https://anpuh.org.br/uploads/anais-simposios/pdf/2024-09/1726045200_d5c7321b5b0f46649db9ef946e11dad0.pdf. Acesso em: 21 maio 2025.

LANDMANN-SZWARCWALD, Celia; MACINKO, James. A Panorama of Health Inequalities in Brazil. *International Journal for Equity in Health*, v.15, art.n.174, 2016. Disponível em: https://equityhealthj.biomedcentral.com/articles/10.1186/s12939-016-0462-1. Acesso em: 21 maio 2025.

LANGFUR, Hal. Uncertain Refuge: Frontier Formation and the Origins of the Botocudo War in Late Colonial Brazil. *Hispanic American Historical Review*, v.82, n.2, p.215-56, maio 2002.

LEÃO, Antônio Carneiro. *São Paulo em 1920*. São Paulo: Annuario Americano, 1920.

LEE, Erika; YUNG, Judy. *Angel Island*: Immigrant Gateway to America. Nova York: Oxford University Press, 2012.

LEIDY, Joseph. Mapping Newcomers in Buenos Aires, 1928. *Not Even Past*, 12 set. 2016. Disponível em: https://notevenpast.org/13770-2/. Acesso em: 15 maio 2025.

LEITÃO, Leslie; MARTINS, Marco Antônio. Tráfico impõe toque de recolher e uso obrigatório de máscaras em favelas do Rio durante a pandemia. *G1* – Globo, 8 maio 2020. Disponível em: https://g1.globo.com/rj/rio-de-janeiro/noticia/2020/05/08/trafico-impoe-toque-de-recolher-em-favelas-do-rio-durante-a-pandemia.ghtml. Acesso em: 15 maio 2025.

LEITE, Miriam Lifchitz Moreira. *Maria Lacerda de Moura*: uma feminista utópica. São Paulo: Ática, 1984.

LEMOS, Carlos. Os primeiros cortiços paulistanos. In: SAMPAIO, Maria Ruth Amaral de (org.). *Habitação e cidade*. São Paulo: FAU-USP; Fapesp, 1998.

LEMOS, Fernando Cerqueira. Notícias sobre a epidemia de peste em Santos (1899). *Revista do Instituto Adolfo Lutz*, v.17, n.1-2, p.71-150, fev. 1957. Disponível em: https://periodicos.saude.sp.gov.br/RIAL/article/view/33315?articlesBySameAuthorPage=2. Acesso em: 21 maio 2025.

LESSER, Jeffrey. *A invenção da brasilidade*: identidade nacional, etnicidade e políticas de imigração. Trad. Patrícia Queiroz Carvalho Zimbres. 1.ed. São Paulo: Editora Unesp, 2015.

______. Reflexões sobre (codi)nomes e etnicidade em São Paulo. *Revista de Antropologia*, v.51, n.1, p.267-81, jan.-jun. 2008. Disponível em: https://www.jstor.org/stable/41616679?seq=1. Acesso em: 21 maio 2025.

______. *Uma diáspora descontente*: os nipo-brasileiros e os significados da militância étnica, 1960-1980. São Paulo: Paz e Terra, 2008.

______. *A negociação da identidade nacional*: imigrantes, minorias e a luta pela etnicidade no Brasil. 1.ed. São Paulo: Editora Unesp, 2001.

______. *O Brasil e a questão judaica*: imigração, diplomacia e preconceito. Trad. Marisa Sanematsu. Rio de Janeiro: Imago, 1995.

______; KITRON, Uriel. The Social Geography of Zika in Brazil. *Nacla Report on the Americas*, v.48, n.2, p.123-9, jul. 2016. [Publ. bras.: A geografia social do Zika no Brasil. *Estudos Avançados*, v.30, n.88, p.167-75, set.-dez. 2016. Disponível em: https://www.scielo.br/j/ea/a/QMfVJpGDpwKybkbMQzXFN9y/?lang=pt. Acesso em: 15 maio 2025.]

LÉVI-STRAUSS, Claude. *A World on the Wane*. Nova York: Criterion, 1961.

LEVY, Maria Stella Ferreira. O papel da imigração internacional na evolução da população brasileira (1872 a 1972). *Revista de Saúde Pública*, v.8, supl., p.49-90, jun. 1974. Disponível em: https://doi.org/10.1590/S0034-89101974000500003. Acesso em: 21 maio 2025.

LIN, Yi-Tang. *Statistics and the Language of Global Health*: Institutions and Experts in China, Taiwan and the World, 1917-1960. Cambridge: Cambridge University Press, 2022.

LINK, Bruce; PHELAN, Jo. Social Conditions as Fundamental Causes of Health Inequalities. In: BIRD, Chloe E.; CONRAD, Peter; FREMONT, Allen M. (orgs.). *Handbook of Medical Sociology*. 6.ed. Nashville, TN: Vanderbilt University Press, 2010.

LISBOA, Karen. Insalubridade, doenças e imigração. *História, Ciências, Saúde – Manguinhos*, v.20, n.1, p.119-39, mar. 2013.

LOBATO, Monteiro. Fatia de vida. In: *Negrinha (contos)*. São Paulo: Revista do Brasil, 1920.

LOGAN, John; ZHANG, Wenquan; ALBA, Richard. Immigrant Enclaves and Ethnic Communities in New York and Los Angeles. *American Sociological Review*, v.67, n.2, p.299-322, abr. 2002.

LOPEZ, Russell. *Building American Public Health*: Urban Planning, Architecture, and the Quest for Better Health in the United States. Nova York: Palgrave Macmillan, 2012.

LOSCO, Luiza Nogueira; GEMMA, Sandra Francisca Bezerra. Atenção primária em saúde para imigrantes bolivianos no Brasil. *Interface: Comunicação, Saúde, Educação*, Botucatu, v.25, p.1-14, 2021. Disponível em: https://www.scielo.br/j/icse/a/VPvkQXHrXqCFsWm8rfSWZcQ/?format=pdf&lang=pt. Acesso em: 21 maio 2025.

LOTTA, Gabriela Spanghero. *Burocracia e implementação de políticas de saúde*: os agentes comunitários na Estratégia Saúde da Família. Rio de Janeiro: Fiocruz, 2015.

LOW, Michael Christopher. Empire and the Hajj: Pilgrims, Plagues, and Pan-Islam under British Surveillance, 1865-1908. *International Journal of Middle East Studies*, v.40, n.2, p.269-90, maio 2008. Disponível em: http://www.jstor.org/stable/30069613. Acesso em: 21 maio 2025.

LOWE, Rachel et al. Combined Effects of Hydrometeorological Hazards and Urbanisation on Dengue Risk in Brazil: A Spatiotemporal Modelling Study. *Lancet Planetary Health*, v.5, n.4, p.e209-19, abr. 2021. Disponível em: https://doi.org/10.1016/S2542-5196(20)30292-8. Acesso em: 21 maio 2025.

LOWRIE, Samuel Harman. O elemento negro na população de São Paulo. *Revista do Arquivo Municipal*, ano 4, v.48, p.5-56, jun. 1938.

LUCCHESI, Bianca Melzi D. Do cortiço às vilas operárias: políticas públicas e a construção do cotidiano nos quintais paulistanos. In: ENCONTRO ESTADUAL DE HISTÓRIA, 24. Guarulhos, 2018. *Anais do*... Guarulhos: Anpuh, 2018. Disponível em: https://www.encontro2018.sp.anpuh.org/resources/anais/8/1531745890_ARQUIVO_Docorticoasvilasoperariaspoliticaspublicaseaconstrucaodocotidianonosquintaispaulistanos_BiancaLucchesi.pdf. Acesso em: 21 maio 2025.

LUTZ, Adolpho. Algumas observações feitas em dois casos de peste pneumônica pelo dr. Adolpho Lutz. *Revista Médica de São Paulo, Jornal Pratico de Medicina, Cirurgia e Hygiene*, v.3, n.3, p.54-6, mar. 1900.

MACDOUGALL, Heather Anne. *Activists and Advocates*: Toronto's Health Department, 1883-1983. Toronto: Dundurn, 1990.

MACHADO, Marta Rodriguez de Assis; PIMENTA, Raquel. Authoritarian Zones within Democracy: Rule of Law in Contemporary Brazil. *Verfassung in Recht und Übersee*, v.55, n.4, p.441-58, jan. 2022.

MACHADO, Reinaldo Paul Pérez; KAKO, Iara Sakitani. A cartografia da expansão da cidade de São Paulo no período de 1881 a 2001. In: OLIVEIRA, Francisco Roque de (org.). *Cartógrafos para toda a Terra*: produção e circulação do saber cartográfico ibero-americano: agentes e contextos. v.2. Lisboa: Biblioteca Nacional de Portugal; Centro de Estudos Geográficos da Universidade de Lisboa;

Centro de História d'Aquém e d'Além-Mar da Universidade Nova de Lisboa e da Universidade dos Açores, 2015. Disponível em: https://doi.org/10.13140/RG.2.1.4960.9045. Acesso em: 21 maio 2025.

MAESTRINI, Karla Aparecida. *Em busca da cidade moderna*: as ações de saúde, de higiene e as intervenções urbanas em São Paulo durante a gestão de Antonio da Silva Prado (1899-1910). São Paulo, 2015. Dissertação (Mestrado em História Social) – Pontifícia Universidade Católica de São Paulo (PUC-SP). Disponível em: https://sapientia.pucsp.br/bitstream/handle/12877/1/Karla%20Aparecida%20Maestrini.pdf. Acesso em: 21 maio 2025.

MAGNANI, José Guilherme. Rua, símbolo e suporte da experiencia urbana. *Os Urbanitas: Revista Digital de Antropologia Urbana*, v.1, n.0, out. 2003. Disponível em: https://nau.fflch.usp.br/files/upload/paginas/rua_simbolo%20e%20suporte%20da%20experiencia%20-%20magnani_0.pdf. Acesso em: 21 maio 2025.

MALTA, Deborah Carvalho et al. Association between Firearms and Mortality in Brazil, 1990 to 2017: A Global Burden of Disease Brazil Study. *Population Health Metrics*, v.18, supl.1, p.1-14, 2020. Disponível em: https://pophealthmetrics.biomedcentral.com/articles/10.1186/s12963-020-00222-3. Acesso em: 21 maio 2025.

MANDELBAUM, Henoch Gabriel; BUITONI, Marísia Margarida Santiago. Territorializations, Transformations, and Chinese Community Life in Liberdade Neighborhood's 'Oriental Quarter' in the City of São Paulo, Brazil. In: BUENO, André; VERAS, Daniel (orgs.). *Studies on Chinese Migrations*: Brazil, China and Mozambique. Rio de Janeiro: Projeto Orientalismo; Uerj, 2021.

MANGILI, Liziane Peres. *Bom Retiro, bairro central de São Paulo*: transformações e permanências, 1930-1954. São Paulo: Alameda, 2011.

MANTOVANI, Rafael. O que foi a Polícia Médica? *História, Ciências, Saúde – Manguinhos*, v.25, n.2, p.409-27, abr.-jun. 2018.

MARAM, Sheldon L. The Immigrant and the Brazilian Labor Movement, 1890-1920. In: ALDEN, Dauril; DEAN, Warren (orgs.). *Essays Concerning the Socioeconomic History of Brazil and Portuguese India*. Gainesville: University Presses of Florida, 1977.

MARCUS, Greil. *Lipstick Traces*: A Secret History of the 20th Century. Cambridge, MA: Harvard University Press, 1990. [Ed. port.: *Marcas de batom*: uma história secreta do século XX. Trad. Helder Moura Pereira. Lisboa: Frenesi, 1999.]

MARINELLI, Natália Pereira et al. Assistência à população indígena: dificuldades encontradas por enfermeiros. *Revista Univap*, v.18, n.32, p.52-65, dez. 2012. Disponível em: https://www.researchgate.net/publication/290907944_

ASSISTENCIA_A_POPULACAO_INDIGENA_DIFICULDADES_ENCONTRADAS_POR_ENFERMEIROS. Acesso em: 21 maio 2025.

MARINS, Paulo César Garcez. *Um lugar para as elites*: os Campos Elísios de Glette e Nothmann no imaginário urbano de São Paulo. São Paulo: Alameda, 2011.

______. Habitação e vizinhança: limites da privacidade no surgimento das metrópoles brasileiras. In: SEVCENKO, Nicolau (org.). *História da vida privada no Brasil*. v.3. São Paulo: Companhia das Letras, 1998.

MARKEL, Howard; STERN, Alexandra. The Foreignness of Germs: The Persistent Association of Immigrants and Disease in American Society. *Milbank Quarterly*, v.80, n.4, p.757-88, dez. 2002.

MARTES, Ana; FALEIROS, Sarah. Acesso dos imigrantes bolivianos aos serviços públicos de saúde na cidade de São Paulo. *Saúde Social*, v.22, n.2, p.351-64, jun. 2013.

MARTIN, Denise; GOLDBERG, Alejandro; SILVEIRA, Cássio. Imigração, refúgio e saúde. *Saúde e Sociedade*, v.27, n.1, p.26-36, jan.-mar. 2018.

MARTÍN, María. Brasil destina 60% das suas Forças Armadas na luta contra um mosquito. *El País* (Brasil), 13 fev. 2016. Disponível em: https://brasil.elpais.com/brasil/2016/02/13/politica/1455383958_196275.html. Acesso em: 15 maio 2025.

MARTINEZ, Vanessa et al. Equity in Health: Tuberculosis in the Bolivian Immigrant Community of São Paulo, Brazil. *Tropical Medicine and International Health*, v.17, n.11, p.1417-24, nov. 2012. Disponível em: https://doi.org/10.1111/j.1365-3156.2012.03074.x. Acesso em: 21 maio 2025.

MARTINS, Antônio Egydio. *São Paulo antigo (1554 a 1910)*. Rio de Janeiro; São Paulo: Francisco Alves e Co.; Typ. do *Diário Official*, 1911-1912.

MASCARENHAS, Rodolfo dos Santos. História da saúde pública no estado de São Paulo. *Revista de Saúde Pública*, v.40, n.1, p.3-19, fev. 2006.

MASSAD, Eduardo et al. The 1918 Influenza Epidemic in the City of São Paulo, Brazil. *Medical Hypothesis*, v.68, n.2, p.442-5, 2007.

MASSEY, Doreen. Double Articulation: A Place in the World. In: BAMMER, Angelika (org.). *Displacements*: Cultural Identities in Question. Bloomington: Indiana University Press, 1994.

MASSEY, Douglas S. The New Immigration and Ethnicity in the United States. *Population and Development Review*, v.21, n.3, p.631-52, set. 1995. Disponível em: https://www.jstor.org/stable/2137753. Acesso em: 21 maio 2025.

MASTROMAURO, Giovana Carla. Alguns aspectos da saúde pública e do urbanismo higienista em São Paulo no final do século XIX. *Cadernos de História da Ciência – Instituto Butantan*, v.6, n.22, p.45-63, jul.-dez. 2010.

MATEUS, Cayo Renan Alves. Memórias de uma prisão: o Presídio Tiradentes entre a tênue linha do lembrar e do esquecer. *Revista Discente Ofícios de Clio*, Pelotas, v.6, n.11, p.140-54, jul.-dez. 2021.

MATOS, Maria Izilda Santos de. *Cotidiano e cultura*: história, cidade e trabalho. Bauru: Editora da Universidade do Sagrado Coração, 2002.

______. Construindo a paulistaneidade: as representações do feminino e do masculino no discurso médico-eugênico, São Paulo (1890-1930). *História Revista*, v.1, n.1, p.125-45, jan.-jun. 1996.

______. Na trama urbana: do público, do privado e do íntimo. *Projeto História*, v.13, p.129-49, jan.-jun. 1996.

MAYER, Daniel. Los Angeles – Historic LAPD Academy – Police Telegraph Box. *Wikimedia Commons*, jul. 2009. Disponível em: https://commons.wikimedia.org/wiki/File:Los_Angeles_-_Historic_LAPD_Academy_-_Police_telegraph_box.JPG. Acesso em: 15 maio 2025.

MCCASKEY, G. W. Disinfection during and after the Acute Infectious Diseases. *Sanitary News*, v.16, n.346, p.245-7, set. 1890. Disponível em: https://www.google.com.br/books/edition/Sanitary_News/NpnmAAAAMAAJ?hl=en&gbpv=1&dq=%22disinfectory%22&pg=PA247&printsec=frontcover. Acesso em: 21 maio 2025.

MCMACKEN, David. Republic Trucks Put Alma on the Map. *Morning Sun Lifestyle*, 13 jun. 1913.

MEADE, Teresa. "Civilizing Rio de Janeiro": The Public Health Campaign and the Riot of 1904. *Journal of Social History*, v.20, n.2, p.301-22, inverno 1986. Disponível em: https://doi.org/10.1353/jsh/20.2.301. Acesso em: 21 maio 2025.

MEDICI, Ademir. Asseio corporal. Combate à raiva. Noções sobre nutrição. Estamos em 1958... *Diário do Grande ABC*, 10 fev. 2022. Disponível em: https://www.dgabc.com.br/Noticia/3829719/asseio-corporal-combate-a-raiva-nocoes-sobre-nutricao-estamos-em-1958. Acesso em: 21 maio 2025.

MEDINA, Cremilda. Apresentação. In: ______ (org.). *Pauliceia prometida*. São Paulo: CJE; USP; ECA, 1990.

MELE, Christopher. *Selling the Lower East Side*: Culture, Real Estate, and Resistance in New York City. Minneápolis: University of Minnesota Press, 2000.

MELO, Maria das Neves Medeiros de; FUSCO, Wilson. Migrantes nordestinos na região metropolitana de São Paulo. *Confins: Revue Franco-Brésilienne de Géographie / Revista Franco-Brasileira de Geografia*, v.40, n.40, p.1-18, 2019. Disponível em: https://journals.openedition.org/confins/19451. Acesso em: 21 maio 2025.

MENDONÇA, Francisco de Assis; SOUZA, Adilson Veiga e; DUTRA, Denecir de Almeida. Saúde pública, urbanização e dengue no Brasil. *Sociedade & Natureza*, v.21, n.3, p.257-69, dez. 2009. Disponível em: https://doi.org/10.1590/S1982-45132009000300003. Acesso em: 21 maio 2025.

MEYER, Carlos Luiz; TEIXEIRA, Joaquim Rabello. *A gripe epidêmica no Brasil e especialmente em São Paulo*: dados e informações. São Paulo: Casa Duprat, 1920. (Coleção Serviço Sanitário do Estado de São Paulo, n.15.)

MIÉVILLE, China. *The City and the City*. Nova York: Macmillan, 2009.

MILLS, John. *Charles Miller*: o pai do futebol brasileiro. São Paulo: Panda, 2005.

MIMESSE, Eliane. O cotidiano da escolarização primária paulistana nos anos iniciais do século XX. In: SIMPÓSIO NACIONAL DE HISTÓRIA, 28. Florianópolis, 27-31 jul. 2015. *Anais do*... Florianópolis: Anpuh, 2015. Disponível em: http://www.snh2015.anpuh.org/resources/anais/39/1423244994_ARQUIVO_texto.pdf. Acesso em: 21 maio 2025.

MIN, Pyong Gap. *Caught in the Middle*: Korean Communities in New York and Los Angeles. Berkeley: University of California Press, 1996.

MIRANDA, Nicanor. Ensaio de um método de investigação do nível social de São Paulo pela distribuição da profissão dos pais dos alunos das escolas primárias públicas. *Revista do Arquivo Municipal*, v.2, n.23, p.189-207, maio 1938.

MOIMAZ, Suzely Adas Saliba et al. Satisfação e percepção do usuário do SUS sobre o serviço público de saúde. *Physis: Revista de Saúde Coletiva*, v.20, n.4, p.1419-40, dez. 2010. Disponível em: https://doi.org/10.1590/S0103-73312010000400019. Acesso em: 21 maio 2025.

MONMONIER, Mark. *How to Lie with Maps*. Chicago: University of Chicago Press, 1991.

MONSMA, Karl. Symbolic Conflicts, Deadly Consequences: Fights between Italians and Blacks in Western São Paulo, 1888-1914. *Journal of Social History*, v.39, n.4, p.1123-52, verão 2006. Disponível em: https://doi.org/10.1353/jsh.2006.0049. Acesso em: 21 maio 2025.

MONTEYNE, David. *For the Temporary Accommodation of Settlers*: Architecture and Immigrant Reception in Canada, 1870-1930. Montreal: McGill-Queen's University Press, 2021.

MOREIRA, Ildeu de Castro; MASSARANI, Luisa. (En)canto científico: temas de ciência em letras da música popular brasileira. *História, Ciências, Saúde – Manguinhos*, v.13, supl.1, p.291-307, out. 2006. Disponível em: https://www.scielo.br/j/hcsm/a/vphm6KLWvSbmQkrmPBmkVQh/abstract/?lang=pt. Acesso em: 21 maio 2025.

MOREIRA, Jéssica; ARAÚJO, Dayana. Não podemos nomear o Bom Retiro como bairro de um povo só, alertam moradores. *Aprendiz*, 14 abr. 2017. Disponível em: https://portal.aprendiz.uol.com.br/2017/04/14/

nao-podemos-nomear-o-bom-retiro-comobairro-de-um-povo-alertam-moradores/. Acesso em: 15 maio 2025.

MOREIRA, Willian. Deputado quer mudar novamente nome da Estação Liberdade do Metrô de São Paulo. *Diário do Transporte*, 8 mar. 2020. Disponível em: https://diariodotransporte.com.br/2020/03/08/deputado-quer-mudar-novamente-nome-da-estacao-liberdade-do-metro-de-sao-paulo/. Acesso em: 15 maio 2025.

MORSE, Richard M. São Paulo since Independence: A Cultural Interpretation. *Hispanic American Historical Review*, v.34, n.4, p.419-44, nov. 1954. Disponível em: https://doi.org/10.1215/00182168-34.4.419. Acesso em: 21 maio 2025.

MOSZCZYŃSKA, Joanna M. *A memória da destruição na escrita judaico-brasileira depois de 1985*: por uma literatura pós-Holocausto emergente no Brasil. Berlim: Peter Lang, 2022.

MOTA, Andre. *Tempos cruzados*: a saúde coletiva no estado de São Paulo, 1920-1980. São Paulo: Hucitec, 2020.

______. *Tropeços da medicina bandeirante*: medicina paulista entre 1892-1920. São Paulo: Edusp, 2005.

MOTT, Maria Lucia et al. Médicos e médicas em São Paulo e os Livros de Registros do Serviço de Fiscalização do Exercício Profissional (1892-1932). *Ciência e Saúde Coletiva*, v.13, n.3, p.853-68, jun. 2008. Disponível em: https://www.scielo.br/j/csc/a/jFZsddJRDzCGv4fGvB3r9NG/?lang=pt#. Acesso em: 21 maio 2025.

______ et al. As parteiras eram "tutte quante" italianas (São Paulo, 1870-1920). *História: Questões e Debates*, v.47, n.2, p.65-94, dez. 2007. Disponível em: https://revistas.ufpr.br/historia/article/view/12111. Acesso em: 21 maio 2025.

______; SANGLARD, Gisele (orgs.). *História da saúde em São Paulo*: instituições e patrimônio arquitetônico (1808-1958). Rio de Janeiro: Fiocruz; Manole, 2011.

MOTTA JÚNIOR, Cesário. *Relatorio apresentado ao Senhor Doutor Presidente do Estado de São Paulo pelo Dr. Cesário Motta Júnior, secretario d'Estado dos Negocios do Interior em 28 de março de 1894*. São Paulo: Vanorden, 1894.

MOURA, Esmeralda Blanco Bolsonaro de. Infância operária e acidente do trabalho em São Paulo. In: DEL PRIORE, Mary (org.). *História da criança no Brasil*. São Paulo: Contexto, 1991.

MÜLLER, Nice Lecocq. A área central da cidade. In: AZEVEDO, Aroldo de (org.). *A cidade de São Paulo*: estudos de geografia urbana. v.3: Aspectos da metrópole paulista. São Paulo: Companhia Editora Nacional, 1958.

MURPHY, Michelle. *Sick Building Syndrome and the Problem of Uncertainty*: Environmental Politics, Technoscience, and Women Workers. Durham, NC: Duke University Press, 2006.

MURTHA, Ney Albert; CASTRO, José Esteban; HELLER, Léouma. Uma perspectiva histórica das primeiras políticas públicas de saneamento e de recursos hídricos no Brasil. *Ambiente e Sociedade*, v.18, n.3, p.193-210, jul.-set. 2015. Disponível em: https://doi.org/10.1590/1809-4422ASOC1047V1832015. Acesso em: 21 maio 2025.

MUSEU DA IMIGRAÇÃO. Centro de Preservação, Pesquisa e Referência. *Acervo Digital do Museu da Imigração (E-Book)*. São Paulo: Museu da Imigração, 2018. Disponível em: https://museudaimigracao.org.br/acervo-e-pesquisa/e-book. Acesso em: 21 maio 2025.

NAKANO, Anderson Kazuo. Desigualdades habitacionais no "repovoamento" do centro expandido do município de São Paulo. *Cadernos Metrópole*, v.20, n.41, p.53-74, jan.-abr. 2018. Disponível em: https://doi.org/10.1590/2236-9996.2018-4103. Acesso em: 21 maio 2025.

______. Desenvolvimento territorial e regulação urbanística nas áreas centrais de São Paulo. In: EMPRESA MUNICIPAL DE URBANIZAÇÃO. *Caminhos para o centro*: estratégias de desenvolvimento para a região central de São Paulo. Fotografia Cristiano Mascaro. São Paulo: Prefeitura Municipal de São Paulo (PMSP); Centro Brasileiro de Análise e Planejamento (Cebrap); Centro de Estudos da Metrópole (CEM), 2004.

NASCIMENTO, Alan Faber do. The Tourist Topicality of the Case of the Spanish Flu in the City of Rio de Janeiro (Sept. 1918-Mar. 1919). *Revista Brasileira de Pesquisa em Turismo*, São Paulo, v.14, n.3, p.176-88, set.-dez. 2020. Disponível em: https://www.scielo.br/j/rbtur/a/kJkPFwmv835LSxpP43LTFBd/?format=pdf&lang=en. Acesso em: 21 maio 2025.

NASCIMENTO, Débora Souza do. *Corpos violados*: crimes de defloramento na cidade de São Paulo, 1900-1932. São Paulo, 2019. Tese (Doutorado em Ciências Humanas) – Faculdade de Ciências Sociais, Pontifícia Universidade Católica de São Paulo (PUC-SP).

NASCIMENTO, Dilene Raimundo do; SILVA, Matheus Alves Duarte da. "Não é meu intuito estabelecer polêmica": a chegada da peste ao Brasil, análise de uma controvérsia, 1899. *História, Ciências, Saúde – Manguinhos*, v.20, supl.1, p.1271-85, nov. 2013. Disponível em: https://www.scielo.br/j/hcsm/a/fZQjpmc9MqKZs6DKYbkmVGK/abstract/?lang=pt. Acesso em: 21 maio 2025.

NASCIMENTO, Luciana Marino do; SILVA, Francisco Bento da. De protestos e levantes: as revoltas da Vacina e da Chibata na música popular. *Recorte – Revista Eletrônica da Universidade Vale do Rio Verde*, v.9, n.2, p.1-16, 2012. Disponível em: http://

periodicos.unincor.br/index.php/recorte/article/view/620. Acesso em: 21 maio 2025.

NASTRI, Pedro. Bom Retiro em capítulos – parte III. Conversa de dona Alcina com o pai. Final da história da família Thomas. Leia as histórias: nossos bairros, nossas vidas. *São Paulo Minha Cidade*, São Paulo: São Paulo Turismo, 2009.

NEEDELL, Jeffrey D. The *Revolta contra Vacina* of 1904: The Revolt against "Modernization" in *Belle-Époque* Rio de Janeiro. *Hispanic American Historical Review*, v.67, n.2, p.233-69, maio 1987. Disponível em: https://doi.org/10.2307/2515023. Acesso em: 21 maio 2025.

NEMI, Ana. Charity and Philanthropy in the History of Brazilian Hospitals. In: GORSKY, Martin; VILAR-RODRÍGUEZ, Margarita; PONS-PONS, Jeronia (orgs.). *The Political Economy of the Hospital in History*. Queensgate, Inglaterra: University of Huddersfield Press, 2020.

NETO, Lira. *O poder e a peste*: a vida de Rodolfo Teófilo. Fortaleza: Fundação Demócrito Rocha, 1999.

O'BRIEN, Elizabeth. "If They Are Useful, Why Expel them?" Las Hermanas de la Caridad and Religious Medical Authority in Mexico City Hospitals, 1861-1874. *Mexican Studies/Estudios Mexicanos*, v.33, n.3, p.417-42, outono 2017. Disponível em: https://www.academia.edu/35985076/If_They_Are_Useful_Why_Expel_Them_Las_Hermanas_de_la_Caridad_and_Religious_Medical_Authority_in_Mexico_City_Hospitals_1861_1874. Acesso em: 21 maio 2025.

OLIVA, Jaime Tadeu; FONSECA, Fernanda Padovesi. O "modelo São Paulo": uma descompactação antiurbanidade na gênese da metrópole. *Revista do Instituto de Estudos Brasileiros (IEB)*, v.65, p.20-56, set. 2016. Disponível em: https://doi.org/10.11606/issn.2316-901X.v0i65p20-56. Acesso em: 21 maio 2025.

OLIVEIRA, Celina Maria Ferro de. *Utilização de serviços do Sistema Único de Saúde por beneficiários de planos de saúde*. Rio de Janeiro, 2009. Dissertação (Mestrado em Saúde Pública) – Escola Nacional de Saúde Pública Sergio Arouca. Disponível em: https://bvsms.saude.gov.br/bvs/publicacoes/premio2009/celina_maria.pdf. Acesso em: 21 maio 2025.

ORGANIZAÇÃO DAS NAÇÕES UNIDAS (ONU). *Population Growth and Policies in Mega-Cities*: São Paulo. Nova York: United Nations, 1993.

ORO, Ari Pedro. Imigrantes calabreses e religiões afro-brasileiras no Rio Grande do Sul. *Estudos Ibero-Americanos*, v.14, n.1, p.73-85, dez. 1988. Disponível em: https://revistaseletronicas.pucrs.br/ojs/index.php/iberoamericana/article/view/30429. Acesso em: 21 maio 2025.

ORTEGA Y GASSET, José. La pedagogía del paisaje [1906]. In: *Obras completas*. v.1. Madri: Alianza Editorial; Revista de Occidente, 1983.

ORTIGARA, Yuri Vilas Boas. *Cartografia, plantas e projetos históricos de obras hidráulicas no Arquivo Público do Estado de São Paulo*. São Paulo, 2017. Tese (Doutorado em Engenharia de Transportes) – Escola Politécnica, Universidade de São Paulo (Poli-USP).

ORTIZ, Paul. *An African American and Latinx History of the United States*. Boston: Beacon Press, 2018.

PALMA, Patricia. From Asia to the Americas: Chinese Medicine in Latin America and the Caribbean (1840-1930). *Monde(s)*, v.20, n.2, p.29-48, jul. 2021. Disponível em: https://shs.cairn.info/revue-mondes-2021-2-page-29?lang=en. Acesso em: 21 maio 2025.

PANDE, Ishita. *Medicine, Race and Liberalism in British Bengal*: Symptoms of Empire. Nova York: Routledge, 2010.

PANIZZOLO, Claudia. The Daily Life of Italian and Italian-Descendant Children in Tenements, Work and School (São Paulo, Late 19th and Early 20th Century). *Espacio, Tiempo y Educación*, v.8, n.1, p.53-71, jun. 2021. Disponível em: https://doi.org/10.14516/ete.365. Acesso em: 21 maio 2025.

______. A escola étnica na cidade de São Paulo e os primeiros tons de uma identidade italiana (1887-1912). *História da Educação*, v.24, p.1-31, 2020. Disponível em: https://www.scielo.br/j/heduc/a/vpjfnQ4ssDFhdPYR4wMTxSQ/?format=pdf&lang=pt. Acesso em: 21 maio 2025.

PARDUE, Derek. I only Know the Mosquito Bites: Religious Occupations and Contingent Relationships in São Paulo, Brazil. *Contemporary Brazilian Cities, Culture, and Resistance, Hispanic Issues on Line*, n.28, p.162-83, 2022.

PARK, Kyeyoung. The "Foxes" Outfoxed: Contestations between Koreans and Jews in South American Textile Industries. *Dialectical Anthropology*, v.38, n.1, p.17-39, mar. 2014.

PASQUINI, Patrícia. Chinesas viviam como escravas em prostíbulo no Bom Retiro. *Folha de S.Paulo*, 4 jul. 2019.

PASSOS, Maria Lúcia Perrone; EMÍDIO, Teresa. *Desenhando São Paulo*: mapas e literatura, 1877-1954. São Paulo: Senac-SP; Imprensa Oficial do Estado de São Paulo, 2009.

PATAI, Daphne. Minority Status and the Stigma of "Surplus Visibility". *Chronicle of Higher Education*, v.38, n.10, p.A52, out. 1991.

PAULA, Amir El Hakim de. *Os operários pedem passagem!* A geografia do operário na cidade de São Paulo (1900-1917). São Paulo, 2005. Dissertação (Mestrado em Geografia Humana) – Faculdade de Filosofia, Letras e Ciências Humanas, Universidade de São Paulo (FFLCH-USP).

PAZ, Octavio. *The Labyrinth of Solitude*: Life and Thought in Mexico. Trad. Lysander Kemp. Nova York: Grove, 1961. [Ed. bras.: *O labirinto da solidão*. Trad. Ari Roitman e Paulina Wacht. 2.ed. São Paulo: Cosac & Naify, 2015.]

PEGLER-GORDON, Anna. *In Sight of America*: Photography and the Development of U. S. Immigration Policy. Berkeley: University of California Press, 2009.

PEIXOTO-MEHRTENS, Cristina. *Urban Space and National Identity in Early Twentieth Century São Paulo, Brazil*: Crafting Modernity. Nova York: Palgrave Macmillan, 2010.

PENNA, Belisário. *Saneamento do Brasil*: sanear o Brasil é povoá-lo; é enriquecê-lo; é moralizá-lo. 2.ed. Rio de Janeiro: Typ. Jacintho Ribeiro dos Santos, 1923. Disponível em: https://www.obrasraras.fiocruz.br/media.details.php?mediaID=235. Acesso em: 22 maio 2025.

PENTEADO, Jacob. *Belenzinho, 1910*: retrato de uma época. São Paulo: Carrenho; Narrativa Um, 2003 [1962].

PEREIRA, Daniel de Menezes. *Aspectos históricos e atuais da perícia médico legal e suas possibilidades de evolução*. São Paulo, 2013. Dissertação (Mestrado em Direito Penal, Medicina Forense e Criminologia) – Faculdade de Direito, Universidade de São Paulo (USP). Disponível em: https://www.teses.usp.br/teses/disponiveis/2/2136/tde-17122013-081615/publico/Daniel_de_Menezes_Pereira_Dissertacao_Mestrado_Pericia_Medico_Legal_Final_18jan2013.pdf. Acesso em: 21 maio 2025.

PEREIRA, João Octaviano de Lima. Administração Pires do Rio. *Defesa dos bens dominaes do município de São Paulo, 1927-1928*: relatório apresentado pelo dr. João Octaviano de Lima Pereira, Chefe do Serviço. São Paulo: Empreza Graphica Limitada, 1928.

PEREIRA, Miguel. "O Brasil é ainda um imenso hospital". Discurso pronunciado pelo professor Miguel Pereira por ocasião do regresso do professor Aloysio de Castro, da República Argentina, out. 1916. *Revista de Medicina*, v.7, n.21, p.3-7, 1916.

PEREIRA, Robson Mendonça. *O prefeito do progresso*: modernização da cidade de São Paulo na administração de Washington Luís (1914-1919). Franca, 2005. Tese (Doutorado em História) – Faculdade de História, Direito e Serviço Social, Universidade Estadual Paulista "Júlio de Mesquita Filho" (Unesp). Disponível em: https://repositorio.unesp.br/server/api/core/bitstreams/ef24cfae-1a1d-4666-bba0-3586732ec550/content. Acesso em: 21 maio 2025.

PERILLO, Sonia Regina. Novos caminhos da migração no estado de São Paulo. *São Paulo em Perspectiva*, v.10, n.2, p.73-82, abr.-jun. 1996.

PETERS, Mario. *Apartments for Workers*: Social Housing, Segregation, and Stigmatization in Urban Brazil. Baden-Baden: Nomos, 2018.

PETRONE, Pasquale. A cidade de São Paulo no século XX. *Revista de História*, São Paulo, v.10, n.21-22, p.127-70, 1955.

PICCINI, Andrea. *Cortiços na cidade*: conceito e preconceito na reestruturação do centro urbano de São Paulo. São Paulo: Annablume, 1999.

PIMENTA VELLOSO, Marta. Os restos na história: percepções sobre resíduos. *Ciência & Saúde Coletiva*, v.13, n.6, p.1953-64, nov.-dez. 2008.

PINGEL, Emily Sweetnam. Immigrants, Migrants, and Paulistanos: Racialized Geographies of Labor and Health in São Paulo, Brazil. *SSM – Qualitative Research in Health*, v.2, p.1-10, dez. 2022. Disponível em: https://doi.org/10.1016/j.ssmqr.2022.100074. Acesso em: 22 maio 2025.

______. *Primary Care and the Reproduction of Health Inequity in a Central São Paulo Neighborhood*. Atlanta, 2021. Tese (Doutorado em Sociologia) – Emory University.

______ et al. Comprometendo-se com a continuidade: práticas de atenção primária durante a Covid-19 em um bairro urbano brasileiro. *Plural*, v.29, n.2, p.87-98, jul.-dez. 2022. Disponível em: https://www.revistas.usp.br/plural/issue/view/12258/2446. Acesso em: 21 maio 2025.

PINTO, Adolpho. *A transformação e o embellezamento de São Paulo*. São Paulo: Cardozo Filho, 1912. Disponível em: https://app.docvirt.com/livrossp/pageid/18061. Acesso em: 22 maio 2025.

PINTO, Alfredo Moreira. *A cidade de São Paulo em 1900*: impressões de viagem. Rio de Janeiro: Imprensa Nacional, 1900. Disponível em: http://docvirt.com/docreader.net/DocReader.aspx?bib=livrossp&pagfis=8261. Acesso em: 22 maio 2025.

PIRES, Elaine Muniz. História dos bairros paulistanos: Bom Retiro. *Banco de Dados Folha*, [s.d.]. Disponível em: http://almanaque.folha.uol.com.br/bairros_bom_retiro.htm. Acesso em: 15 maio 2025.

PIZA, Douglas de Toledo. Chinese Migration and Changes in Brazilian Society. In: UETA, Mariana Hase; ALENCASTRO, Mathias; PINHEIRO-MACHADO, Rosana (orgs.). *How China Is Transforming Brazil*. Cingapura: Palgrave Macmillan, 2023.

PORTELLI, Alessandro. Uchronic Dreams: Working Class Memory and Possible Worlds. *Oral History Journal*, v.16, n.2, p.46-56, outono 1988. Disponível em: https://www.jstor.org/stable/40179011. Acesso em: 22 maio 2025.

PORTES, Alejandro; MANNING, Robert. The Immigrant Enclave: Theory and Empirical Examples. In: OLZAK, Susan; NAGEL, Joane (orgs.). *Competitive Ethnic Relations*. Orlando: Academic Press, 1986.

PÓVOA, Carlos Alberto. *A territorialização dos judeus na cidade de São Paulo*. São Paulo: Humanitas, 2010.

POWELL, Jeffrey R. New Contender for Most Lethal Animal. *Nature*, v.540, n.7634, p.525, 2016. Disponível em: https://www.nature.com/articles/540525c. Acesso em: 22 maio 2025.

POWELL, Jeffrey R.; GLORIA-SORIA, Andrea; KOTSAKIOZI, Panayiota. Recent History of *Aedes aegypti*: Vector Genomics and Epidemiology Records. *BioScience*, v.68, n.11, p.854-60, nov. 2018. Disponível em: https://doi.org/10.1093/biosci/biy119. Acesso em: 22 maio 2025.

PREFEITURA MUNICIPAL DE SÃO PAULO. *Diretrizes de intervenção*: Quadras 37 e 38 –Campos Elíseos. São Paulo: Sehab, jun. 2018. Disponível em: https://www.prefeitura.sp.gov.br/cidade/secretarias/upload/habitacao/180612_Diretrizes_de_Intervencao_Quadras37e38.pdf. Acesso em: 22 maio 2025.

PUTNAM, Lara. *Radical Moves*: Caribbean Migrants and the Politics of Race in the Jazz Age. Chapel Hill: University of North Carolina Press, 2003.

QUINTELLA, Sérgio. Justiça marca julgamento de homem que matou carroceiro com flecha. *Veja São Paulo*, 19 mar. 2019. Disponível em: https://vejasp.abril.com.br/coluna/poder-sp/justica-marca-julgamento-de-homemque-matou-carroceiro-com-flecha. Acesso em: 15 maio 2025.

RAFFARD, Henrique. *Alguns dias na Pauliceia*. São Paulo: Academia Paulista de Letras, 1977.

RAGO, Margareth. *Do cabaré ao lar*: a utopia da cidade disciplinar e a resistência anarquista: Brasil 1890-1930. São Paulo: Paz e Terra, 2014.

RAMOS, Reinaldo. *Indicadores do nível de saúde*: sua aplicação no município de São Paulo (1894-1959). São Paulo, 1962. Tese (Doutorado em Higiene e Saúde Pública), Faculdade de Saúde Pública, Universidade de São Paulo (FSP-USP).

RATH, Carlos Frederico. Planta da cidade de São Paulo: 1868. In: São Paulo antigo: plantas da cidade. *Informativo Arquivo Histórico Municipal*, ano 4, n.20, set.-out. 2008. Disponível em: http://www.arquiamigos.org.br/info/info20/i-intro.htm. Acesso em: 22 maio 2025.

REALE, Ebe. *Brás, Pinheiros, Jardins*: três bairros, três mundos. São Paulo: Pioneira, 1982.

RECHTMAN, Enio. *Itaboca, rua de triste memória*: imigrantes judeus no bairro do Bom Retiro e o confinamento da zona do meretrício (1940 a 1953). São Paulo, 2015. Dissertação (Mestrado em Estudos Judaicos) – Faculdade de Filosofia, Letras e Ciências Humanas, Universidade de São Paulo (FFLCH-USP).

REDE NOSSA SÃO PAULO (RNSP). *Mapa da desigualdade 2022*. São Paulo: RNSP, nov. 2022. Disponível em: https://www.nossasaopaulo.org.br/wp-content/uploads/2022/11/Mapa-da-Desigualdade-2022_Tabelas.pdf. Acesso em: 28 jun. 2024.

REIBSCHEID, Samuel. Plétzale. Marco Zero. In: *Breve fantasia*. São Paulo: Scritta, 1995.

REICHMAN, Daniel R. *Progress in the Balance*: Mythologies of Development in Santos, Brazil. Ithaca, NY: Cornell University Press, 2023.

REINEHR, Jaciane Pimentel Milanezi. *Silêncios e confrontos*: a saúde da população negra em burocracias do Sistema Único de Saúde (SUS). Rio de Janeiro, 2019. Tese (Doutorado em Sociologia) – Instituto de Filosofia e Ciências Sociais, Universidade Federal do Rio de Janeiro (IFCS-UFRJ).

REIS FILHO, Lúcio; SUPPIA, Alfredo. Dos cânones sagrados às alegorias profanas: a laicização do Zumbi no cinema. *Mneme – Revista de Humanidades*, v.12, n.29, p.272-85, jan.-jul. 2011. Disponível em: https://periodicos.ufrn.br/mneme/article/download/1013/969/3758. Acesso em: 22 maio 2025.

RENY, Tyler T.; BARRETO, Matt A. Xenophobia in the Time of Pandemic: Othering, Anti-Asian Attitudes, and Covid-19. *Politics, Groups, and Identities*, v.10, n.2, p.209-32, 2022.

RESENDE, Maurício Rodrigues de; AMED, Jussara Parada. O Jardim da Luz e os desdobramentos da urbanização paulistana. *Revista Pibic*, v.5, n.6, p.99-110, 2011.

REZENDE, Sonaly Cristina; HELLER, Léo. *O saneamento no Brasil*: políticas e interfaces. Belo Horizonte: Universidade Federal de Minas Gerais (UFMG), 2008.

REZNIK, Luís; FERNANDES, Rui Aniceto Nascimento. Hospedarias de Imigrantes nas Américas: a criação da hospedaria da Ilha das Flores. *História (São Paulo)*, v.33, n.1, p.234-53, jan.-jun. 2014.

RIBAS, Emílio. Profilaxia da febre amarela. Memória apresentada ao 5º Congresso Brasileiro de Medicina e Cirurgia, Rio de Janeiro. *O Brazil Médico*, v.17, n.37, p.363-4, out. 1903. Disponível em: https://www.obrasraras.fiocruz.br/media.details.php?mediaID=167. Acesso em: 22 maio 2025.

RIBEIRO, Ednaldo Aparecido. Confiança política na América Latina: evolução recente de determinante individuais. *Revista de Sociologia e Política*, Curitiba, v.19, n.39, p.167-82, jun. 2011.

RIBEIRO, Maria Alice Rosa. O engenheiro e o inquérito: as habitações operárias no Distrito de Santa Ifigenia, São Paulo, 1893. *Cadernos de História da Ciência*, v.11 n.2, p.130-69, 2015. Disponível em: https://doi.org/10.47692/cadhistcienc.2015.v11.33895. Acesso em: 22 maio 2025.

______. *Condições de trabalho na indústria têxtil paulista (1870-1930)*. Campinas: Editora da Unicamp; Hucitec, 1988.

RICCÒ, Giulia. "Il segno di Menelik": Enrico Corradini, the *Protocolos*, and the Re--Staging of Adwa in São Paulo. *Italian Culture*, v.41, n.1, p.6-24, fev. 2023. Disponível em: https://doi.org/10.1080/01614622.2023.2167325. Acesso em: 22 maio 2025.

RIESS, Steven A. From Pitch to Putt: Sport and Class in Anglo-American Sport. *Journal of Sport History*, v.21, n.2, p.138-84, verão 1994.

RIIS, Jacob. *How the other Half Lives*: Studies among the Tenements of New York. Nova York: Charles Scribner's Sons, 1890.

RIO, João do (Paulo Barreto). A musa das ruas. In: *A alma encantadora das ruas*: crônicas. Rio de Janeiro: Prefeitura da Cidade do Rio de Janeiro; Secretaria Municipal de Cultura, 1995 [1910]. Disponível em: https://www.rio.rj.gov.br/dlstatic/10112/4204210/4101365/alma_encant_ruas.pdf. Acesso em: 22 maio 2025.

ROCHA, Fábio Dantas. *Saindo das sombras*: classe e raça na São Paulo pós-abolição (1887-1930). São Paulo, 2018. Dissertação (Mestrado em História) – Escola de Filosofia, Letras e Ciências Humanas, Universidade Federal de São Paulo.

ROCHARD, Jules. L'Hygiene en 1889. *Revue des Deux Mondes*, v.96, n.1, p.54-85, nov. 1889.

RODRIGUES, Gustavo Partezani. *Vias públicas*: tipo e construção em São Paulo (1898-1945). São Paulo: Imprensa Oficial do Estado de São Paulo, 2010.

RODRIGUES, Karine. Da peste bubônica à Covid-19: por que o Brasil parece marcar passo no combate a epidemias. *Notícias Casa de Oswaldo Cruz*, 12 ago. 2021. Disponível em: https://www.coc.fiocruz.br/todas-as-noticias/da-peste-bubonica-acovid-19-por-que-o-brasil-parece-marcar-passo-no-combate-a-epidemias/. Acesso em: 15 maio 2025.

RODRIGUEZ, Julia. Inoculating against Barbarism? State Medicine and Immigrant Policy in Turn-of-the-Century Argentina. *Science in Context*, v.19 n.3, p.357-80, set. 2006. Disponível em: https://doi.org/10.1017/s0269889706000974. Acesso em: 22 maio 2025.

ROGERS, Katie; JAKES, Lara; SWANSON, Ana. Trump Defends Using "Chinese Virus" Label, Ignoring Growing Criticism. *New York Times*, 18 mar. 2020. Disponível em: https://www.nytimes.com/2020/03/18/us/politics/china-virus.html. Acesso em: 22 maio 2025.

ROGERS, Thomas D. Laboring Landscapes: The Environmental, Racial, and Class Worldview of the Brazilian Northeast's Sugar Elite, 1880s-1930s. *Luso-Brazilian Review*, v.46, n.2, p.22-53, dez. 2009.

ROLNIK, Raquel. "Bom Retiro é o mundo": Projeto Korea Town exclui outros povos e ignora problemas reais. *LABcidade*, 24 nov. 2022. Disponível em: https://www.labcidade.fau.usp.br/de-bom-retiro-a-korea-town-projeto-exclui-outros-povos-e-ignora-problemasreais/. Acesso em: 15 maio 2025.

______. *A cidade e a lei*: legislação, política urbana e territórios na cidade de São Paulo. São Paulo: Studio Nobel; Fapesp, 1997.

ROMANI, Carlo. *Da biblioteca popular à escola moderna*: breve história da ciência e educação libertária na América do Sul. v.1. São Paulo: Educação Libertária, 2006.

ROMERO, Mariza. Construção da nação e exclusão social: São Paulo-Brasil (1889-1930). *Amérique Latine Histoire et Mémoire. Les Cahiers (Alhim)*, v.29, p.79-100, 2015.

Disponível em: http://journals.openedition.org/alhim/5258. Acesso em: 22 maio 2025.

ROSEN, George. Cameralism and the Concept of Medical Police. *Bulletin of the History of Medicine*, v.27, n.1, p.21-42, jan.-fev. 1953.

ROSENFELD, Morris. Rent Strike: A Dramatization of the Lower East Side Rent Strikes of 1908. Trad. Eddy Portnoy. *Jewish Currents*, 29 set. 2020. Disponível em: https://jewishcurrents.org/rent-strike. Acesso em: 22 maio 2025.

ROTH, Joshua. A Mean-Spirited Sport: Japanese Brazilian Croquet in São Paulo's Public Spaces. *Anthropological Quarterly*, v.79, n.4, p.609-32, outono 2006.

SÁ, Dominichi Miranda de. A voz do Brasil: Miguel Pereira e o discurso sobre o "imenso hospital". *História, Ciências, Saúde – Manguinhos*, v.16, supl.1, p.333-48, jul. 2009. Disponível em: https://www.scielo.br/j/hcsm/a/jhCVgqYXYJyF85D4FZJJp6P/#. Acesso em: 22 maio 2025.

SÁBATO, Hilda; ROMERO, Luis Alberto. *Los trabajadores de Buenos Aires*: la experiencia del mercado, 1850-1880. Buenos Aires: Sudamericana, 1992.

SALGADO, Plínio. *O estrangeiro*: crônica da vida paulista. 4.ed. São Paulo: Panorama, 1948 [1926].

SALLA, Natália Maria. *Produzir para construir*: a indústria cerâmica paulistana no período da Primeira República (1889-1930). São Paulo, 2014. Dissertação (Mestrado em História Econômica) – Faculdade de Filosofia, Letras e Ciências Humanas, Universidade de São Paulo (FFLCH-USP).

SAMPAIO, Maria Ruth Amaral de. O cortiço paulistano entre as ciências sociais e política. *Revista do Instituto de Estudos Brasileiros (IEB)*, n.44, p.125-40, fev. 2007. Disponível em: https://revistas.usp.br/rieb/article/view/34565. Acesso em: 22 maio 2025.

______; PEREIRA, Paulo Cesar Xavier. Habitação em São Paulo. *Estudos Avançados*, v.17, n.48, p.167-83, 2003.

SÁNCHEZ, George. *Boyle Heights*: How a Los Angeles Neighborhood Became the Future of American Democracy. Berkeley: University of California Press, 2022.

SANTANA, Márcio Santos de. A difícil transformação: os industriais e a oposição ao Código de Menores de 1927. *Dimensões*, v.30, p.315-34, nov. 2013.

SANT'ANNA, Denise Bernuzzi de. Guerra e paz: alguns cenários da vida hospitalar. In: MOTT, Maria Lucia; SANGLAR, Gisele (orgs.). *História da saúde em São Paulo*: instituições e patrimônio arquitetônico (1808-1958). Rio de Janeiro: Fiocruz; Manole, 2011.

SANTOS, Carlos Henrique Neres dos. *Sob a luz dos infames*: anticlericalismo nas imagens do jornal *A Lanterna – Folha Anticlerical de Combate* (São Paulo, 1909-1916). São Paulo, 2019. Dissertação (Mestrado em História) – Universidade Estadual Paulista "Júlio de Mesquita Filho" (Unesp).

SANTOS, Carlos José Ferreira dos. *Nem tudo era italiano*: São Paulo e pobreza, 1890-1915. São Paulo: Annablume, 2008.

SANTOS, Edirlei Machado dos; KIRSCHBAUM, Débora Isane Ratner. A trajetória histórica da visita domiciliária no Brasil: uma revisão bibliográfica. *Revista Eletrônica de Enfermagem*, v.10, n.1, p.220-7, nov. 2008. Disponível em: https://doi.org/10.5216/ree.v10i1.8014. Acesso em: 22 maio 2025.

SANTOS, Fabio Alexandre dos et al. A enchente de 1929 na cidade de São Paulo: memória, história e novas abordagens de pesquisa. *Revista do Arquivo Geral da Cidade do Rio de Janeiro*, n.8, p.149-66, 2014. Disponível em: http://www.rio.rj.gov.br/dlstatic/10112/4204432/4133801/revista_agcrj_oito.pdf. Acesso em: 22 maio 2025.

SANTOS, Fernando de Oliveira dos. *Aspectos da luta pela cidadania negra na cidade de São Paulo (1891-1930)*. São Paulo: Dialética, 2020.

SANTOS, Milton. *A natureza do espaço*: técnica e tempo, razão e emoção. São Paulo: Edusp, 2006.

SANTOS, Ricardo Augusto dos. O carnaval, a peste e a "espanhola". *História, Ciências, Saúde – Manguinhos*, v.13, n.1, p.129-58, jan.-mar. 2006.

SÃO PAULO (Estado). *Annuario demographico*: Secção de Estatistica Demographo-Sanitaria, anno XX, 1913. São Paulo: Estab. Graphico Universal, 1914. Disponível em: https://bibliotecadigital.seade.gov.br/view/singlepage/index.php?pubcod=10011016&parte=1. Acesso em: 22 maio 2025.

______. *Annuario demographico*: Secção de Estatistica Demographo-Sanitaria, anno XIX, 1912. São Paulo: Typ. Brasil de Rothschild & Co., 1913. Disponível em: https://digital.bbm.usp.br/view/?45000011719&bbm/5187#page/10/mode/2up. Acesso em: 22 maio 2025.

______. *Anuário demográfico da Seção de Estatísticas Demógrafo-Sanitárias, anno XIII, 1906*. São Paulo: Typ. do *Diario Official*, 1907. Disponível em: https://bibliotecadigital.seade.gov.br/view/listarPublicacao.php?lista=0&opcao=8&busca=1&tipoFiltro=periodo&filtro=%271907%27&descFiltro=1907&listarConteudo=Cole%C3%A7%C3%B5es%20%C2%BB%20Anu%C3%A1rio%20de%20%20Estat%C3%ADstica%20Dem%C3%B3grafo-Sanit%C3%A1ria. Acesso em: 22 maio 2025.

______. Comissão do Saneamento das Várzeas. *Relatório dos estudos para o saneamento e aformoseamento das várzeas adjacentes a cidade de São Paulo apresentado ao Presidente do Estado Dr. Américo Brasiliense de Almeida Mello, pela comissão para este fim em 1890 pelo então governador Dr. Prudente José de Moraes e Barros*. São Paulo: Comissão do Saneamento das Várzeas, 1891.

______. Departamento Estadual de Estatística. *Anuário estatístico do estado de São Paulo 1940*. São Paulo: Tipografia Brasil, 1940. Disponível em: https://bibliotecadigital.

seade.gov.br/view/singlepage/index.php?pubcod=10011085&parte=1. Acesso em: 22 maio 2025.

SÃO PAULO (Estado). Directoria do Serviço Sanitário. *Boletim Mensal de Estatística Demógrafo-Sanitária*. 1894-1929. São Paulo: Directoria do Serviço Sanitario, 1894-1929. Disponíveis em: https://bibliotecadigital.seade.gov.br/view/listarPublicacao.php?lista=0&opcao=8&busca=&tipoFiltro=periodo&filtro=%271894%27&descFiltro=1894&listarConteudo=Ano%20da%20Publica%C3%A7%C3%A3o%20%C2%BB%201924. Acesso em: 22 maio 2025.

______. Fundo Serviço Sanitário de São Paulo. *Álbum Serviço Sanitário do Estado de São Paulo*: algumas instalações do Serviço Sanitário de São Paulo. São Paulo: Impresso gráfico, 1905.

______. *Mensagem enviada ao Congresso Legislativo, a 7 de abril de 1900, pelo Dr. Fernando Prestes de Albuquerque, Presidente do Estado*. São Paulo: Typographia do *Diario Official*, 1900. Disponível em: https://bibliotecadigital.seade.gov.br/view/singlepage/index.php?pubcod=10012822&parte=1. Acesso em: 22 maio 2025.

______. *Mensagem enviada ao Congresso Legislativo a 14 de julho de 1909 pelo Dr. M. J. de Albuquerque Lins*. São Paulo: Duprat, 1909. Disponível em: https://www.novomilenio.inf.br/santos/h0156u3.htm. Acesso em: 22 maio 2025.

______. *Relatório dos Presidentes dos Estados Brasileiros, Mensagem apresentada ao congresso legislativo em 14 de julho 1919 pelo Dr. Altino Arantes, Presidente do Estado de São Paulo*. Rio de Janeiro: Typographia do *Jornal do Commercio* de Rodrigues and Co., 1919.

______. Repartição de Estatística e Arquivo do Estado. *Annuario estatistico de São Paulo (Brasil) 1922 a 1926*. São Paulo: Casa Vanorden, 1929. Disponível em: https://bibliotecadigital.seade.gov.br/view/singlepage/index.php?pubcod=10011079&parte=1. Acesso em: 21 maio 2025.

______. Secção de Propaganda e Educação Sanitária. Departamento de Saúde. *Combate à lepra*. São Paulo: Imprensa Oficial do Estado, 1957.

SÃO PAULO (Município). *Annaes da Camara Municipal de São Paulo, 1920*. São Paulo: Typographia Piratininga, 1920.

______. Câmara Municipal de São Paulo. Celso Garcia, Indicação 144 de 1905, 24ª Sessão Ordinária de 29 de julho de 1905. In: *Anais da Câmara Municipal*: legislatura de 1905. São Paulo: Câmara Municipal de São Paulo, 1905.

______. Câmara Municipal de São Paulo. *Relatório da Comissão de Exame e inspecção das habitações operárias e cortiços do districto de Santa Iphygenia, apresentado pelo Intendente Municipal Cesario Motta Jr.* São Paulo: Câmara Municipal de São Paulo, 1893.

______. *Cortiços em São Paulo*: frente e verso. São Paulo: Prefeitura do Município de São Paulo; Secretaria Municipal do Planejamento, 1986.

SÃO PAULO (Município). *Relatório de 1904 apresentado a Câmara Municipal de São Paulo pelo prefeito Dr. Antonio da Silva Prado*. São Paulo: Typographia Vanorden & Co., 1905.

SÃO PAULO (Província). *Relatório apresentado à Assembleia Legislativa Provincial de São Paulo pelo Presidente da Província barão de Parnahyba, no dia 17 de janeiro de 1887*. São Paulo: Typ. a vapor de Jorge Seckler & Comp., 1887.

SÃO PAULO. Secretaria Municipal da Saúde. Coordenação de Epidemiologia e Informação. *Boletim CEInfo*: Saúde em Dados, ano 21, n.21, jul. 2022. São Paulo: SMC, 2022. Disponível em: https://www.prefeitura.sp.gov.br/cidade/secretarias/upload/saude/arquivos/ceinfo/capas_publicacoes/Boletim_CEInfo_Dados_2022.pdf#page=8. Acesso em: 22 maio 2025.

______. Serviço Sanitário do Estado de São Paulo. *Desinfectório Central de São Paulo*. São Paulo: Vanorden, 1905.

______. Serviço Sanitário do Estado de São Paulo. *Peste*: matança dos ratos. São Paulo: Escola Typographica Salesiana, 1899. Disponível em: https://revistapesquisa.fapesp.br/wp-content/uploads/2020/07/Folheto-Peste.pdf. Acesso em: 22 maio 2025.

SCARLATO, Francisco. Estrutura e sobrevivência dos cortiços no bairro Bexiga. *Revista do Departamento de Geografia*, v.9, p.117-27, 2011. Disponível em: http://www.revistas.usp.br/rdg/article/view/53697. Acesso em: 22 maio 2025.

SCHNEIDER, Marília. *Memória e história (Antoninho da Rocha Marmo)*. São Paulo: T. A. Queiroz, 2001.

SCHWARCZ, Lilia Moritz; STARLING, Heloisa Murgel. *A bailarina da morte*: a gripe espanhola no Brasil. São Paulo: Companhia das Letras, 2020.

SCRANTON, Philip B. (org.). *Silk City*: Studies on the Paterson Silk Industry, 1860-1940. Newark: New Jersey Historical Society, 1985.

SEABRA, Odette Carvalho de Lima. *Os meandros dos rios nos meandros do poder*: Tietê e Pinheiros – valorização dos rios e das várzeas na cidade de São Paulo. São Paulo, 1987. Tese (Doutorado em Geografia Humana) – Faculdade de Filosofia, Letras e Ciências Humanas, Universidade de São Paulo (FFLCH-USP).

SECRETARIA DE CULTURA E JUVENTUDE DE SÃO BERNARDO DO CAMPO. Biblioteca Pública: lugar de leituras / Lugar de conhecimentos. *Uma história das pandemias*. Parte 9: Rato Bum Bum Tam Tam. Disponível em: https://www.saobernardo.sp.gov.br/web/cultura/-biblioteca-publica-lugar-de-conhecimentos-uma-historia-das-pandemias-parte-9-rato-bum-bum-tam-tam. Acesso em: 22 maio 2025.

SEGAWA, Hugo. Arquitetura de hospedarias de imigrantes. *Revista do Instituto de Estudos Brasileiros*, v.30, p.23-42, dez. 1989.

SEIGEL, Micol. *Uneven Encounters*: Making Race and Nation in Brazil and the United States. Durham, NC: Duke University Press, 2009.

SENNE, Catia Alves de; URZUA, Flávia Andréa Machado. A constituição do acervo do Museu de Saúde Pública Emílio Ribas: subsídios para a análise de sua trajetória institucional. *Cadernos de História da Ciência*, Instituto Butantan, v.6, n.2, p.7-25, jul.-dez. 2010.

SERUFO, José Carlos et al. Dengue in the South-Eastern Region of Brazil: Historical Analysis and Epidemiology. *Revista de Saúde Pública*, v.27, n.3, p.157-67, jun. 1993.

SEVCENKO, Nicolau. *A Revolta da Vacina*: mentes insanas em corpos rebeldes. São Paulo: Editora Unesp, 2018.

SHAH, Nayan. *Contagious Divides*: Epidemics and Race in San Francisco's Chinatown. Berkeley: University of California Press, 2001.

SHAER, Matthew. When the Virus Came for the American Dream. *New York Times Magazine*, 2 nov. 2020. Disponível em: https://www.nytimes.com/2020/11/02/magazine/covid-business-atlanta.html. Acesso em: 22 maio 2025.

SHINOHARA, Denise Yoneya; COMARÚ, Francisco de Assis. Dinâmica habitacional e demográfica da metrópole paulista: caracterização e análises preliminares. In: PPLA: SEMINÁRIO POLÍTICA, TERRITÓRIO E DESENVOLVIMENTO, 2. Curitiba, 2009. *Anais do...* Curitiba: Ambiens, 2010.

SHIVELY, Henry L. Sanitary Tenements for Tuberculous Families. *British Journal of Tuberculosis*, v.3, n.3, p.193-6, jul. 1909.

SHMULEVITSH, Shlomo. *מענטשן־פרעסער, Mentshn-Fresser ("People Devourer"), a Pandemic Ballad by Shlomo Shmulevitsh.* Nova York: Hebrew Publishing Company, 1916. Disponível em: https://opensiddur.org/prayers/collective-welfare/trouble/epidemics/mentshn-fresser-people-devourer-by-shlomo-shmulevitsh-1916/. Acesso em: 22 maio 2025.

SHU, Chang-Seng. *Chinese Migration to Brazil*: History, Mobility and Identities. Newcastle upon Tyne: Cambridge Scholars, 2023.

______; TIASHU, Pan. Studies on Chinese Migration to Brazil: Present State and Future Tendencies. In: BUENO, André; VERAS, Daniel (orgs.). *Studies on Chinese Migrations*: Brazil, China and Mozambique. Rio de Janeiro: Projeto Orientalismo; Uerj, 2021. Disponível em: https://drive.google.com/file/d/1tewiOXZiuxy840eXYmftHFPwQwvag9nh/view?pli=1. Acesso em: 22 maio 2025.

SILVA, Cleudo Menezes. *Estudo epidemiológico da dengue no município de São Paulo*. São Paulo, 2015. Dissertação (Mestrado em Ciências) – Instituto de Medicina Tropical de São Paulo, Universidade de São Paulo (USP). Disponível em: https://www.

teses.usp.br/teses/disponiveis/99/99131/tde-25112016-095542/publico/CLEUDOFINAL.pdf. Acesso em: 22 maio 2025.

SILVA, James Roberto. *Fotogenia do caos*: fotografia e instituições de saúde em São Paulo (1880-1920). São Paulo, 1998. Dissertação (Mestrado em História Social) – Faculdade de Filosofia, Letras e Ciências Humanas, Universidade de São Paulo (FFLCH-USP). Disponível em: https://www.teses.usp.br/teses/disponiveis/8/8138/tde-25042007-114129/en.php. Acesso em: 22 maio 2025.

SILVA, Márcia Regina Barros da. História da assistência hospitalar em São Paulo: a subvenção do Estado às misericórdias paulistas. *História, Ciências, Saúde – Manguinhos*, v.26, supl.1, p.79-108, dez. 2019. Disponível em: https://doi.org/10.1590/S0104-59702019000500005. Acesso em: 22 maio 2025.

______. *O laboratório e a república*: saúde pública, ensino médico e produção de conhecimento em São Paulo, 1891-1933. Rio de Janeiro: Fiocruz, 2014.

______. Concepção de saúde e doença nos debates parlamentares paulistas entre 1830 e 1900. In: MOTT, Maria Lucia; SANGLARD, Gisele (orgs.). *História da saúde em São Paulo*: instituições e patrimônio arquitetônico (1808-1958). Rio de Janeiro: Fiocruz; Manole, 2011.

______. Santa Casa de Misericórdia de São Paulo: saúde e assistência se tornam públicas (1875-1910). *Varia História*, v.26, n.44, p.395-420, dez. 2010. Disponível em: https://doi.org/10.1590/S0104-87752010000200004. Acesso em: 22 maio 2025.

______. O processo de urbanização paulista: a medicina e o crescimento da cidade moderna. *Revista Brasileira de História*, v.27, n.53, p.243-66, jun. 2007.

______. *O mundo transformado em laboratório*: ensino médico e produção de conhecimento em São Paulo de 1891 a 1933. São Paulo, 2003. Tese (Doutorado em História Social) – Faculdade de Filosofia, Letras e Ciências Humanas, Universidade de São Paulo (FFLCH-USP).

SILVA, Marcos Rafael. *Os protocolos italianos (1892-1898)*. São Paulo, 2018. Tese (Doutorado em História Social) – Faculdade de Filosofia, Letras e Ciências Humanas, Universidade de São Paulo (FFLCH-USP).

SILVA, Matheus Alves Duarte da. Estratégias públicas no combate à peste bubônica no Rio de Janeiro (1900-1906). In: ENCONTRO REGIONAL DA ANPUH-RIO, 14. Rio de Janeiro, 19-23 jul. 2010. *Anais do*... Rio de Janeiro: Anpuh, 2010. Disponível em: http://snh2011.anpuh.org/resources/anais/8/1276725973_ARQUIVO_resumodaAnpuh.pdf. Acesso em: 22 maio 2025.

SILVA, Olga Maria Panhoca da; PRANDO, Rodrigo A.; PANHOCA, Luiz. Os imigrantes e a violência na cidade de São Paulo no início do século 20. *Salusvita*, Bauru, v.27, n.3, p.317-36, 2007. Disponível em: https://secure.unisagrado.edu.br/

static/biblioteca/salusvita/salusvita_v26_n3_2007_art_04.pdf. Acesso em: 22 maio 2025.

SILVA, Sidney Antonio da. *Costurando sonhos*: trajetória de um grupo de imigrantes bolivianos em São Paulo. São Paulo: Paulinas, 1997.

SILVA, Silvana Cristina da. Os bairros do Brás e Bom Retiro e a metrópole informacional. *Boletim Goiano de Geografia*, v.35, n.1, p.91-113, jan.-abr. 2015.

SILVA DE SOUZA, Thais Cristina. *Cortiços em São Paulo*: programas/vistorias/relatos. São Paulo, 2011. Dissertação (Mestrado em Habitat) – Faculdade de Arquitetura e Urbanismo, Universidade São Paulo (FAU-USP).

SILVA FILHO, Antonio Cardoso; MORAIS, Rafael Dantas de; SILVA, Janaina Barbosa da. Doenças de veiculação hídrica: dados epidemiológicos, condições de abastecimento e armazenamento da água em Massaranduba-PB. *Geoambiente on-line*, n.20, p.1-14, 2013. Disponível em: https://doi.org/10.5216/revgeoamb.v0i20.26089. Acesso em: 22 maio 2025.

SILVA JUNIOR, Fernando José Guedes da; MONTEIRO, Claudete Ferreira de Souza. Os significados da morte e do morrer: a perspectiva de usuários de *crack*. *Revista Latino-Americana de Enfermagem*, v.20, n.2, p.378-83, mar.-abr. 2012. Disponível em: https://www.scielo.br/j/rlae/a/mtZGdp4vhKtrdq4pWw5rMnb/?format=pdf&lang=pt. Acesso em: 22 maio 2025.

SILVEIRA, Cássio et al. O lugar dos trabalhadores de saúde nas pesquisas sobre processos migratórios internacionais e saúde. *Cadernos de Saúde Pública*, v.32, n.10, art.e00063916, out. 2016. Disponível em: https://doi.org/10.1590/0102-311X00063916. Acesso em: 22 maio 2025.

SIQUEIRA, Lucilia. Os hotéis na cidade de São Paulo na primeira década do século XX: diversidade no tamanho, na localização e nos serviços. *Revista Brasileira de História*, v.32, n.63, p.345-63, 2012. Disponível em: https://www.scielo.br/j/rbh/a/7BMfs3sTcLXcXC97KCYqRfd/?lang=pt. Acesso em: 22 maio 2025.

SKIDMORE, Thomas E. *Black into White*: Race and Nationality in Brazilian Thought. Nova York: Oxford University Press, 1974. [Ed. bras.: *Preto no branco*: raça e nacionalidade no pensamento brasileiro (1870-1930). Trad. Donaldson M. Garschagen. 1.ed. São Paulo: Companhia das Letras, 2012.]

SOMEKH, Nadia. *A cidade vertical e o urbanismo modernizador*. São Paulo: Mackenzie, 2014.

SONTAG, Susan. *Illness as a Metaphor and AIDS and its Metaphors*. Nova York: Farrar, Straus and Giroux, 1977. [Ed. bras.: *Doença como metáfora*: AIDS e suas metáforas. Trad. Paulo Henriques Britto e Rubens Figueiredo. São Paulo: Companhia das Letras, 2007.]

SOPPELSA, Peter. Losing France's Imperial War on Rats. *Journal of the Western Society for French History*, v.47, p.67-87, 2021. Disponível em: http://hdl.handle.net/2027/spo.0642292.0047.006. Acesso em: 22 maio 2025.

SPAULDING, O. L. Haffkine Prophylactic and Antipest Serum. *Public Health Reports (1896-1970)*, v.15, n.35, p.2135-42, ago. 1900.

SPECIAL COMMISSIONER. The Health Resorts of the Riviera. *Medical Record: A Weekly Journal of Medicine and Surgery*, v.42, n.7, p.200-4, ago. 1892.

SPOSATI, Aldaíza (org.). Mapa exclusão/inclusão social do município de São Paulo – III. Que mundo é este que vivemos, que país é este e que cidade é esta? In: FÓRUM SOCIAL SUL, 5. São Paulo: PUC-SP; INPE; Cedest, out. 2013. Disponível em: https://ceapg.fgv.br/sites/ceapg.fgv.br/files/u60/relatorio_-_mapa_da_exclusao_social_-_sposati.pdf. Acesso em: 22 maio 2025.

______ (org.). *Mapa da exclusão/inclusão social da cidade de São Paulo 2000*. São Paulo: PUC-SP; Instituto Pólis; Inpe, 2000.

______ (org.). *Mapa da exclusão/inclusão social da cidade de São Paulo*. São Paulo: Educ, 1996.

STACCIARINI, Isa. Bandidos usam cada vez mais armas de brinquedo e de pressão em assaltos. *Correio Braziliense*, 7 mar. 2017. Disponível em: https://www.correiobraziliense.com.br/app/noticia/cidades/2017/03/07/interna_cidadesdf,578654/bandidos-usam-cada-vez-mais-armas-de-brinquedo-e-de-pressao-em-assalto.shtml. Acesso em: 15 maio 2025.

STEFFENS, Isadora; MARTINS, Jameson. "Falta um Jorge": a saúde na política para migrantes de São Paulo (SP). *Lua Nova: Revista de Cultura e Política*, v.98, p.275-99, maio-ago. 2016. Disponível em: https://doi.org/10.1590/0102-6445275-299/98. Acesso em: 22 maio 2025.

STEPAN, Nancy Leys. *Eradication*: Ridding the World of Diseases Forever? Ithaca, NY: Cornell University Press, 2011.

______. *"The Hour of Eugenics"*: Race, Gender, and Nation in Latin America. Ithaca, NY: Cornell University Press, 1991. [Ed. bras.: *"A hora da eugenia"*: raça, gênero e nação na América Latina. Rio de Janeiro: Fiocruz, 2014.]

______. Biology and Degeneration: Races and Proper Places. In: CHAMBERLIN, J. Edward; GILMAN, Sander L. (orgs.). *Degeneration*: The Dark Side of Progress. Nova York: Columbia University Press, 1985.

STEWART, Danielle J. *Framing the City*: Photography and the Construction of São Paulo (1930-1955). Nova York, 2019. Tese (Doutorado) – Cuny Graduate Center.

SUGAYAMA, Soraya. *Ferréz*: produção material e cultural na quebrada. Curitiba, 2019. Tese (Doutorado em Tecnologia e Sociedade) – Universidade Tecnológica

Federal do Paraná. Disponível em: https://repositorio.utfpr.edu.br/jspui/bitstream/1/4660/2/CT_PPGTE_D_Sugayama%2C_Soraya_2019.pdf. Acesso em: 22 maio 2025.

TAMMARO, Rodrigo. População de origem asiática é vítima de violência e preconceito na pandemia. *Jornal da USP*, 27 maio 2021. Disponível em: https://jornal.usp.br/?p=419827. Acesso em: 15 maio 2025.

TAUNAY, Afonso d'Escragnolle. *História da cidade de São Paulo* (1953). Brasília: Senado Federal, Conselho Editorial, 2004. (Coleção Edições do Senado Federal, v.23.) Disponível em: https://www2.senado.leg.br/bdsf/bitstream/handle/id/1085/690133.pdf?sequence=4&isAllowed=y-. Acesso em: 22 maio 2024.

TAYLOR, Diana. Performing the "Thing": Teatro da Vertigem's *Bom Retiro 958 metros*. *Afterall: A Journal of Art Context and Enquiry*, v.35 n.35, p.60-71, mar. 2014.

TEIXEIRA, Luiz Antonio; ALMEIDA, Marta de. Os primórdios da vacina antivariólica em São Paulo: uma história pouco conhecida. *História, Ciências, Saúde – Manguinhos*, v.10, supl.2, p.475-98, 2003. Disponível em: https://www.scielo.br/j/hcsm/a/63pwhBVBZMDRdwKX3SWrRYb/. Acesso em: 22 maio 2025.

TEIXEIRA, Rosane Siqueira. Sob a perspectiva de uma política expansionista: hospedarias de imigrantes de Pernambuco, 1889-1926. *Clio: Revista de Pesquisa Histórica*, v.40, n.2, p.287-321, jul.-dez. 2022. Disponível em: https://periodicos.ufpe.br/revistas/revistaclio/article/view/252527/43461. Acesso em: 22 maio 2025.

TELAROLLI JR., Rodolpho. Imigração e epidemias no estado de São Paulo. *História, Ciências, Saúde – Manguinhos*, v.3, n.2, p.265-83, jul.-out. 1996. Disponível em: https://www.scielo.br/j/hcsm/a/RS8yYKbdSdLjkVpGCtP6Cpw/?format=pdf&lang=pt. Acesso em: 22 maio 2025.

TELLES, Edward E. *Race in another America*: The Significance of Skin Color in Brazil. Princeton, NJ: Princeton University Press, 2004. [Ed. bras.: *O significado da raça na sociedade brasileira*. Trad. Ana Arruda Callado. Versão divulgada na internet, 2012. Disponível em: https://static1.squarespace.com/static/5d3230eb29908c0001 8b7fcf/t/6036dac48025463935a4b9be/1614207694389/livro_o_significado_da_raca_na_sociedade_brasileira.pdf. Acesso em: 22 maio 2025.]

TERREROS, Abraham. Saberes y prácticas médicos durante la revolución bacteriológica y la ley de inmigración mexicana de 1909. *Historia Mexicana*, v.73, n.3, p.1205-40, jan.-mar. 2024.

TOJI, Simone. *The Immensity of Being Singular*: Approaching Migrant Lives in São Paulo through Resonance. Chicago: HAU, 2023.

TOLEDO, Roberto Pompeu de. *A capital da vertigem*: uma história de São Paulo de 1900 a 1954. São Paulo: Objetiva, 2015.

TOMAZ, Kleber. Suspeito de matar catador com flecha em SP esfaqueou homem em 2013. *G1 São Paulo*, 17 set. 2016. Disponível em: https://g1.globo.com/sao-paulo/noticia/2016/09/suspeito-de-matar-catador-com-flecha-em-sp-esfaqueou-homem-em-2013.html. Acesso em: 15 maio 2025.

______; OLIVEIRA, Abrahão de. PM desaparecido é achado morto, nu e amarrado dentro de carroça no Centro de SP; 4 foram presos por suspeita de homicídio. *G1* – Globo, 19 nov. 2020. Disponível em: https://g1.globo.com/sp/sao-paulo/noticia/2020/10/19/pm-desaparecido-e-achado-morto-nu-e-amarrado-dentro-de-carroca-no-centrode-sp-4-foram-presos-por-suspeita-de-homicidio.ghtml. Acesso em: 15 maio 2025.

TONINI, Sandra Cristina Correia Loureiro. Saúde da população Síria: percepções dos profissionais da Atenção Primária à Saúde da Supervisão Técnica de Saúde da Mooca no município de São Paulo. São Paulo, 2018. Dissertação (Mestrado em Saúde Coletiva) – Instituto de Saúde, Coordenadoria de Recursos Humanos da Secretaria de Estado da Saúde de São Paulo. Disponível em: https://docs.bvsalud.org/biblioref/2019/08/1008013/sandra_dissertacao.pdf. Acesso em: 22 maio 2025.

TRAVASSOS, Claudia; WILLIAMS, David R. The Concept and Measurement of Race and their Relationship to Public Health: A Review Focused on Brazil and the United States. *Cadernos de Saúde Pública*, v.20, n.3, p.660-78, jun. 2004. Disponível em: https://doi.org/10.1590/S0102-311X2004000300003. Acesso em: 22 maio 2025.

TRENTO, Angelo. A Itália em guerra: a coletividade imigrada e o *Fanfulla* de São Paulo durante o primeiro conflito mundial. *Revista Escritos*, v.9, n.9, p.97-124, 2015. Disponível em: http://escritos.rb.gov.br/numero09/cap_04.pdf. Acesso em: 22 maio 2025.

TRUZZI, Oswaldo. Etnias em convívio: o bairro do Bom Retiro em São Paulo. *Revista Estudos Históricos*, v.2, n.28, p.143-66, fev. 2001. Disponível em: https://periodicos.fgv.br/reh/article/view/2144. Acesso em: 22 maio 2025.

TSING, Anna Lowenhaupt. *Friction*: An Ethnography of Global Connection. Princeton, NJ: Princeton University Press, 2004.

TURNER, Patricia A. *I Heard it through the Grapevine*: Rumor in African-American Culture. Berkeley: University of California Press, 1993.

UDAETA, Rosa Guadalupe Soares. *Nem Brás, nem Flores*: Hospedaria de Imigrantes da cidade de São Paulo (1875-1886). São Paulo: FFLCH-USP, 2016. Disponível em: https://spap.fflch.usp.br/sites/spap.fflch.usp.br/files/PAP-UDAETA_Rosa-15032016-FINAL.pdf. Acesso em: 22 maio 2025.

VANDERWOOD, Paul J. *Disorder and Progress*: Bandits, Police, and Mexican Development. Lincoln: University of Nebraska Press, 1981.

VANN, Michael G. Of Rats, Rice, and Race: The Great Hanoi Rat Massacre, an Episode in French Colonial History. *French Colonial History*, v.4, p.191-203, 2003. Disponível em: https://doi.org/10.1353/fch.2003.0027. Acesso em: 22 maio 2025.

VARGAS, João H. Costa. When a Favela Dared to Become a Gated Condominium: The Politics of Race and Urban Space in Rio de Janeiro. *Latin American Perspectives*, v.33, n.4, p.49-81, jul. 2006. Disponível em: https://doi.org/10.1177/0094582X06289892. Acesso em: 22 maio 2025.

VAZ, Lilian Fessler. Dos cortiços às favelas e aos edifícios de apartamentos: a modernização da moradia no Rio de Janeiro. *Análise Social*, v.24, n.127, p.581-97, 1994. Disponível em: https://www5.pucsp.br/ecopolitica/downloads/art_1994_corticos_favelas_edificios_apartamentos_modernizacao_moradia_Rio_Janeiro.pdf. Acesso em: 22 maio 2025.

VENANCIO, Giselle Martins. Lugar de mulher é... na fábrica: estado e trabalho feminino no Brasil (1910-1934). *História: Questões e Debates*, Curitiba, v.34, n.1, p.175-200, jun. 2001.

VERTESI, Janet. Mind the Gap: The London Underground Map and Users' Representations of Urban Space. *Social Studies of Science*, v.38, n.1, p.7-33, fev. 2008.

VIGNIE, Nicolas; BOUCHAUD, Olivier. Travel, Migration, and Emerging Infectious Diseases. *Journal of the International Federation of Clinical Chemistry and Laboratory Medicine*, v.29, n.3, p.175-9, nov. 2018.

WALCOTT, Susan M. Overlapping Ethnicities and Negotiated Space: Atlanta's Buford Highway. *Journal of Cultural Geography*, v.20, n.1, p.51-75, 2002.

WALDMAN, Eliseu; SILVA, Luiz da; MONTEIRO, Carlos. Trajetória das doenças infecciosas. *Informe Epidemiológico do SUS*, v.8, n.3, p.5-47, set. 1999.

WALLE, Paul. *Au Brésil*: l'état de São Paulo. Paris: E. Guilmoto, 1916.

WANDERLEY, Andrea C. T. E o ex e futuro presidente do Brasil morreu de gripe... a Gripe Espanhola de 1918. *Brasiliana Fotográfica*, 23 mar. 2020. Disponível em: https://brasilianafotografica.bn.gov.br/?p=18866. Acesso em: 15 maio 2025.

WEBER, Beatriz Teixeira. Como convencer e curar: a introdução da homeopatia no Rio Grande do Sul. In: SIMPÓSIO NACIONAL DE HISTÓRIA, 23. Londrina, 2005. *Anais do...* Londrina: Anpuh, 2005. Disponível em: https://anpuh.org.br/uploads/anais-simposios/pdf/2019-01/1548206372_de56ee8cccdfe5c46dd378accdf0445a.pdf. Acesso em: 22 maio 2025.

WEINSTEIN, Barbara. *The Color of Modernity*: São Paulo and the Making of Race and Nation in Brazil. Durham, NC: Duke University Press, 2015. [Ed. bras.: *A cor da modernidade*: a branquitude e a formação da identidade paulista. São Paulo: Edusp, 2022.]

WERNER, Luciana. Ódio e preconceito contra asiáticos crescem no Brasil e nos EUA: casos vão da agressão física ao assédio verbal pela internet; mulheres são as mais atingidas. *#Colabora*, 25 maio 2020. Disponível em: https://projetocolabora.com.br/ods3/cresce-o-odiocontra-asiaticos/. Acesso em: 15 maio 2025.

WESTIN, Ricardo. No Brasil Império, chegada de vírus mortal provocou negacionismo e crítica a quarentenas. *Arquivo S*, Agência Senado, v.68, 1º jun. 2020. Disponível em: https://www12.senado.leg.br/noticias/especiais/arquivo-s/no-brasil-imperio-chegada-de-virus-mortal-provocou-negacionismo-e-critica-a-quarentenas. Acesso em: 15 dez. 2024.

WILHELM, Jorge. *São Paulo Metrópole 65*: subsídios para seu plano diretor. São Paulo: Difusão Europeia do Livro, 1965. (Coleção Corpo e Alma do Brasil.)

WILLIAMS, Nathalie E.; THORNTON, Arland; YOUNG-DEMARCO, Linda C. Migrant Values and Beliefs: How Are They Different and How Do They Change? *Journal of Ethnic and Migration Studies*, v.40, n.5, p.796-813, jan. 2014.

WILLIAMS, Robin B. The Global Spread of Street Pavement Materials and Technology, 1820-1920. In: HEATHCOTT, Joseph (org.). *The Routledge Handbook of Infrastructure Design*: Global Perspectives from Architectural History. Nova York: Routledge, 2022.

WILLIS, Graham Denyer. Antagonistic Authorities and the Civil Police in São Paulo, Brazil. *Latin American Research Review*, v.49, n.1, p.3-22, 2014.

WINTER, Jay. History, Memory, and the Flu. In: BEINER, Guy (org.). *Re-Awakenings*: The Forgotten and Unforgotten "Spanish" Flu of 1918-1919. Nova York: Oxford University Press, 2022.

WOLFE, Joel. *Autos and Progress*: The Brazilian Search for Modernity. Nova York: Oxford University Press, 2010.

______. *Working Women, Working Men*: São Paulo and the Rise of Brazil's Industrial Working Class, 1900-1955. Durham, NC: Duke University Press, 1993.

WYMAN, Walter. *The Bubonic Plague*. Washington, DC: Government Printing Office, 1900. Disponível em: https://digirepo.nlm.nih.gov/ext/mm/9803039X18/PDF/9803039X18.pdf. Acesso em: 22 maio 2025.

XAVIER, Mauricio. Memória paulistana: telégrafo policial. *Veja São Paulo*, 19 ago. 2011. Disponível em: https://vejasp.abril.com.br/cidades/memoria-paulistana-telegrapho-policial/. Acesso em: 15 maio 2025.

XUN, Zhou; GILMAN, Sander L. *"I Know Who Caused Covid-19"*: Pandemics and Xenophobia. Londres: Reaktion, 2021.

YANKELEVICH, Pablo. Migración, mestizaje y xenofobia en México (1910-1950). *Jahrbuch für Geschichte Lateinamerikas Anuario de Historia de América Latina*, v.54, p.129-56, 2017.

YEE, David. Housing in the Latin American City, 1900-1976. In: *Oxford Research Encyclopedia of Latin American History, on-line*, 23 maio 2019. Disponível em: https://doi.org/10.1093/acrefore/9780199366439.013.787. Acesso em: 22 maio 2025.

YOUNG, Robert J. C. Postcolonial Remains. *New Literary History*, v.43, n.1, p.19-42, jan. 2012.

YUNES, Camila. Polícia resgata 14 chinesas mantidas como escravas sexuais em karaokê de fachada em São Paulo. *JPNews*, 4 jul. 2019. Disponível em: https://jovempan.com.br/programas/jornal-da-manha/policia-resgata-14-chinesas-mantidas-como-escravas-sexuais-em-karaoke-de-fachada-em-sao-paulo.html. Acesso em: 22 maio 2025.

ZEQUINI, Anicleide. *O quintal da fábrica*: a industrialização pioneira do interior paulista. São Paulo: Annablume; Fapesp, 2004.

ZYLBERSZTAJN, Decio. *O filho de Osum*. São Paulo: Reformatório, 2019.

Índice remissivo[1]

A Capital, 257, 258-9, 298

A Gazeta, 102*n*, 120*n*, 130*n*, 145*n*, 179*n*, 195*n*, 199-200, 240*n*, 275*f*, 282, 294

A Lanterna, 81-2, 140*n*, 142, 143*n*, 165-6

abuso, 33, 163, 171-2; infantil, 62

acidentes, 50, 177-8, 179, 187, 188-9, 284; de trabalho, 62, 80, 101*n*, 140, 172-3, 199-200, 203; de trânsito, 62*n*, 178, 194-6; não relacionados a trabalho, 101*n*, 194-6, 196-8, 199-200; no ambiente de trabalho, 80, 157, 178, 188-9, 197-8, 200*n*. *Ver também* incidentes

Aedes aegypti, 62, 207-23, 208*f*, 212*f*, 229*f*; criadouros e larvas, 31, 51, 123, 208, 210, 215, 218-9; doenças transmitidas por, 62-3, 208*f*, 215, 216. *Ver também* dengue; doenças: transmitidas por mosquitos; mosquitos; Zika

africanos, 27-8, 64, 113, 227; escravizados, 93, 114

agentes comunitários de saúde, 10, 48, 146*n*, 223, 309

água, 57, 85-6, 125, 133-4, 213, 217-8, 219, 240, 259, 289; abastecimento, 86-7, 134, 139, 213, 219, 220-1; acesso à, 64, 85-6, 213; armazenamento, 213; autoridade, 85, 86, 88; caixas-d'água, 213, 214*f*, 215, 217-8, 219; contaminada, 62, 87-8, 158; criadouro de mosquitos, 31, 85-6, 88, 218; enchentes, 83-4, 87-8; falta de, 85-6, 216, 219; iodada, 287; parada, 31, 49, 51, 62, 88, 123, 208*f*, 212*f*, 215-8, 220, 222-3; potável, 86-7, 208-9, 213, 218, 309; suja, 57, 85, 176

água parada, 31, 49, 51, 88, 123, 215-6, 220, 222-3; dengue e, 51, 123, 220; doenças e, 62; eliminação da, 208*f*, 212*f*, 215-8

álcool, 129-30, 147, 201, 205

América Latina, 13, 19, 213, 230; diáspora africana na, 308; historiadores da, 13, 44; polícia na, 19; papel higiênico na, 31

Americano, Jorge, 80-1, 83*n*, 101, 104-5, 118, 142

1 Números de página seguidos por *f* se referem a figuras; aqueles seguidos por *m* a mapas e por *n* a notas de rodapé.

Andrade, Carlos Drummond de, 29
Andrade, Mário de, 139, 282
Andrade, Oswald de, 56, 98, 168, 282
aplicação da lei, 15, 20, 58*n*; autoridades, 113, 135, 154, 172, 180; Código Sanitário e, 60, 134, 240, 244; desconfiança da, 20, 215; policiais, 20, 113, 166, 172, 176-7, 180; prédios, 80; saúde e, 166, 227, 265-6; treinamento, 172-3, 176-7, 179-80; Zika e, 215, 226
armas, 15-21, 26, 28, 53, 118, 129-30, 164, 166-7, 170-1, 228, 251, 253, 264, 277-8
Assistência Policial, 22, 54*n*, 57*n*, 129, 130*n*, 171, 172*n*, 179*n*, 185-6, 190-1, 195*f*, 196-7, 199*n*, 200-3, 279*f*, 280*n*, 282-3
ativismo trabalhista, 62, 81, 172, 192
ativistas, 93, 95, 105, 112, 143
autocuidado, 79, 225
autoridades de saúde pública, 15, 61, 65, 137, 147-8, 156-7, 219, 233, 244-5, 305; classes trabalhadoras e, 83, 127, 136-7, 207, 210-1, 256-7, 285-6, 288; cortiços e, 134, 135, 136-7, 150-1; Hospedaria de Imigrantes e, 149-51; imigrantes e, 65, 127, 137, 147-8, 149-51, 154-5, 210-1, 256-7, 302; moradores do Bom Retiro e, 88, 127, 136-7, 166-7, 256-7; mosquitos e, 88, 207, 210-1, 215-6, 219; peste bubônica e, 256-7, 261-3, 269-70; relações da população com, 137, 180, 215-6, 219
Azevedo, Aluísio, 63
bairros da classe trabalhadora, 30, 38, 44, 92-3, 157-8, 213, 247-8, 301; água e, 86-7, 213; ambiente construído em, 44, 119-20; corretores de ratos em, 263, 266-7, 270; estrangeiros em, 33, 69, 83-4, 92-3, 94, 109-10, 263, 301; falta de intervenção do Estado em, 83-4, 87-8, 92; gripe em, 282-6, 296-7, 301; geografias em, 50, 57-8, 71, 92-3, 101, 119-23, 127; nas Américas, 83, 92-3; resultados de saúde em, 30, 50, 119-20; variação das profissões em, 26, 191-2
Bananére, Juó (Alexandre Ribeiro Marcondes Machado), 97-8, 162
Barra Funda, 71, 76, 109, 118
Barros, Adhemar de, 163-4
Baruf, Antônio, 165, 168, 180
barulho, 33, 176
Benzana, Eugênio, 298-303
Betholdi, Ignácio Emílio Achiles, 156-8
boa saúde, 85, 152, 153-4, 232
Bolívia: imigrantes da, 24-5, 47, 94, 310
bolivianos, 16, 25-6, 33, 35, 49, 100, 105-6, 120, 125, 146, 147, 159, 224, 225, 310
Bom Retiro, 10, 14, 15, 17*m*, 18, 20, 21, 22-6, 27*f*, 27-8, 30-1, 32-6, 37*f*, 38-9, 40, 41*f*, 42*f*, 44-5, 46*m*, 47*m*, 48-9, 51-2, 53-4, 56, 57-8, 59, 60-2, 63, 64, 66-73, 70*f*, 74-6, 78, 79-95, 90*f*, 97-102, 104-5, 106, 106*f*, 107, 108-11, 112-7, 118-21, 122*f*, 123, 124*f*, 125, 126*f*, 127-8, 130, 132, 133-4, 136-9, 141-6, 147, 148-51, 150*f*, 153, 154, 155, 156-64, 165-71, 174-5, 176, 187-8, 189-90,

191-2, 193, 194, 197-9, 200-1, 202, 203-5, 208-9, 216-7, 219, 220-4, 225, 226, 228, 229, 231-3, 237, 240, 244, 247, 249, 251-3, 255, 256-9, 262-3, 265-7, 269*n*, 281, 282-4, 286, 287, 289, 292-3, 295, 296, 297, 298-9, 300-1, 302-3, 305-6, 307, 308-10

branqueamento, 112, 115*n*, 127, 173, 187, 192

Brás, 46*m*, 70*f*, 76, 105, 109, 118, 139, 141, 149; hospedaria, 154-5; Mercado Municipal, 296; Templo de Salomão, 232

brasileiros: chineses, 28; judeus, 36, 52, 95, 100, 101, 116; pardos, 47, 113, 115, 116, 190

brasileiros negros, 34, 35, 104, 104-5, 113, 115, 116, 117, 118, 178, 192; porões e, 117, 145; imigrantes portugueses e, 147

burguesia imigrante, 69, 73, 168, 198

burocratas, 40, 183, 191

Campinas, 156, 237

Capão Redondo, 46*m*, 214*f*, 217-8, 219-20

capitalismo, 82, 112

Casa do Povo, 13, 36, 37*f*, 94-5

Celso Garcia, Afonso, 139, 141

Cemitério do Araçá, 284-5, 298, 300-1

cemitérios, 134, 235, 259, 283, 284-5, 296, 298-9, 299-300, 301, 303

cerveja, 59, 129, 198-9, 269, 269*n*; coeficiente de Rogers e, 269

Cervejaria Germânia, 23, 198-200

chácaras, 66-7, 71, 91, 158, 294

classe, 26, 30, 33, 36, 38, 48, 52, 58, 62, 67, 69, 78, 91, 99, 109, 114, 124*m*, 185; conflitos, 137, 161, 168; consciência, 207; diferentes, 32, 65, 137-8, 173; doença e, 62, 63-4, 69, 123, 157, 207, 216, 237; gripe e, 275, 278, 280, 284, 294; marcadores, 128; microssegregação e, 120-3, 125; movimentos políticos baseados em, 102; no Bom Retiro, 32, 36, 67, 114, 224, 231, 308, 122*f*, 123, 124*m*, 125; perfilamento, 173, 178, 259; políticas e ações sanitárias e, 65, 161, 177, 207, 209, 215, 241; raça e, 116; relações, 30, 127-8, 161, 178, 227, 288, 308; resultados de saúde e, 33, 50

classes trabalhadoras, 26, 30, 33, 38, 44, 50, 71, 92-3, 95, 101, 105, 119, 120, 133, 157, 191, 196, 221, 227, 231 242; autoridades de saúde pública e, 61, 65, 83, 127, 136, 138, 177, 188, 205, 209, 210, 213, 270, 285, 288, 302; Desinfectório Central e, 190, 241, 247; desratização e, 264, 266-7, 269; esgotos e, 87-8, 142; gripe espanhola e, 257, 278, 282, 283-4, 285, 296; imigrantes, 33, 38, 44, 53-4, 57, 61, 69, 79, 87-8, 94, 172, 180, 305; mobilidade e, 142, 156; oficinas-residência, 32, 94, 135; paternalismo em relação às, 215; preconceitos contra, 99, 161, 174, 207, 263, 300, 301; receitas e, 287; Santa Casa de Misericórdia e, 165, 180; salários das, 64, 133; saúde e, 30, 64-5, 172, 177-8, 300

Clube Germânia, 286, 294

Código Sanitário: de 1894, 60, 65, 134-5; de 1918, 280
coeficiente de Rogers, 13, 243-4, 269
cólera, 39, 62, 132, 259, 260-1, 287, 296
Coletivo de Pesquisa Lesser. *Ver* Equipe Lesser
colonização, 66, 91, 98
Companhia Antarctica Paulista, 198, 269
controle de fronteira, 20, 38
controle social, 135, 215-6, 223, 240; baseado em gênero, 192; relacionado à saúde, 177
coreano, 16, 25, 35, 49, 94, 100, 105, 116, 121, 122*f*, 128, 147, 159, 160, 203-4, 225, 310; idioma, 37*f*, 52, 100, 253, 306
Coreia: *gateball* e, 160; imigração da, 24-5, 47, 102, 310
Corinthians, 95, 159-60; torcida organizada, 120
Correio Paulistano, 23, 88, 129-30, 138, 143-4, 153, 169, 176; Marini e, 53, 54, 56-7, 85, 129-30
cortiços, 26, 53-4, 56-7, 63-4, 84, 117, 125, 127, 133-8, 140-1, 144, 150-1, 161, 209-10, 251, 257, 293; Candido sobre, 192; classe trabalhadora e, 25, 133-4, 242; da rua do Areal, 138, 175, 190; eliminação de, 135, 146, 248-51; gripe espanhola e, 279-80, 283-4, 286; no Bom Retiro, 32, 57, 59-60, 83-4, 110-1, 121-3, 130, 133-4, 140-3, 144, 146, 155, 157-8, 165, 167, 175-6, 179, 205, 209, 224, 240, 298, 302, 308
Cosby, Katherine Ann, 178, 186-8, 201*n*
Cosentino, dr. Fernando, 10, 45, 47*m*
Covid-19, 36, 88-9*n*, 131*n*, 147, 205, 220*n*, 256, 257*n*, 274, 306-7
Cracolândia, 255-6, 296
crime, 19, 33, 50, 54, 90, 137-8, 165, 172, 178, 200, 294-5; violento, 194, 203
cristãos, 308; europeus, 25, 60; coreanos, 16
Cruz, Oswaldo, 226-7, 262*n*, 269, 271; Casa de, 13
cuidados de saúde, 21, 28-9, 30, 45, 159; acesso a, 136, 278; agentes, 34, 48, 161, 219, 221, 222, 240, 264-5; burocratas, 183; futuros, 159; gratuitos, 225; instalações, 21, 46*f*; imigrantes e, 79; infraestrutura, 45, 58-60, 82, 119-20, 160; Polícia Médica e, 177, 183; privados, 28, 45, 64, 79, 135, 153, 184, 198, 287; profissionais, 10, 14, 30, 34, 38, 46-7, 48, 49, 50, 62-3, 64, 79, 105, 221
curas, 15, 30, 33-4, 50, 64, 173, 232, 233; alternativas, 260; abordagens biomédicas a, 287-8, 301; espaços médicos e, 289; para a gripe, 280, 286-8; para doenças transmitidas por mosquitos, 207; populares, 57, 79, 257, 288, 302

Dean, Warren, 5, 69, 155
Demerara, 276-8
dengue, 207, 215; gripe espanhola e, 283; lixo e, 123; mosquitos e, 208*f*, 212*f*, 215, 222; no Bom Retiro, 88, 220; oficinas-residências têxteis e, 49
denúncias, 138, 216-7, 220-1, 223-4, 225, 235, 281

descendentes de imigrantes, 16, 25, 27-8, 33, 34, 50, 52, 59, 93, 94, 105, 109, 128, 147, 170, 278, 293-4; classes dominantes e, 160-1; gripe espanhola e, 275, 287, 292; *muckers* e, 291-2; no Bom Retiro, 34, 60, 112-3, 116, 121; políticas racistas contra, 281; revoltas lideradas por militares e, 161, 167-8; termos étnico-nacionais e, 56*n*
desconfiança, 226, 281; da polícia, 19-20, 138; das autoridades, 216, 225, 270; de pronunciamentos médicos oficiais, 302
descumprimento da lei, 20, 60, 178
desinfecção, 76, 155, 176, 230, 234, 240, 244; unidades, 246, 247, 252; veículos, 245*f*, 246*f*, 248*f*, 253
Desinfectório Central, 26, 43, 45, 47*m*, 54, 58, 59, 72, 116, 119, 121, 124*m*, 138, 140, 143, 149-50, 150*f*, 161 187-90, 188*f*, 192, 201-2, 209, 224, 229-53, 257; ambiente construído e, 174; classes trabalhadoras e, 241; Estado higienista e, 51; gripe espanhola e, 284; peste bubônica e, 263-7, 268*f*, 270-2; Secretaria do Interior e, 236*n*; veículo de remoção de cadáveres, 299*f*
desratização, 265, 269-70
doença(s), 15, 23, 30-1, 33, 50, 58, 60, 62, 65, 66, 69, 80, 99, 117, 130, 132, 138, 148, 151, 156, 161, 166, 177, 188, 192, 203, 220, 233-4, 257*n*, 259, 261, 276, 290, 292, 294, 295; controle, 251; corpo nacional e, 99; criminalização de, 135; curas populares para, 288; equipes de vigilância sanitária e, 221, 237-8; erradicação de, 166, 213, 301; fatais, 249, 288; Forças Armadas e, 227, 228; geografia e 125; graves, 64, 177, 290; imigrantes e, 62-6, 67, 75, 94, 112, 125, 130, 161, 162, 166, 210, 231, 244, 272, 274, 275, 301; linguagem da, 87-8; lixo e, 123, 125, 188, 205; moral, 99, 161; no Bom Retiro, 33, 62, 83, 87-8, 99, 105, 111, 137, 157, 204, 205, 233, 247, 257, 283, 303; no Brasil rural, 276-8; prevenção, 34, 132, 166, 259; saúde ruim e, 33, 166, 167, 259; transmissão, 132, 259, 261, 262, 263, 277-80, 282, 284; transmitida por mosquito, 49, 62-3, 86-7, 88, 125, 207, 209-10, 213, 215, 216, 220, 250, 283; triagem e tratamento, 76; venérea, 82, 251. *Ver também* doença infecciosa; moléstias
doença infecciosa, 23, 59, 65, 179, 194, 210, 256, 274; densidade populacional e, 237; pesquisa, 45
domésticas, 53, 56, 142, 191-2, 196, 216, 285, 293
Dulley, Charles Dimmit, 71-3, 79, 158
Dzidzienyo, Anani, 5, 307-8

emigração, 112, 131, 152, 194, 272
enchente (inundação), 49, 125, 188, 231, 302; Estação da Luz e, 153; no Bom Retiro, 57, 62, 83-4, 85-8, 125, 139, 145, 208, 220, 232
enfermeiros, 10, 48, 64, 172, 177, 183, 184, 185, 289, 290; enfermeiras, 48, 165, 282, 289
envenenamento, 39, 62, 265

epidemias, 38, 39, 50, 61, 83, 132, 139, 247, 261, 296; Bom Retiro e, 31, 58, 85, 257; eliminação de, 58; imigrantes e, 38, 50, 240, 260, 287, 289, 300; resíduos e, 31; saúde ruim e, 85; veículos e, 247. *Ver também* cólera; gripe (influenza)

epidemia de H1N1 (1918), 65, 203, 238-9, 247, 256, 257, 274, 274*n*, 276-81, 285, 287, 288, 290, 292; origem geográfica da, 272; Polícia Médica e, 192, 286. *Ver também* gripe (influenza)

Equipe Lesser, 48-9, 125, 126*f*, 183, 192, 194, 225

Equipe Verde, 10, 45, 47*m*, 48, 62*n*, 159, 202, 223, 224, 225-6, 307, 309

escarlatina, 132, 151

Escola de Farmácia, Odontologia e Obstetrícia, 56, 59, 73, 119, 231

escolas, 33, 60, 102, 115, 143, 280; de saúde, 227*n*; gripe e, 276; italianas, 115, 142; médicas coloniais, 230; municipais, 115; particulares, 121; públicas, 51, 57, 115-6, 121; samba, 289

escravidão, 30, 32-3, 60, 89; abolição da escravatura, 58, 74, 114, 145, 152, 192, 237; escravizados, 66, 93, 97, 114, 152, 154, 213, 276, 295

esgoto, 31, 44, 50, 61, 85, 86-7, 110, 125, 134, 139, 142, 144, 160-1, 176, 213, 231, 241, 263, 302

espaço, 13, 19, 21, 28, 29, 33-42, 77, 89, 91, 93, 108, 112, 118, 121, 125, 128, 133-4, 135, 136, 144, 151, 161, 174, 175, 178, 185, 216, 306, 308, 310; ao ar livre, 141; Bom Retiro e, 25, 32, 34, 40, 41*f*, 49, 66, 69, 81, 90, 92, 99, 101, 105, 217, 226, 303; controle, 166; criadouro, 125; Desinfectório Central e, 234, 243, 263; de trabalho, 23, 25, 32, 140, 224; estrangeiro, 67, 106, 114, 116; gripe e, 284; íntimo, 26, 196, 263; ocupação do, 251-3; privado, 135, 153, 222, 237; público, 184, 194-5, 236*f*, 247, 263, 280; racializado, 116; sagrado, 229-51; saúde e, 64, 82, 177, 253, 258, 287, 289; urbano, 50, 83, 161, 247, 293, 305

espaços de saúde, 30, 50, 229-51, 307; privados, 64

Espanha, 128, 275*f*; imigrantes da, 15, 60, 79, 109, 156, 275

espanhol (nacionalidade), 74*f*, 75*f*, 101, 103*f*, 104, 107, 113, 138, 151, 186, 193, 258, 275, 283, 286; idioma, 37*f*, 224, 225, 253, 306

Estação da Luz, 20, 22, 26, 27*f*, 67, 74-5, 76, 91, 149, 153, 157-8, 167, 305; Desinfectório Central e, 243-4, 247; profissionais do sexo e, 26, 162*n*

Estado, 19, 22, 33, 38, 51, 54, 82, 106, 114, 119-20, 149, 155, 156, 174, 196, 197-8, 201, 202, 207, 230, 247; ambiente construído e, 28, 189, 229-30; aplicação da saúde e, 28-9; armas e, 19, 28, 53; coleta de lixo e, 49; cuidado e, 196-7; diferenças culturais e, 33; fundos, 59; gripe e, 278; mapeamento e, 92-3; mosquitos e, 88, 219; mulheres e, 191-2, 196; oligarquias do, 54; políticas sanitárias e, 176-7, 227-8; ratos e, 270-1;

regulamentação de poços e, 213; saúde pública e, 28-9, 53, 135, 137, 176-7, 180, 184-5, 229-30; saúde ruim e, 51, 112-3, 150-1, 205; suspeita da população, 215-6, 216-7; unidades de vigilância sanitária e, 33-4; vacinas e, 50, 227-8; violência e, 22, 53, 166-7, 169, 171; trabalhador da saúde e, 38, 48, 184-5, 219
Estados Unidos, 12, 24, 28, 29, 31, 38, 44, 48, 71, 72-3, 75, 148, 152, 181, 194, 227*n*, 234, 246, 256, 262-3, 274, 307, 309
Estrada de Ferro São Paulo, 72, 149
estrangeirice, 106, 108, 161, 309; Bom Retiro e, 116, 263; perigo e, 68; saúde e, 310; saúde ruim e, 150
estruturas, 22, 30-1, 52, 71, 84, 87, 109, 120, 121, 132, 138-9, 218, 233; densidade populacional e, 217-8; de repetição, 29; de saúde, 120, 229-30; de trabalho industrial, 59-60 (*ver também* fábricas); globais, 30, 307; imigração e, 160; materiais, 33, 51; residenciais, 224; resíduos de, 306; resíduos como, 29-30; sociais, 30, 33, 38-9, 306; superlotadas, 150-1; verticais, 119. *Ver também* cortiços
etnias, 24, 30, 34, 36, 37, 44, 52, 56*n*, 101, 102, 104, 106, 106*f*, 107, 108-9, 119, 120-1, 122*f*, 163, 209, 219, 308, 309; Bom Retiro e, 36, 95, 99, 101, 116, 118, 127, 305, 308; doenças e, 123, 256, 259, 280; gripe espanhola e, 275*f*, 286
eugenia, 38, 227
fábricas, 32, 60, 61, 67, 71, 76, 79-81, 85, 88, 92, 128, 132, 134, 136, 140, 145, 161, 224; abandonadas, 120, 135, 146; acidentes de trabalho em, 188-9, 196-200; ambiente construído de, 85, 127; cerâmica, 59, 67, 72, 151; cerveja, 59-60, 198-200; enchentes e, 83-4; gripe espanhola e, 283-4; homens e, 196; imigrantes e, 59-60, 68, 71-2, 76, 79-80, 84, 105, 116, 151, 170, 176, 289; informais, 57, 68; lixo de, 79-80, 87; microfábricas, 23, 251; mulheres, 60, 81, 191-2; saúde ruim e, 23, 61, 79-81, 85, 87, 140, 166, 262
Faerman, Marcos, 34, 102, 169; *Jornal da Tarde*, 87, 284-5*n*
Fanfulla, 131, 140
febre amarela, 58, 75, 131, 132, 138, 207, 209-10, 211*f*, 215, 236-7, 244, 261-2, 272
Ferla, Luis, 11, 48, 192
futebol, 20, 158, 159; jogadores, 130, 170, 191; times, 95, 159, 278, 309. *Ver também* Corinthians

Garibaldi, Giuseppe, 89, 156
Gazeta de Notícias, 149*n*, 153, 154*n*, 277*n*
geladeiras, 218, 222
gênero, 30, 185, 191-2, 193, 194, 196, 209; identidades, 26; relações, 308; restrições, 221; segregação por, 144
geografia, 15, 18, 21, 22, 24, 30, 31, 32, 40, 43, 61, 91-2, 104, 127, 178, 179, 231; alterizada, 106-11; Bom Retiro e, 57, 66, 71, 93, 101, 105, 112, 116, 119, 216, 231, 305, 308; de diferenças culturais, 308;

desigualdade e, 209; de São Paulo, 136, 231; doença e, 125; gripe e, 272, 274, 284; racializada, 35, 118; saúde e, 48, 72, 130, 133, 232, 243, 251, 256; subsolo, 263; uso de drogas e, 296
gripe (influenza), 39, 179, 237, 238-9, 256-60, 272-91; epidemia de 1918, 65, 192, 257, 275*f*, 288-9, 301; na Guatemala, 211*n*. *Ver também* epidemia de H1N1 (1918)
gripe espanhola. *Ver* epidemia de H1N1 (1918)
Guarda Civil Metropolitana de São Paulo, 16, 171

H1N1, 65, 203, 238-9, 247, 256, 257, 272, 274, 274*n*, 276-81, 285, 287, 288, 290, 292
hanseníase, 45, 49, 233, 251
Hesse-Wartegg, Ernst von, 107-8
higiene, 135, 138, 143, 153, 270-1; autoridades, 22, 134, 137, 141, 171, 176, 190; falta de, 56, 57, 147, 176; pessoal, 49; pública, 233; serviços, 62, 64, 230
Higienópolis, 136, 229
homens, 35, 48, 56, 68, 69, 104, 110, 149, 153, 156, 163, 173, 177, 196, 202, 221, 225, 252, 255, 282, 285-6; ferimentos e, 191; idosos, 95; registros de ocorrência da Assistência Policial e, 187, 193, 196; solteiros, 153, 179
Hospedaria de Imigrantes, 76, 137, 149, 150*f*, 151-5, 156, 161, 232, 259, 260-1, 277, 285, 290
hospitais, 58, 60, 134, 156, 157, 165-6, 173, 177, 199, 200, 230, 232, 237, 243*f*, 252, 289; classe trabalhadora e, 258; Emílio Ribas, 13; gripe e, 258, 277-8, 282, 285, 291, 295; isolamento, 137, 210, 230, 235, 236*n*, 241, 272; privados, 64; públicos, 165, 180; salas de desinfecção e, 230, 234; seculares, 232; temporários, 258, 286, 290, 294, 297. *Ver também* Hospedaria de Imigrantes; Santa Casa de Misericórdia
Hospital de Isolamento, 137, 210, 236*n*, 241, 272

identidade nacional, 94, 112, 260, 292
iídiche, 23, 37*f*, 194, 253, 306
Ilha das Flores, 148, 260-1
imaginários de saúde, 28, 29, 259
imigração, 28, 30, 49, 50, 54, 74, 76, 92-3, 102, 108, 134, 160, 308; ambiente construído e, 28, 44, 50, 189, 244; Bom Retiro e, 49, 51, 72, 75, 93, 114, 127, 130, 132, 163; branqueamento e, 127; espaço e, 49, 108, 185; estudiosos de, 44, 86, 92, 308; etnia e, 22, 108, 275*f*, 308; gripe espanhola e, 275*f*, 290; industrialização e, 72; inspector geral de, 153; mudança social e, 152; peste bubônica e, 271-2; policiamento e, 162; profissionais do sexo e, 163; restrições, 173-4, 262; saúde e, 9, 24, 28, 36, 44, 49, 50, 54, 72, 92, 93, 127, 132, 150, 160, 162, 185, 189, 244; serviços, 148
imigrantes: brancos, 36, 58, 112, 113, 148, 186; bolivianos, 16, 25, 35, 49,

100, 105, 120, 125, 146, 147, 159, 224-5, 310; chineses, 27-8, 47, 49, 105, 147, 162*n*, 173, 262; da classe trabalhadora, 57, 61, 65, 69, 101, 180, 205, 296, 305; do Oriente Médio, 24, 25, 56, 60, 74, 112, 194, 244, 286; espanhóis, 15, 60, 74*f*, 75*f*, 79, 101, 107, 109, 113, 138, 151, 156, 186, 193, 258, 275, 283, 286; europeus, 15, 23, 25, 36, 54, 60, 74, 101, 105, 112, 117, 120, 130, 152, 153, 173, 186, 187-8, 190, 194, 237, 244, 252, 272, 308; judeus, 15-6, 25, 35, 36, 83, 95, 100, 102, 105, 109, 116, 147, 188, 194, 252, 259, 286, 310; paraguaios, 16, 26, 35, 49, 120, 125, 225; portugueses, 74*f*, 75*f*, 91, 100, 101, 104, 105, 147, 151, 173-4, 186, 187, 193-4, 200, 240, 286

imigrantes coreanos, 25, 35, 49, 94, 100, 105, 116, 121, 128, 147, 159, 160, 203-4; cuidados de saúde e, 225; mais velhos, 160. *Ver também* Coreia

imigrantes italianos, 15, 60-1, 62*n*, 64, 74*f*, 75*f*, 79, 84, 98, 100-2, 104, 105, 109, 132, 142-3, 151, 165, 186, 193-4, 210, 286-7, 289, 290; carros e, 242; estereótipos negativos de, 147; na Mooca, 165; no Bom Retiro, 25, 53, 56-7, 60-1, 89, 113, 129, 145, 154-5, 156, 167, 168, 169, 170, 176, 179, 187, 199, 201, 209, 257, 297, 298. *Ver também* Itália; italianos

incidentes, 15, 51, 84, 159, 165, 171, 175, 176, 178-9, 180, 184, 185, 187-9, 190, 195, 196, 200, 295

indústria têxtil, 23-4, 80*n*, 191, 197

industrialização, 72, 74, 76, 112, 136

infraestrutura, 30, 33, 60, 157, 302; água, 157, 213; cuidados de saúde, 287; falta de, 86, 92, 125; planejamento, 43; precária, 33, 86, 263; sanitária, 263; saúde pública, 58-9

Instituto Bacteriológico, 59, 209

Itália, 25, 53, 60-1, 64, 73*n*, 79, 109, 131, 156, 167, 170, 209, 210, 297, 298; católicos, 15, 102; remigração para a, 103*f*, 131; San Remo, 234; unificação da, 89-90

italianos, 34, 62*n*, 84, 89, 97, 100, 101, 105, 108, 113, 115, 118, 131, 140, 142-3, 161, 162, 186, 199; idioma, 61, 146, 253, 263; mortes por gripe entre, 286; no Bom Retiro, 25, 35, 53, 56-7, 60-1, 89, 113, 129, 145, 154-5, 156, 167, 168, 169, 170, 176, 179, 187, 199, 201, 209, 257, 297, 298; Palestra Itália, 170

Jacino, Ramatis, 186-7

Japão, 93, 160, 292; *gateball* e, 160; imigrantes do, 74*f*, 75*f*, 100, 104, 107, 112, 145, 156, 174, 292, 293

Jardim da Luz, 26, 47*m*, 89, 90*f*, 90-1, 160

Jorge, João Antônio, 179, 257-60, 297-8, 302

judeus, 100-1, 109, 116, 161, 163, 194, 203, 259, 286, 310; bessarábios, 117; do Leste Europeu, 15-6, 25, 83, 95, 102, 105, 108, 147, 252, 272; gangues e, 119; no Bom Retiro, 34-5, 36, 100; no Brasil, 36, 52, 95;

registros de ocorrência e, 194; religião e, 147, 309

Kitron, dr. Uriel, 9, 216, 219-220
Korea Town, 94-5

Leste Europeu, 147, 203; imigrantes do, 23, 25, 83, 95, 101-2, 105, 108, 162-3, 187-8, 190, 252, 272
Liberdade (bairro), 93, 93-4*n*, 104-5, 106, 106*f*, 118, 145, 232
língua: italiana, 61, 146, 253, 263; italianizada, 162; macarrônico, 98, 162, 180, 194; portuguesa, 14, 23, 37*f*, 52, 63*n*, 112*n*, 225, 253, 263, 264-5, 280, 306
lixo, 16, 40, 57, 87, 125, 188, 189, 205, 208, 218, 233, 264, 291, 302; coleta, 49, 84, 123, 160-1, 221 240; comida, 141; descarte inadequado, 31, 62, 87; domiciliar, 87, 123; industrial, 57, 87; produtos, 29-30. *Ver também* resíduos
Lombroso, Cesare, 161-2
Lutz, Adolpho, 210*n*, 262, 268*n*
Luz (bairro), 26, 72*n*, 240. *Ver também* Jardim da Luz

mapas, 17*m*, 40, 43, 45, 46*m*, 47*m*, 100, 105*n*, 123, 124*m*, 125, 126*f*, 142, 156; do século XIX, 40, 41*f*, 42*f*, 66*n*, 91, 189; tráfego da São Paulo Tramway, 142
Marini, Amelia, 53-4, 56-8, 74, 85, 92, 129-30, 178-9, 196, 258
Marmo, Antoninho da Rocha, 302-3
marquês de Três Rios (Joaquim Egídio de Sousa Aranha), 66, 68, 72
Masi, dr. Eduardo de, 11, 216-7, 220, 222
médicos, 10, 21, 31, 44, 48, 52, 59, 82, 130, 139, 143, 151, 156, 159, 171, 176, 224, 225, 227, 230, 236, 252, 258-9, 260, 263, 266, 271, 289, 300, 302; gripe espanhola e, 276-8, 280-2, 288; homens, 48; imigrantes, 64, 293; militares, 228; no Hospital de Isolamento em São Paulo, 272; Polícia Médica de São Paulo, 54, 171, 172, 176-203, 280, 292; suicídio e, 201; vírus Zika e, 215, 228
medo, 38, 99, 156, 158, 209, 259, 261, 305; da gripe, 275*f*, 278, 281, 282, 286, 288; de criminosos, 138; de ser enterrado vivo, 296
metrô (São Paulo), estação: Armênia, 93; Japão-Liberdade, 93, 93-4*n*; Luz, 22, 26, 51; Saúde-Ultrafarma, 230; Sé, 16-7; Tiradentes, 51, 67, 124*m*
Meyer, Manfred, 71-2, 73, 79, 149, 198
migração, 20, 24, 28, 32, 50, 58, 77*f*, 78*f*, 79, 103*f*, 116, 306, 307, 308, 309; doméstica, 216
Ministério da Saúde do Brasil, 49, 212*f*, 215, 227*n*, 273*f*
modernização, 61, 77
moléstias, 60, 137, 139, 240, 247. *Ver também* doença(s)
Molinaro, "major" José, 168-9
Mooca, 109, 165, 285
morbidade, 66, 111, 205, 274, 284
mortalidade, 65-6, 111, 274, 278; infantil, 65, 276; informações, 264, 284; números, 65, 286; taxas, 53*n*, 65, 110, 205, 285-6

morte, 15, 51, 53, 167, 171, 238-9, 255, 276-7, 278, 284, 290-1, 294-5, 300-1, 302-3; atestados de óbito, 272, 284, 286, 301; confirmação de, 175; de Jorge, 258; de Marini, 54-78, 74, 92, 129-30; de ratos, 261, 263; estatísticas de, 53*n*, 192, 285-6; no Bom Retiro, 23, 92, 111, 145-6, 166; por causas naturais, 201; rigidez, 293; Santa Casa de Misericórdia e, 65, 175; taxas de mortalidade, 53*n*, 88-9*n*, 278, 280, 286
mortes estranhas, 209-10, 292
mosquitos, 62, 80, 86, 88, 125, 142, 207, 209-11, 213, 215, 216, 219, 221, 250-1, 283; *Aedes albopictus*, 215; água parada e, 31, 49, 51, 88, 123, 215, 218, 220; dengue, 49, 123, 207, 208*f*, 212*f*, 222; produtos químicos para matar, 50. *Ver também Aedes aegypti*; dengue; doença(s): transmitida por mosquitos; Zika
movimento, 15, 24, 34, 52, 62, 102, 172, 226, 282, 292; Bom Retiro e, 142; humano, 50; migratório, 103*f*
mulheres, 56*n*, 69, 110, 141, 174, 191, 193, 275, 285; alfabetização e, 276; brancas, 35, 128; direito ao voto, 168; domésticas, 191, 192, 196; empregos na área da saúde e, 221; falantes de espanhol (hispanófonas), 225; ferimentos e, 191; grávidas, 159; Hospedaria de Imigrantes e, 149, 153, 156; italianas, 56, 162; não brancas, 186; negras, 35, 178, 192, 201*n*, 275*f*; Polícia Médica e, 173, 192, 202; saúde das, 196; taxa de mortalidade de, 286; traficadas, 162; trabalho das, 60, 159, 191-2, 196; UBS Bom Retiro e, 48
Museu de Saúde Pública Emílio Ribas, 11, 18, 20, 23*n*, 26, 43, 121, 212*f*, 232, 235*f*, 236*f*, 238*f*, 239*f*, 242*f*, 243*f*, 245*f*, 246*f*, 248*f*, 249*f*, 250*f*, 251-2, 273*f*, 299*f*

Naban, Alexandre, 56-7
nacionalidade, 49, 55*f*, 61, 69, 74*f*, 75*f*, 91, 92, 103*f*, 119; padrões de residência e, 194; portuguesa, 186, 193, 257; registros de ocorrência e, 54, 178, 186, 193-4; religião e, 309; saúde e, 65
não brancos, 38, 57, 83, 112, 113, 114, 120, 127, 130, 134, 174
não imigrantes, 57, 105, 112, 118, 119, 205
Neiva, Artur, 280-1
nutrição, 38, 82, 273*f*

O ano em que meus pais saíram de férias (Hamburger), 22-3, 36
O Combate, 258, 259, 280-1, 282-4, 292, 294-5, 297-8, 299-301
ocorrência: boletins de, 54, 57, 129-30, 171-2, 178-9, 183-8, 255, 294-5; gripe e, 259-60, 279*f*, 279-80; médica, registro de, 54, 57, 171-2, 177-80, 187-8, 188*f*, 188-9, 190-1, 192-4, 195*f*, 196-8, 199, 200-2, 282-3
O Estado de S. Paulo, 108, 258, 288-9, 290, 291, 293-4
oficinas-residências, 25, 27*f*, 32-3, 94, 111, 120, 122-3, 190, 224, 252; acidentes de trabalho e, 196-7; enchente

e, 49; imigrantes e, 94; postos de saúde em, 34, 224, 307
oficinas têxteis, 58
Oriente Médio, 24, 25, 56, 60, 74, 112, 194, 244, 256, 286
origem nacional, 15, 91, 98, 115

pandemia de Covid-19, 36, 88-9*n*, 131*n*, 147, 205, 220*n*, 256, 257*n*, 274, 306-7; políticas de uso de máscara e, 205, 220*n*, 306-7
paraguaios, 16, 26, 35, 49, 120, 125, 225
Penteado, Jacob, 61-2, 76, 101, 115, 142-3, 240, 269*n*, 290
Peru: imigrantes do, 47; Lima, 24, 262
peste bubônica, 62, 203, 211, 256-72, 284, 301
Pinacoteca, 26, 89, 91. *Ver também* Jardim da Luz
Pingel, Emily Sweetnam, 9-10, 13, 35, 45, 48, 202
plantações, 54, 60, 149, 155, 244, 277, 294; café, 148, 155; cana-de-açúcar, 114, 155; em Itu, 81; no estado de São Paulo, 75, 148
pobreza, 26, 56, 57, 100, 108, 110, 114, 121, 138, 140, 144, 158, 174, 177, 178, 184-5, 201, 207, 213, 215, 227-8, 232, 259, 287, 289, 290, 302, 305
polícia, 15-21, 25, 26, 54, 81, 134, 137, 159, 165, 199, 220, 230, 302; Campos Júnior e, 230; furgões, 240; futebol e, 159; gripe espanhola e, 281, 295; imigrantes e, 174-5, 257; militar, 67, 255; no Bom Retiro, 28, 62, 67, 86*n*, 90, 92, 137, 138, 159, 162, 164, 167, 174-6, 203, 247; Polícia Médica e, 171-3, 178, 197-8, 199; profissionais de saúde pública e, 83, 130, 159, 166, 171, 179, 226, 228, 240, 253; ratos e, 266, 271; registros, 53-4, 86*n*, 117, 197; sanitária, 237, 261; telégrafos policiais, 180-2, 181*n*, 182*f*; uso de drogas e, 163, 296; viaturas, 15, 28; violência, 62, 81, 166, 292; vírus Zika e, 226. *Ver também* aplicação da lei; Polícia Federal; Polícia Médica de São Paulo
Polícia Civil de São Paulo, 16, 51, 181*f*, 256; sede da, 20, 22
Polícia Federal, 20, 27
Polícia Médica de São Paulo, 51, 54, 171-3, 176-85, 196, 199-203, 265*n*, 301; carro de cadáver, 182, 298; documentos da, 113, 130, 173, 177-9, 185; gripe e, 192, 279*f*, 279-80, 286, 292; posto, 171, 176-7; registros, 113, 173, 177, 185-7, 188*f*, 190, 192-5, 195*f*, 196-7, 278, 283 (*ver também* ocorrência: boletins de). *Ver também* Assistência Policial
policiamento, 18, 25, 26, 53, 83, 90, 130, 162, 163, 164, 166, 255, 296; saúde e, 83, 130, 134, 159, 162, 172-4, 203
políticos, 18, 19, 60, 65, 102, 131, 183; Bom Retiro e, 58, 63, 71, 80, 91-2, 94-5, 105, 161, 168-9, 232, 247, 281; bondes elétricos e, 120; equipes de vigilância sanitária e, 218; habitação precária e, 63; habitações de trabalhadores e, 141; Hospedaria de Imigrantes e, 153, 156; imigrantes e, 36, 60, 61, 66, 83, 99, 105, 112,

130, 148, 166, 168, 173-4; municipais, 189; racistas, 112, 127, 173-4; saúde ruim e, 61, 112, 166; vírus Zika e, 215
Portugal, 66; imigrantes de, 15, 60, 79, 109, 152, 156; Porto, 260-2
portugueses, 66, 74*f*, 75*f*, 91, 93, 98-101, 103*f*, 104-5, 107, 113, 147, 151, 162, 163, 173-4, 180, 186, 187, 192, 193-4, 200, 240; gripe espanhola e, 286
Praça da Sé, 18, 21, 23*n*
Presídio Tiradentes, 22, 258
prevenção, 76*n*, 224-5, 262; de doenças, 33-4, 86, 166, 259, 280, 287; de epidemias, 60, 261, 286
profissionais de saúde, 10, 34, 38, 50, 79, 125, 130, 159, 218-9, 223, 225, 227-8, 251, 265, 270, 303, 306, 309; ligados à polícia, 166; na UBS Bom Retiro, 47, 49, 126*f*, 185, 202, 203, 223, 253; no Bom Retiro, 14, 30, 34, 48, 49, 62-3, 105, 146, 187, 226, 259-60, 310; sinais de alerta de suicídio e, 202
profissionais do sexo, 26, 140, 151, 162*n*, 163, 251. *Ver também* prostituição
prostituição, 34, 45, 105, 147, 162-4, 165
pulgas, 260-4. *Ver também* peste bubônica

Queiroz, Elvira Isabel de Souza, 71-2, 149, 198
Queiroz, Nicolau de Souza 148-9

raça, 32, 54, 55*f*, 115, 120, 178, 308; Bom Retiro e, 114, 116, 305; desigualdades de longo prazo e, 209; estruturas sociais e, 30; gripe espanhola e, 275*f*, 279-80; lixo e, 123; políticas e ações de saúde e, 65, 228; saúde e, 190; saúde ruim e, 33, 194, 305
racismo, 36-7, 79, 83, 93, 99, 161, 188, 203, 217, 275*f*, 305, 306, 308; científico, 161-2, 173, 174; imigrantes e, 108, 112, 117, 127, 161, 192, 260, 281, 287, 297; pandemias e, 256-7, 287
ratos, 51, 210-1, 227, 260-72, 302; polca, 271-2; queijo ralado como veneno para, 264, 270; recompensas pela morte, 266-7, 268*f*, 268-72. *Ver também* desratização; peste bubônica
regulamentações de saúde, 28, 60
religião, 15-6, 18, 36, 52, 55*f*, 64, 100, 231-2, 241, 281, 292, 303, 308-9; Adventistas do Sétimo Dia, 217; europeia, 232
Repartição de Águas e Esgotos de São Paulo, 86, 157, 158*n*, 189, 197
resíduos, 29-33, 50, 80, 81, 123-5, 283, 301, 305-6, 306; da fé, 232-3; da morte de Marini, 57; da vida familiar, 87; de instituições de saúde brasileiras, 232, 251-2; de políticas de erradicação da peste bubônica, 301; de profissionais do sexo imigrantes, 162; de relações históricas, 51, 216, 306; do passado, 38, 44, 62, 79, 150, 306; espaciais e raciais, 125; globais, 30; imigrantes e, 92; mapas e, 40; remoção de, 62, 88, 141, 205, 240; saúde ruim e, 220-1. *Ver também* lixo

resultados de saúde, 30, 43, 141; classe social e, 63-4, 130-1, 136; desratização e, 264-5; espaços urbanos e, 50; no Bom Retiro, 67, 111, 123, 141, 217; no Capão Redondo, 216-7; imigrantes e, 131, 176; negativos, 265; resíduos e, 30; saúde ruim, 118, 169; verticalização residencial e, 119; violência e, 118, 169
Revolta da Vacina, 226-8
Ribas, Emílio, 59, 209-11, 259, 262, 262*n*, 300. *Ver também* Museu de Saúde Pública; Serviço Sanitário
Rio de Janeiro, 42*f*, 55*f*, 74*f*, 75*f*, 85, 148, 156, 199, 236; *Demerara* e, 277-8; Desinfectório no, 234; febre amarela no, 131; gripe espanhola no, 278, 294; imigrantes e, 77*f*, 153; no século XIX, 63; Praça Onze, 38, 114*n*; ratos e, 260-1, 269, 270-1; Revolta da Vacina (1904) no, 226-8
Rio Grande do Sul, 12, 38, 77*f*, 89, 152, 292; Pelotas, 266
rio Tamanduateí, 66, 72, 80, 201; enchente e, 62, 83-4
rio Tietê, 47*m*, 66, 72, 80, 85, 98, 169, 249, 257; enchente e, 62, 83-4, 86, 88
Rocha, Fábio Dantas, 113-5, 172, 186, 187, 193
Rogers, Thomas D., 11, 12, 13, 243, 269, 269*n*
rua: do Areal, 82, 117, 138, 170, 175, 188*f*, 189-90, 252; dos Imigrantes, 23, 82, 120, 143, 159, 175, 189, 190, 306; dos Italianos, 54, 56, 58, 116, 129-30, 140, 145, 173*n*, 176, 179, 198, 232, 306; José Paulino, 23, 25, 26, 105, 120, 159, 189, 197, 200 (*ver também* rua dos Imigrantes); Professor Cesare Lombroso, 162, 163; Tenente Pena, 82, 140, 190, 224, 225, 232, 248*f*, 249*f*

saneamento, 58, 64, 230; autoridades de, 138-9; precário, 188, 263
Santa Casa de Misericórdia, 64-5, 76, 165, 175, 180, 199-200, 289, 303
Santa Cecília, 126*f*, 233, 252
Santos (porto), 22, 59, 153-4, 277-8; febre amarela e, 131-2; imigrantes e, 74, 148; movimento migratório em, 103*f*; peste bubônica e, 261-3
São Paulo (estado), 15, 17*m*, 18, 26, 27-8, 32, 38, 44*n*, 53-4, 55*f*, 58-9, 60-1, 62*n*, 64, 65, 66, 68, 71, 72, 76-9, 77*f*, 78*f*, 80-1, 83, 84, 86, 87, 89, 92-3, 100, 107, 108, 110, 114-5, 117, 119, 123, 130, 131, 133, 136, 137, 139, 140, 142, 143, 147, 148, 149, 153-4, 155, 156, 161, 165, 166, 168, 171, 174, 178, 181, 182*f*, 183, 186, 187, 194, 196, 199, 210, 213, 232, 233, 236-7, 244, 246, 247, 251, 257-8, 261-2, 263, 266, 267, 269-70, 272, 274-5, 276, 278, 282-3, 284, 290, 291, 296, 303, 305, 306-7; Arquivo Público do, 11, 48, 185, 195*f*; bairros, 15, 16, 17*m*, 18, 21, 22, 24, 27*f*, 32, 36, 38, 45, 53, 70*f*, 72, 73, 86, 90*f*, 98-9, 106, 109-10, 111, 113-4, 115, 116, 118, 134, 145, 149, 167, 214*f*, 217, 220, 226, 231, 240, 255, 278, 280, 288; governo, 138, 154; governador, 93, 163, 230, 281; líderes e autoridades,

58, 60, 65, 69, 166, 244; mapas, 40, 41*f*, 42*f*, 46*m*; município de, 63, 68, 82, 131; plantações no, 75, 148; prefeito, 94; Serviço Sanitário de, 58, 64, 84-5, 108, 111, 135, 209, 259, 280
São Paulo Tramway, 142
saúde pública, 53, 56, 59, 134, 137, 148, 152, 180, 203, 209, 227, 230, 244, 249, 286; ações, 34, 62-3, 75, 189, 207, 210-1, 259, 262-3, 301-2; aplicação da lei e, 113; autoridades de, 15, 65, 83, 88, 127, 135, 136-7, 147, 149-50, 155, 166, 180, 207, 210, 215, 233, 244, 256, 261, 262, 269, 270-1, 285, 288, 302; clínicas, 45, 226-7, 251-2; crises, 34; decisões, 205, 229; desinfectórios e, 233, 243, 244, 263; engenheiros, 139; espaço e, 243; especialistas em, 50, 59, 63, 132, 174-5, 244; Estado e, 28-9, 53, 88, 135, 150-1, 219, 228; imigração e, 72; infraestrutura, 58-9; iniciativas, 266; laboratórios, 204; líderes, 65, 135, 259, 260, 284; objetivos, 230; péssimo histórico do Brasil, 290; policiamento e, 203; políticas de, 28-9, 161, 166, 301; profissionais de, 45, 63, 130, 166, 218-9, 223, 240, 251, 265; programas de, 265; programa de treinamento universitário, 227*n*; setor, 223; sistema, 159; unidades de, 220-1, 251-2; vírus Zika e, 215, 226
saúde ruim, 23, 51, 64, 127, 129-65, 172-3, 200, 232; ambiente construído e, 61, 85, 147, 307; fábricas e, 23, 61, 85, 87, 166, 199-200; imaginários, 259; imigrantes e, 53, 56-7, 112-3, 130, 147-8, 149-50, 152, 154-5, 162, 166-7, 170, 176, 231, 274; itens materiais e, 233; lixo nas ruas e, 87, 221; no Bom Retiro, 33, 56-7, 63, 84-5, 87, 88, 112-3, 118, 127, 133, 147, 149, 150, 154, 162, 166-7, 170, 171, 204, 205, 220, 231, 259; policiamento e, 166; resultados, 205; rua do Areal e, 189; transmitida por mosquitos, 215, 220; violência e, 23, 33, 118-9, 166-7, 170, 171, 172-3, 176, 194; violência com armas e, 53, 167
saúde sexual, 38, 147; clínicas, 45
Sé (distrito), 46, 105 106*f*; Catedral da, 73; estação de metrô da, 16; Subprefeitura, 17, 68
Secretaria Municipal da Saúde, 11, 44*n*, 46*m*, 58, 99, 216, 225. *Ver também* Desinfectório Central
Segunda Guerra Mundial, 108, 121, 213, 217, 224, 236*n*; cortiços e, 133, 224; hospedaria do Brás e, 155; imigrantes japoneses e, 292; imigrantes judeus e, 36, 252
Serviço Sanitário do Estado de São Paulo, 58, 64, 108, 111, 179, 209, 210, 238*f*, 239*f*, 240, 248*f*, 249*f*; autoridades do, 244; cortiços e, 135; curas populares e, 287-8; desratização e, 263; desorganização do, 280-1, 283-4, 287; gripe espanhola e, 278-88; Neiva e, 280-1; programas do, 65; Ribas e, 209-10, 259, 300; veículos, 235*f*, 236*f*, 242*f*, 243*f*, 245*f*, 250*f*, 299*f*
sexismo, 201, 203
Shopping Lombroso, 161-2, 163, 168

Silveira, Alarico, 300-1
Sistema Único de Saúde (SUS), 21, 29, 45, 48, 62*n*, 126*f*, 160, 184, 224, 252, 252*n*; burocracia, 191; independência do, 306-7
Sociedade Central de Imigração (SCI), 152-3, 154
Souza, Ennes de, 153-4
suicídio, 54, 57, 62, 137, 173, 177-8, 196, 201-2, 203, 265, 291

Teixeira de Faria, Diogo, 236-7
têxteis, 24, 25, 31, 32, 59, 68, 81, 116; desinfecção de, 240; desinfetantes para, 264; indústrias, 23-4, 80*n*, 191, 197; oficinas, 58; trabalhadores, 23-4, 25-6, 224, 307
Thomás, Luiz Sérgio, 170-1, 198
trabalhadores, 22, 24, 26, 38, 60, 62, 67, 83-4, 92, 140, 166, 191-2, 199, 285-6, 298; domésticos, 53, 56, 116, 134, 142, 191-2, 196, 203, 216, 285, 293; do sexo, 26, 140, 151, 162*n*, 163, 251; do varejo, 305; estrangeiros, 83; ferroviários, 158-9; imigrantes, 24-6, 32-3, 44, 88; Jardim da Luz e, 89; moradia e, 26, 57, 59-60, 144, 145-6, 170; negros, 186; oficinas-residências e, 25, 32-3, 110-1, 123; saúde e, 30, 44, 227-8, 237-9, 251, 309; saúde comunitária e, 30, 146*n*; têxteis, 23-4, 25-6, 224, 307; vigilância sanitária e, 120, 222, 223, 225-6. *Ver também* classes trabalhadoras; profissionais de saúde; saúde pública: profissionais de
trabalhadores da saúde, 30, 49, 79, 105, 146, 225, 306, 309; homens, 221; imigrantes, 64; preconceitos de, 260; violência contra, 227-8
trabalho, 10, 23, 25-6, 32-4, 45, 60, 61, 62, 67, 94, 120, 122*f*, 132, 152-3, 209, 282-3; agitação, 295; ativismo, 62, 81, 143, 172, 192; conformidade, 81; condições de, 23, 32-3, 87-8, 125, 260; domésticas e, 56, 192; força de, 16, 192, 199, 285-6; Geografia e, 61, 71, 92, 308; gratuito, 222; greves e, 81-2, 260; imigrantes e, 16, 38, 104-5, 148, 172, 227-8; industriais, 32, 38, 59, 60, 76, 89, 114, 197, 286, 294; mercado de, 127, 186; movimento, 172; opressão, 92, 305; protestos, 82, 140, 189-90; salário, 111, 113-4, 133, 140, 145, 291; saúde e, 153-4, 196-7
traficantes de drogas, 105, 163, 220, 228
tuberculose, 39, 62, 82, 147, 291, 303

UBS Bom Retiro, 26, 44, 51, 82-3, 117, 121, 124*m*, 138, 189-90, 202, 224, 229, 232, 247, 252-3, 307; agentes de saúde da, 48, 146*n*; área de cobertura da, 45, 47*m*; aulas de exercícios físicos para idosos, 91; contemporânea, 247, 252-3; exposição de fotografias na, 49; equipe, 48, 121, 309; Equipe Verde na, 45-6, 48, 223, 307; profissionais de saúde na, 52, 126*f*, 159, 160*n*, 203, 223, 253

vacinação, 50, 60, 64, 227, 233, 251
Vargas, Getúlio, 163
varíola, 62, 132, 137, 151, 155, 163, 240, 303; vacina, 227, 287

várzeas, 66-7, 72, 80, 85, 120, 157, 169
veículos, 18, 21, 120, 142, 178, 180, 181*f*, 184, 196, 202, 234-5, 235*f*, 236*f*, 237, 240-51, 253, 284, 299, 301; colisões com pedestres, 62; oficiais, 221-2, 223, 225, 237
verticalização, 119, 146
vício: alcoolismo, 62, 129; drogas, 105, 220, 228, 296
vida, 15, 32, 39, 44, 51, 54, 130, 132, 158, 188, 293, 301, 302-3; da classe trabalhadora, 285, 288; diária e cotidiana, 21, 31, 49, 56-7, 58, 62, 87-8, 117, 138, 166, 183, 187, 196, 264; judaica, 52; manutenção da, 191; na cidade, 61; no Bom Retiro, 23, 32, 54, 61, 87-8, 92; privada, 54, 166, 196; qualidade de, 141, 210, 231; saudável, 67, 74; social, 73; urbana, 21, 117, 305; voltar à, 179, 259-60, 295, 302
vigilância sanitária, 220, 284; autoridades, 183, 219; equipes, 51, 216-23, 225, 228, 238; instituições, 147-8; trabalhadores, 120, 223, 225-6
violência, 15, 23, 33, 57, 81, 118, 137-8, 161, 166-8, 170, 173, 174-5, 188, 205, 209, 217, 228, 256; arma, 16, 31, 53, 130; contra imigrantes, 92, 130, 138, 274; de imigrantes contra negros, 117; discussões sobre, 169, 202; ditadura militar e, 22; Estado, 22, 166, 171; homens e, 191; nacionalidade e, 56; obstétrica, 49; polícia, 62, 50; portugueses, 163; saúde ruim e, 167, 170-1

xenofobia, 201, 210, 260, 297, 301

Zika, 51, 215-6, 220, 222, 226; erradicação do mosquito, 228, 229*f*
zumbis, 295

SOBRE O LIVRO

Formato: 16 x 23 cm
Mancha: 27,8 x 48 paicas
Tipologia: Venetian 301 BT 12,5/16
Papel: Off-White 80g/m² (miolo)
Cartão Triplex 250 g/m² (capa)
1ª edição Editora Unesp: 2025

EQUIPE DE REALIZAÇÃO

Edição de textos
Jorge Pereira Filho (Copidesque)
Tulio Kawata (Revisão)

Capa
Negrito Editorial

Imagem de capa
Costureira (Edward Bliss Foote, 1896)

Editoração eletrônica
Eduardo Seiji Seki (Diagramação)

Assistente de produção
Erick Abreu

Assistência editorial
Alberto Bononi
Gabriel Joppert

Rettec artes gráficas e editora

Rua Xavier Curado, 388 • Ipiranga - SP • 04210 100
Tel.: (11) 2063 7000
rettec@rettec.com.br • www.rettec.com.br